잡지로 읽는 성경 / 구약편

잡지로 읽는 성경_ 구약편

저자 강하룡 외 7인

초판 1쇄 발행 2016. 11. 17
초판 3쇄 발행 2018. 1. 23

발행처 도서출판 브니엘
발행인 권혁선

등록번호 서울 제2006-50호
등록일자 2006. 9. 11

서울특별시 송파구 백제고분로28길 25 B101호 우편번호 05590
마케팅부 02)421-3436
편집부 421-3487
팩시밀리 421-3438

ISBN 979-11-86092-37-8 04230

독자의견 02)421-3487
이메일 editorkhs@empal.com

북카페 주소 cafe.naver.com/penielpub.cafe
페이스북 www.facebook.com/penielbooks
인스타그램 @peniel_books

도서출판 브니엘은 독자들의 책에 관한 아이디어나 원고를 설레는 마음으로 기다리고 있습니다. 책으로 엮기를 원하는 아이디어가 있으신 분은 위의 이메일로 간단한 개요와 취지, 연락처 등을 보내주십시오. 머뭇거리지 말고 문을 두드리세요. 길이 열립니다.

도서출판 브니엘은 갓구운 빵처럼 항상 신선한 책만을 고집합니다.

[요모조모 다채로운 구약 성경이야기]

잡지로 읽는 성경

강하룡 외 7인 | 공저

성경을 이해하고 읽으면 전혀 새로운 세상이 열린다.
인생을 주관하시는 하나님의 섭리, 역사하심이 보인다!

브니엘

다채로운 말씀의 매력 속으로…

어떤 사람들은 성경이 정말 재미있다고 말한다. 읽을수록 새롭고 말씀은 꿀처럼 달다고 한다. 그래? 그런데…, 불행하게도 나는 전혀 그 사람들의 말이 이해가 되질 않는다. 성경이 재미있다고? 어떻게? 도통 알 수 없는 이스라엘의 역사와 낯선 지명, 누가누군지 도통 헛갈리는 등장인물들, 시간적으로도 까마득한 과거의 이 케케묵은 이야기들이 재미있어? 혹시 저 사람들…, 일부러 저러는 건 아닐까? 사실은 전혀 재미없으면서 다른 사람들에게 과시하기 위해?

이런 생각이 든다면 이 책을 권하고 싶다. 사실 성경은 그 자체로 너무너무 재미있는 이야기다. 더구나 그 속엔 하나님의 말씀이 이스라엘의 역사와 함께 녹아 있다. 신앙이 자라면 정말 행간 행간에서 '꿀 같은' 말씀을 맛본다. 하지만 그러기 위해서는 넘어야 할 관문이 있다. 바로 '이해'다. 구약 39권, 신약 27권 총 66권으로 구성된 성경의 각 권들이 어떤 구조로 짜여져 있고 각 권에서 다뤄지고 있는 사건의 배경이 무엇이며 당시의 이스라엘 사회가 어떠했는지, 이런 맥락에 대한 이해가 필요한 것이다. 이것 없이 들입다 성경을 읽어봤자 도통 알 수 없고 이해 불가능하며 지루한 사건의 연속일 뿐이다. 이것은 믿음이 있고 없고의 문제가 아니다. 단순히 '이해'의 문제인 것이다.

성경을 이해하며 읽으면 전혀 새로운 세상이 펼쳐진다. 다양한 캐릭터의 인물들이 등장하고 세계사를 관통하며 흐르는 또 하나의 역사가 보인다. 그것이 바로 '섭리'이고 하나님

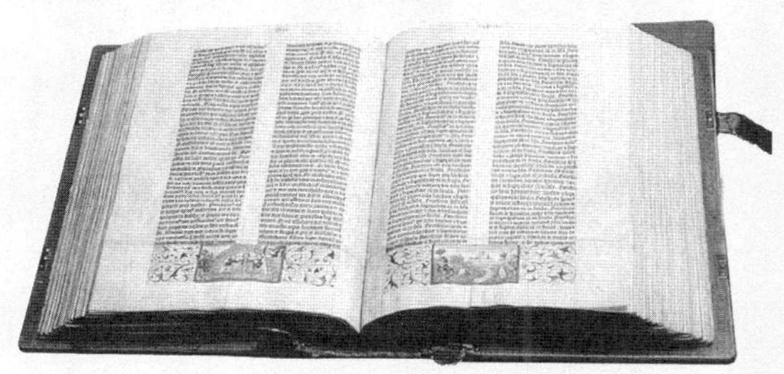

의 역사하심이다. 기독교 세계관은 이러한 이해 위에 구축된다. 그리고 궁극적으로 그것은 내가 '살아내야 할 말씀'이다. 삶으로 육화되지 않은 말씀은 생각으로 머릿속에만 들어 있는 공허한 관념이다. 그러한 길로 나아가기 위한 하나의 다리를 놓기 위해 이 책은 기획되었다.

이 책에는 그동안 도서출판 브니엘에서 성경의 내용을 주제로 해서 발행했던 「거침없이 빠져드는 성경 테마 여행」 「거침없이 빠져드는 성경이야기」 「내 인생을 바꾼 31일 성경통독」 「누구도 가르쳐주지 않는 성경 밖 성경이야기」 「야곱의 축복」 「인생은 요셉처럼」 「하나님의 세렌디피티」 「직장인이라면 다니엘처럼」 등이 한꺼번에 녹아 있다. 그것을 읽기 쉬운 잡지 형태로 재구성했다. 잡지처럼 이것저것 다채롭게 읽다보면 자연스럽게 성경에 대한 기초적인 이해를 형성할 수 있도록 구성했다.

구약은 히브리 민족의 흥망사를 다룬 역사서 17권, 히브리 민족의 황금시대 문학인 시가서 5권, 암흑시대 문학인 예언서 17권으로 구성되어 있다. 신약은 구원자 메시아에 대한 기록인 복음서 4권과 모든 민족에게 복음이 전해지는 성령행전인 사도행전, 그리스도의 교훈과 기독교 원리를 다룬 서신서 21권, 요한의 직접적인 계시를 담은 요한계시록으로 구성되어 있다. 이 중 일단 구약의 전체 내용을 다룬 구약편만 이 책에 담았다. 곧이어 신약편도 선보일 것이다.

이 두 권의 책을 통해 독자들이 성경 속으로 들어가는 흥미롭고 신나는 이해의 관문을 발견할 수 있기를 소망한다.

C·O·N·T·E·N·T·S
차 례

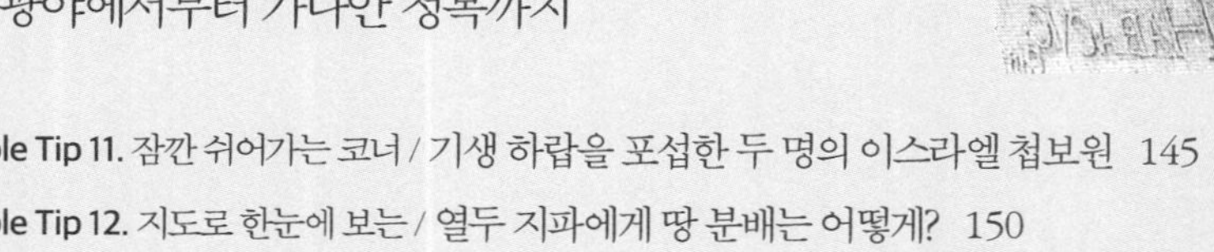

잡지로 읽는 성경 / 구약편

이것을 알고 성경을 읽으면 이해가 **쏙쏙** 감동이 **팍팍**!

그리스도인이라면 누구나 성경을 읽고 싶어 하고, 성경 속에서 하나님의 약속을 찾아 자신의 언약으로 삼고자 한다. 그런데 성경이 워낙 방대하다 보니 마음처럼 쉽게 시도하지 못하고, 매년 새해마다 창세기만 반복하다 포기하는 경우가 허다하다. 이를 어떡할꼬? 그러나 성경에 관한 기본적인 지식을 장착하고 시작한다면 이해가 쉽기에 포기하진 않을 것이다. 더디더라도 꼭 통독에 성공하고 말 것이다. 그런 의미에서 다음에 나오는 성경에 관한 기본적인 지식은 우리에게 성경의 이해를 도와준다.

우리가 익히 아는 것처럼 성경은 구약 39권 신약 27권 합쳐 66권으로 구성되어 있다. 이를 좀 더 자세히 분류하면 구약은 히브리 민족의 흥망사를 다룬 역사서 17권, 히브리 민족의 황금시대 문학인 시가서 5권, 그리고 민족의 암흑시대 문학인 예언서 17권으로 구성되어 있다. 신약은 구원자 메시아에 대한 기록인 복음서 4권과 모든 민족에게 복음이 전해지는 성령행전인 사도행전, 그리고 그리스도의 교훈과 기독교 원리를 다룬 서신서 21권, 요한의 직접적인 계시를 담은 요한계시록 등으로 구성되어 있다.

이를 좀 더 세분화시키면 성경은 1189장으로 구성되었는데 구약성경은 929장이고, 신약성경은 260장이다. 가장 긴 장은 시편 119편이고, 가장 짧은 장은 시편 117편으로 이 장은 성경의 한가운데 장이기도 하다. 가장 긴 절은 요한계시록 20장 4절이고, 가장 짧은 절은 데살로니가전서 5장 16절이다. 이처럼 다양한 형태로 구성된 성경을 이해하기 위해서 우리는 먼저 기본적인 지식을 습득하는 것이 매우 중요하다. 그럴 때 좀 더 쉽고 재밌게 성경을 이해하고 내 것으로 받아들일 수 있다.

성경은 누가 쓴 것일까?

성경의 실질적인 저자는 하나님이시다. 하나님은 성경의 많은 저자들에게 성령의 영감을 통해 하나님의 말씀을 대언하도록 하셨기 때문이다. 편의상 구약과 신약을 분리해서 성경의 저자에 대해서 살펴보기로 하자. 구약을 기록한 모세나 선지자들은 그들이 하나님의 명령과 계명을 기록하기 전에 그들의 말이 하나님의 말씀임을 서두에서 항상 언급하고 있다. "여호와께서 모세에게 이르시되 너는 이 말들을 기록하라. 내가 이 말들의 뜻대로 너와 이스라엘과 언약을 세웠음이니라 하시니라"(출 34:27).

모세는 자신의 기록이 하나님의 말씀이며, 따라서 하나님을 대언하여 기록한 것이라고 밝힌다. 혹자는 모세시대에 히브리어 문자가 발명되지 않았기 때문에 모세가 하나님의 말씀을 기록했다는 말은 허구라고 주장한다. 그러나 고고학적 연구를 통해 그런 주장은 설득력이 없다는 것이 증명되었다. 왜냐하면 모세시대 당시에 히브리 언어가 존재했다는 사실이 밝혀졌기 때문이다. 모세의 기록 중에는 구전을 통해서 오랫동안 내려오는 내용들이 있다(창세기 족장들의 기록들). 그러나 그것은 오류 없이 전승되어 왔고, 모세는 구전으로 내려오는 하나님의 말씀을 대신해서 기록한 것이다.

모세의 글에는 모세 이전에 내려오는 내용들도 포함되어 있다. 하지만 그 내용들은 하나님의 계시의 말씀으로 전승되어 온 것이기 때문에 하나님의 말씀이다. 모세가 쓴 모세오경의 마지막 권인 신명기를 보면 모세가 죽은 이후의 모습을 기록하고 있다. 이러한 기록을 통해서 혹자는 모세의 글이 하나님의 말씀이 아니라 인간의 기록이라고 주장하기도 한다. 그러나 우리가 당시의 관례를 참고한다면 충분히 그러한 현상을 이해할 수 있다. 당시 고대 근동아시아의 기록의 관례에서는 그 기록에 덧붙여 기록자의 죽음을 제3자가 첨가하여 덧붙이는 관습이 있었다. 또한 선지서의 경우도 마찬가지다. "주 여호와께서는 자기의 비밀을 그 종 선지자들에게 보이지 아니하시고는 결코 행하심이 없으시리라"(암 3:7).

구약이 하나님의 말씀이라는 것은 예수님의 증거에서 더욱 확실해진다. 예수님은 구약 성경을 하나님의 말씀으로 자주 인용하셨다. "내가 율법이나 선지자를 폐하러 온 줄로 생각하지 말라. 폐하러 온 것이 아니요 완전하게 하려 함이라"(마 5:17). 혹자는 이 말씀을 가지고 율법서인 모세오경과 선지서는 하나님의 말씀으로 예수님이 인정하셨지만 시편이나 욥기, 잠언, 전도서 같은 시가서는 하나님의 말씀으로 권위를 인정하지 않으셨다고 주장한다. 그러나 이것은 잘못이다. "성경은 폐하지 못하나니 하나님의 말씀을 받은 사람들을 신이라 하셨거든"(요 10:35). 여기서 예수님은 시편 82편의 말씀을 인용하심으로써 시편을 포함한 시가서(잠언, 욥기, 전도서, 아가서)도 하나님의 말씀에 포함됨을 암시하셨다.

신약의 경우도 사도들은 자신들의 기록을 자신들의 말이 아닌, 하나님의 말씀을 대언해서 기록한 것이라고 증거한다. 특별히 예수님은 복음서 기록자를 포함한 제자들에게 성령을 통해 바른 진리로 그들을 인도하고 자신의 말을 생각나게 하실 것이라고 친히 약속하셨다. "그러나 진리의 성령이 오시면 그가 너희를 모든 진리 가운데로 인도하시리니"(요 16:13).

신약 성경의 대부분을 기록한 바울도 자신의 글이 하나님의 계시에서 유래되었음을 밝히고 있다. "이는 내가 사람에게서 받은 것도 아니요 배운 것도 아니요 오직 예수 그리스도의 계시로 말미암은 것이라"(갈 1:12). 이러한 성경 자체의 내증을 통해 성경은 여러 사람들을 통해 기록되었지만, 성령의 영감으로 하나님의 말씀을 대언한 것이기에 성경의 저자는 궁극적으로 하나님임을 알 수 있다. 수십 명의 사람들을 통해서 기록된 성경의 내용이 하나님의 품성과 사역에 대해서 서로 모순되지 않고 일치된 증언을 한다는 사실은, 성경의 기록이 하나님 한 분의 역사를 통해서 기록되었다는 확실한 증거이다.

성경의 실질적인 저자는 하나님이시다. 하나님은 성경의 많은 저자들에게 성령의 영감을 통해 하나님의 말씀을 대언하도록 하셨기 때문이다.

성경은 언제 쓰였는가?

성경은 여러 시대에 걸쳐 기록된 하나님의 말씀이기 때문에 성경의 각 권을 분리해서 그 연대를 생각하는 것이 바람직하다. 먼저 모세오경을 살펴보기로 하자. 진보적인 사람들은 모세오경의 기록이 모세에 기인된 것이 아니라 후대의 여러 집필가들에 의해서 기록된 것이라고 주장하기도 한다. 그러나 그러한 주장은 고고학적 발견과 모세오경의 문학구조 분석을 통해 점차 잘못임이 증명되었다.

1929년 지중해 북동부 끝에서 고대 우가릿 비문을 발견함으로써 주전 1200년 전으로 추정되는 가나안 언어에 대한 새로운 정보를 갖게 되었다. 가나안어는 히브리어와 함께 셈족어로 같은 북서부계열에 속한, 서로 유사점이 많은 언어이다. 따라서 이 정보는 히브리어에 대한 새로운 이해를 얻게 해주었다.

이 비문의 발견은 시편과 지혜문헌의 많은 단어와 구(句)들이 기본적으로 가나안어와 유사하다는 것을 보여주었다. 그리고 이 언어와 구약 언어들의 병행구들과 시적 구조의 유사성을 통해서 모세오경에 나오는 미리암의 노래(출 15장), 발람의 신탁(민 22-24장), 야곱의 축복(창 49장), 그리고 모세의 노래(신 33장)가 고대 언어에서 비롯된 것임이 증명되었다. 이러한 고고학적 발견과 고대 히타이트 조약문서와 모세의 언약문서 사이에 유사성을 근거로, 모세오경의 기록이 후대의 기록이 아니라 주전 1400년경 모세시대에 모세가 쓴 글임을 알 수 있다.

모세오경 외에 역사서와 선지서는 서로 차이는 있지만, 대체로 왕국시대 이후 바벨론 포로기(주전 6세기경)의 전후기에 쓰였다. 그 외에 나머지 시편, 잠언, 전도서, 아가서 등 성문서가 정경으로 성경 안에 들어 온 것은 포로기 이후이지만 이전에 이미 팔레스타인에서 독자적으로 존재해 있었다. 신약 안에 들어 온 정경들은 초대 교부들의 증거들을 통해 그 기록들은 예수님이 부활하신 이후 주후 1세기 안에 모두 이루어졌다.

성경은 어떻게 기록되고 보존되었나?

구약의 경우 고대에는 종이 기술과 인쇄술이 발달하지 않았기 때문에 성경의 기록은 주로 양피지를 통해서 이루어졌다. 그러나 그것들은 영구적이지 못하기 때문에 기록을 영원히 후세대에 보존하기 위해서는 필사자들의 필사가 필요했다.

필사를 통해 성경의 기록과 보존을 담당한 사람들이 바로 서기관들이다. 서기관이란 히브리어로 '소페림'이다. 소페림이란 '세다'라는 동사에서 나온 말로써 이들 서기관들의 특징을 잘 보여준다. 서기관들은 성경을 기록하고 보존하기 위해서 기존의

성경을 필사하였다. 그런데 필사를 한 후 필사가 제대로 되었는지 확실하게 하기 위해서 필사본 본문의 문자, 단어, 절의 수를 세었던 것이다. 그래서 사람들은 그들을 소페림이라고 불렀다. 그렇게 해서 그들은 빠뜨린 문자나 단어를 미연에 방지했고, 원본의 성경을 그대로 보존하는 데 많은 노력을 기울였다.

후대로 가면서 성경의 보존을 위해 서기관들의 전통을 따르면서 그들보다 더욱 세심한 관심과 노력을 기울였던 사람들이 등장한다. 그들이 바로 마소라 학자들이다. 오늘날 우리가 간직하고 있는 히브리어 구약 성경은 이들 마소라 학자들이 보존한 히브리어 사본에 근거한 것이다. '마소라'란 본문을 필사하면서 본문 스펠링의 수많은 차이점들을 세밀하게 체크하기 위해 옆에다 달았던 일종의 난외주를 말한다. 마소라 학자란 그러한 주를 만들어 성경 말씀을 정확하게, 그리고 조심스럽게 읽을 수 있도록 발전시킨 사람들을 지칭한다. 이러한 마소라 학자들에 의해 계승된 히브리어사본의 계열을 마소라사본이라고 말한다.

마소라 학자들은 주로 주후 7~11세기에 본격적으로 활동하며 마소라 본문(마소라의 주를 단 히브리어사본)을 완성시켰다. 이들은 한마디로 고대 서기관들의

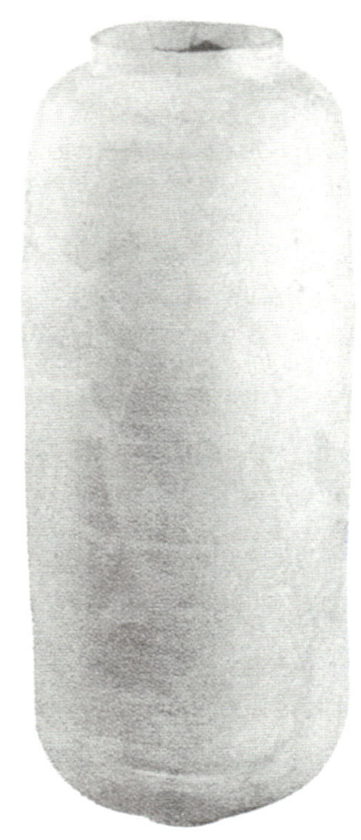

<사진 위> 쿰람의 유적지. 1948년에 쿰란 동굴에서 사해사본이 발견됨으로써 오늘날 우리가 갖고 있는 히브리어 사본의 완벽성이 더욱 입증되었다. <사진 아래> 위의 항아리는 쿰란에서 발견된 항아리다. 1947년에 이르러 사해 부근 쿰란 동굴 열한 곳에서 봉인된 항아리 속에 보존된 양피지 두루마리들을 발견했다.

전통을 계승하여 고대 사본(원 마소라사본, 대략 주전 4세기경)을 충실히 보존하고 필사했다. 마소라사본은 마소라 학자들이 필사하면서 보여주었던 노력 때문에 오늘날 믿을 수 있는 사본으로 인정받고 있다. 앞에서 말한 것처럼 현대인이 쓰는 구약 히브리 성경은 이 마소라 계통의 사본(특별히 주후 11세기에 필사된 레닌그라드사본)을 기초로 하고 있다. 결국 성경은 이러한 서기관과 마소라 학자와 같은 성경 필사자들의 세심한 노력 때문에 원본과 거의 완벽하게 기록되고 보존되었다.

오늘날 우리가 갖고 있는 히브리어사본의 완벽성은 1948년 쿰란 동굴에서 사해사본을 발견함으로써 더욱 입증되었다. 이 사해사본들은 주전 2세기에 작

이사야서의 두루마리(1세기 후반)는 사해 근처 쿰란의 동굴에서 발견된 문서 가운데 하나이다.

성된 구약 사본들인데, 놀랍게도 히브리어사본과 거의 차이가 없었다.

신약의 기록과 보존도 구약과 같은 세심한 노력에 의해서 이루어졌다. 신약의 경우도 인쇄술이 발달되지 않았기 때문에 구약처럼 필사자들에 의해서 필사되어 보존되었다. 신약이 최초로 기록된 이후로 여러 갈래의 필사본들이 나오게 되었다. 그러나 기독교가 로마의 정식 국교가 되면서 신약의 필사작업은 국가적인 지원을 받게 되었다. 이러한 지원으로 깔끔한 언설체(4-8세기 둥근 대문자 필사체)로 쓴 바티칸사본과 시내사본이 나왔다.

당시에는 있었던 여러 갈래의 필사본 중에서 로마의 국가교회는 안디옥 계열의 교정본을 중심으로 좀 더 발전된 교정본을 만들고 필사했다. 이 교정본은 일명 수리아판, 또는 비잔틴판, 콘스탄티노플판이라고 불렸다. 9세기에 오면서 언설체는 작은 초서체 헬라어 문자로 바뀌게 된다. 그 후 필사된 사본의 수는 중세 13세기에 와서 최고조에 이르렀다. 하지만 중세 서방교회에서는 신약 성경의 헬라어 원문이 별로 알려지지 않았다. 오직 라틴어 성경만이 권위 있는 성경으로 인정받았다. 그러므로 신약의 헬라어 원문의 필사본은 주로 동방교회를 중심으로 보존되었다.

성경의 형성 과정은?

모세오경 다음으로 여호수아, 사사기, 사무엘, 열왕기라는 역사서가 있다. 이 역사서들은 초기 선지서라고도 불린다. 역사서는 일반적으로 신명기의 율법적인 관점에서 쓰였다. 그래서 율법대로 살면 하나님의 축복을 받지만 율법을 어기면 하나님의 저주가 임한다는 율법주의적인 사관을 갖고 있다. 역사서는 연대로 따지면 여호수아의 정복 시작(주전 1400년경)으로부터 포로기까지(주전 6세기)로서 많은 역사적인 사실과 함께 역사를 통해 주어진 하나님의 말씀을 기록했다.

그렇다면 이 역사서들의 최종적인 형태는 언제 이루어졌을까? 열왕기하의 마지막 부분을 보면 바벨론 포로기에 유다 왕 여호야긴이 옥에서 풀려나오는 사실을 볼 수 있다. 그러므로 특별히 사무엘, 열왕기가 지금의 정경 형태로 완성된 것은 주전 6세기경 포로기로 생각할 수 있다. 그 외 선지서들은 포로기를 전후로 해서 다양한 선지자들에 의해서 쓰였고, 이들이 포로 후에 정경으로 들어왔다고 여겨진다.

성경의 각 권이 정경으로 들어 온 순서는 율법서

가 먼저이고, 그다음으로 역사서를 포함한 선지서이다. 그러면 나머지 부분은 언제 쓰였고 언제 정경으로 인정되었을까? 누가복음 24장 44절은 성경이라는 정경이 어떤 순서로 형성되었는지에 대한 실마리를 제공한다. "모세의 율법과 선지자의 글과 시편." 예수님도 구약 성경을 이와 같이 세 부분으로 나누어 설명하셨다. 이 예수님의 말씀을 통해서 학자들은 시편은 율법서와 선지서(여기에는 앞에서 언급한 역사서를 포함함) 다음으로 정경 속에 들어왔다고 본다.

실제로 모든 책이 정경으로 지금의 성경 안에 들어온 것은 아니다. 어떤 책이 정경이냐 하는 것은 에스라와 느헤미야 시대에 팔레스타인 유대교를 대표하는 회당의 서기관과 그들의 전통을 따르는 사람들에 의해 그 기준이 정해졌다. 율법서와 선지서를 제외한 나머지 부분들은 유대인에 의해 소위 '성문서'라고 불렸다. 이 성문서에는 시편, 잠언, 전도서, 아가서, 예레미야애가, 역대기, 에스라, 느헤미야, 룻기, 에스더 등이 포함되어 있다. 물론 이 성문서의 많은 내용은 포로 이전의 시대에 기록된 것들이다. 그리고 시편의 경우는 포로 이후에도 많은 시편들이 작성되어 추가되었다.

성문서는 포로 이후 독립적으로 전승해 오다가 정통 유대교에 의해서 정경으로 인정되어 성경 안에 율법서와 선지서와 함께 들어온 것이다. 성문서에 있는 역대기의 경우는 에스라서, 느헤미야서와 함께 한 권으로 묶여져 있었다. 정경에 들어오지 못한 다른 문서들이 바로 '외경' 또는 '위경'이다.

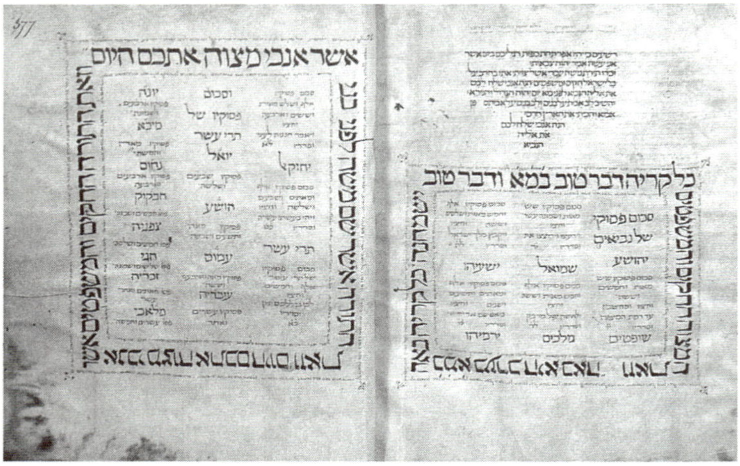

학자들은 주후 90년경 얌니아회의에서 최종적으로 랍비들에 의해 구약 성경이 공식 인준을 받아 정경화되었다고 보고 있다. 오늘날 개신교는 그 정통 유대교가 정경으로 인정한 구약만을 하나님의 말씀으로 취하고 있다. 반면 로마 가톨릭은 팔레스타인 유대인들이 정한 구약의 정경 외에 다른 외경을 첨가해서 성경으로 받아들이고 있다. 대표적인 것으로 마카비서나 토빗서 등이 있다.

13세기 히브리 성경의 목차인 위 도표에는 성경을 구성하는 책 24권의 제목이 적혀 있다.

신약의 형성은 예수님의 부활 이후 예수님의 말씀을 기록해야 된다는 필요성과 흩어진 교회에 성령의 영감으로 권면의 필요성을 느끼면서 시작되었다. 시간이 지나면서 그러한 저작물 중에 구약의 권위와 같은 성경의 권위를 부여받게 되었다. 여기서 어떤 책을 정경으로 인정하는 기준은 성령의 영감성, 사도성, 그리고 얼마나 많이 읽혀지느냐는 것이었다. 대체로 현재의 복음서가 정경으로 인정된 것은 주후 2세기 후반에 이루어졌다. 이에 반해 신약의 다른 책들은 복음서보다 더 빨리 정경으로 인정되었다. 특별히 바울 서신의 경우는 주후 1세기 말경부터 다른 구약과 같이 성경의 권위를 인정받기 시작했다.

성경의 정경과 외경의 분류?

외경이란 정경에 속하지 않은 유대인 저작물로서

성경으로 인정되지는 않지만 개인적으로 연구할 가치가 있다고 평가되는 유대 문헌이다. 이 외경은 로마 가톨릭에서는 16세기에 성경 안에 포함시켰지만 개신교에서는 인정하지 않는다. 외경을 소개하면 다음과 같다.

외경의 지혜서 표지. 외경의 지혜서는 '솔로몬의 지혜'로 불리기도 하지만 실제로는 그의 사후 수세기 뒤에 저술되었을 것으로 추정한다.

에스드라1서(1 Esdr-as)는 역대기와 에스라서, 느헤미야서에 수록된 일부 사건들을 기록하고 있는데, 여기에 세 젊은이의 논쟁(3:1-5:6) 부분이 첨가되었다. 이 세 젊은이의 논쟁 이야기는 다리오 왕의 한 경호원이 포도주와 여인과 진리 중 가장 강한 것이 무엇인지 논쟁을 벌인 후에 왕에게 성전 재건의 의무를 상기시킨다는 내용이다.

에스드라2서(2 Esdras)는 에스라4서로도 알려져 있으며, 유대의 묵시문학적 내용에 기독교적인 관점의 보충기록이 첨가되어 있다. 이 책에는 일곱 환상이 나온다. 이 환상들은 주로 이스라엘의 고난을 다루면서 장차 도래할 새 시대를 열망하는 내용을 담고 있다.

토빗서(Tobit)는 이스라엘 북왕국의 포로기간 중에 경건한 히브리인 토빗과 그의 아들 토비아스에게 일어난 이야기다. 토빗은 유배지에서도 유대 율법을 철저히 지킨다는 이유로 핍박을 받았으며, 우연히 실명하게 된 후 그의 아들 토비아스가 구해 온 물고기의 쓸개즙으로 시력을 회복한다는 내용이다.

유딧서(judith)는 느부갓네살의 수장인 홀로페르네스를 유혹하여 목을 자른 용감한 유대 과부에 관한 이야기로, 그녀가 홀로페르네스를 처단한 후 그의 군대가 포위망을 풀고 퇴각했다고 기록하고 있다. 그러나 이 이야기는 허구이다.

에스더 첨가서(Additions to Esther)는 에스더서의 내용 중 여섯 부분을 윤색하여 옮긴 책이다.

솔로몬의 지혜서(The Wisdom of Solomon)는 유대 지혜 문학서들 중 백미로 꼽히며, 헬라사상의 영향으로 형식과 구성이 뛰어난 면모를 보인다. 이 책은 지혜를 천상적인 존재로 인격화시키면서 그것을 찾도록 권면한다.

집회서(Ecclesiasticus)는 요수아 벤-시라(혹은 예수벤-

시락)의 지혜서라고 하는데, 요수아는 기원전 180년경 예루살렘에 살았던 팔레스타인 사람이다. 이 책에는 여호와를 경외하는 것과 율법을 준수하는 것을 실제 삶의 지혜와 연결시키면서, 어떻게 하면 성공적인 삶을 살 수 있는지에 대한 조언이 담겨 있다.

바룩서(Baruch)는 예레미야의 친구인 서기관에 의해 쓰인 것으로 알려져 있다. 그러나 일반적으로 학자들은 여러 사람들이 쓴 혼합 저작물로 본다. 바벨론 포로민들을 염두하며 쓴 책으로서 예루살렘의 멸망을 애도한다.

예레미야 서신(The letter of Jeremiah)은 바벨론 포로민들에게 보내는 편지 형식이라는 점에서 예레미야 29장과 유사하며, 우상 숭배를 질타하고 있다.

아사랴의 기도(The Prayer of Azariah) 및 세 젊은이의 노래(Song of the Three Holy Children)는 다니엘서에 나오는 풀무불 속에서 행해진 기도와 찬양을 담고 있다. 특히 세 젊은이의 노래는 기독교 예배에서 축복기도로 사용되었다.

므낫세의 기도(The Prayer of Manasseh)는 역대하 33장 10절 이하에 언급되는 기도의 구체적인 내용으로 여겨진다.

마카비1,2서(1,2 Macca-bees)는 기원전 175~134년에 해당하는 역사를 담고 있는 역사서로서 하스몬 왕조의 전쟁들과 요한 히르카누스의 통치 등을 수록하고 있다. 이 두 책에서는 불일치하는 내용들이 발견되었는데, 대체로 마카비1서가 좀 더 믿을 만한 것으로 여겨진다. 마카비2서는 구레네 사람 야손의 역사서에서 많은 부분을 인용하고 있다.

정경과 외경에도 포함되지 않은 유대인의 저작을 위경이라고 한다. 위경은 예수님이 오신 당시의 유대적인 배경을 보여준다는 점에서 가치가 있지만, 많은 부분이 위조되었다. 위경에는 솔로몬의 시편(주전 1세기경 출현), 12족장들의 유언집, 에티오피아의 에녹서, 제2에녹서, 희년서, 아리스테아스의 서신 등이 있다.

이스라엘 역사와 같은 구약이 하나님의 말씀으로 기록된 이유는?

성경에서 구약의 하나님의 말씀은 다른 종교의 경전처럼 명제적인 진리로 주어지지 않는다. 성경은 하나님과 인간과 이웃에 대해서 규범적인 진리를 직접적으로 가르쳐주기보다는 이스라엘의 역사를 통해 구체적으로 이스라엘에게 하나님이 어떻게 자신의 뜻을 계시하셨는지를 말하고 있다.

그러므로 인생의 의미에 대해 하나님의 직접적인 가르침을 찾고자 무심코 성경을 펼친 사람들은 당황하지 않을 수 없다. 물론 예외는 있지만(십계명) 성경은 그런 물음에 대해 직접적으로 시원하게 말하지는 않는다. 대신 우리와는 상관없고 시간적으로, 공간적으로 멀리 떨어진 작은 나라 이스라엘 민족의 역사에 많은 부분을 할애하고 있다. 그러면 이스라엘의 역사가 하나님과 인간에 대한 이해를 돕는 데 얼마나 도움을 줄 수 있을까?

이스라엘 역사가 하나님에 대한 진리를 보여주는 데 도움이 될 수 있다고 인정하는 사람들 중에도, 역사를 통해 하나님과 인간에 대한 진리를 얻는 것은 직접적인 진술보다 많은 제약이 따르고, 설령 무엇을 얻는다 해도 불충분할 것이라고 쉽게 가정하는 사람들이 있다. 그러나 결론적으로 말해서 하나님이 이스라엘의 역사를 통해 자신의 말씀을 주신 것은 우리 인간에게는 큰 축복이고 큰 유익이다. 이제 역사를 통해서 하나님의 계시가 왜 유익이며 축복인지 살펴보기로 하자.

역사학자 에드워드 기번(Edward Gibbon)은 로마제국의 쇠퇴와 멸망의 특징을 다음과 같이 말했다. "쇼와 사치(즉 풍요)에 대한 고조되는 애호, 아주 부유한 자와 아주 가난한 자 사이에 넓어져가는 간격(빈부 격차), 성에 대한 집착, 예술에서 독창성으로 가장된 기형성, 창조성을 가장한 열정주의, 국가를 떠나려하는 욕구의 증대가 로마제국의 쇠퇴 특징이다."

이러한 특징은 우리나라 삼국시대에 백제의 멸망 모습과 너무나 유사하다. 역사의 흐름에서 국가들의 멸망을 보면 왜 이렇게 유사한가? 왜 국가의 지배계급들이 쇼와 사치로 치닫게 되었을 때 나라가 망하는가? 물론 이러한 이유에 대해 어느 정도 사회적, 경제적 해답을 찾을 수도 있다. 그러나 근본적으로 역사의 흐름에서 우리가 항상 같은 교훈을 반복하여 얻는다는 것은 어떤 사회학적인 모델이나 우연에서 그 이유를 찾기보다는 역사 배후에 하나님의 섭리가 있다고 보는 것이 더 설득력이 있다. 이런 점에서 역사라는 매개체는 우리로 하여금 하나님의 섭리를 깨닫게 하는 데 큰 도움을 주는 산 교육장이다. 실로 역사를 통한 하나님의 말씀은 역사가 인간 삶의 현장이기 때문에 다른 어떤 것보다 확실한 실물 교훈이 된다.

또한 이스라엘 역사를 통해 구체적으로 하나님의 말씀이 주어진 것은 역사의 장점을 살려서 사람들로 하여금 하나님으로부터 오는 진리와 교훈을 더욱 더 분명하게 기억하도록 해준다. 역사를 통해 하나님의 말씀이 주어지고 하나님의 계시가 주어진 것은 하나님에 대한 추상적인 진술보다 더욱 하나님의 뜻을 분명하게 보여주는 장점이 있다. 하나님에 대한 추상적, 명제적 진술은 언뜻 매우 심오하고 깊은 것처럼 보인다. 그러나 과연 우리가 그러한 진술을 통해 하나님을 올바로 이해할 수 있는가는 또 다른 문제이다. 하나님을 정의할 때 인간의 한계로 추상적인 개념을 사용하게 되면, 결국 우리는 하나님에 대해 막연한 관념만을 가질 수밖에 없다. 그래서 구체적으로 하나님이 어떤 존재이며 어떠한 영향을 주는지가 모호해지게 된다.

그러나 인간의 역사를 통해서 인간과 동행하시는 하나님의 모습과 그런 모습 속에서 주어지는 말씀은 하나님에 대한 추상적인 진술이 아니기 때문에 더 이해하기 쉽고 더욱 명료해진다. 그래서 보다 더 명확하고 구체적인, 객관적인 이해를 가져다준다. 예를 들어 하나님에 대한 추상적인 진술은 하나님의 사랑과 관련할 때 너무 막연하기 때문에 하나님의 사랑이 구체적으로 어떤 사랑인지 인간 편에서 헤아리기가 쉽지 않다. 그러나 역사를 통해 인간생활에 간섭하시고 구원을 베푸시는 하나님의 모습은 하나님의 사랑을 더 객관적으로 잘 보여준다.

마지막으로 역사를 통한 하나님의 말씀은 하나님은 역사의 주관자이시며 세상 역사는 하나님의 섭리와 목적을 향해 움직인다는 사실을 보여준다. 그러므로 우리로 하여금 역사 배후에 있는 하나님의 뜻과 하나님의 계획(구속)을 발견하도록 깨닫게 해준다.

이스라엘의 역사를 다룬 구약은 신약과 비교해서 가치가 떨어져 보인다. 신약은 원수까지도 사랑하라고 하는데, 구약에서는 전쟁과 싸움이 빈번히 하나님의 이름으로 이루어지고 있기 때문이다. 그리고 구약의 내용은 지리적으로 이스라엘 사람들을 위한 기록이고 시대적으로 과거여서 오늘날과 맞지 않는 부분이 너무나 많다. 그래서 초대교회 이단자 중에 말시온은 구약을 성경으로 받아들이기를 거부했다. 그러나 구약의 말씀과 예언이 여전히 우리를 위해 있기 때문에 사도 바울은 구약의 소중함을 다음과 같이 강조했다. "무엇이든지 전에 기록된 바는 우리의 교훈을 위하여 기록된 것이니 우리로 하여금 인내로, 또는 성경의 위로로 소망을 가지게 함이니라"(롬 15:4).

요약하건대 구약은 신약을 위한 그림자이다. 그러므로 이스라엘의 역사를 다룬 구약에서 우리는 하나님 뜻의 원리를 찾을 수 있다. 그리고 이스라엘 민족은 오늘날 하나님의 백성인 그리스도인들의 예표로 이해될 수 있다. 성경을 읽는 바른 태도는 구약을 신약의 빛에서 보면서 동시에 신약은 구약의 빛 안에서 읽는 것이다.

성경이 현대어로 번역되어 온 과정은?

구약은 히브리어, 신약은 헬라어로 기록되어 있다. 물론 구약이 오직 히브리어로만 기록되어 있는 것은 아니다. 에스라서, 다니엘서, 그리고 예레미야서 일부분은 아람어로 기록되어 있다. 아람어는 아시리아제국 당시 국제외교의 통용어로 사용된 언어로서 그 영향이 성경에 들어온 것이다.

성경이 현대어로 번역되어 오기 전에 고대 성경 번역의 역사를 추적해 볼 필요가 있다. 먼저 구약의 고대 번역을 살펴보기로 하자. 이스라엘 백성들은 바벨론 포로 이후 외국으로 흩어져서 살게 되었는데, 이들이 바로 디아스포라 유대인들이다. 이들이 외국에서 헬라문화의 지배를 받게 되면서 모국어를 모르고 헬라어를 사용하는 후세대인들이 등장했다. 따라서 이들이 이해할 수 있는 헬라어 번역본이 필요했다. 그 결과로 70인역(Septuagint)이 출연했다. 이 번역은 주전 2세기경에 이루어졌다. 또한 유대인들의 통용어인 아람어로 구약을 번역하게 되었는데, 그것이 주후 2세기 초반에 팔레스타인에서 등장한 아람어 탈굼이다.

주후 2세기 후반에 헬라어로 된 신약이 처음 수리아어로 번역되었다. 수리아어는 아람어계열의 방언이다. 이 수리아 번역본은 발전되어 5세기경에 수리아어로 된 페쉬타 성경이 나왔다. 또한 2세기에 신약이 라틴어로 번역되었다. 하지만 구체적으로 그 번역자가 누군지는 알려지지 않았다.

주후 4세기에 교황의 위임을 받은 제롬은 구약과 신약을 라틴어로 번역하였다. 그 후 그의 라틴어 번역본은 중세교회에 공식적인 성경이 되었다. 그의 번역본을 불가타라고 하는데 '불가타'란 라틴어로 '공통된'이라는 뜻이다.

성경은 중세시대에 다시 약 33개 어로 번역되었다. 그중에 유럽에서 22개의 언어로 번역되었다. 특별히 앵글로 색슨어로 처음 번역된 것은 주후 7세기의 일이다. 그러나 이것은 고대영어로 부분적인 번역이었다. 윌리엄 1세가 영국을 정복하여(1066년) 영어에 많은 불어 단어가 차용되었고, 중세 영어시대를 맞이하면서 위클리프는 14세기에 중세 영어로 성경 전체를 처음으로 완역하였다. 그 후 틴데일과 코버데일, 토마스 마태 등에 의해 번역이 이루어졌고, 틴데일 번역본, 코버데일 성경, 마태 성경, 제네바 성경 등의 영어성경이 출현했다.

그러나 영어성경 번역에 큰 이정표를 세운 번역본은 제임스 1세의 명령에 의해 표준성경으로 만들어진 킹 제임스판 영어성경이었다(KJV, 1611년). 이 킹 제임스판 성경에는 원래 구약의 외경도 포함되

성경을 라틴어로 번역한 성 제롬. 제롬은 언어에 대한 해박한 지식과 문학적인 자질로 번역에서 독특한 재능을 보여주었다. '불가타 역'이라 부르는 그의 번역 덕분에 라틴어권의 서양 세계는 서구 문화의 중요한 토대의 일부를 그에게 빚진 셈이 되었다.

구텐베르크 성경. 1455년 완성된 소위 구텐베르크 성경은 그 연대가 인쇄술의 역사에서는 중요한 의미일 수 있어도 성경의 역사에서는 그리 큰 사건이 되지 못한다. 기존의 판본을 그대로 인쇄한 것에 지나지 않기 때문이다.

어 있었다. 그 후 킹 제임스판 성경은 2세기 반 동안 독보적인 위치를 차지했다. 그러나 언어의 변천과 원어 성경의 연구로 이 성경도 다시 개정되어야 했다. 오늘날 영어성경은 개역표준성경(The Revised Standard Version)과 NASB(New American Standard Bible), NIV(New International Version), NEB(New English Bible) 등이 있다.

독일어 번역은 루터 이전에도 있었지만 성경원어에서 직접 성경 전체를 현대 독일어로 번역한 사람은 루터였다(1534년). 19세기에 선교의 관심과 함께 성경은 더 많은 언어로 번역되었다. 중국어 성경 완역본이 1823년 로버트 모리슨에 의해서 이루어졌고, 일본의 경우는 1879년 사무엘 브라운에 의해서 신약이 일본어로 번역되었다. 한국의 경우는 1887년 존 로스에 의해서 신약이 한글로 번역되었다.

성경 번역은 앞으로도 계속 진행될 것이다. 왜냐하면 언어가 세월에 따라 변하고 원문에 대한 성경 연구가 계속 발전하며, 더군다나 어떤 번역도 원어에 완벽할 수가 없기 때문이다. 한때 킹 제임스판이 오랫동안 표준성경으로 군림하였으나 시대가 지나면서 결국 그 성경도 개정되어야 했다. 성경은 고대의 문헌이 아니라 현재를 살아가는 이들을 위한 생동감 있는 하나님의 말씀이다. 따라서 말씀이 살아 움직이도록 번역 작업을 위한 끊임없는 노력은 필연적인 것이라고 하지 않을 수 없다.

성경이 한글로 번역되어 온 과정은?

한글 성경 번역은 1877년 만주 선교사 로스가 어학교사 이응찬과 함께 본격적으로 시작했다. 로스는 원래 스코틀런드 연합장로교에 의해 1872년 중국 만주에 영구토 파송된 선교사였다. 중국에 온 로스는 마음이 바뀌어 한국 선교에 관심을 갖게 되어 어학교사 이응찬을 만나게 되었던 것이다. 로스는 이응찬과 함께 번역을 시작했는데, 뒤이어 이응찬의 소개로 김진기를 비롯한 의주청년들이 번역에 가담하게 되었다. 결국 로스는 1887년까지 신약을 번역하여 한국 최초로 「예수셩교젼서」라는 신약 완역본을 출판하게 되었다(1887년). 로스본이라고 불리는 이 성경 번역본은 그 후 1890년대까지 한국교회 출발과 형성에 큰 영향을 미쳤다.

한편 1882년에 임오군란의 뒤처리를 위해 박영효 일행이 일본에 수신사로 갈 때에 수행했던 이수정은 일본으로 건너가서 1883년 미국인 선교사 낙스(Knox)로부터 세례를 받았다. 그 후 그는 미국성서공회의 지원을 받아 새로운 성경 번역을 시도했다. 그가 번역한 이 수정본은 「신약마가젼복음셔언해」로서 마가복음만을 한글로 번역한 것이었다(1885년).

이때까지의 번역은 국외에서 이루어졌기 때문에 시기적으로 이 기간을 국외번역기라고 한다. 본격적으로 국내 번역에 눈을 뜬 것은 1885년 선교사들이 내한하면서부터이다. 언더우드를 비롯한 한국 선교사들은 국외에서 이루어진 로스본과 이 수정본의 개정과 새 번역의 필요성을 느끼기 시작했다. 마침내 선교사들은 1887년 상임성서위원회를 조직하고 이수정의 마가복음 개정본인 「마가의젼한복음셔언해」를 출간했다. 그 후 언더우드는 새로운 표준 번역본을 추진했다. 당시 아펜젤러와 스크랜턴 등은 로스본을 약간 수정하여서 계속 사용할 것을 주장했지만 언더우드는 즉각적인 새 번역을 주장했던 것이다.

결국 상임성서위원회는 1890년 6월 11일 신약의 새 번역을 위해 언더우드와 스크랜턴을 전담 번역자로 임명했다. 이 결정을 통해 국내 번역시대가 새롭게 열리게 되었다. 그러나 이 두 사람은 도중에 미국으로 돌아감으로써 새 번역은 중단되었다. 1891년 이 두 사람은 마태복음 7장도 끝내지 못한 채 아내의 건강 때문에 미국으로 돌아갔던 것이다.

돌연한 중단으로 새 번역 사업은 난관에 부딪쳤다. 그러나 1893년 켄뮤어의 방한과 중재로 상임성서위원회는 상임성서실행위원회로 개편되고, 게일 목사가 위원으로 추천되어 새 번역이 본격적으로 시작되었다. 이 새 번역은 한국교회에게 성경 번역 외에 또 다른 의미를 주었다. 새 번역이 나옴으로써 이제 한국교회의 흐름이 로스본의 후원자였던 스코틀랜드 기독교에서 새 번역의 주체자인 미국 기독교와 미국 선교사들에게 넘어가게 되었던 것이다.

새 번역은 개정을 거쳐 1906년에 비로소 공인역본인 「신약젼서」가 나왔다. 구약은 이보다 다소 늦은 1910년에 번역이 완료되어 이듬해에 출간되었다. 이렇게 해서 번역되어 나온 신구약 합본이 바로 「구역성경」이다(1911년). 이 「구역성경」은 1938년에 다시 전면 개정되어 「개역 성경」이 나오게 되었다. 이후 다시 1956년에 편집이 시작되어 1961년에 「개역한글판」이 나왔고, 몇 차례의 수정을 거쳐 1998년에 「개역개정판 성경전서」가 나오게 된 것이다.

이제 한글로 번연된 한글성경은 과연 성경의 원본에 얼마나 충실한가 하는 문제를 생각해 보기로 하자. 결론적으로 오늘날 학자들은 한글성경을 보고 하나님의 섭리와 은혜에 감탄한다. 당시에 헬라어와 히브리어에 대한 미약한 지식에도 불구하고 번역된 한글성경은 원문에 상당히 충실하게 번역되었기 때문이다. 그러므로 여기서 우리는 한글성경 번역과정에서 하나님의 도움의 손길을 발견하게 된다.

오늘날 학자들은 한글성경을 보고 하나님의 섭리와 은혜에 감탄한다. 당시에 헬라어와 히브리어에 대한 미약한 지식에도 불구하고 번역된 한글성경은 원문에 상당히 충실하게 번역되었기 때문이다. 그러므로 여기서 우리는 한글성경 번역과정에서 하나님의 도움의 손길을 발견하게 된다.

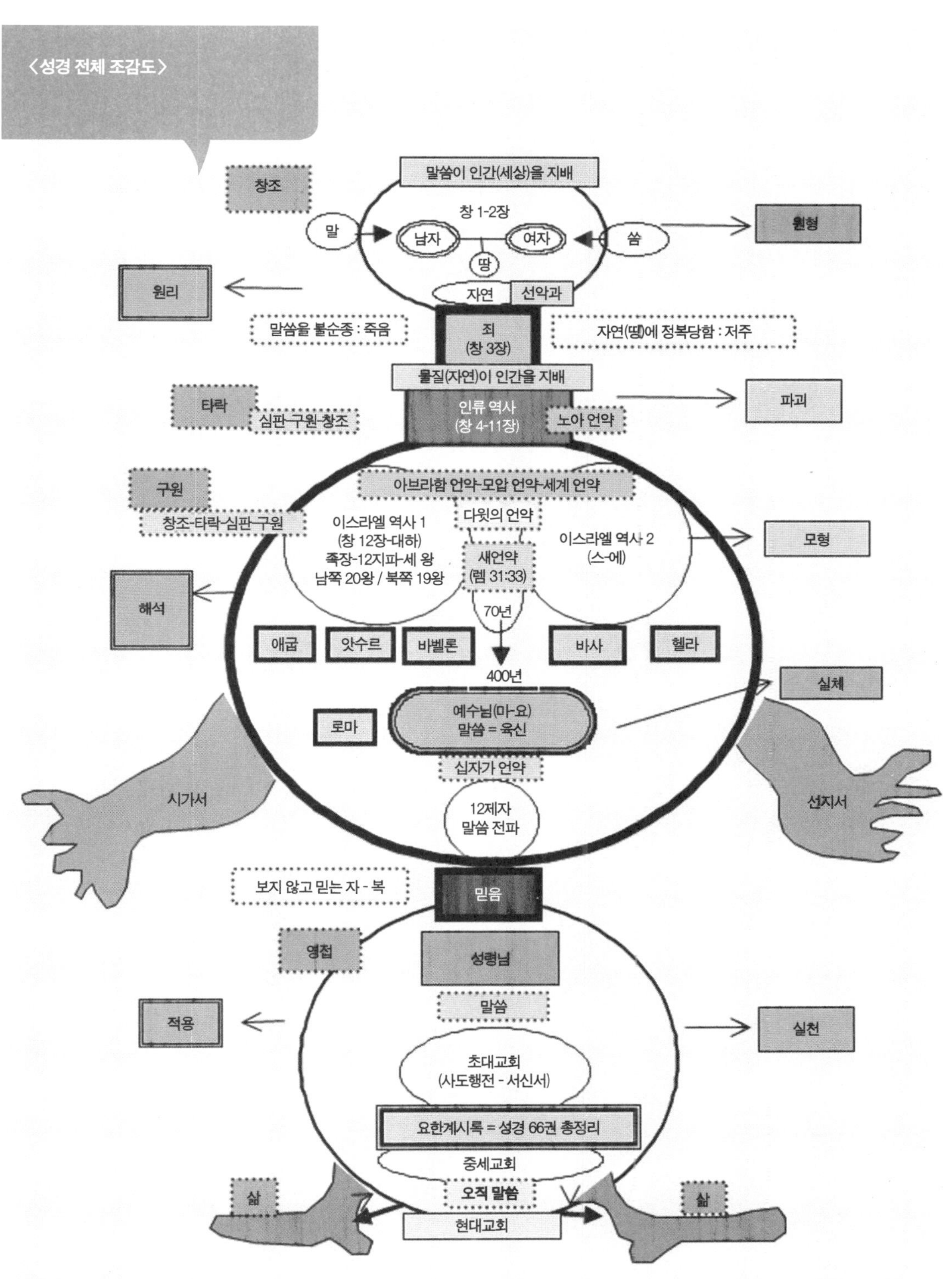

(<내 인생을 바꾼 31일 성경통독>, 이대희 저, 21쪽 발췌)

하나님의 **천지창조**와 인간의 **범죄**

"태초에 하나님이 천지를 창조하시니라. 땅이 혼돈하고 공허하며 흑암이 깊음 위에 있고 하나님의 영은 수면 위에 운행하시니라"(창 1:1-2). 창세기는 "태초에 하나님이 천지를 창조하셨다"라는 장엄한 선포로 시작한다. 이 선포에는 어떤 설득도, 논리도, 변증도 들어 있지 않다. 이것은 우리 삶에 믿음으로 받아들여야 할 대 전제이다. 이 전제를 믿음으로 받아들일 때 하나님의 창조역사가 나의 삶에 일어나기 시작한다.

그렇다면 하나님이 역사하신 창조의 특징은 무엇인가? 그것은 오직 말씀만으로 일어나는 창조라는 점이다. 우리 삶을 궁극적으로 새롭게 하는 것은 오직 하나님의 말씀뿐이다. 그리고 이 창조는 혼돈과 공허 가운데 생명 없고 의미 없고 무질서한 시공간의 무대가 의미와 질서로 새롭게 자리잡혀가는 역사를 보여준다. 하나님의 말씀이 선포되자 무에서 유로, 혼돈에서 질서로, 어둠에서 빛으로 새롭게 질서가 잡혀졌다. 하나님은 의미와 질서로 온전히 자리잡힌 곳을 향해 "보시기에 좋았더라"고 말씀하셨다.

창세기의 첫 부분은 뒤에 오는 부분에 대한 하나의 서문이라고 할 수 있다. 이 서문은 하나님은 누구신지, 그리고 하나님이 어떻게 세상과 관계를 맺으시는지를 설명한다. 그래서 창세기 1장 2절부터 2장 3절에 해당되는 프롤로그는 성경 전체를 해석하는 데 핵심적인 열쇠가 된다. 그렇지만 이 서문에 해당되는 말씀은 신학적인 진술 그 이상의 것이다. 이것은 창조주, 즉 그로 말미암아 또 그를 위하여 만물이 존재하는 창조주에 대한 찬송이기도 한다.

또한 장엄한 천지창조를 시적으로 묘사하여 성경에서 자주 나오는 7단계로 나누고 있다. 어떠한 문학이나 과학에서도 물체의 기원을 나타내는 데 있어서 이것보다 더 웅장한 것은 없다. 그렇다면 누가 천지창조의 찬가를 썼을까? 모세는 이것을 사용했지만 기록한 것은 오래 전인 아브라함 혹은 노아, 에녹, 아담인 것 같다. 문자는 모세시대 이전부터 일반적으로 사용되었다. 그리고 하나님의 어떤 '계명, 법칙, 율법'은 모세시대보다 600년 전인 아브라함시대에 있었다.

그렇다면 이것을 기록한 사람은 인간이 창조되기 이전의 일을 어떻게 알았을까? 하나님이 이 찬가를 아담에게 가르쳐주셨는지도 모른다. 이것은 가족들이 모인 자리에서 암송되고, 예배의식으로 사용되며, 글자가 발명될 때까지 하나님의 보호 아래 대대로 전해지다가 드디어 모세에 이르러 하나님의 책의 시작을 이루게 된 것 같다. 우리가 믿고 있는 대로 성경이 하나님의 말씀이고, 또 하나님이 인간을 구속하는 도구로 성경을 사용하실 것을 처음부터 계획하신 것이다.

하나님이 창조하신 천지의 크기는?

창세기 서두는 "하나님이 천지를 창조하셨다"라고 말씀한다. 여기서 천지는 문자 그대로 하늘과 땅을 가리키기보다는 우주 전체를 의미하는 히브리어 용법이다. 그러므로 이 말씀을 오늘날 현대어로 좀 더 정확하게 바꾸면 "하나님이 태초에 모든 것을 만드셨다"라고 번역할 수 있다.

여기서 '창조하다'라는 동사(히브리어로 '빠라')는 일차적으로 하나님이 자유롭게 자신의 주권으로 전혀 새로운 것을 만드셨다는 의미를 갖는다. 그리고 이 동사는 하나님의 창조행위가 무에서 유를 창조하는 행위임을 암시해준다. 시편 기자는 무에서 유를 창조하신 하나님의 창조를 다음과 같이 말한다. "그것들이 여호와의 이름을 찬양함은 그가 명령하시므로 지음을 받았음이로다"(시 148:5). 즉 하나님은 말씀으로 만물을 만드셨다고 증거하고 있는 것이다.

한편 고대 근동아시아의 창조설화는 창조자가 무에서 유를 창조하는 것이 아니라 어떤 매개 물질을 가지고 창조한 것으로 묘사한다. 메소포타미아의 창조설화를 기록한 에누마 엘리시 서사시에는 신 마르둑이 그와 싸운 신 티아마트(바다 또는 바다의 괴물로 등장)를 죽이고 그 시체로 우주와 땅을 만들었다고 기록한다. 물론 성경에도 하나님이 창조하실 때 땅 위에 수면이 있었다고 말한다(창 1:2). 그러나 그 물(바다)은 또 다른 하나님의 창조물이며 창조의 매개물은 아니다. 잠언서는 하나님이 지혜로 땅과 산과 하늘과 바다까지 만드셨다고 분명하게 강조한다(잠 8:22-30).

하나님의 천지창조는 어떤 물질을 매개로 이루어진 것이 아니라 완전히 무에서 이루어진 것이다. 이 하나님의 창조 안에는 시간과 공간, 그리고 그 속에 있는 모든 만물이 포함된다. 그렇기 때문에 만물과 같이 시간도 하나님의 주권 안에 있는 것이다. "주여 주는 대대에 우리의 거처가 되셨나이다. 산이 생기기 전 땅과 세계도 주께서 조성하시기 전 곧 영원부터 영원까지 주는 하나님이시니이다. 주께서 사람을 티끌로 돌아가게 하시고 말씀하시기를 너희 인생들은 돌아가라 하셨사오니 주의 목전에는 천 년이 지나간 어제 같으며 밤의 한순간 같을 뿐임이니이다"(시 90:1-4).

시편 기자는 하나님은 피조물인 시간과 공간으로부터 독립된 영원한 주권자임을 선포한다. 성경의 다른 곳에서 하나님은 시간을 움직여 여호수아와 히스기야에게 기적을 일으키셨다고 말한다. 과학자들도 아인슈타인의 일반상대성이론을 통해 시간도 공간과 같은 역학적 양이라는 사실을 발견했다. 즉 물체가 움직이고 힘이 작용할 때 시간과 공간의 곡률에 영향을 주고, 시공간의 구조는 물체의 운동과 힘의 작용에 영향을 주게 된다는 것이다. 따라서 시간은 공간과 불가분의 관계에 있고, 어느 시점에서 공간과 함께 시작되었다는 것이다. 성경은 바로 그 시간과 공간의 시작이 하나님의 창조로부터 이루어졌다고 증거하고 있다.

> 하나님이 역사하신 창조의 특징은 무엇인가? 그것은 오직 말씀만으로 일어나는 창조라는 점이다. 우리 삶을 궁극적으로 새롭게 하는 것은 오직 하나님의 말씀뿐이다.

앞에서 말한 바와 같이 어떤 사람들은 창세기 1장 2~3절의 "땅이 혼돈하고 공허하며 흑암이 깊음 위에 있고 하나님의 영은 수면 위에 운행하시니라. 하나님이 이르시되 빛이 있으라 하시니 빛이 있었고"라는 말씀을 통해 하나님이 빛을 만들기 전 이미 땅이 존재했기 때문에 하나님의 창조범위는 제한적이었다고 주장한다. 그러나 이미 창세기 1장 1절에 하나님은 모든 만물을 만드셨다고 선언하기 때문에 창조의 범위를 제한하는 것은 잘못이다. 히브리어의 문장구조상 창세기 1장 2절은 상황절로서 구체적으로 형체를 갖고 있지 않은 땅을 초점으로 하나님의 창조과정을 설명하기 위한 도입부분이다.

과학자들은 허블의 관찰을 통해 우주가 팽창한다는 것을 발견했다. 그리고 그것을 근거로 우주의 시작이 대폭발(Big Bang)에 의해 이루어졌다는 가설을 세웠다. 이러한 대폭발이론에 대해서 가톨릭교회는 1951년 그 이론이 빛으로 세상의 창조가 시작되었다는 성경의 취지와 일치한다고 성명서를 발표했다. 그러나 성경은 그 빛의 성격에 대해서 명확히 말을 하고 있지 않기 때문에 지나친 상상은 금물이다.

천문학자들은 태양계가 속해 있는 은하계에는 3백억 개 이상의 항성이 있고, 지구의 150만 배나 큰 태양보다 더 큰 별이 많다고 추측한다. 은하수는 둥근 모양인데 그 직경은 20만 광년이다. 1광년은 빛이 초속 30만 킬로미터의 속도로 1년 동안 가는 거리이다. 우주에는 적어도 10만 개의 은하수가 있고, 어떤 것은 지구에서 수백만 광년이나 떨어져 있다. 하지만 이 모든 것도 하나님이 창조하신 광대무변한 공간에 비하면 조그만 점에 지나지 않는다.

천지창조 7일 동안에는 무슨 일이?

창세기 1장을 보면 하나님의 천지창조는 일정한 순서에 의해서 진행되어진 것을 알 수 있다. 하나님은 6일 동안 천지만물을 창조하시고 제7일에는 안식함으로써 창조를 마무리하셨다. 혹자는 성경에 기록한 날이라는 히브리어는 24시간의 시간보다 더 긴 시간을 의미할 수 있기 때문에 문자적인 하루가 아니라 긴 세대를 의미한다고 주장한다. 그러나 성경은 저녁과 아침을 명시하며 "저녁이 되며 아침이 되니"라는 말을 되풀이하고 있다. 그렇기 때문에 원칙적으로 여기서 하루는 문자 그대로 하루 24시간을 의미한다. 하지만 해와 달이 제4일에 만들어졌기 때문에 1~3일까지에서 날의 시간 길이는 24시간이 아닐 가능성도 있다.

또한 창세기 1장은 여호와 하나님이 창조를 위해 얼마의 시간을 소비했는가에 초점이 있기보다는 정연한 순서에 의해 창조가 이루어졌음을 강조하는 데 그 목적이 있다. 그러기에 여기서 꼭 날을 24시간으로 생각하지 않을 수도 있다. 이런 관점에서 성경학자 브루스 월키는 창세기 1장에서의 날은 인간적인 날이 아니라 하나님의 날이기 때문에 인간적인 생각에서 24시간으로 규정하는 것은 심사숙고해야 한다고 주장한다. 어쨌든 창세기 1장에서 날의 길이는 오늘날 보수주의 학자들 사이에서도 논란의 대상이 되고 있다.

첫째 날의 상황은 땅이 혼돈하고 공허했다. 그리고 그 위에 하나님의 신이 수면 위에 운행하시고 있다고 진술한다. 여기서 '혼돈하고 공허하다'라는 말은 아직 땅이 형체를 갖추지 않고 채워지지 않은 상태를 의미한다. 이 말은 보통 황무지와 같은 모습을 묘사할 때도 사용된다(렘 4:23-26). 하나님의 신이 수면 위에 운행하신다고 할 때 그 동사는 새가 자신의 새끼 위를 감싸고 도는 동작을 뜻한다.

이 동사는 모세가 이스라엘을 광야 황무지에서 인도하시는 하나님의 행동을 묘사할 때 다시 등장한다. "마치 독수리가 자기의 보금자리를 어지럽게 하며 자기의 새끼 위에 너풀거리며 그의 날개를 펴서 새끼를 받으며 그의 날개 위에 그것을 업는 것 같이 여호와께서 홀로 그를 인도하셨고 그와 함께한 다른 신이 없었도다"(신 32:11-12). 이것은 하나님이 출애굽을 통해 이스라엘 민족을 광야로 인도하시는 행위는 하나님이 태초에 천지를 창조하신 것과 같은 차원에서 새로운 창조였음을 암시한다. 그러므로 출애굽 사건은 이스라엘이 하나님의 백성으로 하나님의 창조적인 능력을 통해 새롭게 창조되는 사건이었음을 보여준다.

이날에 하나님은 빛을 만드셨다. 그리고 그 빛은 말씀으로 창조되었다. 그 빛에 대해서 하나님은 보시기에 좋았더라고 판단하셨다. 이러한 창조의 모습은 하나님이 창조자뿐만 아니라 선의 판단자임을 보여준다. "하나님이 이르시되 빛이 있으라 하시니 빛이 있었고 빛이 하나님이 보시기에 좋았더라. 하나님이 빛과 어둠을 나누사 하나님이 빛을 낮이라 부르시고 어둠을 밤이라 부르시니라. 저녁이 되고 아침이 되니 이는 첫째 날이니라"(창 1:3-5).

둘째 날에 하나님은 물 가운에 궁창을 만들고, 궁창 위의 물과 궁창 아래의 물로 나뉘게 하셨다. 이 궁창은 일차적으로 지구의 대기권을 가리키는 것처럼 보인다. 하나님은 이 궁창을 하늘이라고 칭하셨다. 그러나 창세기 1장 14절에서 하나님은 이 하늘에 광명을 만드셨기 때문에 여기서 창조된 하늘은 우주 공간을 포함한다고 말할 수 있다. "하나님이 이르시되 물 가운데에 궁창이 있어 물과 물로 나뉘라 하시고 하나님이 궁창을 만드사 궁창 아래의 물과 궁창 위의 물로 나뉘게 하시니 그대로 되니라. 하나님이 궁창을 하늘이라 부르시니라. 저녁이 되고 아침이 되니 이는 둘째 날이니라"(창 1:6-8).

셋째 날에 하나님은 물을 한 곳으로 모이게 하고 육지를 드러나게 하셨다. 그 모인 물을 바다라 칭하시고, 드러난 육지를 땅이라고 칭하셨다. 또한 이날에 하나님은 땅에 풀과 씨 맺는 채소와 각기 종류대로 씨 가진 열매 맺는 과목을 내게 하셨다. "하나님

바티칸 시스티나성당에 있는 미켈란젤로의 <아담의 창조>

이 이르시되 천하의 물이 한 곳으로 모이고 뭍이 드러나라 하시니 그대로 되니라. 하나님이 뭍을 땅이라 부르시고 모인 물을 바다라 부르시니 하나님이 보시기에 좋았더라. 하나님이 이르시되 땅은 풀과 씨 맺는 채소와 각기 종류대로 씨 가진 열매 맺는 나무를 내라 하시니 그대로 되어 땅이 풀과 각기 종류대로 씨 맺는 채소와 각기 종류대로 씨 가진 열매 맺는 나무를 내니 하나님이 보시기에 좋았더라. 저녁이 되고 아침이 되니 이는 셋째 날이니라"(창 1:9-13).

넷째 날에 하나님은 큰 두 광명인 해와 달을 만드셨고 별을 만드셨다. "하나님이 이르시되 하늘의 궁창에 광명체들이 있어 낮과 밤을 나뉘게 하고 그것들로 징조와 계절과 날과 해를 이루게 하라. 또 광명체들이 하늘의 궁창에 있어 땅을 비추라 하시니 그대로 되니라. 하나님이 두 큰 광명체를 만드사 큰 광명체로 낮을 주관하게 하시고 작은 광명체로 밤을 주관하게 하시며 또 별들을 만드시고 하나님이 그것들을 하늘의 궁창에 두어 땅을 비추게 하시며 낮과 밤을 주관하게 하시고 빛과 어둠을 나뉘게 하시니 하나님이 보시기에 좋았더라. 저녁이 되고 아침이 되니 이는 넷째 날이니라"(창 1:14-19). 당시 고대 근동아시아에서는 해와 달은 중요한 신이었고, 별은 인간의 운명을 지배하는 신적인 존재였다. 그러므로 해와 달과 별의 창조는 반대로 그런 것들이 미신임을 보여주는 선언이었다. 한편 태양이 이날에 창조되었는데 그 전에 어떻게 아침과 저녁이 생겨 하루가 있을 수 있느냐고 반문할 수도 있다. 이에 대해 신학자 카수토는 고대 히브리인들의 사고는 태양과 낮을 반드시 서로 연결시키지 않았다고 지적한다. 그래서 태양이 없어도 낮을 생각할 수 있었다는 것이다. 어쨌든 태양이 만들어지기 전에는 첫째 날에 만들어진 빛을 통해 낮과 밤이 이루어졌다고 생각할 수 있다. 그리고 넷째 날에 와서 태양을 통해 주야를 주관하게 하셨다고 설명할 수 있다.

다섯째 날에는 바다에 물고기와 하늘에 각종 새들을 만드셨다. "하나님이 이르시되 물들은 생물을 번성하게 하라. 땅 위 하늘의 궁창에는 새가 날으라 하시고 하나님이 큰 바다 짐승들과 물에서 번성하여 움직이는 모든 생물을 그 종류대로 날개 있는 모든 새를 그 종류대로 창조하시니 하나님이 보시기에 좋았더라. 하나님이 그들에게 복을 주시며 이르시되 생육하고 번성하여 여러 바닷물에 충만하라. 새들도 땅에 번성하라 하시니라. 저녁이 되고 아침이 되니 이는 다섯째 날이니라"(창 1:20-23). 첫 3일 동안에 이루어진 하나님의 창조사역과 다음 3일 동안의 사역이 상응한다는 것은 이제 더 분명해졌다. 첫째 날 빛이 창조되었고, 넷째 날 하늘의 광명이 창조되었다. 둘째 날 하늘과 바다가 창조되었고, 다섯째 날 새들과 물고기가 창조되었다. 여기에서 창세기가 다시 한 번 질서에 대한 하나님의 관심을 강조하고 있다.

여섯째 날에는 땅의 짐승과 육축과 기는 것들을 만드셨고, 하나님의 형상대로 사람을 만드셨다. "하나님이 이르시되 땅은 생물을 그 종류대로 내되 가축과 기는 것과 땅의 짐승을 종류대로 내라 하시니 그대로 되니라. 하나님이 땅의 짐승을 그 종류대로 가축을 그 종류대로 땅에 기는 모든 것을 그 종류대로 만드시니 하나님이 보시기에 좋았더라. 하나님이 이르시되 우리의 형상을 따라 우리의 모양대로 우리가 사람을 만들고 그들로 바다의 물고기와 하늘의 새와 가축과 온 땅과 땅에 기는 모든 것을 다스리게 하자 하시고 하나님이 자기 형상 곧 하나님의 형상대로 사람을 창조하시되 남자와 여자를 창조하시고 하나님이 그들에게 복을 주시며 하나님이 그들에게 이르시되 생육하고 번성하여 땅에 충만하라. 땅을 정복하라. 바다의 물고기와 하늘의 새와 땅에 움직이는 모든 생물을 다스리라 하시니라. 하나님이 이르시되 내가 온 지면의 씨 맺는 모든 채소와 씨 가진 열매 맺는 모든 나무를 너희에게 주노니 너희의 먹을거리가 되리라. 또 땅의 모든 짐승과 하늘의 모든 새와 생명이 있어 땅에 기는 모든 것에게는 내가 모든 푸른 풀을 먹을거리로 주노라 하시니 그대로 되니라. 하나님이 지으신 그 모든 것을 보시니 보시기에 심히 좋았더라. 저녁이 되고 아침이 되니 이는 여섯째 날이니라"(창 1:24-31). 창조기사는 여섯째 날에 이르러 그 정점에 달한다. 이전의 어떤 날보다 이 날에 이루어진 하나님의 사역에 대해 보다 상세하게 기록하고 있음을 우리는 주목해야 한다. 또한 이 기사는 셋째 날(땅)의 언어들과 병행을 이룬다. 여기에서 창세기는 하나님의 계획 안에 있는 인간의 목적과 위치를 규정하고 있다. 하나님은 "우리의 형상을 따라 우리의 모양대로 사람을 만들자"고 하셨다. 이 말씀은 무엇보다 인간, 즉 남자와 여자가 땅 위에서 하나님을 대신하는 대리인이라는 뜻이다.

> 하나님의 창조사역은 하나님이 순서에 따라 행하시는 분임을 보여주기 때문에 우리로 하여금 조급해하지 말고 하나님의 때를 기다리는 자세를 견지할 것을 가르쳐준다.

그리고 제7일에 안식하셨다. "천지와 만물이 다 이루어지니라. 하나님이 그가 하시던 일을 일곱째 날에 마치시니 그가 하시던 모든 일을 그치고 일곱째 날에 안식하시니라. 하나님이 그 일곱째 날을 복되게 하사 거룩하게 하셨으니 이는 하나님이 그 창조하시며 만드시던 모든 일을 마치시고 그날에 안식하셨음이니라"(창 2:1-3). 표현 양식과 문체의 갑작스러운 변화는 안식일이 다른 날과 구분됨을 확실히 부각시킨다. 여기에서 일곱째 날이 안식일이라고 분명히 지명되지는 않았지만 암시적으로 표현되어 있다. 왜냐하면 "그가 안식하셨다"는 말씀은 곧 "그가 안식일을 지키셨다"는 말씀으로 바꿔 표현할 수 있기 때문이다. 또한 하나님이 이날을 복 주시고 거룩하게 하셨다는 점에서 일곱째 날의 중요성은 더욱 두드러진다.

우리가 이상에서 보듯 하나님이 6일 동안 창조하신 일은 계획적이라는 사실을 알 수 있다. 즉 첫째 날에 빛, 둘째 날에 하늘(바다도 포함될 수 있다), 셋째 날에 땅과 풀과 채소와 과목을 창조하시고, 다음날에는 거기에 맞는 창조물을 대칭적으로 만드셨던 것이다. 그래서 넷째 날에는 첫째 날에 빛을 만드신 것처럼 좀 더 구체적으로 광명과 별을 만드셨고, 다섯째 날에는 둘째 날에 만든 하늘과 바다를 채울 수 있는 새와 물고기를 만드셨다. 그리고 마지막으로 여섯째 날에는 셋째 날에 만드신 땅과 식물을 이용할 수 있는 동물과 사람을 만드신 것이다. 하나님은 전능하신 분이기에 이러한 순서를 갖지 않고도 한순간에 마음만 먹으면 모든 것을 만드실 수 있었다. 하지만 하나님은 먼저 계획을 세우시고, 그 순서에 따라 창조를 실행에 옮기셨다.

이러한 사실은 하나님의 성품에 대해서 많은 것을 시사해준다. 우리는 때때로 하나님이 우리의 기도에 당장 응답하시지 않는다고 불평한다. 그러나 하나님의 창조사역은 하나님이 순서에 따라 행하시는 분임을 보여주기 때문에 우리로 하여금 조급해하지 말고 하나님의 때를 기다리는 자세를 견지할 것을 가르쳐 준다.

하나님, 인간을 창조하다

우주가 창조된 것만큼 궁금한 것이 인간의 창조이다. 과연 누가 인간을 창조했으며, 어떻게 창조했을까? 이 질문에 대한 답을 알려주는 것은 성경 이외에 다른 것은 없다. 겨우 인간이 유인원에서 시작되었을 것이라는 가설 정도이다. 세상에서 가장 놀라운 창조의 작품은 인간이다.

그렇다면 "인간은 어떻게, 왜 창조되었을까?" 인간은 하나님의 형상을 따라 창조되었다. 그런 이유로 인간은 하나님과 관계하며 살아야 하는 존재이다. 하나님은 자신을 대신하여 인간에게 바다의 물고기와 하늘의 새와 땅에 움직이는 모든 것을 다스리라는 사명을 주셨다. 그리고 생육하고 번성하여 땅에 충만하여 땅을 정복하라고 하셨다. 하나님은 세상에서 인간을 가장 중요하게 생각하신다. 아무리 세상이 아름다워도 사람보다 더 아름다운 것은 없다(창 1:26-28).

하나님이 인간에게 내리신 최초의 명령은 하나님이 만드신 동산의 각종 나무의 열매는 먹어도 되지만, 동산 중앙에 있는 선악을 알게 하는 나무의 열매는 먹지 말라는 것이었다. 그리고 그것을 먹는 날에는 반드시 죽을 것이라고 말씀하셨다. 이것은 하나님과 인간이 맺은 최초의 언약이다.

그렇다면 왜 금지명령을 주셨을까? 그것은 '인간은 하나님의 말씀을 듣고, 그것에 순종하는 존재로 창조되었음'을 알게 하기 위해서였다. 인간이 곧 하나님이 될 수는 없다. 그것의 한계점을 말해주신 것이 바로 선악과이다. 인간이 하나님을 닮았다고 해서 인간이 곧 하나님이 될 수는 없다. 하나님과 인간은 구별된 존재이다. 그것을 알려주신 것이 바로 "선악과를 먹지 말라"는 명령이었다(창 2:16-17). 그것을 지킴으로써 인간은 비로소 인간이 된다. 하나님이 주신 질서를 지키고 살 때 인간은 가장 행복하다.

태초에 모든 동물은 짝이 있었는데 오직 인간만 짝이 없었다. 이것을 좋지 않게 여기신 하나님은 아담에게 돕는 배필을 주셨다. 하나님은 인간을 만드실 때 먼저 아담을 만들고 아담의 갈비뼈로 여자를 만들어 아담을 돕게 하셨다. 이것은 여자가 남자의 지배를 받는 존재가 아닌 동등한 존재임을 뜻한다. 아울러 한 몸이라는 의미이다. 남자와 여자는 둘이지만 결혼이라는 제도를 통해 둘이 아닌 한 몸이 된다는 뜻이다. 부부가 하나 되지 못하면 모든 것은 끊어지고 만다. 부부는 하나님이 세우신 최초의 가정이다(창 2:22-24).

불순종의 죄를 지은 인간의 타락

하나님은 아담과 하와를 에덴동산에 거처를 두

게 하시고 생육하고 번성하라고 말씀하셨다. 성경은 "여호와 하나님이 그 사람을 이끌어 에덴동산에 두어 그것을 경작하며 지키게 하시고"(창 2:15)라고 기록하고 있다. 하나님은 아담과 하와에게 동산에 있는 모든 나무의 실과는 먹어도 좋으나 중앙에 있는 선악과는 먹지 말라고 경고하셨다.

여기서 '다스리다'라는 동사는 '섬기다'라는 히브리어와 같은 말이다. 또한 '지키다'라는 말은 율법을 지킬 때에 항상 사용되는 단어이다. 그래서 성경신학자 존 H. 세일해머(John H. Sailhamer)는 에덴동산에서 아담의 모습은 예배하고 하나님의 말씀을 지키는 자의 모습이라고 주장한다. 하지만 불행하게도 아담과 하와는 하나님의 명령을 어기고 뱀의 꾐을 받아 선악과를 먹고 에덴동산에서 쫓겨났다. 이것이 바로 인간의 타락이다.

아담과 하와는 타락하기 전 하나님의 형상으로 지음을 받았다. 형상의 의미는 창조자인 하나님의 피조물로서 하나님의 주권 밑에 살아야 함을 의미한다. 고대 근동아시아에서 형상이라는 단어는 본체를 반사해주고 드러낸다는 의미를 가진다. 달의 경우 달은 그 자체에 빛은 없지만 태양 빛을 받아서 지구를 비춘다. 그와 같이 하나님의 형상은 하나님은 아니지만 하나님으로부터 오는 영광의 빛을 받아 하나님 대신 그 영광을 세상에 비추는 역할을 하는 것이다. 그러므로 하나님의 형상이란 인간에게 하나님의 영광을 세상에 나타내고 그분의 주되심을 선포하는 의미를 내포한다.

또한 하나님 형상의 의미는 하나님의 대리 통치자의 뜻을 갖고 있다. 창조 시 하나님은 인간을 자신의 형상으로 만드시고, 그들에게 생육하고 번성하며 땅을 다스리라고 말씀하셨다. 하나님 스스로 직접 땅을 다스릴 수도 있었지만, 인간을 대리자로 세우시고 다스리게 하셨던 것이다. 이런 의미에서 하나님의 형상은 하나님의 대리 통치자를 의미한다.

요약컨대 '하나님의 형상으로 지음을 받았다'는 의미는 하나님의 피조물로서 하나님의 주권 밑에서 그 주권에 순종하며 하나님의 영광을 나타내고 하나님을 대신해서 세상을 다스린다는 뜻이다. 이 의미를 기능적인 측면에서 보면 하나님의 형상은 세 가지 기능으로 설명될 수 있다. 도덕적이고 윤리적인 기능(하나님의 성품인 의와 거룩함, 그리고 지식을 가지고 하나님의 주권에 복종하며 살아가는 것), 제사장적인 기능(하나님의 주권을 인정하고 참된 의와 거룩함을 가지고 살면서 세상에서 그의 영광을 나타내고 그의 주권을 드러내는 것), 그리고 마지막으로 왕적인 기능(하나님의 주권에 전적으로 복종하면서도 동시에 하나님을 대신해서 세상을 다스리는 것)이다.

하지만 이런 하나님의 형상이 아담과 하와의 타락으로 부패해지고 제 기능을 발휘하지 못하게 되었다. 그러나 신약 성경은 예수 그리스도를 통해서 우리가 믿음으로 다시 하나님의 형상을 회복하게 되었다고 말한다. 그래서 베드로전서 2장 9절은 하나님의 형상으로 다시 지음받은 우리를 "왕 같은 제사장"이라고 말하고 있다. 하나님의 형상으로서 왕적, 제사장적 기능이 회복된 것이다.

구체적으로 아담과 하와의 범죄는 외형상으로는 선악과를 따먹은 불순종이었지만, 더 깊은 의미에서는 우리 주 하나님의 형상대로 살지 못한 것이었다. 그들은 하나님의 형상으로서 하나님의 주권에 전적으로 순종하지 않고, 자신과 세상을 제대로 다스리지 못했다.

아담에게 하나님이 선악과를 금하신 이유는 하나님의 형상으로 그들이 하나님의 주권에 순종하며 사는지를 보기 위한 것이었다. 그러나 아담과 하와는 하나님의 말씀에 순종하지 않았다. 하나님의 주권에 불순종한 것이다. 하나님의 형상으로서 하나님의 주권 밑에서 순종하며 자신과 세상을 다스려야 했던 그들은 자신들을 자제하지 못했다. 오히려 그들은 선악과를 먹음으로써 스스로 하나님이 되려고 했다. 또한 그들은 유혹하는 뱀을 하나님의 대리 통치자로서 다스리지 못했다. 한마디로 하나님의 형상대로 사는 데 실패한 것이다.

아담과 하와의 타락으로 인간은 뱀과 원수가 되었

다. 그리고 하나님의 형상으로 세상에서 후손을 번성하게 할 책임이 있는 하와는 해산의 고통과 수고를 당해야 했다. 또한 그녀는 뱀을 제대로 다스리지 못한 대가로 이제 남편의 다스림을 받아야 했다. 아내가 남편의 지배를 받는 것은 하나님의 창조계획이 아니었다. 그리고 아담은 그가 다스려야 할 세상으로부터 수고와 고통을 당해야 했다.

선악과를 먹음으로써 하나님의 명령에 불순종하고 하나님의 형상으로 사는 데 실패했던 아담과 하와는 이제 하나님을 두려워하기 시작했다. 창세기 3장 8절에 보면 "그들이 그날 바람이 불 때 동산에 거니시는 여호와 하나님의 소리를 듣고 아담과 그의 아내가 여호와 하나님의 낯을 피하여 동산 나무 사이에 숨은지라"고 말하고 있다.

여기서 '거니신다'라는 의미는 한가롭게 하나님이 다가오시는 모습을 가리키는 말이 아니다. 히브리어 원문을 보며 '바람'이라는 단어가 사용되고 있다. 이 말은 하나님이 그날에 바람 가운데서 임재하시는 모습을 가리킨다. 바람으로 임재하시는 하나님의 모습은 일반적으로 심판의 모습을 의미한다. 예를 들어 욥기에 보면 자신의 무죄를 주장하며 불평하던 욥에게 하나님은 폭풍 가운데 나타나셔서 욥의 무지를 깨우쳐주시고 꾸짖으셨던 것을 볼 수 있다(욥 38:1-2).

따라서 하나님의 명령에 불순종했던 아담과 하와는 바람 가운데 심판자의 모습으로 나타나신 하나님을 보고 무서워 동산 나무 사이에 숨을 수밖에 없었다. 인간의 타락으로 말미암아 하나님과 인간 사이에 깊은 단절이 생겼음을 보여주는 단면이다.

? Bible Tip 1

지리가 궁금해?

에덴동산은 어디에 있었을까?

성경을 신화가 아닌 사실의 기록으로 확신하는 그리스도인들에게 에덴동산의 정확한 위치를 확인하고 싶은 마음이 드는 것은 매우 자연스러운 일이다. 실제로 신화 속의 이야기로만 간주되던 트로이의 유적지가 발견된 것도 <일리아드>에 등장하는 트로이가 세상 어딘가에 반드시 존재할 것이라고 확신한 하인리히 슐리만 덕분이었다. 그렇다면 에덴동산에 관한 부단한 관심 역시 터무니없는 것으로 치부하기보다는 또 다른 미지의 세계로 들어갈 수 있는 열쇠로 간주하는 편이 옳을 것 같다.

에덴동산의 위치를 알기 위해서는 먼저 창세기 2장 10~14절에 나오는 네 강의 위치를 알아야 한다. "강이 에덴에서 흘러 나와 동산을 적시고 거기서부터 갈라져 네 근원이 되었으니"라고 말하는 것을 보아 한 강이 네 강으로 갈라졌음을 알 수 있다. 이 강들의 이름은 비손 강, 기혼 강, 힛데겔 강, 그리고 마지막으로 유프라테스 강이다.

기혼이란 '풍부하다'라는 뜻이다. 그 강은 구스 온 땅을 둘렀다고 성경은 말한다. 구스는 에티오피아를 지칭함으로써 아마도 나일 강을 가리키는 것처럼 보인다. 하지만 지형학자들은 이 강이 페르시안 만으로 지형변화 전에 에티오피아와 연결되었을 것으로 보기도 한다. 또 다른 한편에서 구스가 알메니안 지경에 코시인 땅의 원명일 수 있기 때문에 이 강은 알메니안 고지대에서 흘러 카스피 해로 들어가는 아락세스 강이라고 보기도 한다. 게다가 아락세스란 '터져 나온다'라는 뜻으로 '기혼'(풍부하다)이라는 히브리어의 뜻과 비슷하다.

힛데겔 강은 그 뜻이 '결실하다'라는 의미를 갖고 있다. 그 강은 앗수르 동편으로 흘렀다고 성경은 말한다. 힛데겔은 아라비아어로 다글라트, 수리아어로 데클라트, 헬라어로 티그리스이다. 음성학적으로 힛데겔은 티그리스와 같은 근원이다. 티그리스라는 말은 힛데겔의 첫 음절인 '힛'이 생략되고 나머지 음절인 '데겔'에서 발전한 형태라고 볼 수 있다. 그러므로 힛데겔은 오늘날 티그리스 강이라는 데는 의심의 여지가 없다. 이 강은 유프라테스 강 북동편에 위치하고 있으며, 성경에 앗수르와 바사의 발원지라고 기록되어 있다.

7세기 초반에 널리 알려진 백과사전을 집필한 바 있는 세비야의 이시도레는 에덴동산이 극동 아시아의 어느 한 섬에 분명히 존재한다고 주장했다. 그런데 그곳은 성경에 기록된 것처럼 하나님이 직접 불길로 막아놓으셨기 때문에 누구도 쉽게 접근할 수 없다고 했다. 중세 유럽사람들은 에덴동산이 동쪽에 있었다는 성경의 기록을 근거로 삼아 무슬림들의 수중에 들어간 예루살렘을 에덴동산으로 여겼다. 교황 우르바누스 2세는 1095년 프랑스의 남부지역을 순회하다가 군중들에게 이슬람세계를 상대로 십자군 원정에 나서야 할 이유를 설명하면서 다음과 같이 덧붙였다. "예루살렘은 세계의 배꼽이며 이 세상 그 어떤 땅보다 비옥한 낙원 중의 낙원이다."

포르투갈 왕궁에서 퇴짜를 맞은 뒤 스페인에 자신의 목숨을 담보로 맡기는 기지를 발휘해 항해에 나섰던 크리스토퍼 콜럼버스는 1498년의 3차 항해에서 자신이 성경에 묘사된 낙원을 발견한 것으로 굳게 믿었다. 그는 지금의 베네수엘라에 속한 오리노코강 어귀에 닿았을 때 그 신선한 물결이 비손, 기혼, 힛데겔, 유브라데라는 네 강에서 비롯된 것이며, 눈앞에 펼쳐진 땅이 바로 에덴동산이라고 생각했다. 그래서 자신의 항해 일지에 다음과 같은 기록을 남겼다. "나는 바로 이곳이 하나님의 허락을 받지 않고는 누구도 들어설 수 없는 지상낙원이라고 확신한다."

에덴동산의 정확한 위치를 찾으려는 노력은 오늘날에도 계속되고 있다. 사우스웨스트 미주리 주립대학교의 주리스 자린스는 에덴동산이 페르시아 만 해저에 가라앉았을 것이라는 가설을 제기했다. 아울러 그는 오늘날의 페르시아 만이 본디 대빙하기부터 수천 년 동안 뭍이었다는 연구결과도 발표했다. 기후변화로 주전 6천 년경에 강수량이 크게 증가하면서 강물이 불어나게 되었고, 그 결과 온갖 종류의 동식물이 자랄 수 있는 천혜의 장소로 바뀌었다는 것이다. 자린스는 페르시아 만 주변에서 발견되는 무수한 동물 뼈들이 당시 이 지역의 풍부한 자연환경을 입증한다고 주장했다.

한편 보스턴대학교의 지리학자인 파룩 엘-바즈는 기존의 연구와 달리 위성사진을 이용해 지금은 사라져서 육안으로 확인할 수 없는 강을 발견해냈다. 위성사진에는 말라버린 강바닥이 뚜렷하게 드러나 있었다. 사진 판독결과 그 강은 오래전에 지금의 쿠웨이트 지역 3분의 2와 이라크의 일부 지역까지 뒤덮었다는 사실이 밝혀졌다. 엘-바즈는 이 강이 비손 강일 가능성이 높다고 보았다. 그의 주장을 따르는 학자들 역시 에덴동산이 페르시아 만 위쪽 어딘가에 존재했을 것이라고 추정한다. 하지만 그들 역시 기혼 강의 위치에 관해서는 더 이상 구체적인 자료들을 제시하지 못하는 실정이다. 인간이 에덴동산을 출입하지 못하도록 가로막았던 불검이 이제는 세월이라는 장벽으로 바뀐 셈이다.

— <누구도 가르쳐주지 않은 성경 밖 성경이야기>, 유재덕 저, 53-56쪽 참조

사탄의 X파일

창세기 3장은 사탄의 X파일과 같다. 한 장이지만 내용이 너무 깊고 오묘하다. 그런 이유로 이 부분에서는 잠시 멈춰서 성경을 깊게 읽을 필요가 있다. 우리가 성경을 읽어나갈 때 매일 똑같은 분량을 정해서 읽는 것은 오히려 문제가 있다. 성경은 리듬을 타고 읽는 것이 중요하다. 성경을 기록할 때도 이런 리듬 속에서 기록되었다. 어떤 부분은 일주일 기간의 내용에 성경의 3분의 1을 할애하고 있다. 어떤 부분은 수백 년의 역사이야기를 족보를 통해 단번에 처리하기도 한다. 또한 간단하게 언급하고 내용을 생략하기도 한다. 이런 흐름을 갖고 성경을 읽어야 즐거운 시간이 되고 성경에 빠져들게 된다.

원칙적으로 보면 모든 성경은 깊게 읽어야 한다. 하지만 어떤 부분은 다른 내용보다 더 깊게 생각하고 읽을 필요가 있다. 그 내용이 바로 창세기 3장이다. 이 부분은 빨리 읽는 것이 중요하지 않다. 오히려 사탄은 이 부분만큼은 빨리 읽기를 원할 것이다. 왜냐하면 인간을 타락시키는 자기의 전략이 다 들어 있기 때문이다. 가능한 자기의 전략을 숨기기를 원할 것이다. 이것은 지금까지도 계속 이어오는 사탄의 수법이다. 이것을 잘 파악하고 마음에 새긴다면 오늘날 우리는 사탄의 유혹을 충분히 이길 수 있을 것이다.

사탄이 죄를 짓게 만드는 수많은 전략은 창세기 3장 안에 다 들어 있다고 해도 과언이 아닐 것이다. 어찌 보면 창세기 3장을 풀어낸 것이 다음 장부터 전개되는 인간의 죄악이야기들이다. 그렇다면 우리는 하던 일을 잠시 멈추고 창세기 3장을 적어도 5번 이상 깊게 읽을 필요가 있다. 그리고 그 의미를 묵상하여 사탄의 전략을 파악한 후 더 이상 죄의 유혹에 빠지는 우를 범하지 말아야 할 것이다.

"그런데 뱀은 여호와 하나님이 지으신 들짐승 중에 가장 간교하니라. 뱀이 여자에게 물어 이르되 하나님이 참으로 너희에게 동산 모든 나무의 열매를 먹지 말라 하시더냐. 여자가 뱀에게 말하되 동산 나무의 열매를 우리가 먹을 수 있으나 동산 중앙에 있는 나무의 열매는 하나님의 말씀에 너희는 먹지도 말고 만지지도 말라. 너희가 죽을까 하노라 하셨느니라. 뱀이 여자에게 이르되 너희가 결코 죽지 아니하리라. 너희가 그것을 먹는 날에는 너희 눈이 밝아져 하나님과 같이 되어 선악을 알 줄 하나님이 아심이니라. 여자가 그 나무를 본즉 먹음직도 하고 보암직도 하고 지혜롭게 할 만큼 탐스럽기도 한 나무인지라. 여자가 그 열매를 따먹고 자기와 함께 있는 남편에게도 주매 그도 먹은지라. 이에 그들의 눈이 밝아져 자기들이 벗은 줄을 알고 무화과나무 잎을 엮어 치마로 삼았더라"(창 3:1-7).

— <내 인생을 바꾼 31일 성경통독>, 이대희 저, 51쪽 발췌

사건 파일 1

인류 최초의 살인자 가인

성경에 나타난 최초의 살인자는 가인이다. 가인은 자기 동생인 아벨을 죽였다. 원래 가인은 농사일을 했고 아벨은 양치는 일을 했다. 창세기 4장에 보면 가인이 아벨을 죽이게 된 직접적인 원인이 나온다. 땅의 소산으로 드린 가인의 제물보다 양의 첫 새끼와 그 기름으로 드렸던 아벨의 제물을 하나님이 기쁘게 받으셨기 때문이다.

이 이야기를 피상적으로 보면 가인이 아벨을 죽인 것은 하나님이 가인의 것보다 아벨의 제사를 열납했기 때문이라고 볼 수 있다. 그러나 요한일서 3장 12절에서는 가인이 살인하게 된 이유를 더 구체적으로 지적한다. 바로 가인의 죄악 때문이다. 그리고 덧붙여서 가인에 비해 아벨이 더 의로웠다고 말한다. "가인 같이 하지 말라. 그는 악한 자에게 속하여 그 아우를 죽였으니 어떤 이유로 죽였느냐. 자기의 행위는 악하고 그의 아우의 행위는 의로움이라." 또한 예수님도 아벨을 의인이라고 말씀하셨다. "그러므로 의인 아벨의 피로부터 성전과 제단 사이에서 너희가 죽인 바라갸의 아들 사가랴의 피까지"(마 23:35).

이런 성경 말씀을 통해서 가인이 동생 아벨을 죽인 것은 그가 악했고(죄인이고), 아벨이 가인보다 의로웠기 때문이라는 것을 알 수 있다. 그러면 어떤 면에서 가인은 악했고 아벨은 의로웠을까? 창세기 4장에서 그 해답을 찾기란 쉽지 않다. 가인이 동생 아벨을 죽이기 전 그도 아벨과 같이 하나님께 제사를 드렸다. 단지 차이는 하나님이 가인의 제물은 열납하시지 않았고, 아벨의 제물만 열납하셨다는 사실뿐이다. 혹자는 하나님에 대한 제사는 피 흘리는 제사여야 했기 때문에 가인의 제사인 농산물은 하나님이 받을 수 없었다고 주장한다. 이에 비해 아벨은 양을 드렸기 때문에 그것을 의로 여기시고 아벨의 제사를 받으셨다고 설명한다. 결국 가인이 악한 것은 제사를 올바로 드리지 못했기 때문이고, 아벨이 의롭다 칭함을 받은 것은 올바른 제사를 드렸기 때문이라는 것이다.

그러나 이런 식의 해석은 잘못된 것이다. 피 흘림

의 제사는 모세 이후에 제사법을 통해 주신 하나님의 명령이기 때문에 시대적으로 맞지 않다. 그리고 모세를 통한 제사법에도 농작물을 가지고 제사하는 규례가 있다. 그러므로 피 흘림이 없는 제사를 드렸기 때문에 가인이 악했고, 그래서 하나님이 그의 제사에 열납하지 않으셨다는 주장은 신빙성이 떨어진다. 그러면 왜 하나님은 가인을 악하다 하고 그의 제물을 받지 않으셨을까?

한마디로 제사를 드릴 때 그의 마음이 악한 상태였기 때문이다. 실제로 가인은 하나님을 진정한 섬김의 대상으로 여기지 않았다. 단지 하나님께 제사를 드리면 하나님으로부터 복을 받을 수 있다고 여겼던 것이다. 제사가 감사의 표시가 아니라 복을 받는 수단이 되었던 셈이다. 그의 이런 태도는 자신의 제물이 열납되지 않았을 때 분노하게 된 것에서 잘 드러난다.

만약 가인이 진정으로 감사하는 마음으로 제사를 드렸다면 하나님이 제물을 받지 않는다고 화를 내지는 않았을 것이다. 어디까지나 그것은 감사의 표시이며 섬김의 표시였기 때문이다. 하지만 그가 분노한 것은 제사를 통해 자신이 받고자 했던 하나님의 복이 멀어졌기 때문이다. 이것은 그가 하나님과 진정한 개인적인 관계를 맺기보다는 대가를 주고 복을 받는 기계적인 관계로 살았다는 증거이다.

반면에 하나님이 아벨을 의롭게 여기고 그의 제물을 받으신 것은 아벨이 믿음 안에서 하나님을 의지하고 하나님과 올바른 관계 속에서 감사하는 마음으로 제물을 드렸기 때문이다. "믿음으로 아벨은 가인보다 더 나은 제사를 하나님께 드림으로 의로운 자라 하시는 증거를 얻었으니 하나님이 그 예물에 대하여 증언하심이라. 그가 죽었으나 그 믿음으로써 지금도 말하느니라"(히 11:4). 결국 히브리서 기자의 증언처럼 아벨은 믿음으로 하나님께 제물을 드렸다. 그래서 여호와 하나님은 그의 제물을 받으면서 그를 의인이라고 칭하셨던 것이다.

여기서 우리는 믿음이란 무엇인가에 대한 답을 얻을 수 있다. 믿음이란 형식적인 것에 있지 않다. 물론 형식도 중요하다. 그러나 믿음에서 중요한 것은 마음이다. 즉 어떤 생각을 가지고 하나님을 바라보느냐 하는 것이다. 아벨은 올바른 믿음이 있었기에 가인과 달리 하나님을 진정한 섬김의 대상으로 바라보았고 감사하는 마음으로 제물을 드렸다. 행위로 보면 가인도 의인이 될 수 있었다. 그도 아벨처럼 제사를 드렸기 때문이다. 그러나 행위로 의인이 되는 것이 아니다. 신약에서 믿음으로 의인이 된다는 이신칭의의 교리가 이미 구약의 초두에서 나타난 사례이다.

여기서 우리는 믿음이란 무엇인가에 대한 답을 얻을 수 있다. 믿음이란 형식적인 것에 있지 않다. 물론 형식도 중요하다. 그러나 믿음에서 중요한 것은 마음이다. 즉 어떤 생각을 가지고 하나님을 바라보느냐 하는 것이다.

결국 가인은 아벨을 죽이고 말았다. 그 죄의 결과는 무엇이었는가? 한마디로 분리였다. 먼저 가인은 하나님으로부터 분리되었다. 즉 죄로 말미암아 하나님과의 관계가 단절된 것이다. 그리고 두 번째는 그의 형제와의 분리였다. 아벨을 죽임으로써 더 이상 그에게는 피를 나눈 형제가 없었다. 거기에 그치지 않았다. 결국 그는 부모 곁을 떠나서 유리하는 자가 되었다. 부모와의 결별이었다. 최초의 살인자 가인의 사건을 통해 우리는 하나님을 섬기는 것이 무엇이고, 죄의 결과가 무엇인지를 깨달을 수 있다.

사건 파일 2

재난블록버스터 대홍수

노아의 홍수사건은 너무나 유명하다. 하나님은 사람의 죄악이 세상에 만연하고 그 모든 생각이 악함을 보시고 인간을 물로 멸망시키기로 작정하셨다. 하지만 오직 의인 노아와 그의 식구들만은 살리기 위해 노아에게 방주를 짓도록 명령하셨다. 그리고 방주가 완성된 후에 하나님은 40주야 동안 땅에 비를 내리셨다. 재미있는 것은 이 홍수의 증거가 성경뿐만 아니라 전 세계의 홍수벽화 등을 통해 다양하게 입증되고 있다는 사실이다. 이것은 홍수가 전 세계적인 사건이었음을 보여준다.

대홍수의 흔적은 한문에서도 엿볼 수 있다. 船(배 선)이라는 글자를 자세히 보면 배를 의미하는 주(舟)에다 여덟을 가리키는 팔(八), 그리고 사람의 입을 가리키는 구(口)로 구성되어 있다. 방주에 들어간 노아의 가족이 총 여덟 명이라는 것을 생각하면 이 문자

<길가메시 서사시>가 적힌 돌판. "7일 밤낮으로 광풍과 폭우, 천둥 번개가 계속되었고, 땅은 뒤죽박죽 엉망으로 변해버렸다. 일곱째 날이 오자, 세상 여기저기에 충격적인 흔적을 남긴 후 폭풍우와 홍수로 인한 대 살육이 드디어 멈췄다." 홍수설화를 담은 <길가메시 서사시>에 나오는 이 구절은 돌판 위에 설형문자로 새겨져 있다. 이 판본은 기원전 1635년, 대홍수에 관해 메소포타미아어로 쓴 수많은 판본들 중 하나이다. 창세기의 홍수이야기가 이 문화권 안에서 공통적으로 전해지고 있음을 증명해주고 있다.

는 당시 배에 탄 노아의 가족 수를 가리킨다고 볼 수 있다. 정말 너무나 완벽하게 당시 홍수사건을 말해주는 흔적이다.

또한 고대 메소포타미아 문서에도 홍수사건의 기록이 남아 있다. 바로 고대 바벨론의 <길가메시 서사시>이다. 이 문서는 우연하게 발견되었다. 1853년 호르무즈드 라삼은 이라크 지역에서 고대 아시리아의 왕이었던 아슈르바니팔의 궁전과 그의 도서관을 발굴했다. 아슈르바니팔은 당시 고대 토판들을 수집하여 자신의 도서관에 보관했다. 라삼은 도서관에 소장되어 있던 아슈르바니팔의 토판들을 발견하고 그것들을 영국 박물관으로 옮겼다. 1872년 그 토판들에 대한 본격적인 분류가 시작되었다. 그 분류를 맡은 사람은 젊은 아시리아 학자 조지 스미스였다. 그는 토판을 읽고 분류하는 과정에서 자신의 눈을 의심하지 않을 수 없었다. 홍수로 배가 산 위에 머물게 되고 땅이 드러났는지를 보기 위해 비둘기가 보내지는 내용을 읽게 된 것이다. 성경의 내용과 너무나 유사했다. 실로 바벨론판 홍수이야기였다.

이 홍수이야기는 우룩 왕 길가메시에게 홍수의 주인공인 우트나피슈팀이 들려주는 자신의 경험담이었다. 슈루팍의 신들이 홍수를 보내기로 결정했는데, 신들의 회의에 참석했던 공기의 여신 에아가 우트나피슈팀에게 다른 신들 몰래 그 계획을 알려주며 120큐빗의 7층 배를 만들라고 말했다. 7일 7야 동안 홍수가 나고 배는 니스르산에 머물렀다. 이튿날 우트나피슈팀이 비둘기 한 마리를 내보냈으나 쉴 곳을 찾지 못하고 돌아왔다. 제비도 돌아왔다. 그러나 까마귀를 내보냈더니 물이 줄어든 것을 보고 돌아오지 않았다. 산꼭대기에서 우트나피슈팀이 제사를 드릴 때 홍수 동안 제사에 굶주렸던 신들이 향기를 맡고 주인공 주위에 파리 떼처럼 모여들었다. 신 엔릴은 사람이 홍수를 피한 것에 화를 냈다. 그러나 신 에아는 의인을 악인들과 함께 멸하는 것이 옳지 않다고 그를 설득했다. 신 엔릴은 결국 우트나피슈팀의 손을 잡고 배에서 인도해내어 그와 그의 아내에게 불사의 축복을 해주었다.

혹자는 이 이야기를 통해 성경의 홍수 기사가 고대 바벨론의 홍수이야기를 모작한 것이라고 주장한다. 그러나 <길가메시 서사시>에 나온 홍수이야기를 보면 성경의 홍수이야기와 차이가 있다. 전자는 많은 신들이 등장한다. 그러나 후자는 오직 창조주 한 분 하나님에 의해 사건이 이루어진다. 또한 홍수의 원인도 성경은 인간의 도덕적인 타락을 지적하지만 전자의 이야기에서는 뚜렷한 이유가 없다.

당시 이스라엘도 고대 근동아시아의 다신론적 종교체계 속에서 살고 있었다. 그런 상황에서 이스라

베네치아 성마가바실리카성당에 장식된 <비둘기를 날려 보내는 노아> 모자이크. 노아는 홍수 후 땅에 물이 얼마나 있는지 확인하기 위해서 비둘기를 날려 보냈다. 비둘기는 감람나무 잎사귀를 물고 돌아와서 물이 빠지고 있다는 것을 알려주었다.

엘이 다신론을 배격하고 유일신 하나님을 섬길 수 있었다는 것은 종교학적으로 설명이 불가능하다. 오직 그것은 하나님의 계시에 의해 이스라엘이 유일신 하나님을 알았기 때문이라고 설명할 수밖에 없다. 또한 바벨론의 홍수이야기는 옛날부터 내려오는 홍수에 대한 기억을 다신론적 색체에 의해 채색한 것이고, 성경의 홍수이야기는 하나님의 계시에 따라 과거의 홍수 사건을 그대로 보존한 이야기라고 말할 수 있다.

홍수사건은 오늘날 과학적인 발견을 통해서 더욱 입증되고 있다. 지구 곳곳에서 홍수의 흔적들이 발견되고 있는 것이다. 예를 들어 히말라야 산맥 눈 덮인 고지에서 조개껍질이 발견되었는데, 창조과학협회 학자들의 말을 인용하면, 이것은 홍수가 전 세계적인 사건이었으며 성경의 진술대로 온 세상이 물속에 잠겼다는 것을 간접적으로 보여주는 방증이라고 말한다.

노아의 방주는 어디에 정박했을까?

1955년, 터키어로 아그리 다지(Agri Dagi, 험한 산)라고 불리는 아라랏 산 정상을 뒤덮은 빙하 밑에서 약 1.5미터 길이의 목재 들보 하나가 발견되었다. 흔히 아라랏 산은 노아의 방주가 정박한 산(창 8:4)으로 알려져 있었기 때문에 사람들은 그것이 오랜 세월을 이겨낸 방주 가운데 일부라고 생각하고 흥분에 휩싸였다. 세계의 이목은 프랑스 출신 페르낭 나바가 발견한 이 목재에 집중되었다. 일부는 의심의 눈길을 거두지 않았지만 사람들은 이 목재 조각으로 인해 노아의 방주가 실재했음이 사실로 입증될지 모른다는 기대감을 표시하기도 했다. 이 목재 조각은 정말 노아가 제작한 방주의 잔재였을까? 안타깝게도 방사성 탄소연대 측정결과 이 목재는 고작 1200년밖에 되지 않은 것으로 판명되었다. 노아가 제작한 방주와는 거리가 한참 멀었다. 하지만 아라랏 산 정상에서는 그 외에도 또 다른 목재들이 계속 발견되었다.

해발 5137미터의 아라랏 산은 기후변화가 매우 심하고, 정상은 만년설로 뒤덮여 있을 뿐만 아니라 커다란 돌이 자주 굴러내려 사람들의 접근이 그리 쉽지 않았다. 특히 정상은 산소가 희박해서 5세기에 갈대아 출신의 사제가 정상에 오른 이후로 한동안 누구도 산을 오르겠다는 생각을 하지 못했다. 1829년에 이르러서야 독일 출신인 요한 야콥 폰 파로트가 정상에 올랐다. 그는 나중에 「아라랏 기행」이라는 저서를 집필하기도 했다. 1876년에는 영국의 제임스 브라이스 경이 3500미터 지점에서 손으로 직접 깎은 것으로 보이는 목재 조각을 발견함으로써 방주를 찾는 작업이 더욱 관심을 끌었다. 1916년에는 러시아 비행사들이 산 정상의 얼어붙은 호수에서 방주를 목격했다는 보고를 하기도 했다. 1953년에는 미국 출신 석유탐사 관계자가 방주가 선명하게 드러난 대형사진을 여섯 장이나 촬영했지만 1962년에 그가 세상을 떠난 뒤 모두 사라지고 말았다.

그 후 한동안 잠잠하다가 1949년에 미 공군비행사들이 아라랏 산 정상을 촬영하던 중 빙하에서 방주처럼 보이는 어떤 구조물을 포착했다는 루머가 퍼지면서 여론이 또다시 들끓기 시작했다. 미국중앙정보국(CIA)은 사진을 공개하라는 일반의 요구를 수십 년간 무시하다가 1966년에 제정된 정보자유법 때문에 마침내 1995년에 그 사진을 공개했다. 평범해 보이는 사진에는 아라랏 산 정상 한쪽에 노아의 방주 크기로 추정되는 검은 지점이 드러나 있었다. 몇 가지

터키 동부지역에 있는 아라랏 산 정상을 만년설이 뒤덮고 있다.

이유 때문에 그 지점을 직접 탐사하지는 못했지만 의견은 둘로 갈렸다. 기독교 계통의 탐험가들은 그것을 방주의 잔해로 간주한 반면 지질학자들은 그런 견해에 관해 전반적으로 부정적인 태도를 유지했다. 그 사진만 가지고서는 그것이 방주인지, 아니면 산의 일부인지 확인할 도리가 없다는 것이었다.

이후 아라랏 산을 촬영한 또 다른 사진이 제시되었지만 의견은 여전히 팽팽했다. 미국의 근본주의 기독교로부터 적극적인 지원을 받은 탐험가들이 몇 차례에 걸쳐 탐사를 시도했지만 만족스러운 결과를 확보하지는 못했다. 특히 지질학자들은 이와 같은 시도를 냉담하게 평가했다. 그들은 일반이 예상하는 지점에 방주가 정박했다 할지라도 그 지역 대부분을 뒤덮은 빙하 때문에 처음과는 위치가 판이하게 달라졌을 것이라고 주장했다. 빙하는 시간이 흐를수록 아래쪽으로 밀려 내려가는 성질이 있기에 방주의 잔재 역시 산 밑으로 쓸려 내려갔을 것이라는 것이 그 근거였다. 그 때문에 지질학자들은 언론을 동원해 존재하지도 않는 방주가 마치 산 정상에 있기나 한 것처럼 대대적으로 보도해 기금을 확보하려는 탐험가들은 눈먼 돈이나 노리는 사기꾼에 불과하다고 비판했다.

그렇다면 아라랏 산 정상 부근에서 발견된 목재들은 어디에서 온 것일까? 중세시대에도 아라랏 산은 사람들 사이에 노아의 방주가 정박한 곳으로 이미 널리 알려져 있었다. 산기슭에는 수도원이 세워졌고, 적지 않은 수도사들이 그곳을 찾아와 함께 기거했다. 노아의 유품들이 아라랏 산 수도원에 소장되어 있다는 소문이 퍼지면서 순례자들의 발길 역시 끊이지 않고 계속해서 이어졌다. 분명하지는 않지만 수도사들이 산 정상에 방주와 비슷한 목재구조물을 만든 것으로 보인다. 그 가운데 일부가 세월이 한참 흐른 뒤에 발견된 것이 아닐까 싶다. 한 가지 재미있는 사실은 최근 국제 환경단체인 그린피스가 지구 온난화를 경고하기 위해 아라랏 산에서 현대판 노아의 방주를 만들기 시작했다는 것이다. 방주의 실제 존재 여부를 떠나 아라랏 산은 계속해서 사람들의 관심을 사로잡고 있다.

— <누구도 가르쳐주지 않은 성경 밖 성경이야기>, 유재덕 저, 56-60쪽 발췌

핫이슈 1
계속되는 인간의 죄악들

사건 파일 3

마천루의 비극, 바벨탑

성경은 노아의 홍수 이후에 사람들이 동방으로 이동하면서 시날 평지를 만나 바벨탑을 쌓았다고 기록하고 있다. 창세기 10장 9~10절을 보면 이 시날 지역은 광범위한 지역으로 여러 개의 도성이 있었던 것 같다. 아마도 시날 지역은 원래 고대 수메르와 아카드(성경에서는 악갓으로 불림)로 나뉘어졌고, 후에 바벨론 지역이 포함된 곳으로 보인다. 혹자는 수메르를 시날과 음성학적으로 비슷한 점을 착안하여 서로 연결시키려고 하나, 아직 근거는 없다.

바벨탑을 쌓은 목적은 사람들이 자신들의 이름을 내고 온 지면에 흩어짐을 면하기 위함이었다. "또 말하되 자, 성읍과 탑을 건설하여 그 탑 꼭대기를 하늘에 닿게 하여 우리 이름을 내고 온 지면에 흩어짐을 면하자 하였더니"(창 11:4). 아마도 니므롯의 지도 아래 바벨탑이 건조되었다고 추정할 수 있다. 니므롯은 홍수 이후 아브라함까지 400년 동안 가장 탁월한 지도자였으며, 그의 나라가 시날 지역 바벨에서 시작되었다고 말하고 있기 때문이다. "구스가 또 니므롯을 낳았으니 그는 세상에 첫 용사라. 그가 여호와 앞에서 용감한 사냥꾼이 되었으므로 속담에 이르기를 아무는 여호와 앞에 니므롯같이 용감한 사냥꾼이로다 하더라. 그의 나라는 시날 땅의 바벨과 에렉과 악갓과 갈레에서 시작되었으며"(창 10:8-10).

가인이 동생 아벨을 죽이고 부모를 떠나 에덴 동쪽 놋 땅에 거하고, 성을 쌓아 성 이름을 지은 것처럼 홍수 이후에 사람들도 동방으로 가서 바벨탑을 쌓았던 것이다. 이와 같이 성경의 문맥에서 바벨탑을 쌓는 행위는 하나님의 명령을 어긴 가인의 행동에 비유된다. 그러므로 '동방으로 갔다'는 말은 그들의 행동과 동기가 불순함을 처음부터 암시해준다.

빈 미술사미술관에 있는 브뤼겔의 <바벨탑>. 사람들이 자신들의 이름을 내고 온 지면에 흩어짐을 면하기 위해서 바벨탑을 쌓자 하나님은 사람들이 모두 다른 말을 쓰게 만들어서 사람들을 전 세계에 흩어지게 만드셨다.

바벨탑을 쌓은 이유는 앞에서 말한 것처럼 이름을 내기 위함이었다. 그들은 스스로 자신들을 위해서 이름을 내려고 했다. 하나님을 의지함으로써 하나님으로부터 복을 받고 이름을 떨치기보다는 자신들의 노력으로 하나님 없이 이름을 내려고 했던 것이다. 이것은 하나님이 보시기에 명백한 교만이었다.

바벨탑 사건을 다루는 창세기 11장에 이어 창세기 12장에서는 바벨탑을 쌓고 이름을 내려는 행동이 얼마나 큰 교만인지를 잘 보여준다. 12장에서 하나님은 아브라함을 부르시고 그에게 다음과 같이 말씀하신다. "내가 너로 큰 민족을 이루고 네게 복을 주어 네 이름을 창대하게 하리니 너는 복이 될지라"(창 12:2). 이 말씀은 이름을 내는 것은 오직 하나님의 도움과 축복으로 이루어진다는 사실을 보여준다. 결국 바벨탑을 쌓으려는 사람들의 잘못은 하나님 없이 스스로 이름을 내려고 했다는 데 있었다. 한마디로 불신앙이었다.

또한 그들의 또 다른 목적은 흩어짐을 면하기 위함이었다. 흩어짐을 면하기 위해 바벨탑을 쌓는 행위는 명백히 하나님의 명령을 위반한 것이었다. 하나님은 분명히 창세기 1장 28절에 생육하고 번성하여 땅에 충만하라고 말씀하셨다. 그러므로 땅에 충만해야 할 그들이 흩어짐을 면하기 위해서 바벨탑을 쌓으려고 했던 것은 하나님의 창조계획에 어긋나는 행동이었다.

그 결과 하나님은 그들의 언어를 혼잡하게 하여 그들을 땅에서 흩어지게 하셨다. 사람들은 그곳의 이름을 바벨이라고 하였다. 바벨이란 명칭은 '혼잡하다'라는 히브리어 단어 '발랄'과 같은 어근이다. 결국 흩어짐을 면하기 위해서 바벨탑을 쌓았던 사람들은 오히려 자신들의 목적과 반대로 흩어지게 되는 아이러니의 주인공이 되었다.

창세기 10장 25절에 보면 "에벨은 두 아들을 낳고 하나의 이름을 벨렉이라 하였으니 그때에 세상이 나뉘었음이요"라는 말씀이 나온다. 에벨은 셈의 후예로서 두 아들을 낳았는데 하나는 벨렉이고 다른 하나는 욕단이다. 우리는 창세기 11장에 나오는 아브라함의 계보에서 아브라함이 벨렉의 후예였다는 사실을 알 수 있다. 창세기 10장 25절에서 "세상이 나뉘었음이요"라는 말은 아마도 에벨이 벨렉을 낳았을 때에 바벨탑 사건이 일어났음을 암시해주는 것처럼 보인다.

바벨탑은 어디에 건축되었을까?

홍수 이후 노아의 세 아들인 셈과 함, 야벳, 그리고 그들의 후손들은 크게 늘어 번성하게 되었다. 나중에 사람들은 동방으로 이동하다가 시날 평지에 이르러 터를 잡게 되었다. 그리고는 흩어지는 것을 모면하고 세상에 이름을 내기 위해 그곳에 새롭게 도시를 건설하고 탑을 쌓기 시작했다(창 11:1-4). 하지만 사람들의 의도를 내켜하지 않은 하나님이 직접 내려와 계획을 좌절시키셨다. 사람들의 언어는 혼잡하게 되었고, 결국 그들은 일을 마무리하지 못한 채 흩어지고 말았다. 이상이 바벨탑 사건을 소개하는 성경의 기록이다. 비록 우리가 잘 알고 있는 내용이지만 이 기록에는 조금 더 설명을 필요로 하는 질문들이 남아 있다.

바벨탑 사건과 관련해 제기되는 질문 가운데 하나는 바벨탑을 쌓은 사람들이 과연 누구인가 하는 것이다. 하나님이 심각하게 여기실 만큼의 프로젝트를 진행시킬 정도의 능력을 갖추었다면 특별한 존재들이 분명했겠지만 성경은 그들이 누구인지 분명히 거론하지 않았다. 물론 단서들은 남아 있다. 사람들은 시날(Shinar)을 건축 장소로 선택했고, 그곳은 나중에 '바벨'이라고 불리게 되었다. 그런데 시날과 바벨은 바벨탑 사건 이전에 이미 거론된 바 있는 지명들이었다. "함의 아들은 구스와 미스라임과 붓과 가나안이요…. 구스가 또 니므롯을 낳았으니 그는 세상에 첫 용사라. 그가 여호와 앞에서 용감한 사냥꾼이 되었으므로… 그의 나라는 시날 땅의 바벨과 에렉과 악갓과 갈레에서 시작되었으며"(창 10:6-10).

이처럼 니므롯의 왕국이 바벨에서 시작되었다면 건축을 지휘하거나 후원한 사람은 당연히 니므롯일 것이다. 성경은 그를 용사나 용감한 사냥꾼으로 부르고 있지만 그 의미까지 긍정적인 것은 아니다. 니므롯은 히브리어로 '배반자'를 뜻하는 어원을 가지고 있기 때문이다. 그리고 니므롯을 묘사하는 데 사용된 용감하다거나 용사라는 표현이 네피림의 후손(창 6:4)을 가리키는 데도 사용된 것을 보면 그를 비롯해 건축에 참여한 다른 사람들 역시 거인족으로 간주할 수도 있다. "바빌론의 아시리아인의 도시는 처음에 홍수를 피한 이들이 건설했다. 그들은 거인들이었고, 역사적으로 잘 알려진 탑을 건축했다. 하나님의 능력이 그 탑을 파괴하자 이 거인들은 곳곳으로 흩어졌다"(유폴레무스의 위서, 유세비우스가 인용).

하나님은 어째서 니므롯과 거인족들의 계획을 못마땅하게 여기신 것일까? 사실 도시를 건설하는 행위 자체는 별다른 문제를 제기 할 수 없는 평범한 프로젝트였다. 문제는 도시가 아니라 탑이었다. 하나님은 인간들이 하늘을 침범할 정도로 탑을 높게 쌓는 것을 부정적으로 평가하셨다. 알렉산드리아의 필로는 자신의 저서 「창세기에 관한 질문과 답변」에서 이와 같은 행동이 하나님을 상대로 전쟁을 선포한 것과 다를 바 없다는 의견을 제시한 바 있다. 우리가 생각하듯 시날에 모인 사람들이 그저 이름이나 알리고 싶은 소박한 바람으로 바벨탑을 건축하지 않았다는 것이다.

바벨탑의 구체적인 위치에 관해서는 의견이 다양하다. 그것들을 정리하면 크게 세 곳으로 압축할 수 있다. 먼저, 유프라테스 강 서쪽에 위치한 바빌이다. 바빌은 바벨이라는 이름이 변형된 것이기 때문에 흔히 바벨탑이 건축된 곳으로 간주된다. 바빌과 인접한 텔 아므람 역시 후보지 가운데 한 곳으로 꼽힌다. 특히 이 지역에서는 공중정원이 하늘에 닿을 정도로 건축되었다는 기록이 발굴된 바 있다. 마지막으로 유프라테스 강 동쪽에 있는 보르시파의 비르스 니므룻 역시 바벨탑의 건축 장소로 꾸준히 거론된다. 보르시파는 지구랏 신전들이 자주 발견될 뿐만 아니라 바빌론의 국왕 느부갓네살이 기존의 지구랏을 하늘에 닿을 정도로 재건하려 했다는 내용이 담긴 쐐기문자 토판들이 발굴되기도 했다. 하지만 거대한 지구랏 때문에 오히려 이곳을 후보지에서 배제하는 학자들도 있다. 성경은 바벨탑이 도시 안에 건축된 듯한 인상을 주지만 지구랏은 대개 도시 밖에 건축되었기 때문이다.

— <누구도 가르쳐주지 않은 성경 밖 성경이야기>, 유재덕 저, 60-64쪽 발췌

짧은 말씀
깊은 묵상

또 말하되 자 성읍과 탑을 건설하여 그 탑 꼭대기를 하늘에 닿게 하여
우리 이름을 내고 온 지면에 흩어짐을 면하자 하였더니
(창세기 11장 4절)

브뤼겔의 <바벨탑>

스토리 연재 / 1
족장시대 I

믿음의 조상 **아브라함**부터 바친 자 **이삭**까지

창조 이후 인간의 타락으로 하나님의 창조 계획은 위협을 받게 되었다. 아담과 하와의 타락으로 인간은 에덴동산에서 쫓겨나 하나님과의 관계가 단절되었다. 하지만 하나님은 그들에게 여자의 후손이 뱀과 원수가 되어 뱀의 머리를 상하게 할 것이라는 복음의 말씀(일명 원시복음)을 주셨다. 하나님의 구원계획의 시작이었다. 또한 가죽옷을 입혀 그들의 수치를 가림으로써 하나님의 구원이 사탄을 멸하고 피의 희생을 통해 죄 가림이 이뤄질 것을 예고하셨다.

그러나 인간은 에덴동산에서 쫓겨난 이후에 더욱 악해졌다. 하나님은 사람들의 죄악이 관영하고, 그 모든 생각과 계획이 악한 것을 보시고 홍수로 인간을 쓸어버리려 작정하셨다. 이제 하나님의 피조물인 인간이 사라지게 될 위험에 처하게 된 것이다. 이때 하나님은 노아를 통해 다시 인간으로 하여금 살 수 있는 길을 열어주셨다. 그리고 노아는 새로운 아담이 되었다. 하지만 노아의 행적은 아담처럼 벌거벗은 모습에서 볼 수 있듯이 부정적이었다. 그래서 성경의 문맥에서 보면 노아도 제2의 아담으로서 온전히 하나님의 형상을 구현하지 못하고 있는 것을 보게 된다. 설상가상으로 바벨탑 사건은 어휘적으로 노아홍수 이전의 상황과 매우 유사하다. 이런 죄악의 혼란 앞에서 하나님은 물은 아니지만 불로 세상을 멸망시킬 수밖에 없는 상황에 이르렀다.

하나님은 왜 아브람을 부르셨는가?

이런 상황에서 하나님은 세상을 다시 멸망시키지 않고 자신의 구원을 이루기 위해 창세기 12장에서 아브람을 부르셨다. 이 아브람은 어떤 의미에서 다시 새로운 제2의 아담이라고 말할 수 있다. 아브람은 갈대아 우르에서 살고 있었다. 우르는 고대 메소포타미아에 있었던 나라이다. 메소포타미아란 헬라어로 '강 사이의 땅'이라는 뜻이다. 아브람은 이 갈대아 우르에서 하나님의 부르심을 받았다. 우르를 떠난 그는 잠시 하란에 머물러 부친 데라의 별세를 지켜본 다음, 다시 하나님이 지시하시는 땅인 가나안으로 갔다.

하나님은 아브람에게 "땅의 모든 족속이 너로 말미암아 복을 얻을 것이라"고 말씀하셨다. 즉 모든 민족의 복의 근원이 되게 하겠다는 약속이셨다. 그리고 아브람에게 땅과 자손이라는 축복을 약속하셨다. 하나님은 아브람에게 그를 부르신 목적을 분명하게 보여주셨다. 즉 그를 통한 열방의 축복이었다. 여기서 축복은 물질적인 축복을 의미하지 않는다. 그것은 열방의 사람들이 하나님의 백성이 되어 하나님과 관계를 맺는 축복을 지칭한다.

아브람을 통해 모든 민족을 축복하시려는 하나님의 목적은 시간이 가면서 구체적으로 그 계획이 드러났다. 하나님은 이삭을 바치는 시험에 통과한 아브람에게 다음과 같이 말씀하셨다. "내가 네게 큰 복을 주고 네 씨가 크게 번성하여 하늘의 별과 같고 바닷가의 모래와 같게 하리니 네 씨가 그 대적의 성문을 차지하리라. 또 네 씨로 말미암아 천하 만민이 복을 받으리니 이는 네가 나의 말을 준행하였음이니라"(창 22:17-18).

하나님은 아브람에게 그의 씨를 통해 천하 만민이 복을 받을 것이라고 말씀하셨다. 그러면 이 씨가 누구인가? 하나님은 다시 그 씨가 누구인지 구체적으로 가르쳐주셨다. "규가 유다를 떠나지 아니하며 통치자의 지팡이가 그 발 사이에서 떠나지 아니하기를 실로가 오시기까지 이르리니 그에게 모든 백성이 복종하리로다"(창 49:10).

이 말씀에서 하나님은 아브람의 씨가 구체적으로 아브람의 손자인 야곱의 아들 유다의 계통에서 나올 것을 보여주셨다. 그리고 다시 유다 족속의 다윗 왕을 통해 하나님은 좀 더 구체적으로 그 씨가 다윗의 자손임을 명시하셨다. "네 수한이 차서 네 조상들과 함께 누울 때에 내가 네 몸에서 날 네 씨를 네 뒤에 세워 그의 나라를 견고하게 하리라"(삼하 7:12).

다윗은 이 말씀을 듣고 감격하여, 하나님이 이것을 모든 인간과 민족을 위한 법으로 삼았다는 사실에 감사했다(삼하 7:19). 다윗은 다윗의 후손에 대한 하나님의 선택이 인류를 위한 사건이었음을 알았던 것이다. 신약은 그 다윗의 후손이 바로 예수 그리스도라고 증거한다. 그 예수 그리스도를 통해 온 민족이 구원을 받고 복을 받게 되었다고 말한다. 그래서 바울은 온 민족을 구원할 아브라함의 자손이 바로 메시아 예수 그리스도라고 다음과 같이 지적한다. "이 약속들은 아브라함과 그 자손에게 말씀하신 것인데 여럿을 가리켜 그 자손들이라 하지 아니하시고 오직 한 사람을 가리켜 네 자손이라 하셨으니 곧 그리스도라"(갈 3:16).

Bible Tip 5

이것이 궁금해?

갈대아 우르 지역. 갈대아는 메소포타미아의 남부지역을 통칭하던 고대 지명으로, 갈대아 우르란 메소포타미아 남부지역에 위치한 우르라는 뜻이다. 1922년 영국인 고고학자 레너드 울리가 13년 동안 발굴 활동을 하여 2천 년 이상 땅 속에 묻혀 있던 이곳을 세상에 알렸다.

아브라함의 고향, 갈대아 우르는 어떤 곳?

성경에 등장하는 계보에 따르면 아브라함은 노아의 맏아들인 셈의 후손이었다. 창세기는 아브라함의 고향이 갈대아인의 우르였다고 소개한다(창 11:28). 갈대아인의 우르는 지금의 이라크에 해당하는 메소포타미아 남부지역에 속한 수메르와 바빌론의 대도시들 가운데 한 곳이었다. 우르는 수메르 제3왕조시대, 즉 주전 22세기부터 21세기 사이에 전성기를 누렸다. 수메르 제3왕조의 창시자는 우르-남무였는데, 그는 수메르의 영토를 북쪽의 악갓까지 확장시켰다. 아울러 우르-남무는 함무라비 법전보다 3백 년이나 앞서는 세계에서 가장 오래된 법전을 편찬했을 뿐만 아니라 우르의 대 신전 지구랏을 건축하기도 했다.

우르는 1922년부터 1934년까지 발굴을 지휘한 레너드 울리를 비롯한 여러 고고학자들에 의해 그 실체가 상당 부분 드러났다. 그 결과 아브라함은 이곳 갈대아의 우르 출신이라는 것이 정설로 받아들여졌다. 그런데 1964년 이래 지금껏 진행되고 있는 에블라 왕국의 발굴 과정에서 비슷한 시기에 우르라는 같은 이름의 또 다른 도시가 존재했다는 것이 밝혀졌다. 아라랏 산과 그리 멀리 떨어지지 않은 시리아 북부의 알레포지역에서 출토된 상업 토판에서 우르라는 도시 이름이 나온 것이다. 토판의 해석에 의하면 메소포타미아 남부지역의 우르와는 위치가 다른 하란지역에 또 하나의 우르가 있었다. 그로 인해 성경 고고학을 연구하는 학자들 사이에서는 잠시 혼란이 빚어졌다.

하지만 학자들은 '갈대아인'이라는 표현에 주목했다(창 11:28). 그들은 만약 우르가 한 곳이었다면 성경을 기록할 때 굳이 '갈대아인'이라는 말을 덧붙이지 않았을 것이라고 생각했다. 그 결과 성경의 기록자는 메소포타미아 남부지역의 우르와 하란의 우르를 모두 알고 있었을 것이라는 결론을 내렸다. 이와 같은 주장은 아브라함의 아버지 데라가 갈대아인의 우르를 떠나 하란으로 갔다는 기록에 의해서도 뒷받침이 된다(창 11:31). 성경이 아브라함의 가족이 장거리를 여행한 것처럼 묘사했기 때문이다. 하란과 우르가 서로 인접해 있었다면 굳이 그런 식으로 기록할 필요는 없었을 것이다. 결국 에블라 왕국의 토판 발굴로 인해 아브라함이 메소포타미아 남부지역에 속한 갈대아인의 우르 출신이라는 기존의 주장이 한층 더 공고해졌다고 할 수 있다.

그렇다면 갈대아인의 우르에서 아브라함은 어떤 삶을 살았을까? 그곳에서 삶이 하란, 그리고 나중에 또다시 가나안으로 삶의 터전을 이전하게 된 것과 어떤 식으로든지 관계가 있지는 않을까? 고대 세계에서 갈대아는 천문학과 점성술로 무척 유명했다. 실제로 갈대아인은 아람어나 그리스어로 모두 천문학자를 뜻했다. 이 때문에 요벨서 같은 오래된 문헌들을 종합해 보면 아브라함이 능숙한 천문학자인 동시에 비밀스러운 지식을 가르치는 교사의 역할을 담당한 것으로 기록되어 있다. "아브라함은 세 번째 달 초하루에 앉아서 밤을 지새우며 한 해 동안의 비를 예상하려고 저녁부터 새벽까지 별들을 관찰했다"(요벨서 12:16).

고대 문헌들은 성경의 기록에 관해 몇 가지 주석을 추가한다. 예를 들어 아브라함이 고향을 떠나게 된 이유도 그가 하던 일과 직접적으로 관계가 있다는 것이다. 즉 별을 연구하다가(혹은 우상을 제작하는 아버지와 맞서다가) 갈대아인이 결코 수용할 수 없는 유일신 신앙을 수용하게 되었고, 그 때문에 고향과 친척과 아버지의 집을 떠나라는 지시(창 12:1)를 따르지 않을 수 없었다는 것이다. 한편 아브라함이 먼 곳으로 이주하게 된 또 다른 이유로 고향 사람들의 핍박을 들기도 한다. 이사야는 하나님이 아브라함을 구속하셨다(사 29:22)고 했는데, 이것은 '포로 상태에서 구출하다'라는 의미로도 해석할 수 있다. 이로 미루어 볼 때 아브라함이 하나님의 부르심을 받을 때 고향에서 말할 수 없는 봉변을 당하고 있었을지 모른다는 것이다.

주전 2천 년경에 갈대아인의 우르는 경제적으로 상당한 어려움에 봉착했을 뿐만 아니라 서쪽으로부터는 아모리인들의 침략에 시달리고 있었다. 실제로 이 시기에 많은 사람들이 우르를 떠나 다른 지역으로 이주했다는 자료들이 일부 발굴되기도 했다. 아브라함의 가족이 우르를 벗어나 가나안 땅으로 출발한 것도 바로 이때쯤으로 추정된다(창 11:31). 한때 화려한 무역의 도시였던 우르는 나중에 유프라테스 강의 물줄기가 바뀌면서 그 화려한 면모를 완전히 잃어버린 채 황량한 폐허로 바뀌고 말았다.

— <누구도 가르쳐주지 않은 성경 밖 성경이야기>, 유재덕 저, 65-68쪽 참조

레너드 울리 경(오른쪽)과 아라비아의 로렌스로 알려진 T. E. 로렌스

아브라함의 언약

아브람은 하란에서 하나님의 부르심을 받을 때 세 가지 약속을 받았다(창 12:1-3). 약속 중 하나가 "내가 너로 큰 민족을 이루고"이다. 즉 자손에 관한 약속이었다. 그런데 아브람에게는 자식이 없었다. 그래서 아브람은 자식이 없이 죽으면 지명을 받은 종이 모든 것을 물려받아 관리하는 당시의 관습대로 자기 종들 중에서 다메섹 사람 엘리에셀을 상속자로 삼기로 했다. 그리고 하나님께 보고했다. "주께서 내게 씨를 주지 아니하셨으니 내 집에서 길린 자[엘리에셀]가 내 상속자가 될 것이니이다"(창 15:3).

하나님의 대답은 "아니다"였다. 하나님은 엘리에셀이 아브람의 상속자가 될 수 없으며, 아브람의 몸에서 태어날 자가 상속자가 될 것이라고 말씀하시며, 처음에 하신 약속, 곧 큰 민족을 이룰 것이라는 약속이 분명하게 성취될 것임을 밤하늘의 별을 보여주며 확증하셨다. 그때 아브람은 믿었다. "아브람이 여호와를 믿으니 여호와께서 이를 그의 의로 여기시고"(창 15:6). 여기서 주목해야 할 표현이 있다. 즉 아브람은 하나님의 약속이나 밤하늘의 별을 보여준 예를 믿은 것이 아니었다. 그는 '여호와를' 믿었다. 약속을 하신 하나님을 믿었다. 아브람의 초점은 약속이나 물건이 아니라 하나님이었다. 그때 하나님은 아브람의 믿음을 보시고 그를 의롭다고 인정하셨다.

하나님은 이어서 아브람이 사는 그 땅을 소유로 얻게 될 것이라고 약속하셨다. 아브람이 땅에 대한 약속을 어떻게 알 수 있는지 궁금해하자, 하나님은 제물을 가져오도록 하셨다. 3년 된 암소와 3년 된 암염소와 3년 된 수양과 산비둘기와 집비둘기 등이었다. 아브람이 제물의 중간을 쪼개 놓자, 어두울 때 횃불이 쪼갠 제물 사이를 지나가게 하셔서 땅에 대한 약속을 확증하셨다.

그런데 그 땅의 약속은 아브람 때에 이루어지는 것이 아니었다. 하나님은 횃불로 쪼갠 제물 사이를 지나시기 전에 아브람의 후손들이 그 땅을 소유하기 전에 한 가지 일을 겪게 될 것이라고 말씀하셨다. 그것은 바로 아브람의 후손이 이방에서 객이 되는 일이었다. "너는 반드시 알라. 네 자손이 이방에서 객이 되어 그들을 섬기겠고 그들은 사백 년 동안 네 자손을 괴롭히리니 그들이 섬기는 나라를 내가 징벌할지며 그 후에 네 자손이 큰 재물을 이끌고 나오리라. 너는 장수하다가 평안히 조상에게로 돌아가 장사될 것이요 네 자손은 사대 만에 이 땅으로 돌아오리니 이는 아모리 족속의 죄악이 아직 가득 차지 아니함이니라"(창 15:13-16).

400년 동안 이방에서 객이 되는 일, 그것은 애굽에서 노예생활을 지내는 것이었다. 아브람의 후손이 애굽에서 지내는 것은, 나중에 출애굽기에서 밝혀지겠지만 큰 민족이 되는 길이었다. 또한 그것은 아브람의 후손이 약속의 땅을 얻게 되는 명분이었다. 왜냐하면 약속의 땅 가나안에 사는 아모리 족속의 죄악이 가득 차지 않았기 때문이다. 아모리 족속의 죄악이 가득 찰 때 하나님은 아브람의 후손들을 애굽에서 나오게 하셔서 가나안에 사는 족속들을 심판하심으로써 그 땅에 거하는 데 아무런 어려움이 없도록 하실 것이다.

약속의 땅에 찾아온 기근

아브람은 우르의 서북쪽 960km, 가나안의 동북쪽 640km인 하란에서 처음으로 정착했다. 그는 우상 숭배를 벗어난 나라를 세울 땅을 찾아 방향도 모르고 우르를 떠난 것이다. "믿음으로 아브라함은 부르심을 받았을 때에 순종하여 장래의 유업으로 받을 땅에 나아갈새 갈 바를 알지 못하고 나아갔으며"(히 11:8). 그러나 하란은 이미 개척된 곳으로 바벨론, 앗수르, 수리아, 소아시아, 애굽 등과 통하는 길이 있고, 대상과 군인들이 계속 통행하였다. 그래서 그는 아버지 데라가 죽은 후 하나님의 지시를 받아서 미개척지를 찾아 길을 떠났다.

아브람은 가나안에 들어와 이 땅의 중앙에 있는 세겜에서 처음으로 정착했다. 이곳은 에발 산과 그리심 산 사이에 있는 아름다운 골짜기였다. 아브람

베네치아 성마가성당에 있는 모자이크. 아브라함과 사라, 그의 조카 롯이 하인들과 함께 하나님이 그들에게 약속한 땅, 가나안으로 향하는 모습을 묘사했다.

은 하나님께 제단을 쌓았으나 이 땅을 더 답사하기 위해 곧 남쪽으로 떠났다.

세겜의 남쪽 32km, 예루살렘의 북쪽 16km에 있는 벧엘에서 아브람은 또 정착했다. 이곳은 가나안에서 가장 높은 곳으로 사방의 경치가 매우 아름다웠다. 동쪽의 요단 골짜기와 서쪽의 해안 평야에는 이미 많은 사람들이 살고 있었기에 아브람은 산줄기를 따라 내려갔을 것이다. 벧엘에서도 헤브론과 세겜에서처럼 제단을 쌓았다. 이것은 하나님께 드리는 감사일뿐만 아니라 함께 살려고 하는 사람들에게 그의 믿음을 보여주는 것이기도 했다. 그는 벧엘을 좋아했다. 그래서 애굽에서 돌아와 롯과 헤어질 때까지 거기에서 살았다.

그런데 이를 어쩌나! 아브람이 가나안에 정착한 지 얼마 되지 않아 그 땅에 기근이 들었다. 하나님이 약속하셨다고 확신한 땅에 기근이 찾아온 것이다. 당시 목축을 하던 아브람은 먹을 식량과 초목이 없으므로 어떻게든 기근이 없는 땅으로 이주해야만 했다. 애굽에 있는 나일 강의 비옥한 환경에 잠시 피신하는 것이 가장 현실적인 대안이었다.

그런데 여기에서 애굽으로 이동하는 아브람을 이끈 것은 하나님을 믿는 신앙이 아니라 사람에 대한 두려움이 그를 인도하는 원리로 자리 잡았다. 아브람은 아리따운 아내를 빼앗길지도 모른다는 걱정이 앞서서, 결국 하나님의 말씀을 벗어나 돌파구를 찾아 거짓말이라는 인간적인 유혹에 빠지고 말았다.

그 인간적인 대안은 결국 가족 전체를 큰 위기에 빠트리지만, 바로 이 일촉즉발의 위기 가운데 여호와 하나님이 친히 개입하셔서 아브람은 위기를 벗어난다. 이 사건을 성경을 중심으로 재구성하면 이렇다(창 12:10-20).

아브람은 애굽에 가까이 이르렀을 때, 떨리고 두려운 마음에 그의 아내에게 말하였다.

"내가 알기에 그대는 아리따운 여인이라. 애굽 사람이 그대를 볼 때에 이르기를 이는 그의 아내라 하여 나는 죽이고 그대는 살리리니 원하건대 그대는 나의 누이라 하라. 그러면 내가 그대로 말미암아 안전하고 내 목숨이 그대로 말미암아 보존되리라 하니라."

이 얼마나 어처구니없는 거짓말인가? 자기 살자고 아내를 누이라고 말하라니. 그런데 여기서 잠깐, 사실 아브람이 아내 사라를 '누이'라고 부르는 것도 전혀 근거 없는 말은 아니다. 왜냐하면 사라는 사실 그의 이복누이였기 때문이다(창 20:12).

어쨌든 아브람의 기우는 현실로 다가왔다. 아브람의 일행이 애굽 땅에 들어섰을 때 애굽 사람들이 아브람의 아내 사라를 보고 아름답다고 야단법석이었다. 그리고 궁중 신하들도 그녀를 보고 그 아름다움을 바로 왕에게 고하자, 바로는 그녀와 그녀의 일행들을 궁으로 초대하였다. 바로는 그녀가 아브람의 누이라고 들었다. 그러니 자신이 취한다고 해도 아무런 문제가 될 게 없다고 생각했다. 그래서 바로는 그 여인을 생각해서 아브람을 후하게 대접하고 그에게 양과 소와 나귀와 남녀 종들과 낙타를 주었다.

그러나 여호와께서는 아브람의 아내 사래의 일로 바로와 그의 집안에 무서운 재앙을 내리셨다. 그래서 바로가 아브람을 불러 따지듯 물었다. "네가 어째서 나에게 이런 짓을 하였느냐? 그 여인이 네 아내라고 왜 나에게 말하지 않았느냐? 어째서 네가 그녀를 누이라고 하여 내가 그녀를 데려다가 내 아내로 삼게 하였느냐? 자, 네 아내가 여기 있으니 데리고 가거라." 그러고서 신하들에게 명령하여 그들이 아브람을 그의 아내와 함께 모든 소유를 이끌고 나라 밖으로 나가게 하였다.

이 이야기의 기술되는 방식을 볼 때 아브람의 행실이 좋게 평가받고 있지 않는 것이 분명하다. 그럼에도 불구하고 여호와께서 개입하셔서 바로에게 재앙을 보내 그를 구원하셨다. 그래서 아브람은 그의 자손들과 마찬가지로 부자가 되어 애굽에서 빠져나왔다. 이것은 아브람의 불신앙에도 불구하고 그를 보호하시겠다는 약속을 지키시는 신실하신 하나님을 보여준다. 하나님은 당신이 부르신 자들의 실수까지도 은혜로 극복하셔서 장기적으로 그들에게 유익이 되게 하신다. 그런데 아이러니하게도 아브라함의 아들 이삭도 장소는 다르지만, 그의 아버지와 똑같은 죄악을 짓는다는 사실이다. "이삭이 그랄에 거주하였더니 그곳 사람들이 그의 아내에 대하여 물으매 그가 말하기를 그는 내 누이라 하였으니 리브가는 보기에 아리따우므로 그곳 백성이 리브가로 말미암아 자기를 죽일까 하여 그는 내 아내라 하기를 두려워함이었더라"(창 26:6-7).

아브람, 롯을 구하다

롯은 아브람의 조카였다. 그들은 갈대아 우르를 떠날 때부터 같이 살았다. 그리고 기근을 피해 애굽으로 갔을 때도 함께했다. 하지만 애굽에서 돌아온 후 식구, 가축, 천막 등이 증가하자 목동들은 목초지 때문에 자주 싸워 헤어질 수밖에 없었다. 아브람은 너그러운 마음으로 조카 롯에게 선택의 우선권을 주었다. "아브람이 롯에게 이르되 우리는 한 친족이라. 나나 너나 내 목자나 네 목자나 서로 다투게 하지 말자. 네 앞에 온 땅이 있지 아니하냐. 나를 떠나가라. 네가 좌하면 나는 우하고 네가 우하면 나는 좌하리라"(창 13:8-9).

그런데 문제는 롯이었다. 소유가 풍부해져서 아브람을 떠나게 될 때 어리석게도 눈에 좋아 보이는 곳을 선택하게 된다. "이에 롯이 눈을 들어 요단 지역을 바라본즉 소알까지 온 땅에 물이 넉넉하니 여호와께서 소돔과 고모라를 멸하시기 전이었으므로 여호와의 동산 같고 애굽 땅과 같았더라"(창 13:10). 이렇게 롯은 눈에 좋아 보이는 곳을 선택하여 요단 온 지역의 도시들에 머무르며 그 장막을 옮겨 소돔까지 이르게 되었다. 이때 아브람은 가나안 땅에 거주하였다.

그렇게 시간이 흘러 아브람과 조카 롯이 헤어져 지내던 어느 날, 전쟁 중에 도망 온 한 사람이 아브람에게 긴급한 전보를 전했다. "네 왕이 소돔과 고모라의 모든 재물과 양식을 빼앗아 가고 소돔에 거주하는 아브람의 조카 롯도 사로잡고 그 재물까지 노략하여 갔더라"(창 14:11-12)는 것이다. 이게 웬 날벼락인가? 잘 지내던 조카 롯이 어쩌다 전쟁에 휩쓸려 포로로 끌려갔단 말인가?

전말은 이랬다. 아브람 당시 남방지역의 다섯 왕이 동방의 강국 엘람의 그돌라오멜 왕에게 12년간 조공을 바치다가 조공납부를 거부한 것이다. 그러자 엘람을 중심으로 바벨론지역의 나라들이 연합해 남방연합군과 전쟁을 일으킨 것이다. 이 전쟁으로 남방 왕들이 패하여 잡혀가고 그 와중에 소돔 땅에 머물던 아브람의 조카 롯도 사로잡혀가게 된 것이다.

아브람은 그의 조카가 사로잡혀갔다는 소식을 듣고, 그 즉시 집에서 기르고 훈련한 자 318명을 거느리고 단까지 쫓아갔다. 여기서 잠깐 정예부대 318명은 어디서 나왔을까? 아마도 애굽에서 돌아와 조카 롯과 헤어진 후 아브람은 하나님의 약속을 믿고, 머물러 있으라는 하나님의 말씀을 지키며, 기근으로 애굽에 피신 갔던 이력은 있지만, 그 이후로는 우직하게 그 땅을 지키며, 그곳에서 힘을 기르고 정예부대를 길렀을 것이다.

한편 단까지 쫓아간 아브람은 그와 그의 가신들을 나뉘어 밤에 그들을 쳐부수고, 다메섹 왼편 호바까지 쫓아가 빼앗겼던 모든 재물과 자기의 조카 롯과 그의 재물과 또 부녀와 친척을 다 찾아와 돌려주었다. 이 일로 하나님이 아브람 편에 계신다는 사실이 확실히 드러났다. 그러나 사람들이 다 이것을 인정한 것은 아니었다. 소돔 왕은 누구보다 더 고마워했어야 할 사람인데 한마디 감사의 말도 없이 퉁명스럽게 백성들을 돌려보내줄 것을 요구하였다. "소돔 왕이 아브람에게 이르되 사람은 내게 보내고 물품은 네가 가지라"(창 14:21).

그러자 아브람은 자신이 소돔의 불행으로부터 이득을 취할 의도가 전혀 없다고 항의했다. "아브람이 소돔 왕에게 이르되 천지의 주재이시요 지극히 높으신 하나님 여호와께 내가 손을 들어 맹세하노니 네 말이 내가 아브람으로 치부하게 하였다 할까 하여 네게 속한 것은 실 한 오라기나 들메끈 한 가닥도 내가 가지지 아니하리라. 오직 젊은이들이 먹은 것과 나와 동행한 아넬과 에스골과 마므레의 분깃을 제할지니 그들이 그 분깃을 가질 것이니라"(창 14:22-24).

다른 한편으로 살렘의 제사장이자 왕인 멜기세덱은 아브람을 왕처럼 영접하고 그를 위해 잔치를 베풀었다. 그다음 멜기세덱은 아브람을 "천지의 주재시오, 지극히 높으신 하나님"의 이름으로 축복하였다. 이 친절한 영접에 응답하여 아브람은 그가 전리품으로 취한 모든 것 중에서 10분의 1을 멜기세덱에게 바쳤다.

여기서 우리가 주의해서 보면 멜기세덱과 소돔 왕의 태도가 의도적으로 대조되

아브라함에게 속한 남자는 아브라함의 직계 자손만을 의미하는 것은 아니다. 돈으로 산 자, 곧 아브라함의 집 그늘에 속한 모든 남자는 할례를 받아 언약의 약속을 얻는 축복을 누리게 된다.

어 있는 것을 알 수 있다. 그들은 창세기 12장 3절에 예언된 아브람에 대하여 두 종류 반응에 대한 실례이다. "너를 축복하는 자에게는 내가 복을 내리고 너를 저주하는 자에게는 내가 저주하리니." 소돔 왕은 그를 무시한 반면, 멜기세덱은 그를 축복하는 사람들 중 하나이다. 따라서 소돔 왕은 저주를 받을 자이지만 멜기세덱은 하나님께 복을 받을 자라고 생각할 수 있다. 소돔성의 운명이 암시되고 있는 것이다.

아브람에서 아브라함으로, 사래에서 사라로

아브람은 엘리에셀이 아니라 자기 몸에서 태어난 자식이 상속자가 될 것이라고 말씀하시는 하나님을 믿었다. 또한 자기 후손이 약속의 땅 가나안을 차지하게 될 것이라는 약속을 확증받았다. 물론 이방에서 400년 동안 나그네로서 살아야 하지만 말이다.

그러나 세월이 흘러도 아브람에게는 자식이 생기지 않았다. 아들을 낳을 수 없었던 아브람의 아내 사래는 자기 종 하갈을 남편 아브람에게 주기로 했다. 아브람이 하갈에게서 아들을 얻을지라도 그 아이는 하나님의 말씀대로 아브람의 몸에서 낳은 아들이기 때문이다(창 15:4). 성경은 사래가 남편 아브람에게 여종 하갈을 준 때가 "아브람이 가나안 땅에 거주한 지 십 년 후"였다고 말한다(창 16:3). 10년 동안 고심한 끝에 당시 관습대로 여종 하갈을 주어 아브람의 아들을 얻기로 결정했다.

사래의 제안대로 아브람은 하갈을 통해서 아들을 얻었으며, 이름을 이스마엘이라 지었다. 비록 사래가 낳은 것은 아니었지만 이스마엘은 분명 아브람의 몸에서 나온 아들이었다. 성경은 또다시 아브람이 이스마엘을 얻은 때에 대해서 분명하게 밝힌다. "하갈이 아브람에게 이스마엘을 낳았을 때에 아브람이 팔십육 세였더라"(창 16:16). 성경이 굳이 아브람이 이스마엘을 얻은 시간을 거듭 밝히는 것은 나름의 의도가 포함되어 있다. 그것은 아브람의 기다림이 얼마나 지속되었는지 분명하게 보여주기 위함이었다. 왜냐하면 믿음은 하나님의 약속에 따른 소망을 가지고 기다리는 것이기 때문이다. 하란에서 75세에 부름을 받아 약속의 땅 가나안에 들어온 아브람은 무려 10년이 지나서 86세에 이스마엘을 얻었다.

그러고도 무려 13년이 더 흘러서 아브람이 99세였을 때 하나님이 아브람에게 나타나셨다(창 17:1). 이 때 하나님은 다시 한 번 언약을 확증하신다. 언약의 확증은 모두 세 단계로 이루어진다. 첫째는 아브람의 이름을 바꾸어주는 것이다. 하나님은 아브람의 이름을 아브라함으로 개명시켜주신다. "보라. 내 언약이 너와 함께 있으니 너는 여러 민족의 아버지가 될지라. 이제 후로는 네 이름을 아브람이라 하지 아니하고 아브라함이라 하리니 이는 내가 너를 여러 민족의 아버지가 되게 함이니라"(창 17:4-5). '아브람'은 '높임을 받은 아버지'라는 뜻인 반면에 '아브라함'은 '많은 무리의 아버지, 많은 나라의 아버지'라는 뜻이다. 이는 자손에 대한 약속이다. 비록 지금은 여종 하갈에게서 얻은 아들 이스마엘밖에 없지만, 하나님은 '많은 무리의 아버지'라는 뜻인 아브라함으로 이름을 바꾸어 주심으로써 아브라함에게 하늘의 별과 같이, 바다의 모래알같이 많은 자손이 생겨날 것임을 약속하셨다.

둘째는 땅에 대한 약속이다. "내가 내 언약을 나와 너 및 네 대대 후손 사이에 세워서 영원한 언약을 삼고 너와 네 후손의 하나님이 되리라. 내가 너와 네 후손에게 네가 거류하는 이 땅 곧 가나안 온 땅을 주어 영원한 기업이 되게 하고 나는 그들의 하나님이 되리라"(창 17:7-8). 하나님은 가나안의 온 땅을 아브라함과 아브라함의 자손에게 주셔서 영원한 기업, 즉 상속 재산이 되게 하시겠다고 약속하신다.

셋째는 자손과 땅에 대한 약속을 담고 있는 언약의 표징, 즉 할례이다. 하나님은 아브라함에게 속한 모든 남자의 성기 포피를 베는 할례를 받으라고 명령하셨다. 할례는 이 언약이 성취될 것임을 증명하는 표징이었다. 아브라함에게 속한 남자는 아브라함의 직계 자손만을 의미하는 것은 아니다. 돈으로 산 자, 곧 아브라함의 집 그늘에 속한 모든 남자는 할례를 받아 언약의 약속을 얻는 축복을 누리게 된다. 새로 태어난 아이가 이 언약의 축복 그늘에 속하려면 출생한 지 8일이 될 때 할례를 받아야 했다. 아브라함의 집에 속한 모든 아버지는 태어난 남자아이의 포피를 베면서 하나님이 아브라함과 맺으신 언약, 즉 여호와께서 그들의 하나님이 되시겠다는 언약을 떠올렸다. 할례는 아브라함의 집안에 속한 모든 사람의 정체성을 상징하는 표징이었다.

창세기 17장에 나오는 언약의 확증은 또 다른 반전을 담고 있다. 하나님은 아브람의 이름만 아브라함으로 바꾸어주시지 않았다. 아브라함의 아내, 곧 사래의 이름도 사라로 바꾸어주셨다. 아브라함은 아내의 여종 하갈에게서 얻은 이스마엘이 자신의 상속자가 될 것이라고 생각했지만, 하나님은 아브라함의 아내 사래의 이름을 사라로 바꾸어 주심으로써 또 다른 반전을 기획하셨다. 그것은 사라에게서 태어난 아이가 아브라함의 상속자가 될 것이라는 약속이었다. "하나님이 또 아브라함에게 이르시되 네 아내 사래는 이름을 사래라 하지 말고 사라라 하라. 내가 그에게 복을 주어 그가 네게 아들을 낳아 주게 하며 내가 그에게 복을 주어 그를 여러 민족의 어머니가 되게 하리니 민족의 여러 왕이 그에게서 나리라"(창 17:15-16). 하나님은 사라가 '여러 민족의 어머니'가 되게 할 것이라고 약속하심으로 사라의 몸에서 아이가 태어날 것임을 약속하신다.

이 말씀을 들은 아브라함이 "이스마엘이나 하나님 앞에 살기를 원하나이다"라고 말하여 나이가 많은 것을 이유로 포기하는 마음을 드러내자, 하나님은 다시 한 번 명확하게 선언하신다. "아니라. 네 아내 사라가 네게 아들을 낳으리니 너는 그 이름을 이삭이라 하라. 내가 그와 내 언약을 세우리니 그의 후손에게 영원한 언약이 되리라"(창 17:19). 하나님의 나라를 이루어가는 계획 속에 아브라함의 상속자는 이스마엘이 아니라 이삭이었다.

이삭에 대한 약속은 사라에게도 주어졌다. 소돔과 고모라를 멸망시키기 위해서 온 세 사람은 아브라함의 환대를 받을 때 "내년 이맘때 내가 반드시 네게로 돌아오리니 네 아내 사라에게 아들이 있으리라"고 말했다(창 18:10). 사라는 장막 문에서 그 이야기를 들었지만, 나이가 많은 자신의 처지 때문에 웃고 말았다. 도저히 불가능하다는 생각이 들어서다. 그때 여호와께서 아브라함에게 "여호와께 능하지 못한 일이 있겠느냐. 기한이 이를 때에 내가 네게로 돌아오리니 사라에게 아들이 있으리라"(창 18:14)고 말씀하셔서 다시 한 번 확증해 주셨다. 아브라함의 상속자는 하갈에게서 얻은 이스마엘이 아니라 사라에게서 얻을 이삭이었다.

사라, 이삭을 낳다

헤브론 마므레 상수리나무가 있는 곳에서 사라에게서 이삭이 태어날 것이라는 예고가 있은 후 아브라함은 더 남쪽 네게브로 이동했다. 그곳에는 그랄 왕 아비멜렉이 통치하고 있었다. 아브라함은 아내 사라의 아름다움 때문에 죽임을 당할까봐 두려워 사라를 누이로 소개했다. 그래서 아비멜렉은 사라의 아름다움에 빠져 자기 아내로 삼기 위해 데려갔다. 그날 밤 하나님은 아비멜렉의 꿈에 나타나 그의 행동이 잘못된 것임을 지적하시며 아브라함을 이렇게 소개하셨다. "이제 그 사람의 아내를 돌려보내라. 그는 선지자라. 그가 너를 위하여 기도하리니 네가 살려니와 네가 돌려보내지 아니하면 너와 네게 속한 자가 다 반드시 죽을 줄 알지니라"(창 20:7).

다음 날 아침 아비멜렉은 아브라함을 불러 비난하며 사라를 아브라함에게 돌려보냈으며, 아브라함이 원하는 곳에 거주할 수 있도록 배려했다. 이곳에서 지내면서 사라는 약속을 받은 지 1년이 되어 이삭을 낳았다(창 21:2). 아브라함은 사라에게서 얻은 아들의 이름을 이삭이라 짓고 8일 만에 하나님의 명령대로 이삭에게 할례를 행했다. 그때 아브라함의 나이가 100세, 사라의 나이가 90세였다.

이삭이 태어나고 많은 우여곡절이 있었다. '이삭이 젖을 떼는 날'에 큰 잔치를 벌였다. 고대에는 세

살 또는 그 이후까지 젖을 먹였다. 그러니 '이삭이 젖을 떼는 날'이라는 시점은 아마도 이삭이 태어난 지 3년 그 이상이 지난 때였을 것이다. 그날에 사라는 애굽 여인 하갈의 아들이 이삭을 놀리는 광경을 보았다. "이삭을 놀리는지라"(창 21:9)에서 놀린다는 표현이 구체적으로 무엇을 말하는지 알 수 없지만, 사라의 눈에 일종의 위협으로 비췄던 것으로 보인다. 그래서 사라는 아브라함에게 하갈과 이스마엘을 내쫓으라고 요구했으며, 마음에 부담을 느끼던 아브라함은 이스마엘 역시 큰 종족을 만들어주시겠다는 하나님의 약속을 따라 하갈과 이스마엘을 내보냈다.

또한 아브라함이 그랄 왕 아비멜렉 땅에 거주하면서 우물을 빼앗기는 일도 있었다. 그 땅은 매우 건조한 지역이어서 가축을 키우거나 사람이 생존하는 데 우물은 절대적으로 필요한 것이었다. 아브라함에게 그런 어려움이 있었지만, 결국 아비멜렉은 아브라함을 찾아와서 언약을 맺자고 제안했다. 그때 아비멜렉은 이렇게 말했다. "네가 무슨 일을 하든지 하나님이 너와 함께 계시도다"(창 21:22). 아브라함은 어려움을 겪었지만, 다른 사람들의 눈에 아브라함의 삶은 하나님이 함께하시는 삶이었다.

이삭을 바친 아브라함

그리스도인의 삶은 하나님의 약속을 믿고 따라 가는 삶이다. 아브라함의 삶은 바로 그러한 삶의 전형이었다. 신학자 자크 엘룰은 그리스도인의 삶을 시간의 흐름 속에서 하나님의 약속대로 살아가고 그 가운데 소망을 갖는 삶이라고 강조한다.

아브라함은 그러한 약속을 믿고 살았다. 그러나 그도 인간인지라 의심도 했고, 그래서 많은 시련도 겪어야 했다. 창세기 22장에서 아브라함이 이삭을 바치는 사건은 하나님이 아브라함이 진정으로 약속을 받을 자격이 있는지를 최종적으로 시험하는 사건이었다. 이 사건에서 그려지는 하나님의 모습은 불신자들이 보기에 정말로 피도 눈물도 인정도 없는 분으로 비쳐질 수 있다. 어떻게 자식을 바치라고 하는가? 너무나 냉정하다고 말할 것이다.

> "믿음으로 아브라함은 부르심을 받았을 때에 순종하여 장래의 유업으로 받을 땅에 나아갈새 갈 바를 알지 못하고 나아갔으며"

그러나 이 사건의 참된 의미를 알기 위해서는 아브라함이 하나님의 부르심을 받고 가나안 땅에 정착하면서 그에게 베푸신 하나님의 역사와 그에 대한 아브라함의 반응을 꼼꼼히 추적할 필요가 있다. 그러면 이제부터 가나안 이후 아브라함의 삶의 여정을 추적해 보기로 하자.

아브라함은 하나님의 약속을 믿고 따라가기 위해 본토 친척 아비집을 떠났다. 검증되지도 않은 하나님의 말씀만 믿고 간다는 것은 그리 쉬운 일이 아니었다. 더구나 믿고 따라가는 그 길은 보통 힘든 여정이 아니었을 것이다. 그 길에는 많은 위협이 도사리고 있었다. 메소포타미아에서 가나안 땅으로 가기 위해서는 비옥한 초승달지역을 따라 여행했어야 했는데, 그 지역 주위에는 광야 유목민들의 침입과 강도의 위협이 항시 존재해 있었다. 그래서 히브리서 기자는 아브라함에 대해서 다음과 같이 말하고 있다. "믿음으로 아브라함은 부르심을 받았을 때에 순종하여 장래의 유업으로 받을 땅에 나아갈새 갈 바를 알지 못하고 나아갔으며"(히 11:8).

하나님이 아브라함을 위해 직접적으로 주신 약속은 두 가지로 요약된다. 땅과 자녀의 축복이다. 그러나 그 약속을 붙잡고 따라갈 때 아브라함의 믿음이 확고부동한 것은 아니었다. 그는 가나안 땅에 흉년이 들었을 때 약속의 땅인 가나안을 저버리고 이집트로 피난했다. 또한 창세기 15장 2절의 말씀처럼 하나님이 자식을 주지 않자 의심도 했다. "아브람이 이르되 주 여호와여 무엇을 내게 주시려 하나이까. 나는 자식이 없사오니 나의 상속자는 이 다메섹 사람 엘리에셀이니이다."

또한 창세기 16장 1~3절 말씀을 보면 아브라함은 아내 사래의 권고로 하나님의 방법이 아닌 인간적인 방법으로 하갈을 취하여 아들을 낳았다. 실로 사래가 하갈을 취하여 아브라함에게 건네줄 때 사용되는 동사들은 하와가 선악과를 취하여 아담에게 건네줄 때 사용되는 히브리어 동사와 동일한 단어들이다. 이런 의미에서 아브라함이 하갈을 취하는 행위는 마치 아담이 선악과를 따 먹는 행위처럼 하나님 앞에서 커다란 불순종이었음을 알 수 있다.

이탈리아 피렌체 바르젤로미술관 청동문에 있는 기베르티의 <이삭의 희생>이란 작품

그러나 하나님은 흔들리는 아브라함에게 자신의 약속을 재차 확인시켜주셨다. 여기서 우리는 한 가지 교훈을 얻을 수 있다. 약속을 믿고 따라가는 삶에는 세 가지 방해물이 있다는 것이다. 약속한 대로 이루어지지 않는 상황, 약속이 이루어질까 의심하는 인간적인 흔들림과 원망, 그리고 하나님의 방법에 맡기지 않고 인간적인 방법으로 행동하려는 태도이다. 우리는 항상 이와 같은 세 가지를 경계해야 한다.

마침내 하나님은 아브라함과 이전의 약속보다 더 강도 높은 언약을 맺으셨다. 원래 창세기 12장과 13장에서 하나님은 아브라함에게 땅과 자손에 대해 구두로 약속만 하셨다. 그러나 15장과 17장에서는 약속보다 더 강한 언약을 아브라함에게 주셨다. 아브라함이 흔들리지 않도록 하기 위해서였다. 언약이란 기본적으로 하나님의 맹세를 일컫는다. 그러므로 약속보다 더 강한 것이다. 사도 누가는 아브라함에게 한 하나님의 언약은 약속보다 더 강한 하나님의 자기 맹세임을 지적하고 있다. "우리 조상을 긍휼히 여기시며 그 거룩한 언약을 기억하셨으니, 곧 우리 조상 아브라함에게 하신 맹세라"(눅 1:72-73).

창세기 15장과 17장에서 하나님은 아브라함과 두 번 언약을 맺으셨다. 왜 이렇게 두 번 언약을 맺으셨을까? 15장에서 하나님은 자식을 얻지 못한 아브라함에게 하나님의 약속을 굳게 잡을 것을 촉구하셨다. 이에 아브라함은 그 말씀을 믿었고, 하나님은 그 믿음을 그의 의로 여기셨다. 그리고 이어서 하나님은 약속을 더욱 굳건하게 하기 위해서 아브라함과 언약을 맺으셨다. 하지만 17장에 와서도 상황은 나아지지 않았다. 왜냐하면 16장에서 아브라함은 약속대로 살지 않고 인간적인 방법으로 자식을 낳기 위해 하갈을 취했기 때문이다.

이런 상황에서 하나님은 17장에서 다시 언약을 맺으셨다. 하지만 여기서 하나님은 15장과 달리 새로운 것을 추가하셨다. 즉 언약의 표징으로써 할례를 행할 것을 명하셨던 것이다. 이 할례는 아브라함으로 하여금 하나님의 언약을 다시는 잊지 말고 기억하도록 하는 언약의 표징이었다. 마치 노아 언약에서 하나님이 무지개라는 언약의 표징을 보고 언약을 기억하듯이 아브라함에게 할례의 표징을 보고 자신의 약속을 잊지 말라는 하나님의 애틋한 요구였던 것이다.

창세기 17장에서 하나님의 언약을 통해 자손의 약속을 다시 받은 아브라함은 하나님 말씀대로 할례를 행하였으나 여전히 중심에서 하나님의 말씀을 따른 것은 아니었다. "아브라함이 엎드려 웃으며 마음속으로 이르되 백 세 된 사람이 어찌 자식을 낳을까. 사라는 구십 세니 어찌 출산하리요"(창 17:17).

마침내 하나님의 은혜로 아브라함은 이삭을 아들로 얻었다. 하지만 하나님 편에서는 아브라함이 진정으로 하나님의 약속을 믿고 하나님을 전적으로 사랑하는지 시험할 필요성을 느끼지 않을 수 없었다. 그래서 창세기 22장에서 하나님은 아브라함을 시험하시고 이삭을 바치라고 명하신다. 이 시험은 지금까지 아브라함이 중심에서 하나님을 경외하고 약속을 따라간 사람인지를 알기 위한 테스트였다. 또한 이 시험의 목적은 아브라함에게 약속의 축복을 인준하기 위함이었다.

결과적으로 아브라함이 이 시험을 통과했을 때, 성경은 다음과 같이 기록하고 있다. "사자가 이르시되 그 아이에게 네 손을 대지 말라. 그에게 아무 일도 하지 말라. 네가 네 아들 네 독자까지도 내게 아끼지 아니하였으니, 내가 이제야 네가 하나님을 경외하는 줄을 아노라"(창 22:12). 여기서 하나님의 말씀인 '이제야'라는 말에 주의할 필요가 있다. 그동안 아브라함은 하나님의 말씀을 따라왔지만, 하나님의 부르심을 받고 지금까지 그의 행동이 진정으로 말씀을 따르는 행동이었는지는 의구심을 떨칠 수가 없다. 그만큼 그는 하나님의 약속에도 불구하고 많은 의심을 했고 흔들렸기 때문이다. 물론 중간 중간 하나님의 언약을 준행하고 믿었기 때문에 하나님은 그를 의로 여기셨다. 하지만 그것은 순전히 하나님의 은혜였지 그가 보여준 의로운 행동 때문은 아니었다. 그러므로 최종적으로 하나님은 아브라함에게 축복을 인준하기 위해서 그가 진정으로 하나님을 사랑하고 믿는지를 시험하게 되셨다. 그리고 아브라함이 그 시험을 믿음으로 통과했을 때 하나님은 '이제야' 비로소 아브라함을 하나님을 경외하는 자로 인치셨던 것이다.

이삭, 리브가와 결혼하다

약속을 이루는 데 자신의 생애를 건 사람답게 아브라함의 마지막 유언은 그가 죽고 난 뒤에도 그 가족이 최우선 순위에 두어야 하는 그의 관심사를 표현하고 있다. 아브라함은 그의 종에게 이삭의 아내를 찾도록 맹세하게 했다. "아브라함이 자기 집 모든 소유를 맡은 늙은 종에게 이르되 청하건대 내 허벅지 밑에 네 손을 넣으라. 내가 너에게 하늘의 하나님 땅의 하나님이신 여호와를 가리켜 맹세하게 하노니 너는 내가 거주하는 이 지방 가나안 족속의 딸 중에서 내 아들을 위하여 아내를 택하지 말고 내 고향 내 족속에게로 가서 내 아들 이삭을 위하여 아내를 택하라"(창 24:2-4). 이것은 수많은 자손에 대한 약속이 이루어지기 위해 먼저 되어야 할 일이었다. 또한 말씀에서처럼 그 아내는 가나안 여자여서는 안 되고 아브라함의 친족 중에서 나와야 했으며, 또 가나안에 기꺼이 정착할 수 있어야 했다.

이에 그 종은 그 주인의 낙타 중 열 필과 그의 주인의 모든 좋은 것을 가지고 떠나 메소보다미아로 가서 나홀의 성에 이르게 되었다. 그 종은 충성의 표본이었으며, 아브라함의 하나님을 신뢰하는 믿음을 갖고 있었다. 나홀 성에 도착한 아브라함의 종은 낙타를 성 밖 우물 곁에 꿇렸다. 그때가 마침 저녁이라 여인들이 물을 길으러 나올 시간이었다. 그리고 여호와 하나님께 기도드렸다.

"그가 이르되 우리 주인 아브라함의 하나님 여호와여 원하건대 오늘 나에게 순조롭게 만나게 하사 내 주인 아브라함에게 은혜를 베푸시옵소서. 성 중 사람의 딸들이 물 길으러 나오겠사오니 내가 우물 곁에 서 있다가 한 소녀에게 이르기를 청하건대 너는 물동이를 기울여 나로 마시게 하라 하리니 그의 대답이 마시라 내가 당신의 낙타에게도 마시게 하리라 하면 그는 주께서 주의 종 이삭을 위하여 정하신 자라. 이로 말미암아 주께서 내 주인에게 은혜 베푸심을 내가 알겠나이다"(창 24:12-14). 이처럼 종은 구체적인 행동에 대한 인도하심까지 구하며 기도드렸다.

기도를 마치기도 전에 한 아리따운 소녀가 어깨에 물동이를 메고 나왔다. 그 소녀는 아브라함의 동생 나홀의 아내 밀가의 아들 브두엘의 딸 리브가였으며, "보기에 심히 아리땁고 지금까지 남자가 가까이 하지 아니한 처녀였다"(창 24:16). 이에 종은 마주 달려가서 자신이 기도한 것처럼 "네 물동이의 물을 내게 조금 마시게 하라"고 청하였다. 그러자 리브가가 이르기를 "내 주여 마시소서" 하며 급히 그 물동이를 손에 내려 마시게 하고, 기다렸다가 종이 물을 다 마시자 "당신의 낙타를 위하여서도 물을 길어 그것들도 배불리 마시게 하리이다"라고 하였다. 그러고는 급히 물동이의 물을 구유에 붓고, 다시 길으려고 우물로 달려가서 모든 낙타를 위하여 물을 길었다.

그 일련의 과정을 묵묵히 주목하여 지켜본 종은, 여호와께서 과연 평탄한 길을 주신 여부를 알고자하여, 낙타에게 물을 길어 마시기를 다하자, 반 세겔 무게의 금 코걸이 한 개와 열 세겔 무게의 금 손목고리 한 쌍을 그 소녀에게 주며 물었다. "네가 누구의 딸이냐? 청하건대 내게 말하라. 네 아버지의 집에 우리가 유숙할 곳이 있느냐." 그러자 그 소녀는 "나는 밀가가 나홀에게서 낳은 아들 브두엘의 딸이니이다. 그리고 우리에게 짚과 사료가 족하며 유숙할 곳도 있나이다." 이에 그 종이 머리 숙여 여호와께 경배하고 "나의 주인 아브라함의 하나님 여호와를 찬송하나이다. 나의 주인에게 주의 사랑과 성실을 그치지 아니하셨사오며 여호와께서 길에서 나를 인도하사 내 주인의 동생 집에 이르게 하셨나이다"라고 여호와를 찬양하였다.

집으로 돌아온 소녀는 어머니에게 자신이 겪은 일을 이야기하자, 그의 오라버니 라반은 여동생의 코걸이와 손목 고리, 즉 패물 때문에 혹시 엉뚱한 기대감을 갖고 종을 위해 처소와 음식을 준비한 사람이 자신임을 강조하며, 그를 집으로 초대한다. 라반에게는 재물이 가장 큰 관심이고, 그의 삶을 움직이는 동력이었다.

반면 아브라함의 종은 이런 라반의 초청에 응하지만 단순히 편안한 잠자리와 음식 때문이 아니었다. 그는 차려진 음식 앞에서도 자신의 일을 진술하기 전에는 먹지 않겠노라고 단호한 태도를 취한다. 자신이 주인 아브라함에게 받은 사명이 무

이처럼 그들의 태중에서부터 시작된 싸움은 둘 사이에 평생 벌어질 갈등의 전조였다. 리브가가 그들을 낳았을 때 이삭은 60세였다.

엇이고, 그 일을 위해 하나님이 어떻게 이 일을 간섭하셨고 인도하셨는지를 진술한다. 그리고 진술을 마친 종은 리브가 집안의 선택을 요구한다. 그래야 자신이 다음 행동을 결정할 수 있다는 것이다. 여기서 우리는 이 종의 충성심과 설득력 있는 말솜씨를 엿볼 수 있다. 그는 주인의 관심사를 말과 행동으로 잘 전달했다. 그 결과 리브가의 가족은 잘 알지도 못하는 이삭에게 자신의 딸 리브가를 시집보내기로 결정한다.

이렇게 아브라함의 아들 이삭은 충성스러운 종과 하나님의 예비하심으로 말미암아 리브가를 아내로 맞아들이게 된다. 그런데 여기서 우리는 리브가가 그 종의 기대 이상으로 정말로 이삭에 꼭 맞는 아내임을 확인할 수 있다. 그녀는 활동적이었고(달려가서 약대 열 필을 위한 물을 길음, 20절), 손님 접대를 잘했으며(그 종을 자신의 집에 기꺼이 영접함, 28절), 또 무엇보다 믿음의 여인이었다(약속의 땅으로 가려고 고향 친족을 떠났던 아브라함처럼 그녀도 준비가 되어 있었다, 57절). 이처럼 하나님의 역사는 그의 인도하심에 끝까지 신실하게 반응하는 사람들로 인해 막힘없이 초고속으로 진행된다. 그것이 결혼이든 아니면 그보다 더한 일이든지 간에.

태중에서 싸우는 쌍둥이 에서와 야곱

하나님의 예비하심과 충성스러운 종의 활약으로 이삭은 리브가를 아내로 맞는다. 그렇게 이삭은 리브가를 아내로 맞아 어머니 장막으로 들여 아내로 삼고, 리브가를 통해 어머니를 떠나보낸 슬픔을 위로받았다(창 24:67). 그 후 아브라함은 그두라라는 또 다른 여자와 결혼하여 시므란, 욕산, 므단, 미디안, 이스박, 수아를 낳아 기르다가 175세에 하나님의 부르심을 받았다. 아브라함은 죽었지만 하나님의 약속은 변함이 없었다. 하나님이 아브라함의 아들 이삭에게 복을 주셨고, 이삭은 브엘라해로이 근처에 거주하였다.

리브가를 아내로 맞아들일 때 이삭의 나이는 40세였다. 이삭은 성장하면서 아버지 아브라함을 통해 하나님의 언약을 분명히 전해 들었을 것이다. 그런데 시간이 지나면서 하나님의 약속은 자신에게서 이뤄지지 않는 것처럼 느껴졌다. 벌써 결혼한 지 20여 년이 지났지만 임신 소식은 깜깜이었다. 초조하기는 리브가도 마찬가지였다. 이에 이삭은 여호와 하나님께 매달렸다. 간절히 기도하고 기도드렸다. 그러자 여호와께서 그 기도를 들어주셔서, 리브가가 드디어 임신을 하게 되었다. 그것도 끔찍한 쌍둥이를 임신한 것이다.

이때의 상황을 성경은 이렇게 기록한다. "이삭이 그의 아내가 임신하지 못하므로 그를 위하여 여호와께 간구하매 여호와께서 그의 간구를 들으셨으므로 그의 아내 리브가가 임신하였더니, 그 아들들이 그의 태 속에서 서로 싸우는지라"(창 25:21-22). 그렇게 기대하고 소망하던 임신을 하게 되었는데, 이를 어쩌나! 복중에 있는 쌍둥이 아들들이 태 속에서 서로 싸우다니! 이런 끔직한 임신이 있을 수 있단 말인가!

리브가는 낙담하여 자기의 상황을 여호와 하나님께 여쭈자, 하나님은 이렇게 말씀하셨다. "두 국민이 네 뱃속에 있구나. 두 민족이 네 태중에서 나누어질 것이니 한 민족이 다른 민족보다 강할 것이며, 형이 동생을 섬기리라." 심지어 그들은 출생하면서도 싸움이 쉴 때가 없었다. 즉 야곱이 두 번째로 나오면서 그 형의 뒤꿈치를 붙잡은 것이다. 먼저 나온 아이는 마치 털옷을 입은 것처럼 전신이 불그스름한 털로 덮여 있어서 그 이름을 '에서'라 하였고, 나중에 나온 그의 동생은 손으로 에서의 발꿈치를 꽉 잡았으므로 그 이름을 '야곱'이라고 하였다. 이처럼 그들의 태중에서부터 시작된 싸움은 둘 사이에 평생 벌어질 갈등의 전조였다. 리브가가 그들을 낳았을 때 이삭은 60세였다.

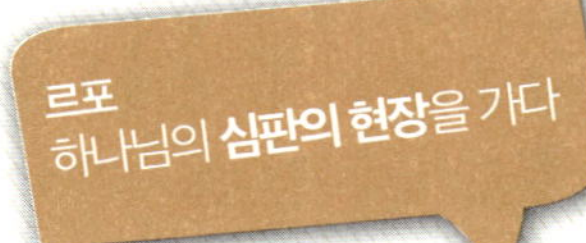

불과 유황으로 멸망당한 소돔과 고모라

아브라함은 멍하니 두 천사의 뒷모습을 바라보고 있을 수밖에 없었다. 안타깝고 답답한 심정이었지만 어쩔 도리가 없었다.

"여호와 하나님께서 소돔과 고모라를 멸하실 것이라니…."

이를 어쩌나! 소돔성에 조카 롯이 있지 않은가? 아브라함은 하나님께 "주께서 의인을 악인과 함께 멸하려 하시나이까"(창 18:23)라고 부르짖어, 소돔성에 의인 50명이, 45명이, 40명이, 30명이, 20명이, 그리고 끝으로 의인 10명이 있으면 멸하지 않겠다는 하나님의 응답을 들었지만, 어찌할까! 소돔성에는 의인 10명이 없었다. 소돔성은 일찍이 죄악이 관영하여 동성애와 교만과 탐식과 나태와 음욕의 죄로(겔 16:49-50, 벧후 2:6,9) 가득했다. 조카 롯을 향한 아브라함의 여섯 차례의 중보기도는 이렇게 끝나는 것처럼 보였다.

하지만 하나님은 소돔과 고모라를 멸하시기 전에, 먼저 멸망을 경고하기 위해 소돔성에 사는 롯에게 두 천사를 보내셨다. 조카 롯을 향한 아브라함의 중보기도가 한 영혼을 위한 하나님의 사랑과 맞닿아 응답의 역사를 일으킨 것이다.

그날 저녁 그 두 천사가 소돔에 도착했을 때 롯은 소돔 성문에 앉아 있었다. 롯은 그들을 보자 즉시 일어나 그들을 영접하고 땅이 엎드려 절하며 "내 주여, 종의 집으로 들어가서 발을 씻고 주무신 다음에 내일 아침 일찍 일어나 갈 길을 가소서"라고 하였다. 그러자 그들이 "아니다. 우리가 거리에서 밤을 보내겠다"고 하였으나 롯의 강청으로 결국 두 천사는 롯의 집으로 들어가게 되었다.

두 천사를 맞아들인 롯은 그들을 위해 음식을 차려주고, 누룩을 넣지 않은 빵도 만들어주어 그들의 허기를 달래주었다. 그런데 이를 어쩌랴. 그들이 잠자리에 들기 전에 소돔 사람들이 어른, 아이할 것 없이 사방에서 마구 몰려와 그 집을 둘러싸고 롯을 부르며 "오늘 저녁 네 집에 온 사람들이 어디 있느냐? 그들을 끌어내라. 우리가 강간하겠다" 하고 외쳐대는 것이다. 즉 동성강간을 하겠다는 것이다. 그것도 노소를 막론하고 몰려와서 말이다. 이 얼마나 죄악이 만연했단 말인가!

당황한 롯이 밖으로 나가서 등 뒤로 문을 닫고 그들에게 말했다.

"여러분, 부탁입니다. 제발 이런 악한 짓은 하지 마시오. 나에게 시집가지 않은 두 딸이 있습니다. 그 딸들을 당신들에게 내어줄 테니 당신들 좋을 대로 하시고, 이 사람들에게는 제발 아무 짓도 하지 말아 주시오. 이들은 내 집에 온 손님들입니다."

그러나 그들은 더욱 큰소리로 부르짖으며 "너는 물러서라. 이 이방인을 들어와서 살게 했더니 이제는 이놈이 우리 법관노릇을 하려고 드는구나. 그들보다 네가 먼저 혼이 나야겠다"라고 하면서 계속 롯을 밀어붙이며 달려들어 문을 부수려고 했다.

그때 안에 있던 그 천사들이 손을 내밀어 롯을 집 안으로 끌어들이고 문을 닫은 다음, 어른, 아이할 것 없이 문 밖에 있는 사람들의 눈을 모조리 어둡게 하여 문을 찾지 못하게 하였다. 그리고 두 사람이 롯에게 말했다.

"이곳에 너 외에 또 다른 사람이 있느냐? 네 자녀나 사위나 그 밖에 다른 친척이 이 성 안에 있으면 그들을 모두 성 박으로 나가게 하라. 우리가 이 성을 멸망시키겠다. 이 성의 죄악이 하늘에 사무쳤으므로 여호와께서 이 성을 멸망시키려고 우리를 보내셨다."

롯은 아찔했다. 눈앞이 캄캄했다. 아무 생각이 나지 않았다. 하지만 그렇다고 멍하니 있을 수만은 없었다. 그래서 밖으로 나가 자기 딸들의 약혼자들에게 말했다.

"너희는 빨리 이 성에서 떠나라. 여호와께서 이 성을 멸망시키실 것이다."

그러나 이를 어쩌랴. 그들은 그 말을 그냥 농담으로 여길 뿐이었다. 당연하지 않은가? 누구나 그럴 것이다. 지금까지 아무 일 없이 잘 지내고 있는데, 갑자기 자기가 사는 삶의 터전이 하루아침에 멸망을 당한다니, 누가 그 말을 믿을 수 있겠는가? 이게 오늘날 복음을 대하는 사람들의 모습일지도 모른다. 복음을 그저 한낱 역사이야기로 치부하고 비웃고 넘어가는.

그렇게 밤이 가고 동이 트자, 천사들이 롯을 재촉했다.

"서둘러 여기 있는 네 아내와 두 딸을 데리고 나가거라. 그렇지 않으면 너희가 이 성과 산과 함께 망하고 말 것이다."

그러나 롯은 망설였다. 인간적인 생각이 발목을 잡은 것이다. 그러나 더 이상 지체할 시간이 없었다. 너무나 급박한 상황인지라 그 천사들이 롯과 그의 아내와 두 딸의 손을 잡아 성 밖으로 이끌어냈다. 이것은 여호와께서 아브라함의 중보기도에 응답하여 롯에게 자비를 베푸신 것이다.

천사들은 그들을 성 밖으로 이끌어낸 후에 이렇게 말했다.

"너희는 도망하여 목숨을 구하라. 뒤돌아보거나 도중에 멈추지 말고 산으로 도망하라. 그렇지 않으면 죽게 될 것이다."

그러나 롯이 이렇게 간청했다.

"내 주여, 제발 그렇게 하지 마소서. 주께서는 내 생명을 구하시려고 나에게 큰 은혜와 사랑을 베푸셨습니다만 내가 산까지 달아날 수가 없습니다. 도중에 재앙을 만나 죽을지도 모릅니다. 보십시오. 저기 도망하기에 가까운 작은 성이 있습니다. 저 성은 아주 작지 않습니까? 나를 그리로 도망가게 해주십시오. 그러면 내가 안전할 것입니다."

그러자 천사가 대답하였다.

"좋다. 내가 네 요구대로 그 성을 멸망시키지 않겠다. 너희는 빨리 그곳으로 도망하라. 너희가 그곳에 도착할 때까지는 내가 아무것도 하지 않겠다."

그래서 그때부터 그 성 이름을 작다는 뜻으로 '소알'이라고 불렀다.

롯이 소알에 이르렀을 때 해가 떠오르고 있었다.

소돔 근처에 있는 '롯의 처'라 불리는 석화한 소금 기둥

그때 여호와께서 소돔과 고모라 성에 하늘에서 유황과 불을 비처럼 쏟아 그 성들과 온 들과 거기에 사는 모든 사람과 땅에서 자라는 모든 것을 완전히 소멸하셨다.

그러나 이를 어쩌나! 분명히 천사들이 뒤돌아보거나 도중에 멈추면 죽게 될 것이라고 그렇게 당부했는데, 롯의 아내는 무엇이 그리 아쉬웠던지 뒤를 돌아보는 바람에 소금 기둥이 되고 말았다. "롯의 아내는 뒤를 돌아보았으므로 소금 기둥이 되었더라"(창 19:26). 이처럼 롯의 아내는 하나님을 따르면서 세상을 사랑하는 자의 표본이다. 이런 자를 우리 주 예수님은 두 주인을 섬기는 자라고 말씀하셨다. "롯의 처를 기억하라. 무릇 자기 목숨을 보전하고자 하는 자는 잃을 것이요 잃는 자는 살리리라”(눅 17:32-33).

그날 아침에 아브라함이 일찍 일어나 전날 여호와 앞에 섰던 곳으로 가서 소돔과 고모라와 그 온 들을 바라보니 그 땅에서 시커먼 연기가 치솟아 오르고 있었다. 하나님은 롯이 살던 들의 성들을 멸망시키실 때에 아브라함을 생각하셔서 롯이 그 재앙을 안전하게 피할 수 있도록 하신 것이다.

한편 불과 유황의 재앙으로부터 구원받은 롯은 소알에 사는 것이 두려웠다. 그래서 두 딸과 함께 소알을 떠나 산으로 올라가서 동굴 속에 숨었다. 이것이 불행의, 아니 죄악의 시작이었다.

하루는 큰딸이 작은딸에게 이렇게 말했다.

“우리 아버지는 늙으셨고 이 일대에는 세상 관습대로 우리와 결혼할 남자가 없다. 그러니 우리가 아버지에게 술을 먹이고 아버지의 잠자리에 들어 아버지를 통해서 우리 가족의 혈통을 이어가자.”

그리고 그들은 그날 밤 아버지에게 술을 먹이고 먼저 큰딸이 아버지의 잠자리에 들었다. 그러나 아버지는 술에 취하여 딸이 한 일을 전혀 알지 못하였다.

다음날 큰딸이 자기 동생에게 “어젯밤에는 내가 아버지의 잠자리에 들었다. 오늘 밤에도 우리가 아버지에게 술을 먹이자. 이번에는 네가 아버지의 잠자리에 들어 아버지를 통해서 우리 가족의 혈통을 이어가자” 하고, 그날 밤도 그들은 아버지에게 술을 먹였다. 이번에는 작은딸이 아버지의 잠자리에 들었으나 아버지는 작은딸이 한 일도 알지 못하였다.

이렇게 해서 롯의 두 딸은 자기들의 아버지를 통해 임신하게 되었다. 큰딸은 아들을 낳아 이름을 모압이라고 지었는데, 그는 오늘날 ‘모압’ 사람들의 조상이 되었다. 그리고 작은 딸도 아들을 낳아 이름을 벤암미라고 지었으며, 그는 오늘날 ‘암몬’ 사람들의 조상이 되었다.

우리는 여기서 너무나 허무해진다. 죄악이 만연한 소돔과 고모라에서 구원받은 그들의 모습이 어찌 이리도 소돔성의 사람들과 다를 바가 없다니. 어찌 보면 이것이 인간의 나약함인지는 모르지만 우리는 여기서 분명히 깨달아야 한다. 이 부분은 세상과 타협한 한 인간의 비참한 종말을 묘사한다는 사실을. 롯의 두 딸은 아이를 갖고 싶은 욕심에 원칙을 무시하고 (왜냐하면 그들은 근친상관에 자녀의 도리를 어긴 것이기 때문이다) 꾀를 내어 자신들의 아버지와 동침을 하였다.

이 모든 결과는 롯에서 비롯되었다. 하나님의 인도하심보다 자기 판단을 앞세우고, 하나님의 계획을 신뢰하기보다는 두려움에 싸여서 잘못 판단을 내렸기 때문이다. 이런 롯은 훗날 이스라엘을 괴롭히는 모압과 암몬의 아버지가 되는 불명예를 안게 된다. 그리고 이것은 끝으로 성경에는 더 이상 그의 행적이 기록되지 않는다. 참고로 암몬 족속은 요단 동편에, 모압 족속은 사해 북동쪽에 살았다(민 21:24 참조).

> 이 모든 결과는 롯에게서 비롯되었다. 하나님의 인도하심보다 자기 판단을 앞세우고, 하나님의 계획을 신뢰하기보다는 두려움에 싸여서 잘못 판단을 내렸기 때문이다.

롯의 아내가 소금 기둥으로 변한 곳은 어디일까?

천사들은 롯과 그의 가족들에게 급히 피신하도록 이르면서 절대로 뒤를 돌아보면 안 된다고 주의를 주었다. 그들은 소알이라는 곳으로 도망쳤지만 불행의 그림자를 완전히 떨쳐내지는 못했다. 천사의 지시를 어기고 뒤를 돌아본 롯의 아내가 그 자리에서 소금 기둥이 되었기 때문이다(창 19:26). 전통적으로 성경 주석가들은 롯의 아내가 불행한 일을 당한 것은 하나님의 지시를 가볍게 여겼거나, 아니면 소돔에 두고 온 친지나 재물에 관한 미련을 버리지 못했기 때문이라는 설명을 달았다. 하지만 유대 역사가 요세푸스는 「유대 상고사」(Jewish Antiquities)에서 다른 관점을 제시했다. 롯의 아내가 과도한 호기심을 이기지 못해 화를 당했다는 것이다. "롯의 아내는 하나님이 금지하셨음에도 불구하고 호기심이 지나친 나머지 도망치는 동안에 계속해서 마을을 돌아보다가 소금 기둥이 되고 말았다."

소돔의 구체적인 위치에 관해서는 의견이 분분하지만 성경은 사해에서 멀지 않은 곳이라고 명시하고 있다(창 14:1-3). 사해 남부 연안은 오래전부터 암염의 주요 산지였다. 염해(창 14:3), 아라바의 바다(수 3:16), 혹은 동해(슥 14:8) 등 다양한 이름으로 불린 사해 주변에는 독특한 형태를 하고 있는 소금 바위나 소금 산이 곳곳에 산재해 있다. 그래서 예로부터 사람들은 사해를 둘러보면서 그 주변에 기둥처럼 솟아 있는 것들을 보고 롯의 부인이라고 불렀다. 인근에 거주하는 이슬람 신자들은 소돔과 고모라가 사해 밑으로 가라앉았다고 해서 사해를 바하르 롯, 즉 롯의 바다라고 부른다.

사해라는 지명은 로마 감독의 부탁을 받고 라틴어 불가타 역 성경을 번역한 예로니모(혹은 제롬, 347-419년)가 최초로 사용했다. 잘 알려진 것처럼 사해는 염도가 바닷물보다 아홉 배 이상 높지만 바다가 아니라 소금 호수이다. 사해는 해수면보다 418미터나 낮은 탓에 세계에서 가장 지표가 낮다. 이와 같은 특이한 지형 때문에 자외선이 지면에까지 닿지 않는 것으로 유명하다. 중세에 이곳을 여행한 사람들은 사해 상공의 대기에 유해한 성분이 포함되어 있다고 생각했다. 사해에서 새를 전혀 구경할 수 없었기 때문이다. 사실 다른 곳과 달리 사해 일대에 새들이 날아다니지 않는 것은 먹잇감과 관계가 있다. 사해에는 식물이 없을 뿐만 아니라 요단 강에서 밀려오는 물고기도 높은 염분 때문에 살아남을 수 없기에 새를 볼 수 없는 것이다.

사해는 풍부한 광물 자원 덕분에 주변 국가들로부터 상당한 주목을 받고 있다. 사해는 취소(브롬), 염화마그네슘, 염화칼슘, 염화포타슘, 마그네슘, 유황 등이 매우 풍부하다. 특히 비누나 비료의 원료가 되는 염화포타슘의 매장량은 전 세계가 1백 년 동안 쓸 수 있는 양이다. 또한 고무 제품, 의약품, 접착제 등을 만드는 데 사용되는 마그네슘은 전 세계 소비량의 5%, 유럽 소비량의 15%를 충당하고 있다. 취소는 살충제, 플라스틱 제품, 농약, 페인트 등에 사용되는데 전 세계 총 생산량 가운데 26%가 사해에서 생산되고 있다. 현재 우리나라에서도 이 사해 산 취소를 수입하고 있다. 그렇다면 사해의 수많은 염분은 도대체 어디서 생겨나는 것일까? 전문가들은 요단 계곡을 통과하는 요단 강이나 사해 주변의 온천수를 통해 흘러드는 것으로 추정하고 있다.

— <누구도 가르쳐주지 않은 성경 밖 성경이야기>, 유재덕 저, 69-71쪽 발췌

이삭을 바친 아브라함 전격 인터뷰

아브라함에게 아들 이삭을 바치라는 하나님의 명령은 언뜻 보기에는 대단히 잔인한 명령처럼 보인다. 이삭은 아브라함이 100세, 아내 사라가 90세에 얻은 그야말로 금지옥엽 같은 자식이었다. 내내 자식이 없다가 인생 말년에 '하나님의 축복'으로 낳은 자식인데 그 자식을 제물로 바치라니…, 아마도 아브라함의 가슴은 칼로 살을 한 점, 한 점 도려내는 느낌이었을 것이다. 하지만 이 명령은 일종의 시험이었다. 아브라함이 진정으로 '여러 민족의 아버지'가 될 자격이 있는지를 알아보기 위한 하나님의 최종 테스트였다. 어쨌든 아브라함은 이 시험을 무사히 통과하고 '믿음의 아버지'가 되었다. 당시 이삭을 바치라는 하나님의 명령을 따르기 위해 모리아 산으로 향했던 아브라함의 심정을 가상 인터뷰로 구성해 보았다.

"하나님이 이삭을 다시 살리실 것이라 믿었다"

- 정확히 하나님이 명령하신 내용은 무엇이었나?

= "모리아 땅에 있는 산에 가서 이삭을 번제로 드려라" 하는 것이었다.

- 그래서 어떻게 했나?

= 다음날 아침 일찍 일어나 나귀에 안장을 지우고 두 종과 이삭과 함께 모리아 산으로 향했다. 모리아 산까지 가는 데 무려 사흘이나 걸렸다. 산이 보이자 두 종에게 산 밑에서 기다리라 지시하고 이삭에게 번제에 쓸 나무를 지게 하고 나는 불과 칼을 가지고 산으로 올라갔다.

- 가장 가슴이 아팠던 순간은 언제였나?

= 이삭이 이렇게 물었을 때였다. "아버지, 번제로 드릴 양은 어디에 있어요?" 그 아이의 천진무구한 눈을 보았는데 가슴이 무너져 내리는 것 같았다. 그 아이는 곧 자신에게 닥칠 운명을 전혀 알지 못했다. 나는 요동치는 가슴을 억누르며 이렇게 말했다. "아들아, 번제할 어린양은 하나님이 당신을 위하여 친히 준비하실 것이다"(창 22:8).

이 6세기 목판 모자이크에는 아들 이삭을 희생제물로 바칠 준비를 하는 아브라함이 묘사되어 있다.

- 성경에 나타난 당신의 모습은 무척 단호해 보인다. 하나님의 명령을 받고 당신은 아침 일찍부터 서둘러 길을 나선다. 아들을 번제로 바쳐야 했는데 어떻게 그럴 수 있었나?

= 나는 하나님을 믿었다. 내가 이삭을 번제로 바칠지라도 하나님은 능히 이삭을 다시 살리실 수 있으실 것이다. 하나님은 내게 "네 자손이라 칭할 자는 이삭으로 말미암으리라"(히 11:18)고 말씀하셨다. 신실하신 하나님은 그 약속을 틀림없이 지키실 것이다. 내게는 그런 믿음이 있었다.

- 히브리서 기자는 당신의 이런 믿음이 자손에 대한 하나님의 약속과 오랜 기다림에서 비롯된 것이라고 해석을 했다. 히브리서 기자의 해석이 맞는가?

= 하나님이 내게 자식을 주겠다고 약속하신 것은 내가 75세 때였다. 하지만 그 약속을 주신 후 무려 25년 동안 내게는 자식이 없었다. 그동안 나는 많이 번민하고 갈등했다. 기다림에 지쳐 한 때는 여종 하갈을 통해 자식을 얻으려고도 했다. 하지만 하나님은 당신의 약속을 다시 한 번 확인시켜주셨다. 여종 하갈이 아니라 사라의 몸에서 태어난 이삭만이 나의 상속자가 될 것이란 말씀이었다. 그래서 나는 확신할 수 있었다. 비록 이삭을 번제로 바칠지라도 하나님이 이삭을 다시 살리셔서 나의 상속자로 삼아주실 것이라는 사실을!

이 사건은 결국 아브라함의 믿음대로 결말이 지어졌다. 모리아 산에 오른 아브라함은 이삭을 결박해 칼로 찌르려 했다. 그때 하나님은 아브라함을 제지하시고 미리 예비하신 숫양으로 번제를 드리게 하셨다. 아브라함의 믿음을 인정하신 것이다. "그 아이에게 네 손을 대지 말라. 그에게 아무 일도 하지 말라. 네가 네 아들 네 독자까지도 내게 아끼지 아니하였으니 내가 이제야 네가 하나님을 경외하는 줄을 아노라"(창 22:12). 이렇게 아브라함은 하나님의 시험을 훌륭하게 통과했고 지금까지도 '믿음의 아버지'로 성경 속에서 찬란하게 빛나고 있다.

스토리 연재 / 2
족장시대 II

축복 강탈자 **야곱**에서 꿈잡이 **요셉**까지

태에서부터 엎치락뒤치락 싸우면서 태어난 에서와 야곱은 이삭의 쌍둥이 아들로 태어났다. 형은 태에서 나올 때 몸이 붉고 전신에 털이 있어 에서라 하였고, 동생은 손으로 에서의 발꿈치를 잡았다고 하여서 이름을 야곱이라고 하였다(창 25:25-26). 후에 에서가 차지한 세일산은 털이라는 히브리어 어근과 같은 말에서 나왔다. 에서는 털 사람이었기 때문에 '에서'라고 불리게 되었고, 야곱은 손으로 에서의 발꿈치를 잡았다고 해서 '야곱'으로 불리게 된 것이다. 비록 쌍둥이지만 그들은 아주 다른 성품으로 자랐다. 야곱은 조용하고 계산적이며 집에 머무르기를 좋아하게 되었고, 반면에 에서는 급하고 활동적이며 야생적인 사람이 되었다.

어이없이 팥죽 한 그릇에 장자를 판 에서

어느 날 사냥에서 돌아온 에서는 배가 고파 붉은 팥죽을 쑤는 야곱을 보고 팥죽을 달라고 요구한다. 성경은 에서가 붉은 것을 달라는 요구를 통해서 후에 그가 '에돔'(붉다.라는 뜻)이라는 별명을 가지게 되었다고 말한다. 하지만 야곱은 형의 요구를 쉽게 들어주지 않았다. 야곱은 형 에서에게 그 대가로 형의 장자의 명분을 팔라고 말한다. "야곱이 이르되 형의 장자의 명분을 오늘 내게 팔라"(창 25:31). 히브리어 원문의 형태를 보면 야곱은 형의 장자권에 대해 오랫동안 생각했던 것을 알 수 있다. 장자권은 이스라엘 사람들에게 특별한 축복을 의미했다. 장자는 아버지의 재산을 다른 아들보다 두 배나 상속할 수 있었고 하나님께 직접적으로 바쳐진 사람으로 여겨졌다.

에서는 배가 고팠기 때문에 장자의 명분이 무슨 소용이 있는가 말하며 야곱에게 장자의 명분을 팔았다. 성경은 이런 에서의 행동에 대해 다음과 같이 말한다. "야곱이 떡과 팥죽을 에서에게 주매 에서가 먹으며 마시고 일어나 갔으니 에서가 장자의 명분을 가볍게 여김이었더라"(창 25:34). 히브리서 기자도 에서의 행동에 대해 이와 같이 말한다. "음행하는 자와 혹 한 그릇 음식을 위하여 장자의 명분을 판 에서와 같이 망령된 자가 없도록 살피라. 너희가 아는 바와 같이 그가 그 후에 축복을 이어받으려고 눈물을 흘리며 구하되 버린 바가 되어 회개할 기회를 얻지 못하였느니라"(히 12:16-17).

이처럼 에서는 장자의 명분을 '가볍게' 여겨서 장자의 명분을 야곱에게 빼앗기게 된다. 그는 당장의 배고픔을 채우는 것을 이후 장자의 약속을 성취하는 것보다 더 중요시했다. 고된 사냥 후 찾아온 배고픔 앞에서 내뱉은 에서의 고백을 보라. "내가 죽게 되었으니 이 장자의 명분이 내게 무엇이 유익하리요"(창 25:32). 한마디로 '배고파 죽겠다'는 것이다. 여기서 에서는 지금 당장 긴급한 것(팥죽)과 긴급하지 않지만 정말 포기하면 안 되는 소중한 것(장자권)을 혼동하고 있다. 반면, 야곱을 보라. 틈만 나면 장자의 대의명분을 얻기 위해 기회를 엿보고 있다. 소중한 것을 얻기 위해 삶의 모든 초점을 거기에 맞추고 있는 것이다.

결국 야곱은 태어나기 전에 큰 자는 어린 자를 섬기리라 하는 하나님의 예언에 따라 에서 대신에 하나님의 축복을 받고 하나님 백성의 조상이 되었다. 여기서 우리는 하나님의 선택에 대해 생각할 필요가 있다. 창세기 4장에서 하나님은 가인의 제물보다 아벨의 제물을 더 기뻐하셨다. 아벨이 죽자 하나님은 막내아들인 셋을 택해 구원의 백성의 계보를 잇도록 하셨다. 그 후 하나님은 아브라함의 장자인 이스마엘을 선택하지 않고 이삭을 선택했고, 야곱의 열두 아들 중에는 장자가 아닌 요셉과 유다를 선택하여 자신의 구원 계획을 이루어가셨다. 이러한 하나님의 주권적인 선택의 원리를 볼 때 하나님은 그분의 뜻에 따라 에서보다 야곱을 선택했다고 말할 수 있다. 자격 있는 자가 아니라 자격 없는 자를 통해 하나님은 자신의 축복과 구원의 통로가 되도록 하셨던 것이다.

야곱, 아버지를 속여 장자의 축복을 강탈하다

장자의 축복권이 에서에게서 야곱으로 옮겨진 것은 결국은 하나님의 선택에 의해 이루어진 것이다.

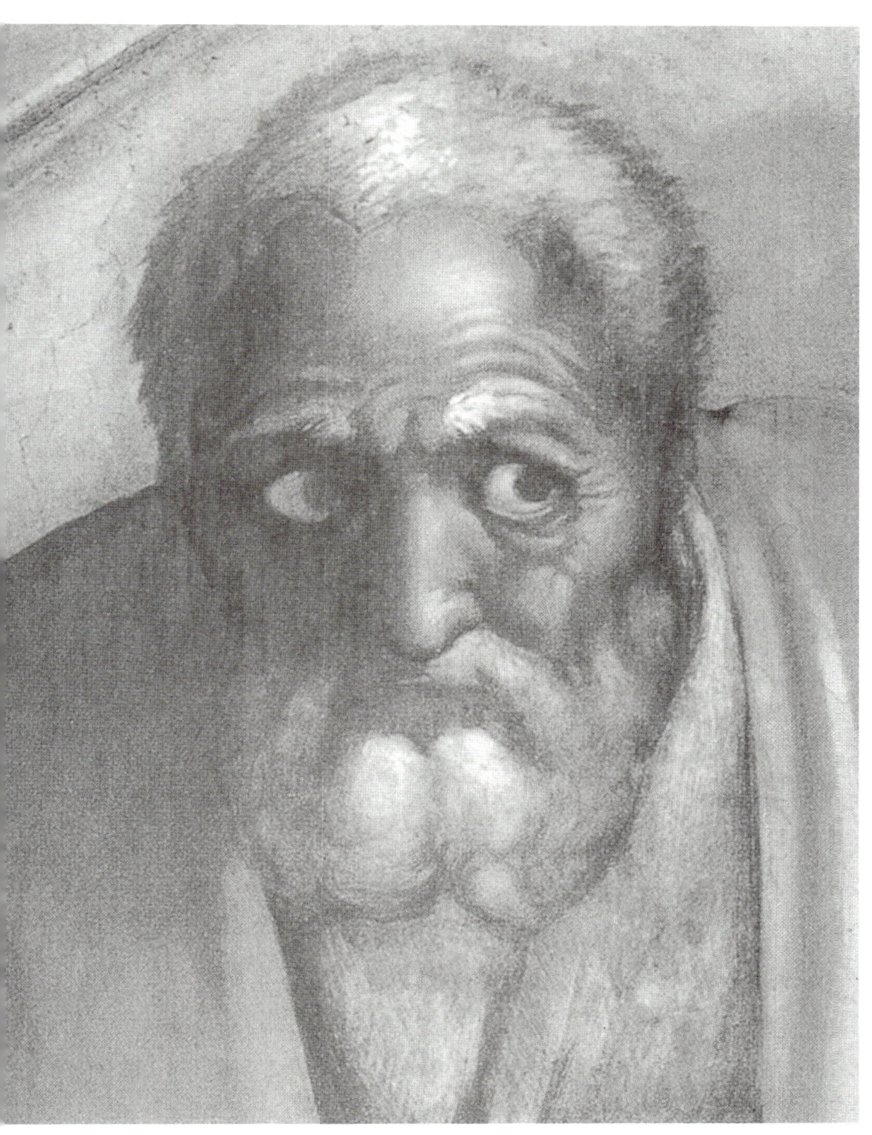

바티칸 시스티나성당에 있는 미켈란젤로의 <야곱>. 야곱은 팥죽 한 그릇에 형 에서의 장자 명분을 빼앗았고 시력이 나쁜 아버지 이삭을 속여 기업을 이을 장자의 축복을 받았다.

하지만 야곱은 그 장자권을 더욱 공고히 하기 위해 인간적인 방법을 사용했다. 창세기 27장에서 야곱은 눈이 어두운 아버지 이삭을 속이기 위해 형 에서의 복장을 하고 아버지에게로 나아가 에서 대신 장자의 축복을 받았던 것이다. 이것은 창세기에서 가장 흥미로운 이야기 가운데 하나이다. 그런데 야곱의 변장이 그의 아버지를 속일까? 그는 에서가 돌아오기 전에 복을 받을 것인가? 그런가 하면 이것은 또한 도덕적, 신학적 문제들을 야기한다. 하나님이 야곱의 속임수를 허락하시는가? 그분은 속여서 얻은 복도 인정하시는가? 먼저 일의 대강을 성경 말씀을 통해 확인해보자.

"이삭이 야곱에게 이르되 내 아들아 가까이 오라. 네가 과연 내 아들 에서인지 아닌지 내가 너를 만져보려 하노라. 야곱이 그 아버지 이삭에게 가까이 가니 이삭이 만지며 이르되 음성은 야곱의 음성이나 손은 에서의 손이로다 하며 그의 손이 형 에서의 손과 같이 털이 있으므로 분별하지 못하고 축복하였더라. 이삭이 이르되 네가 참 내 아들 에서냐. 그가 대답하되 그러하니이다. 이삭이 이르되 내게로 가져오라. 내 아들이 사냥한 고기를 먹고 내 마음껏 네게 축복하리라. 야곱이 그에게로 가져가매 그가 먹고 또 포도주를 가져가매 그가 마시고 그의 아버지 이삭이 그에게 이르되 내 아들아 가까이 와서 내게 입맞추라. 그가 가까이 가서 그에게 입맞추니 아버지가 그의 옷의 향취를 맡고 그에게 축복하여 이르되 내 아들의 향취는 여호와께서 복 주신 밭의 향취로다. 하나님은 하늘의 이슬과 땅의 기름짐이며 풍성한 곡식과 포도주를 네게 주시기를 원하노

라. 만민이 너를 섬기고 열국이 네게 굴복하리니 네가 형제들의 주가 되고 네 어머니의 아들들이 네게 굴복하며 너를 저주하는 자는 저주를 받고 너를 축복하는 자는 복을 받기를 원하노라"(창 27:21-29).

혹자는 이런 야곱의 행동을 정당화하기도 한다. 하지만 이 후 성경은 부모를 속인 야곱의 행동이 잘못되었음을 말한다. 여기서 야곱이 이삭을 속여 복을 받아 내게 하려는 리브가의 꾀를 얼마나 수긍했는지는 분명하지 않다. 왜냐하면 이 모든 계획은 이삭과 에서의 이야기를 들은 어머니 리브가의 작전이었기 때문이다. "이삭이 그의 아들 에서에게 말할 때에 리브가가 들었더니"(창 27:5). "리브가가 그의 아들 야곱에게 말하여"(6절). "그런즉 내 아들아 내 말을 따라 내가 네게 명하는 대로"(8절). 처음에 야곱이 어머니의 작전에 협조하기를 꺼려했던 것은 아마도 양심의 가책만큼이나 들킬 것에 대한 염려에서 그랬을 수도 있다(11-12절).

어쨌든 긴 안목으로 보면 야곱의 기만은 그와 리브가 모두에게 영향을 미쳤다. 야곱이 한 짓에 에서가 분노하고, 그래서 야곱은 집을 떠날 수밖에 없었다. 리브가는 그가 몇 날 동안만 떨어져 있을 것을 바랐으나, 그녀는 그를 다시 보지 못했다. 아버지를 속였던 야곱은 얼마 안 되어 그의 외삼촌이자 장인인 라반에게 속임을 당하여 라헬뿐만 아니라 억지로 레아와도 결혼하게 된다. 이것이 야곱의 남은 생애를 괴롭히는 문제의 원인이 된다.

또한 창세기 27장 16절에 보면 야곱은 아버지 이삭을 속이기 위해서 염소 가죽을 사용했다. 그래서 성경은 "염소 새끼의 가죽을 그의 손과 목의 매끈매끈한 곳에 입히고"라고 말한다. 야곱은 아버지 이삭을 속일 때 털 사람인 형으로 위장하기 위해 자신의 몸을 염소 새끼의 가죽으로 꾸몄던 것이다. 그러나 아이러니하게도 야곱의 아들들도 요셉을 애굽으로 가는 대상에 팔고 야곱을 속일 때 야곱이 이삭을 속인 방법과 같은 방법으로 속이는 것을 볼 수 있다. "그들이 요셉의 옷을 가져다가 숫염소를 죽여 그 옷을 피에 적시고 그의 채색옷을 보내어 그의 아버지에게로 가지고 가서 이르기를 우리가 이것을 발견하였으니 아버지 아들의 옷인가 보소서 하매 아버지가 그것을 알아보고 이르되 내 아들의 옷이라"(창 37:31-33). 염소로 자신의 아버지 이삭을 속였던 야곱은 이제 자신의 아들들로부터 염소로 속임을 당했던 것이다.

> 광야에 홀로 있는 야곱, 그는 피곤했고 공허했다. 함께하는 이도 없었다. 이때 야곱에게 필요한 것은 무엇인가? 하나님과의 만남이었다.

갈라디아서 6장 7~9절에 나오는 "심는 대로 거둔다"는 진리를 여기서 다시 깨달을 수 있다. "스스로 속이지 말라. 하나님은 업신여김을 받지 아니하시나니 사람이 무엇으로 심든지 그대로 거두리라. 자기의 육체를 위하여 심는 자는 육체로부터 썩어질 것을 거두고 성령을 위하여 심는 자는 성령으로부터 영생을 거두리라. 우리가 선을 행하되 낙심하지 말지니 포기하지 아니하면 때가 이르매 거두리라."

벧엘에서 하나님을 만난 야곱

복을 강탈당했다고 생각한 에서는 동생 야곱을 죽이기로 마음먹었다. 이를 알아차린 어머니 리브가는 아들 야곱을 자기 오빠가 있는 하란으로 보내기로 결정했다. 흥미롭게도 이삭은 야곱이 속여서 장자의 복을 빼앗아갔다는 사실을 알고 있음에도 불구하고 야곱을 하란으로 보내면서 절대로 가나안 사람의 딸들 중에서 아내를 맞이하지 말고 외삼촌, 곧 어머니의 오빠의 딸들 중에서 아내를 맞이하라라고 당부한다. "이삭이 야곱을 불러 그에게 축복하고 또 당부하여 이르되 너는 가나안 사람의 딸들 중에서 아내를 맞이하지 말고 일어나 밧단아람으로 가서 네 외조부 브두엘의 집에 이르러 거기서 네 외삼촌 라반의 딸 중에서 아내를 맞이하라"(창 28:1-2). 이삭은 야곱이 자신의 뒤를 이어 하나님 나라의 상속자가 될 것임을 인정하고 있었다.

반면에 야곱에게 복을 빼앗긴 에서는 의도적으로 부모가 싫어하는 가나안 사람의 딸을 아내로 맞이하여서 하나님 나라에 속하지 않은 자의 전형을 보여준다. "에서가 또 본즉 가나안 사람의 딸들이 그의 아버지 이삭을 기쁘게 하지 못하는지라. 이에 에서가 이스마엘에게 가서 그 본처들 외에 아브라함의 아들 이스마엘의 딸이요 느바욧의 누이인 마할랏을 아내로 맞이하였더라"(창 28:8-9). 이전에도 에서는 사십 세에 결혼을 하면서 헷 족속 브에리의 딸 유딧과 헷 족속 엘론의 딸 바스맛을 아내로 맞이하여 부모인 이삭과 리브가의 큰 근심이 되었었다(창 26:34-35). 그런 에서가 이제 또 의도적으로 이방 여인들을 후처로 맞아들이며 하나님 앞에 죄를 범한 것이다.

이제 야곱은 도망자 신세가 되었다. 분노한 형이 추격해 올 것을 생각하니 늑장을 부릴 수가 없었다. 브엘세바에서 하란까지의 길은 한 달 이상 걸리는 먼 거리였다. 브엘세바에서 야곱이 잠시 머물렀던 벧엘까지만 해도 약 96㎞로서 이틀 정도 걸리는 거리였다. 야곱은 추격해 올 형에 대한 두려움 때문에 정신없이 달렸다. 이틀 길을 하루 만에 도착했다. 분노로 가득 찬 형에게 잡히면 무슨 일을 당할지 알 수 없는 상황이었다. 그러니 어떻게 멈추어 설 수 있겠는가? 무엇엔가 쫓기는 두려운 마음, 이것이 도망자의 모습이다. 야곱은 황막한 광야, 산길과 들길을 정신없이 달렸다.

얼마쯤 달렸을까? 어느 한 지점에 이르렀고 밤이 되었다(창 28:11). 도저히 더 이상 달릴 수가 없었다. 야곱은 하늘을 지붕 삼고, 돌을 베개 삼아 누웠다. 하늘에 빛나는 별들을 바라보자 고향과 어머니 생각이 너무나 간절했다. 낯선 곳에 가서 살 것을 생각하니 두렵고, 또 자신의 신세가 너무나 처량해서 저절로 눈물이 흘러내렸다. 그는 광야에서 보내는 밤의 무서움도 잊은 채 설움에 복받쳐 눈물을 흘렸다. 그렇게 흐느끼는 사이에 자신도 모르게 잠이 들고 말았다.

광야에 홀로 있는 야곱, 그는 피곤했고 공허했다. 함께하는 이도 없었다. 이때 야곱에게 필요한 것은 무엇인가? 하나님과의 만남이었다. 그가 붙잡을 수 있는 유일한 희망의 키는 바로 언약을 맺으신 하나님이었다. 그때 놀라운 꿈을 꾸게 되었다. 그것은 자기가 누워 있는 자리에 하늘에 닿은 사닥다리가 서 있고, 하나님의 사자들, 곧 천사들이 사닥다리를 오르내리는 광경이었다. 그 순간 여호와 하나님의 음성을 듣게 되었다.

"나는 여호와니 너의 조부 아브라함의 하나님이요 이삭의 하나님이라. 네가 누워 있는 땅을 내가 너와 네 자손에게 주리니 네 자손이 땅의 티끌같이 되어 네가 서쪽과 동쪽과 북쪽과 남쪽으로 퍼져 나갈지며 땅의 모든 족속이 너와 네 자손으로 말미암아 복을 받으리라. 내가 너와 함께 있어 네가 어디로 가든지 너를 지키며 너를 이끌어 이 땅으로 돌아오게 할지라. 내가 네게 허락한 것을 다 이루기까지 너를 떠나지 아니하리라"(창 28:13-15).

이 말씀은 하나님이 야곱의 할아버지 아브라함과 아버지 이삭에게 하셨던 하나님 나라의 언약의 약속이었다(창 12:1-3, 26:3-4). 이로써 야곱은 하나님 나라의 상속자라는 하나님의 약속을 받게 되었다. 야곱은 아침 일찍 일어나 베개로 삼았던 돌을 기둥으로 세웠다. 그 돌기둥을 기념비로 삼았다. 그리고 그 위에 기름을 부었다. 그가 기둥 위에 기름을 부은 것은 거룩하게 구별하는 의식, 혹은 제사 행위로 볼 수 있다. 그는 그 들판을 가리켜 벧엘, 즉 하나님의 집이라고 불렀다. 그곳은 본래 루스, 즉 도피처였다. 그러나 그곳에서 하나님을 뵈었기 때문에 야곱은 그 들판을 '벧엘'이라고 불러 믿음으로 응답했을 뿐만 아니라 "여호와께서 나의 하나님이 되실 것이요"(창 28:21)라고 믿음을 고백했다.

속인대로 속는 꾀돌이 야곱

하나님의 인도하심에는 우연이란 없다. 모든 걸음이 그분의 예비하심과 섭리 속에 있을 뿐이다. 야곱은 먼 길을 여행한 끝에 하란 부근 우물가에서 장차 아내가 될 라헬을 만난다. 그리고 외삼촌 라반을 만났다. 라반의 이전 행동을 볼 때(창 24:29), 야곱이 특별한 선물을 가져왔을 것이라 기대했던 것 같다. "그가 라헬에게 입맞추고 소리 내어 울며 그에게 자기가 그의 아버지의 생질이요 리브가의 아들 됨을 말하였더니 라헬이 달려가서 그 아버지에게 알리매 라반이 그의 생질 야곱의 소식을 듣고 달려와서 그를 영접하여 안고 입맞추며·자기 집으로 인도하여 들이니"(창 29:11-13). 그런데 야곱을 반갑게 맞이하지만 함께 지내면서 그에게 얻을 특별한 유익이 없는 것을 보고 그에게 삯을 정하자고 제안한다. "라반이 야곱에게 이르되 네가 비록 내 생질이나 어찌 그저 내 일을 하겠느냐. 네 품삯을 어떻게 할지 내게 말하라"(창 29:15).

야곱은 당시 신부 지참금에 해당하는 1년 치 삯보다 무려 7배나 많은 조건을 내걸고 외삼촌 라반의 둘째 딸 라헬을 달라고 제안한다. 그리고 그는 라반과 라헬, 이 두 사람을 통해 특별한 훈련을 받는다. 라헬을 통해서는 7년을 며칠처럼 여길 정도로 순순한 열정과 동기를 배운다. 장자권을 빼앗고자 고민하며 형을 속이고 살았던 야곱으로서는 경험하지 못한 부분이었다. 또한 라반을 통해서는 간교하게 사람을 속이는 것이 얼마나 아픈 짓인지를 뼈저리게 경험하게 된다.

7년이란 세월은 다 채워졌지만 라반은 그 결혼을 진행시키기를 주저했고, 이에 야곱은 그를 재촉한다. "야곱이 라반에게 이르되 내 기한이 찼으니 내 아내를 내게 주소서. 내가 그에게 들어가겠나이다"(창 29:21). 그리하여 라반이 그곳 사람들을 다 모아 잔치를 베풀고 결혼식을 진행한다. 그러나 "뛰는 놈 위에 나는 놈 있다"는 속담이 있지 않은가? 이 말은 라반에게 속은 야곱에게 그대로 적용된다. 그 누구보다 약삭빠르고, 형과 아버지를 속여서 장자의 축복을 가로챘던 야곱이 삼촌 라반에게 고스란히 속은 것이다. 그것도 자신이 형과 아버지를 속였던 것과 너무나도 흡사하게 말이다. 삼촌 라반은 야밤에 야곱이 잘 볼 수 없는 틈을 이용해 언니 레아를 라헬인 것처럼 속여, 자신의 가족을 속인 야곱을 그대로 당하게 한다.

그러나 어찌하랴. 이미 엎질러진 물인걸. 아침에 일어나 속은 걸 안 야곱은 외삼촌에게 어찌하여 이렇게 날 속였는지 물었지만, 그 대답은 아주 무미건조한 정답뿐이었다. "라반이 이르되 언니보다 아우를 먼저 주는 것은 우리 지방에서 하지 아니하는 바이라"(창 29:26). 아이쿠, 야곱이 제대로 뒤통수를 맞은 것이다. 그런데 우리는 간과해서는 안 된다. 이 배후에 하나님이 계심을. 하나님은 야곱을 사랑하셔서 언약을 이루기 원하시지만 그의 죄를 결코 묵과하지 않으시는 공의의 하나님이시다. 하나님은 죄인 야곱을 사랑하시지만 그의 죄는 미워하셨다. 하나님의 이런 인도하심 속에는 야곱의 잘못된 죄의 습관을 변화시켜 축복의 통로로 삼기 원하시는 하나님의 열심히 있었다. 외삼촌에 속아 레아와 결혼했지만, 야곱은 라헬에 대한 사랑을 포기할 수 없었다. 그래서 또다시 7년을 봉사했다. 하지만 결코 고생처럼 느껴지지 않았다. 라헬을 사랑했기 때문이다(창 29:20).

라헬과 레아의 자식 전쟁

이렇게 시작된 라헬과 레아의 갈등은 자식 낳기 싸움으로 번진다. 남편의 사랑을 받은 라헬은 자식을 낳지 못했다. 반면 남편의 사랑을 받지 못한 레아는 하나님으로부터 자식을 선물로 받았다. "여호와께서 레아가 사랑받지 못함을 보시고 그의 태를 여셨으나 라헬은 자녀가 없었더라"(창 29:31). 별 볼일 없다고 여긴 언니 레아가 먼저 아들 넷, '르우벤, 시므온, 레위, 유다'를 낳자, 동생 라헬에게 '시기심'이 발동했다(창 30:1). 당시 시대에는 자식 생산이야말로 여성의 능력을 보여주는 표지였기 때문이다. 라헬은 자신의 몸종인 빌하를 통해 '단'(판단, 신원)과 '납달리'(경쟁)를 낳았다(창 30:4-8). 곧 레아의 반격이 뒤따랐다. 레아는 자신의 몸종인 실바를 통해 '갓'(행운, 복)과 '아셀'(기쁨)을 낳았다(창 30:9-13).

하나님의 인도하심에는 우연이란 없다. 모든 걸음이 그분의 예비하심과 섭리 속에 있을 뿐이다.

여기서 잠깐 우리는 레아의 고통을 간과해서는 안 된다. 야곱은 레아를 아내로 맞이했지만, 그녀를 사랑하기는커녕 도리어 미워했다. 일생 동안 함께 사랑하고 의지해야 할 남편에게 미움을 받는다면 그 기분이 어떨까? 그 비참함과 괴로움은 말로 할 수 없을 것이다. 그 속사정을 누구에게도 말하기 힘들 때에 레아는 더욱 주님을 바라보았을 것이다. 레아가 아들들을 낳고 쏟아내는 고백을 보라. 르우벤을 낳고서는 '여호와께서 나의 괴로움을 돌보셨다'고 고백한다. 시므온을 낳고서는 '여호와께서 내가 사랑받지 못함을 들으셨으므로 아들을 주셨다'고 감사한다. 유다를 낳고는 '여호와를 찬송하리로다'라고 고백한다. 이런 고백들은 레아가 아들을 잉태하여 출산하기까지 매 순간 하나님을 바라보며 그분의 자비와 긍휼을 구하며 살았음을 보여준다. 레아는 이 과정을 통해 정말 의지할 분은 전능하신 하나님 한 분뿐임을 배우게 된다. 그리고 아들 유다 족속을 구원자 메시아가 탄생하는 놀라운 축복을 입게 된다.

한편 두 사람의 갈등은 합환채 사건으로 더욱 격화된다. 어느 날, 르우벤이 들에서 합환채를 얻어 자신의 어머니인 레아에게 주었다. 그러자 라헬이 레아에게 그 합환채를 자신에게 달라고 부탁한다(창 30:14). 일반적으로 합환채는 '사랑의 사과'라고 불린 열매로서 이것을 먹으면 임신의 능력을 얻을 수 있다고 믿었다. 그래서 사랑의 묘약으로 알려졌다(아 7:13). 아마도 임신 촉진제로 간주된 것 같다. 레아는 라헬이 합환채까지 빼앗아가려고 하자 화가 치밀어 올라 동생에게 따졌다. 언니가 따지자 라헬은 합환채 대신 야곱과 함께 하룻밤을 잘 수 있도록 해주겠다고 제안한다(창 30:15). 레아는 라헬의 제안을 받아들였다(창 30:16). 레아는 해가 저문 후에 들에서 돌아오는 야곱을 기다렸다. 그리고 함께 동침한다. "하나님이 레아의 소원을 들으셨으므로" 다섯째 아들인 '잇사갈'(값)을 주셨다(창 30:17-18). 레아는 다시 '스불론'(거함)을 낳았다. 그 후에 하나님은 이 가정에 유일한 딸 디나를 레아에게 선물로 주셨다(창 30:19-21).

이제 모든 싸움은 끝난 것 같았다. 그런데 창세기 30장 22절이 어떻게 시작되는지를 보라. "하나님이 라헬을 생각하신지라. 하나님이 그의 소원을 들으시고 그의 태를 여셨으므로." 마침내 라헬이 임신해 '요셉'(더함)을 낳는다. 결과적으로 이 모든 과정을 통해 하나님은 야곱에게 약속하신 '자손에 대한 축복'(창 28:14)을 성취시켜 나가셨다. 하란에서 열두 명의 자식을 얻은 야곱은 '자손에 대한 축복'이 성취되어 감을 발견했다.

야곱이 계책으로 라반을 이기다

라헬이 요셉을 낳자 야곱은 고향 생각이 났다(창 30:25). 이제 그는 무사히 고향집으로 돌아가기를 원했다. 그래서 라반을 찾아가 "나를 보내어 내 고향, 내 본토로 가게 해달라"고 요청했다. 야곱은 자신이 라반의 집에서 행한 일을 이야기하면서 "외삼촌에게서 일하고 얻은 처자를 데리고 함께 가게 해달라"고 부탁했다(창 30:26). 때로 하나님의 일하심이 보이지 않아 답답할 때가 있다. 눈에 띄게 달라지는 것도 없고, 별다른 기적도 일어나지 않는다. 그래서 '뭔가 잘못되어 가는 것은 아닐까?'라는 생각이 들 때가 있다. 그런데 보라. 야곱도 모르는 사이에 하나님은 야곱을 위해 일하셨고, 언약을 성취해 나가셨다.

야곱이 고향으로 돌아가려고 하자 라반은 당황했다. 그동안 야곱이 얼마나 신실하게 일해 주었는가? 그런데 그가 가다니! 라반은 "여호와께서 너로 말미암아 내게 복 주신 줄을 내가 깨달았노라"고 고백한다. 라반은 자신이 야곱 때문에 축복 받았음을 인정했다(창 30:27). 그래서 야곱에게 "네가 나를 사랑스럽게 여기거든 유하라"고 부탁한다. 그 대신 품삯은 요구하는 대로 더 주겠다고 제안한다. 그런데 여기서 자세히 주목해보라. 품삯을 누가 정하는가? 라반이 아니라 야곱이다. 당시 일반적인 목동의 품삯은 많아야 양 새끼의 최대 20%까지였다고 한다. 그런데 지금 외삼촌 라반의 제안은 상당히 파격적인 제안이다.

그만큼 야곱은 라반에게 필요한 존재였다. 라반이 이렇게까지 제안을 하는 것은 야곱을 통해 온 물질의 축복에 관심이 있었기 때문이다. 반면 그는 복의 근원이신 하나님께는 큰 관심이 없었다. 라반의 관심사는 오직 복을 가져오는 야곱을 붙잡아둠으로써 계속해서 소유가 늘어나는 복을 누리고 싶은 것뿐이었다. 이처럼 하나님이 함께하시는 사람, 축복의 통로인 사람은 바로 이와 같은 사람이다. 모두가 더 있어 주기를 원하는 사람, 시간이 지날수록 주가가 올라가는 사람이다. 하나님은 아브라함을 축복의 통로로 삼으셨다. 그 언약의 축복은 이삭과 야곱을 통해 흘러내렸다. 야곱은 라반에게 있어 "여호와께서 너로 말미암아 내게 복 주신" 존재였다.

야곱은 축복의 통로로서 자타가 인정하는 탁월한 일꾼이었다. 그렇기 때문에 어떤 순간에도 당당할 수 있었다. 사실 그는 신분상으로 당당할 수 없는 사람이었다. 라반에게 있어 고용인이자 품꾼이었다. 노동력 이상의 의미는 없었다. 그런데 상황이 달라졌다. 오히려 반전된 느낌이다. 야곱은 당당하게 요구하고 있고, 외삼촌 라반은 쩔쩔매고 있다. 야곱의 말은 허풍이나 허세가 아니라 정당한 요구요 주장이었다. "야곱이 그에게 이르되 내가 어떻게 외삼촌을 섬겼는지, 어떻게 외삼촌의 가축을 쳤는지 외삼촌이 아시나이다. 내가 오기 전에는 외삼촌의 소유가 적더니 번성하여 떼를 이루었으니 내 발이 이르는 곳마다 여호와께서 외삼촌에게 복을 주셨나이다. 그러나 나는 언제나 내 집을 세우리이까"(창 30:29-30). 그 이유는 무엇인가? 지금까지 야곱의 노동 가치는 스스로 보기에나 라반이 보기에나 충분히 인정받을 만했기 때문이다.

그런데 주목해 볼 사실이 있다. 외삼촌 라반이 몸값을 정하라고 했을 때 야곱이 보인 반응이다. '때는 이때다!'라는 생각에 말도 안 되는 무례한 요구를 하는가? 그렇지 않다. 그가 요구한 것은 아무것도 없었다. 라반의 집을 떠나기로 마음먹었을 때도 '가족만 데리고 빈손으로 떠나겠다'는 생각이었다. 라반이 몸값을 정하라고 했을 때

야곱은 하나님이 축복하실 것을 믿었고 기대했다. 야곱은 '불가능을 가능하게 하시는 하나님'을 믿었다.

도 마찬가지였다. "내게 아무것도 주시지 않아도… 내가 다시 외삼촌의 양 떼를 먹이고 지키리이다"(창 30:31)라고 말했다. 단지 야곱에게는 "나는 어느 때에나 내 집을 세우리이까?"라는 걱정이 있었다. 이 정도야 처자식을 둔 가장으로서 당연히 요구할 수준이 아닌가?

야곱이 아무것도 요구하지 않을 수 있었던 이유는 분명한 철학이 있었기 때문이다. "내 발이 이르는 곳마다 여호와께서 외삼촌에게 복을 주셨나이다"(창 30:30). 야곱은 비록 아직까지 고용된 품꾼으로 일하는 것이 조금 섭섭하지만, 집 한 채 없는 것이 마음 아프지만 '여호와가 복 주시는 분'임을 확신했다. 비록 라반이 아무것도 주지 않는다고 할지라도 여호와가 복을 주실 것을 알고 있었다.

이제 야곱은 라반과 더불어 이상한 흥정을 한다(창 30:32-33). 정말로 세상에서 보기 드문 흥정이었다. 야곱은 라반에게 양 가운데 아롱진 것과 점 있는 것, 검은 것을 달라고 요구했다. 그리고 염소 가운데서도 점 있는 것과 아롱진 것을 달라고 요구했다. 나중에 계산할 때 그렇지 않은 것은 다 도둑질한 것으로 간주해도 좋다고 했다. 우리가 잘 알다시피 양이나 염소는 일반적으로 흰색이거나 검은색이다. 색깔이 얼룩지거나 아롱진 것은 비정상적인 것이다. 그런데 야곱은 왜 하필 비정상적인 것을 원했을까? 하필이면 상품 가치가 없는 비정상적인 것들인가? 망하려고 작정했는가? 그렇지 않다면 무슨 꿍꿍이속이 있단 말인가?

야곱은 버드나무와 살구나무, 신풍나무의 푸른 가지를 꺾어 껍질을 벗긴 다음 흰 무늬를 냈다. 그리고 그것들을 가져다가 양 떼가 물을 먹는 구유 안에 똑바로 세워 놓아 물을 먹을 때에 볼 수 있게 했다. 양들은 그 앞에서 새끼를 뱄다. 그 결과 새로 태어난 양들은 얼룩얼룩하거나 점이 있거나 아롱졌다(창 30:37-42). 야곱은 졸지에 거부가 되었다. "이에 그 사람이 매우 번창하여 양 떼와 노비와 낙타와 나귀가 많았더라"(창 30:43).

야곱의 전략은 성공했다. 외삼촌 라반으로부터 모든 것을 되찾는 순간이었다. 그야말로 야곱은 자수성가한 성공가였다. 도대체 이 같은 경영술이 어디에서 나왔을까? 야곱의 기발한 아이디어의 열매인가? 아니면 기가 막힌 속임수로 외삼촌 라반에게 한 방 먹인 것인가? 신학자들은 이 문제를 풀기 위해 과학적인 방법, 특히 생물학적인 방법을 채택하기도 한다. 야곱은 임신할 때 가진 생각이 태아의 모습에 영향을 미친다는 이론에 바탕을 두고 이렇게 했는가? 실제로 요즘도 그렇게 하지 않는가? 임신했을 때 아주 예쁜 연예인 사진을 온 방에 붙여 놓고 자나깨나 바라보고 묵상하지 않는가? 만약 그렇다면 이 세상에 못생긴 사람은 하나도 없을 것이다. 나는 결코 생물학적이거나 과학적인 결과라고 보지 않는다. 미신이나 주술적인 방법으로 된 것은 더더욱 아니라고 본다. 만약 라반의 자식들이 이 방법을 택했다면 같은 결과가 나타났을까? 그렇지 않다.

야곱은 이 결과에 관해 이렇게 고백한다. "하나님이 이같이 그대들의 아버지의 가축을 빼앗아 내게 주셨느니라"(창 31:9). 그렇다. 야곱은 하나님이 축복하실 것을 믿었고 기대했다. 야곱은 '불가능을 가능하게 하시는 하나님'을 믿었다. 야곱은 오직 하나님만이 축복의 근원이심을 말하고 싶었고 보여주고 싶었다. 그는 모든 영광을 하나님께 돌리는 믿음을 가지고 있었다. 이제 야곱은 형과 아버지를 속이고 장자권을 빼앗은 파렴치한 사기꾼에서 하나님의 주재권을 인정하는 축복의 통로로 성장하게 되었다.

야곱의 변화, 사기꾼에서 약속의 상속자로

야곱은 라반을 떠나라는 하나님의 말씀을 듣고 몰래 순종한다. 떳떳하게 밝히지도 못하고 몰래 도망칠 궁리를 하다가 라반이 양털을 깎으러 나간 틈을 이용해 도주한다. 당시 양털을 깎는 것은 양털을 가공하고 염색하고 직조하는 시설이 되어 있는 큰 도시들에서 열렸고, 며칠간 축제를 벌였다. 야곱은 이틈을 타서 도주를 감행한 것이다. 도망한 지 사흘 만에 라반이 알게 되었다. 라반은 야곱을 뒤쫓았지만 하나님이 그의 꿈에 나타나셔서 야곱을 해하지 말라고 명령하셨다(창 31:24). 그뿐만 아니라 하나님은 라헬이 훔친 드라빔이 발각되지 않도록 보호해 주셨다. 라헬이 한 일을 모르고 있었던 야곱은 라반에게 생사람을 잡는다고 화를 내며 지금까지 섭섭했던 마음을 쏟아 놓았다(창 31:36-42). 결국 그들은 서로를 해하지 말자는 협약을 맺고 해피 엔드로 작별 인사를 했다(창 31:54-55).

이제 본격적인 귀향길이 시작되었다. 그러나 아직 문제가 다 해결된 것은 아니었다. 20년 전의 사건을 생각하면 두려울 수밖에 없었다. 그때 하나님이 그분의 군대를 보내셔서 야곱을 위로해 주셨다(창 32:1-2). 야곱은 예물을 준비해 사자들과 함께 에서에게 보냈다(창 32:3-5). 그런데 결과는 참담했다. 사자들이 가지고 돌아온 소식은 "에서가 400명의 훈련된 군사를 이끌고 야곱에게 복수하기 위해 오고 있다"는 것이었다(창 32:6). 두렵지 않을 수가 없었다. 그래서 혹시 모를 상황에 필요한 대처를 했다(창 32:7-8). 야곱은 전체를 두 떼로 나누는 인간적인 조치를 취했다.

그러나 거기에서 그치지 않았다. 그는 더욱 근본적인 해결책을 찾았다. 언약을 붙잡고 하나님께 "건져 달라"고 기도했다(창 32:9-12). 절망적인 상황이 닥쳐왔을 때 야곱은 '이 같은 상황에서 기도하지 않으면 안 된다'는 생각을 가졌다. 그는 인간적으로 아무리 지혜로운 방법을 가지고 있을지라도 하나님이 도우시지 않으면 안 된다는 사실을 너무나 잘 알고 있었다. 사실은 기도가 가장 지혜로운 선택이 아니겠는가?

야곱은 푸짐한 예물을 준비해 에서에게 보냈다. 그리고 얍복 나루에 홀로 남았다. 한밤중에 얼굴도 알지 못하는 한 사람이 찾아와 야곱과 씨름을 했다. "야곱은 홀로 남았더니 어떤 사람이 날이 새도록 야곱과 씨름하다가 자기가 야곱을 이기지 못함을 보고 그가 야곱의 허벅지 관절을 치매 야곱의 허벅지 관절이 그 사람과 씨름할 때에 어긋났더라"(창 32:24-25). 어쩌면 처음에는 에서가 보낸 자객으로 알고 자신의 목숨을 보전하기 위해 필사적으로 싸웠을지도 모른다. 그런데 알고 보니 하나님이 야곱의 인생에 개입하기 위해 방문하신 것이었다. 하나님은 홀로 남은 야곱, 두려움에 떨고 있는 야곱에게 주도적으로 찾아오셨다. 하나님이 야곱을 변화시키기 위해 강제적으로 개입하신 것이었다. 하나님은 옛사람 야곱을 쓰러뜨리기 위해 의도적으로 찾아오셨다. 이렇게 시작된 씨름은 끝날 줄을 몰랐다. 밤을 지새울 정도로 끈질긴 씨름이었고, 생사를 건 사투였다. 절대로 양보할 수 없는 씨름이었다.

야곱은 얍복 나루에서 또다시 하나님을 경험했다. 이 경험이야말로 야곱에게 있어 또 다른 변화의 기회였다. 야곱은 이러한 하나님과의 만남 속에서 점점 더 성화되어 갔다. 그렇다면 밤새껏 한 씨름은 과연 누구의 승리인가? 위골된 환도뼈는 '패배자 야곱'을 상징한다. 그러나 그가 받은 새 이름 이스라엘은 '승리자 야곱'을 상징했다. 야곱은 이 싸움에서 완전하게 패배한 동시에 완전하게 승리했다. 그는 끝까지 달라붙어 다투는 가운데 축복을 받아 냄으로써 결국 이겼다. 야곱은 그 순간에 진정한 은혜를 발견했다. 지금까지는 축복이 '쟁취하는 것'인 줄 알았는데 이제는 '은총으로 주어지는 것'임을 깨달았다.

얍복 강가의 사건이 있은 후 야곱, 곧 이스라엘은 형 에서를 만나기 위해 나섰다. 형 에서가 장정 400명을 거느리고 다가오자 야곱은 아내와 자녀를 편애하는 순서대로 세운다. 다만 한 가지 바뀐 것은 자신이 모든 책임을 지고 가장 앞서 나가는 모습이다. 이는 이전에 비해 확실히 달라진 모습이긴 하다. 그러나 눈물로 포옹하는 에서의 용서 앞에 이 모든 가교한 준비는 무위로 끝난다. 야곱은 하나님의 은혜로 살아왔으며, 이제 형에게 은혜를 얻기 원한다고 고백한다. "에서가 눈을 들어 여인들과 자식들을 보고 묻되 너와 함께 한 이들은 누구냐. 야곱이 이르되 하나님이 주의 종에게 은혜로 주신 자식들이니이다. …하나님이 내게 은혜를 베푸셨고 내 소유도 족하

유대 상속법과 아버지의 드라빔을 훔친 라헬

성경에는 야곱의 극진한 사랑을 받던 아내 라헬이 아버지 라반의 드라빔을 훔쳤다는 내용이 나온다. 라헬은 야곱의 가장 어린 두 아들이자 야곱이 누구보다 아낀 요셉과 베냐민의 어머니이기도 하다. 그런 라헬이 자신의 명성에 금이 갈 수 있는 극단적인 행동을 한 것이다. 야곱과 그의 가족들이 라반의 집을 떠나 가나안으로 돌아가기로 결정했을 때 라헬은 아버지의 드라빔을 도둑질한다. "그때에 라반이 양털을 깎으러 갔으므로 라헬은 그의 아버지의 드라빔을 도둑질하고"(창 31:19). 여기서 말하는 드라빔은 라헬이 자신의 낙타 안장 속에 감추고 앉을 수 있었을 정도로 작은 흙으로 빚은 조각상들이었다. "라헬이 그 드라빔을 가져 낙타 안장 아래에 넣고 그 위에 앉은지라"(창 31:34). 이스라엘 민족의 어머니로서 명예를 누려야 할 라헬이 어째서 아버지의 볼품없는 우상을 훔친 것일까? 그리고 라반은 왜 황급히 야곱과 그 가족을 추격해야 했던 것일까?

드라빔의 일종인 아세라 상

드라빔은 신으로부터 미래에 관한 온갖 종류의 계시를 받는 데 널리 사용되던 조그만 조각상으로서 대개 가신 역할을 하는 것으로 간주되었다. 북이스라엘 지역에서는 선지자들이 드라빔의 사용을 금지시켰음에도 불구하고 계속 사용되기도 했다(호 3:4). 성경을 아람어로 번역한 옹켈로스는 성경의 원본 내용을 다음과 같이 변형시켜 라헬의 행동이 윤리적으로나 법적으로 전혀 문제되지 않는 것처럼 해석했다. "그리고 라반이 양떼의 털을 깎으러 나가자 라헬은 아버지의 우상들을 가졌다"(타르굼 옹켈로스, 창 31:19).

대부분의 성경 주석자들 역시 그녀의 행동을 우호적으로 해석하려고 노력했다. "라헬은… 실제로 신들의 상들을 가져갔다. 라헬은 야곱에게서 그런 우상 숭배를 경멸하도록 가르침을 받았지만 만일 자신들(그녀와 야곱의 가족들)이 아버지의 추격을 따돌리지 못하게 되면 양해를 구하기 위해 그것들(우상들)을 의지할 수도 있었다"(요세푸스, 유대 상고사 1:310-311).

한편 고고학은 라헬의 행동에 대해 고대 문헌들과 다른 결론을 내린다. 연구에 따르면 가족의 우상인 드라빔은 신앙의 대상일 뿐만 아니라 개인의 집이나 땅에 관한 법적권리를 상징했다. 이것은 최근에 발굴된 토판의 내용을 통해서도 확인할 수 있다. "사위가 장인의 가신을 소유할 경우 진짜 아들로 간주되고 상속을 받게 된다." 따라서 드라빔을 소유한 사람은 그가 누구든지 간에 재산의 소유권을 주장하고 행사할 수 있었다. 라헬이 아버지가 아끼던 우상들을 훔친 것은 그것들을 숭배하기 위해서라기보다는 나중에 그것들을 통해 라반의 소유를 요구할 수 있다는 기대에서 비롯된 행동이라는 것이 고고학자들의 가설이다.

실제로 라반은 야곱과 라헬의 모든 소유를 거의 갈취하다시피 했다. "라헬과 레아가 그에게 대답하여 이르되 우리가 우리 아버지 집에서 무슨 분깃이나 유산이 있으리요. 아버지가 우리를 팔고 우리의 돈을 다 먹어버렸으니 아버지가 우리를 외국인처럼 여기는 것이 아닌가. 하나님이 우리 아버지에게서 취하여 가신 재물은 우리와 우리 자식의 것이니 이제 하나님이 당신에게 이르신 일을 다 준행하라"(창 31:14-16).

오니 청하건대 내가 형님께 드리는 예물을 받으소서 하고 그에게 강권하매 받으니라"(창 33:5,11).

하지만 야곱은 에서가 제의하는 모든 호의는 완곡하게 거절한다. 에서의 고향인 세일로 뒤쫓아가겠노라고 대답했지만, 결국 세겜으로 돌아가고 만다. 그는 이곳에서 딸 디나가 강간을 당하는 불행을 겪었다. 이 불행은 훨씬 더 큰 위기로 이어졌다. 디나를 욕보였던 하몰의 아들 세겜은 디나와 결혼하기를 원했다. 야곱의 아들들은 세겜에 사는 사람들이 모두 할례를 받는다는 조건으로 결혼 제안을 받아들였다. 하지만 이것은 속임수였다. 세겜 사람들이 할례를 받아 고통을 겪고 있을 때 야곱의 아들들, 곧 시므온과 레위는 하몰과 그의 아들 세겜을 죽이고 성읍에 가서 노략했다. 야곱의 아들들은 수치를 준 하몰과 세겜에 대한 복수로 여겼는지 모르지만 이는 정말로 위험천만한 일이었다. 왜냐하면 세겜은 하몰의 친족들이 머무는 곳이었기 때문이다.

야곱은 이 위기의 상황에서 다시 하나님을 만났다. 하나님은 야곱에게 형 에서를 피해 도망칠 때 하늘에 닿은 사닥다리에 천사들이 오르내리는 꿈을 꾸었던 벧엘로 올라가 제단을 쌓으라고 말씀하셨다. "하나님이 야곱에게 이르시되 일어나 벧엘로 올라가서 거기 거주하며 네가 네 형 에서의 낯을 피하여 도망하던 때에 네게 나타났던 하나님께 거기서 제단을 쌓으라 하신지라"(창 35:1). 이 명령을 들은 야곱의 가족들은 이방 신상들과 귀고리를 세겜 근처 상수리나무에 묻고 벧엘에 이르러 제단을 쌓고 하나님을 불렀다(창 35:2-7). 야곱은 위험과 곤경에 처했을 때 더 이상 자신의 지혜나 수단을 이용하지 않고 하나님을 찾게 되는 믿음의 사람으로 변화되어 있었다. 이제 사기꾼에서 약속의 상속자로 완전히 변화된 것이다.

꿈꾸는 자 요셉, 애굽으로 팔려가다

야곱에게는 열두 아들이 있었다. 르우벤, 시므온, 레위, 유다, 잇사갈, 스불론, 요셉, 베냐민, 단, 납달리, 갓, 아셀 등이다. 야곱은 자신이 사랑했던 라헬이 낳은 요셉과 베냐민을 사랑했으며, 특별히 요셉을 더 사랑해서 채색옷을 지어 입혔다. 하지만 야곱이 요셉을 차별해서 사랑하는 만큼 요셉은 다른 형제들의 미움을 받았다.

요셉은 우리가 익히 아는 것처럼 꿈꾸는 자의 대명사로 통한다. 그리고 우리는 그를 비전의 사람, 비전메이커라고 생각하기도 한다. 그러나 요셉의 꿈은 자신의 열정과 목표를 기초로 만든 것이 아니었다. 어느 날 갑자기 요셉의 인생에 예고 없이 찾아온 것이었다. 형제들은 요셉이 꾼 꿈에 대해 격렬한 미움과 질투를 나타냈다. 그렇지 않아도 아버지의 편애를 받는다는 이유로 요셉을 미워하고 있었으니, 요셉의 꿈은 이런 미움의 불에 기름을 부은 격이었다. 그런데 이 꿈에 화들짝 놀란 것은 108세의 아버지 야곱도 마찬가지였다.

요셉이 꾼 꿈을 성경은 이렇게 기록한다. "우리가 밭에서 곡식 단을 묶더니 내 단은 일어서고 당신들의 단은 내 단을 둘러서서 절하더이다. …요셉이 다시 꿈을 꾸고 그의 형들에게 말하여 이르되 내가 또 꿈을 꾼즉 해와 달과 열한 별이 내게 절하더이다 하니라"(창 37:7,9). 요셉은 자신의 꿈을 이야기해 형제들에게 더더욱 미움을 샀는데, 그 꿈은 형제들의 곡식 단이 요셉의 곡식 단에게 절을 한다거나 해와 달과 열한 별이 요셉에게 절을 한다는 것이었다. 이는 부모와 형들이 모두 요셉에게 엎드려 절을 한다는 의미였다.

요셉의 꿈 얘기로 한바탕 소란이 있은 후, 어느 날 형들이 세겜에서 양들을 치고 있을 때 야곱은 형들의 안부를 확인하고 오라고 요셉을 보냈다. 요셉이 세겜에 갔을 때 그곳에는 형들이 없었다. 요셉은 주변 사람에게 물어물어 형들이 도단으로 갔다는 말을 전해 듣고 도단으로 향했다. 멀리서 다가오는 요셉을 발견한 형들은 아버지의 사랑을 독차지하는 요셉을 죽이기로 마음먹으며 요셉이 말했던 꿈이 어떻게 되는지 확인해 보자고 조롱했다. 하지만 야곱의 장자였던 르우벤의 설득으로 요셉을 죽이지 않고 빈 구덩이에 던져 넣었다. 그렇게 요셉은 생명을 구하는 듯했다. 그러나 르우벤이 자리를 비운 사이 유다의 적극적인 개입으로 도단을 지나는 이스마엘 사람들에게 은 이십에 팔려 애굽으로 끌려갔다.

요셉을 판 형제들은 아버지 야곱에겐 짐승의 피를 묻힌 요셉의 옷을 보여 짐승에게 물려 죽었다고 둘러댔다. "그들이 요셉의 옷을 가져다가 숫염소를 죽여 그 옷을 피에 적시고 그의 채색옷을 보내어 그의 아버지에게로 가지고 가서 이르기를 우리가 이것을 발견하였으니 아버지 아들의 옷인가 보소서 하매"(창 37:31-32). 여기서 우리는 참으로 기구한 아이러니를 만나게 된다. 젊었을 때부터 형과 아버지와 외삼촌을 속였던 야곱은 자신도 모르게 아들들의 거짓말에 속아 자살충돌을 느낄 정도로 요셉을 잃은 슬픔을 애도한다. "그의 모든 자녀가 위로하되 그가 그 위로를 받지 아니하여 이르되 내가 슬퍼하며 스올로 내려가 아들에게로 가리라 하고 그의 아버지가 그를 위하여 울었더라"(창 37:35). 야곱은 자신도 모르는 사이 자신의 거짓에 대한 뼈저린 대가를 경험한 것이다.

한편 국제무역상들에게 팔려 애굽으로 내려간 요셉은 애굽 왕 바로의 신하 친위대장 보디발에게 팔렸다. 요셉은 하루아침에 아버지의 사랑을 받는 아들에서 애굽 사람의 종으로 전락하고 말았다. 그런데 성경은 요셉의 상황에 대해서 이렇게 말한다. "여호와께서 요셉과 함께하시므로 그가 형통한 자가 되어 그의 주인 애굽 사람의 집에 있으니 그의 주인이 여호와께서 그와 함께하심을 보며 또 여호와께서 그의 범사에 형통하게 하심을 보았더라"(창 39:2-3). 성경은 하나님이 애굽 사람의 종이 된 요셉과 함께하심으로 요셉이 '형통한 자'가 되었다고 말한다.

요셉은 우리가 익히 아는 것처럼 꿈꾸는 자의 대명사로 통한다. 그리고 우리는 그를 비전의 사람, 비전메이커라고 생각하기도 한다. 그러나 요셉의 꿈은 자신의 열정과 목표를 기초로 만든 것이 아니었다.

이뿐만 아니라 성경은 요셉의 주인인 보디발도 여호와께서 요셉과 함께하셔서 요셉이 하는 모든 일이 형통하게 되는 것을 보았다고 말한다. 성경의 이런 진술은 우리의 상식을 완전히 뒤집는다. 보통 사람들은 부유해지거나 높은 자리에 올랐을 때 하나님이 함께하셔서 형통하게 되었다고 생각한다. 하지만 요셉은 그런 처지가 아니었다. 요셉은 애굽 사람의 종이었다. 그럼에도 불구하고 성경은 하나님이 요셉과 함께하셔서 요셉이 하는 일이 형통하게 되었다고 말한다. 여기서 '형통하다'라는 것은 부유해지거나 높은 자리에 오르는 것을 말하지 않고, 처지가 어떠하든 하는 일이 잘되고 상황이 점차적으로 나아지는 것을 의미한다.

이런 현상은 요셉이 보디발의 집에서 종노릇하면서 보디발의 아내의 유혹을 뿌리쳤다가, 자신을 희롱했다는 보디발의 아내의 모함으로 감옥에 갇혔을 때도 마찬가지였다. 성경은 감옥에 갇힌 요셉의 상황에 대해서 이렇게 이야기한다. "여호와께서 요셉과 함께하시고 그에게 인자를 더하사 간수장에게 은혜를 받게 하시매 간수장이 옥중 죄수를 다 요셉의 손에 맡기므로 그 제반 사무를 요셉이 처리하고 간수장은 그의 손에 맡긴 것을 무엇이든지 살펴보지 아니하였으니 이는 여호와께서 요셉과 함께하심이라. 여호와께서 그를 범사에 형통하게 하셨더라"(창 39:21-23).

"여호와께서 요셉과 함께하시고" "인자를 더하사" "간수장에게 은혜를 받게 하시매" "그를 범사에 형통하게 하셨더라"는 말씀 속에 형통함의 비밀이 담겨 있다. 세상의 눈으로 보면 요셉은 정말로 버림받은 자와 같았다. 형제들에게 버림받아 종으로 팔려왔고 주인에게 죄를 짓지 않기 위해서 주인 아내의 유혹을 뿌리쳤다가 감옥에 갇히게 되었다. 하지만 비참해 보이는 처지에서도 하나님은 요셉과 함께하셨으며 감옥의 간수장에게 은혜를 입게 하셨다. 이것이 바로 형통이다. 세상의 가치 기준에서 볼 때 어떠하든지 하나님이 함께하셔서 그 자리에서 돕는 손길이 있게 하시고 풀리게 하시는 것이다.

비록 요셉이 애굽의 종으로 전락했지만, 보디발의 아내의 모함에 빠져 감옥에 갇혔지만 그렇다고 해서 하나님께 버림받은 것은 아니었다. 도리어 하나님은 애굽의 종이 된 요셉, 감옥에 갇힌 요셉과 함께하셨다. 왜냐하면 요셉은 하나님의 놀라운 계획, 즉 아브라함과 이삭과 야곱에게 하셨던 하나님의 언약을 성취해 하나님의 나라가 이루어지게 할 중요한 인물이었기 때문이다.

!

Bible Tip 8

심층분석

요셉은 어떻게 보디발 아내의 유혹을 극복했을까?

애굽으로 끌려간 요셉은 당시 애굽의 막강한 실력자였던 친위대장 보디발의 집에 노예로 팔려갔다. 고향 집 생각이야 간절했겠지만 시간이 흐르면서 체념하고 적응하게 되었을 것이다. 어떤 새로운 환경에 부딪쳤을 때 처음에는 괴롭고 답답해도 시간이 좀 흐르면 익숙해지곤 하는 경험을 우리도 한다. 그것이 우리네 인생살이다. 아마 요셉도 그런 과정을 거쳤을 것이고, 하나님이 함께하셨고 성실하게 일하자 요셉은 주인인 보디발의 신임을 얻었다. 그 과정도 결코 쉽지 않은 세월이었겠으나 요셉은 타고난 성실함과 능력으로 인정받고 신뢰를 쌓아나갔다.

그런데 이게 웬일인가? 보디발의 아내인 주인마님이 유혹을 했다. 용모가 빼어나고 아름다웠던 요셉을 보고 보디발의 아내가 성적인 충동을 느꼈던 모양이다. 성적인 충동은 누구에게나 있는 것이고 부끄러울 것도 없다. 그러나 그것을 결혼이라는 테두리를 벗어나 해결하려는 일탈과 불륜이 문제이다. 특히 요셉의 입장에서 주인 아내의 집요한 성적 유혹을 이겨내는 일은 결코 쉽지 않았을 것이다. 어릴 때부터 신앙생활을 한 사람들은 요셉이 유혹받는 일에 대해서 너무나 잘 알고 있다 보니 들어도 신선함도 없고 심각한 유혹에 대한 긴장감도 없는 것이 문제이다. 요셉이 받은 유혹이 거절하기 힘들었던 이유를 차근차근 생각해보자.

레니의 <요셉과 보디발의 아내>. 보디발의 아내는 잘생기고 영리한 요셉을 유혹했다. 그러나 요셉이 그 유혹을 거부하자 자존심이 상한 그녀는 남편 보디발에게 요셉을 모함해 요셉을 감옥에 보냈다.

첫째, 요셉은 무척 외로운 세월을 보냈다. 유혹을 받았을 무렵은 아마도 요셉이 그향을 떠난 지 10년은 지났을 것으로 보인다. 요셉은 이방인이었고 노예였다. 그런데 애굽 궁궐 고위관리의 집안일을 전적으로 책임지게 했다면 요셉을 철저하게 신임했다는 뜻이다. 17세의 나이에 팔려와 그런 신임을 얻는 자리에 오르려면 적어도 10년은 걸렸을 것이라고 상상할 수 있다. 그 기간만큼 요셉은 외로웠다. 더구나 부모님도 계시지 않고 혼자뿐이니 아무도 간섭할 사람이 없어 더욱 유혹에 빠지기 쉬웠다.

둘째, 요셉은 성적인 유혹을 쉽게 받을 정도로 젊은 나이였다. 20대 중후반의 나이였을 요셉은 결혼적령기의 청년이었다. 혈기가 넘치고 성적인 욕구가 왕성한 나이였다. 당시 관습대로라면 결혼적령기가 지났을지도 모른다. 그러니 젊은 요셉은 성적인 유혹에 빠지기 쉬웠을 것이다. 더구나 보디발의 아내는 한두 번만 유혹한 것이 아니라 여러 차례 집요하게 유혹해왔다. 이 방법을 써도 안 되니 저 방법을 써보고, 또 다른 유혹의 방법을 연구하여 시도했을 것이다. 어떤 '코드'로 유혹하는 것이 가장 효과가 컸을까?

아마도 '모성애 코드'가 가장 강력한 유혹이 아니었을까 생각한다. 애니메이션 영화 〈이집트 왕자 2〉에서 비슷하게 묘사하고 있다. 요셉이 전리품으로 가득 찬 창고를 정리하면서 벽을 그림으로 장식했다. 그 벽화에 애굽을 배경으로 삼지 않은 그림이 있었다. 요셉의 고향 땅이었다. 보디발의 아내가 물어본다. 그러자 가족에 대해 말하던 요셉이 형들의 그림을 보면서 그들에게 팔려 애굽으로 왔다는 아픈 기억을 되살린다. 그러자 보디발의 아내는 바로 자기가 요셉의 가족이 되어줄 수 있다면서 요셉을 위로한다. 자신이 어머니가 되어줄 것이고, 또한 아내처럼 가정을 꾸려줄 수 있겠다고 하는 교묘하고도 심각한 유혹의 추파를 던진다.

더구나 보디발의 아내도 이미 요셉의 어머니가 요셉의 동생을 낳으면서 일찍 세상을 떠났다는 사실을 알았을 것이다. 또한 보디발의 아내가 요셉보다 나이도 많았을 것이다. 그러니 당연히 모성애적인 유혹이 효과를 봤을 것이라고 생각한다. 그것뿐 아니라 다른 여러 방법으로 요셉은 보디발의 아내가 시도하는 유혹을 받았을 것이다. 그런 집요한 유혹들을 요셉은 이겨냈다. 함께 있지 않기 위해 애썼고, 성적인 유혹을 이기는 가장 탁월한 대처법인 도망치기를 잘 활용했다.

요셉이 유혹을 이기기 힘들었던 세 번째 이유는 더욱 치명적이다. 요셉은 보디발의 아내의 유혹을 받으면서 자신의 꿈에 대해서 생각하는 기회를 가졌을 것 같다. 어릴 때는 혹시 몰랐더라도 애굽에서 10년쯤 지낸 후 장성한 요셉은 하나님이 주신 자신의 인생 비전이 구체적으로 어떤 것인지 깨달았을 것이다. 높은 지위에 올라 많은 사람들이 와서 절하는 비전을 이루어야 하는데, 이미 그 당시 요셉에게는 승진의 기회가 막혀 있었다. 더 이상 요셉은 올라갈 자리가 없었고, 기껏해야 한 집안의 노예들을 책임진 사람이었으며, 그의 신분은 여전히 노예였다.

그런 상황에서 높은 지위에 오르려면 어디로 가야 할까? 보디발의 집 가까운 곳에 있는 애굽 궁궐로 진출해야 하는 것이었다. 보디발의 아내가 계속 유혹을 하는데 만약에 그 요구에 은밀하게 응해주고 좋은 관계를 유지한다면 요셉에게는 어떤 반사이익이 돌아올지 생각해 보았다. 당시 애굽제국은 세계 최강의 나라였다. 그 나라의 왕을 호위하는 친위대장의 아내와 그렇고 그런 관계가 된다면 출세는 보장되는 것 아니었겠는가? 그것이 잘하는 행동이라는 뜻이 아니라 그럴 수 있는 가능성을 생각해보라. 요셉은 이렇게 생각할 수도 있었다. '아, 내가 어릴 적에 꾼 꿈이 이렇게 실현되려는가 보다. 내가 이곳 낯선 애굽 땅에서 어떻게 고위 관직에 올라서 뭇사람들이 절하는 자리에 오르겠는가! 바로 이 방법이다!'

그러나 요셉은 그렇게 하지 않았다. 그런 가능성을 생각은 했겠으나 유혹의 현장에서는 단호하게 "내가 어찌 이 큰 악을 행하여 하나님께 죄를 짓겠습니까? 저는 그렇게 하는 것이 싫습니다!"라고 외치며 주인마님의 요구를 거절했다(창 39:9). 요셉의 마음을 돌이킬 수 없게 되었음을 알게 된 여인은 결국 자존심이 상하여 요셉을 미워하게 된다.

결국 요셉은 그녀의 간계와 모함으로 강간미수범으로 몰리게 되었다. 일을 할 때 보디발의 아내와 함께 있지도 않으려고 노력했으나 아무도 없는 때 여자가 요셉의 옷을 꽉 붙잡는 것을 어떻게 하겠는가? 옷을 벗어던지고 도망갔다가 주인 아내를 강간하려 한 파렴치범으로 몰렸다. 사실상 요셉의 범죄는 심각하고 명백했다. 친위대장 보디발의 아내가 요셉의 옷을 붙잡으니 요셉은 그 옷을 벗어버리고 도망갔는데, 그 더운 지방에 사는 사람들, 특히 노예들이 여러 겹으로 복잡하게 옷을 갖추어 입고 지냈을 리 없지 않은가? 그러니 요셉은 아마도 거의 알몸으로 도망갔을 터이니 꼼짝없이 물증까지 확보된 강간미수범이었다. 더구나 주인이 신임해서 집안 살림을 모두 맡겼는데 그 주인의 아내를 범하려 한 파렴치범이었다. 그나마 보디발이 지금껏 요셉을 신임해 왔기에 사형만은 면했을 것이다. 이렇듯 요셉은 강간미수범으로 몰려 감옥에 가는 한이 있더라도 '하나님께 큰 악을 행하여 죄를 짓지 않기' 위해서 끝까지 유혹에 넘어가지 않은 것이다.

요셉, 애굽의 2인자가 되다

요셉이 감옥에 갇혀 있을 때 두 사람의 고위 관리가 감옥에 들어왔다. 그들은 애굽 왕 바로의 술 맡은 자와 떡 굽는 자였다. 이들은 감옥에서 한날에 동시에 꿈을 꾸었다. 간수장을 도와 일하던 요셉은 전날 밤에 꾼 꿈을 해석할 수 없어 얼굴에 근심이 가득한 두 명의 전직 고위 관리를 만났다. 요셉은 이때 전직 두 관리에게 이렇게 말한다. "요셉이 그들에게 이르되 해석은 하나님께 있지 아니하니이까. 청하건대 내게 이르소서"(창 40:8).

술 맡은 관원장은 가지 세 개가 달려 있는 포도나무에 싹이 나고 꽃이 피고 포도송이가 익자 그것을 짜서 바로의 잔에 담아 바로에게 바치는 꿈을 꾸었다. 요셉은 사흘 안에 복직될 것이라고 해석해 주면서 복직이 되면 자신에게 은혜를 베풀어서 자신의 억울한 사정을 바로에게 이야기해 풀려나게 해달라고 부탁했다. 술 맡은 관원장의 꿈에 대한 좋은 해석을 듣고서 용기를 얻은 떡 굽는 관원장은 자기가 꾼 꿈을 이야기했다. 구운 각종 떡이 담긴 세 광주리를 머리에 이고 있었는데, 새들이 찾아와서 광주리의 떡을 먹었다는 것이다. 요셉의 꿈 해석은 떡 굽는 관원의 기대와는 정반대였다. 사흘 안에 죽임을 당한다는 것이다. 사흘이 지나 바로의 생일이 되었을 때 두 관원장의 운명은 갈렸다. 요셉의 해석대로 말이

폰토르모의 <애굽의 요셉>. 바로의 꿈을 해몽한 영리한 젊은이 요셉은 한낱 노예의 신분에서 일약 바로의 신임을 받는 총리가 되었다. 그리하여 7풍7흉 대비 서바이벌 프로젝트를 멋지게 완수하여 이스라엘 민족의 기틀을 마련하였다.

다. 하지만 복직된 술 맡은 관원장은 요셉의 부탁을 까맣게 잊어버렸다.

술 맡은 관원장이 복직되고 요셉을 잊은 지난 2년을 보면 요셉이 헛수고한 것처럼 보인다. 그러나 하나님의 인도하심에는 헛수고가 없다. 하나님은 적절한 때에 반드시 그 수고를 기억하게 하시고 사용하신다. 요셉이 수고를 다시 기억하게 하고 사용하게 한 것은 어느 날 불현 듯 바로의 잠자리를 찾아온 하나님의 꿈이었다.

어느 날 애굽 왕 바로가 꿈을 꾸었다. 살진 일곱 암소가 나일 강가에서 올라와 풀을 뜯고 있는데 흉하고 파리한 다른 일곱 암소가 나일 강가에서 올라와 살진 암소를 먹어 치웠다. 그리고 무성하고 충실한 일곱 이삭이 나오고 그 후에 가늘고 바싹 메마른 일곱 이삭이 나오더니 무성하고 충실한 일곱 이삭을 삼키는 꿈을 연거푸 꾸었다(창 41:1-7). 아침에 일어난 바로는 애굽의 모든 점술가와 현자들을 불러 꿈 이야기를 했지만 아무도 해석하지 못했다. 이 이야기를 들은 술 맡은 관원장은 2년 전에 감옥에 갇혔을 때 자신의 복직을 해석해 주었던 요셉을 떠올렸다. 술 맡은 관원장은 감옥에 갇혔을 때 있었던 일의 자초지종을 바로에게 아뢰고 요셉을 천거했다.

바로의 부름을 받은 요셉은 바로 앞에서도 꿈 해석이 자신에게서 나오는 것이 아니라 하나님이 해석해 주시는 것임을 분명하게 밝힌다. "요셉이 바로에게 대답하여 이르되 내가 아니라 하나님께서 바로에게 편안한 대답을 하시리이다"(창 41:16). 바로의 꿈 이야기를 들은 요셉의 해석은 이것이었다. 살진 일곱 암소나 무성하고 충실한 일곱 이삭은 7년간의 풍년을 뜻하며, 뒤이어 나온 흉하고 파리한 일곱 암소와 가늘고 바싹 메마른 일곱 이삭은 7년간의 풍년에 이어 오는 7년간의 흉년을 뜻한다는 것이었다.

기가 막힌 이 해석을 들은 바로는 애굽 사람도 아니고, 애굽으로 팔려 왔던 하찮은 히브리 사람 종이며, 감옥에 갇혔던 요셉을 7년간의 풍년과 7년간의 흉년에 대처할 인물로 여기고 애굽 온 땅의 총리로 세우면서 이렇게 말한다. "하나님이 이 모든 것을 네게 보이셨으니 너와 같이 명철하고 지혜 있는 자가 없도다. 너는 내 집을 다스리라. 내 백성이 다 네 명령에 복종하리니 내가 너보다 높은 것은 내 왕좌뿐이니라"(창 41:39-40). 요셉은 바로 다음인 애굽의 2인자가 되었다.

요셉의 7풍7흉 대비 서바이벌 프로젝트

요셉은 나이 서른 살에 하루아침에 세계 최강제국의 국무총리가 되었다. 과연 그때 요셉은 총리가 갖추어야 할 능력을 갖고 있었을까? 사실 요셉의 생애를 볼 때 13년의 고생 이후 총리가 되는 이 대목이 가장 신나는 장면이지만, 한편으로 걱정이 되는 것도 사실이다. 감옥 안에서 몇 년, 적어도 3년은 복역한 사람, 나이도 서른 살밖에 되지 않은 이방인 청년이 당시 세계 최강제국 애굽의 국무를 관장하는 역할을 할 수 있었겠는가 말이다. 그의 30년 인생에 어떤 정치 관련 커리어도 보이지 않기에 걱정이 되는 것은 당연하다.

그런데 성경은 우리가 걱정할 수 있는 이 부분에 대해서도 궁금증을 해소해 준다. 30세는 나중에 예수님이 공식적인 가르침을 시작하실 때의 나이였고(눅 3:23), 출애굽 이후에는 이스라엘에 주어진 율법에 규정되어 레위인들이 공식적인 직분을 시작할 수 있는 나이이기도 했다(민 4:3). 고대 근동지방에서 관직에 오르는 사람에게 요구되는 나이이기도 했다. 그의 나이가 서른 살이라는 것은 아직 불안한 연령대라는 뜻이 아니라 그가 공직을 수행하는 데 문제가 없는 자격 조건을 갖추었다는 뜻이다.

창세기 41장 45절은 요셉이 총리로 임명받고 온의 제사장 보디베라의 딸과 결혼한 후 했던 일에 대해 기록한다. "요셉이 나가 애굽 온 땅을 순찰하니라." 요셉은 총리로 임명받은 사람이 해야 할 첫 번째 업무가 무엇인지 분명하게 알고 있었다. 한 기관의 책임자가 관직에 임명받은 후 관할지역을 돌아보고 업무를 파악하는 초도순시를 요셉이 자연스럽게 시행했음을 알 수 있다.

이 사실이 얼마나 창세기 기자에게 인상적이었던지 이렇게 다시 한 번 기록한다. "요셉이 애굽 왕 바로 앞에 설 때에 삼십 세라. 그가 바로 앞을 떠나 애굽 온 땅을 순찰하니"(창 41:46). "바로 앞에 서서" 총리로 임명받고 공직생활을 시작한 후 요셉은 "애굽 온 땅을 순찰했다"고 한다. 여기 46절에 두 번째 나온 '순찰하다'라는 단어는 45절에 나오는 '순찰하다'라는 단어와는 달리 "구석구석을 걷다"라는 뜻이라고 한다. 앞의 순찰에서는 폭넓게 주요 지역들을 돌아본 것이고, 두 번째는 지난번에 가지 않은 여러 지역을 구석구석 두루 다녀봤다는 뜻이다. 애굽의 모든 땅을 파악하려는 요셉의 의도를 확인할 수 있다. 이런 모습이 하도 인상적이었기에 창세기 기자는 요셉의 순찰을 두 차례나 반복하여 기록하고 있다.

이렇게 요셉은 총리에 올랐을 때 총리의 업무를 수행할 만한 탁월한 능력을 갖고 있었다. 그래서 이미 이런 요셉의 면모를 파악했던 바로는 그의 신하들을 향해 이렇게 외쳤다. "이와 같이 하나님의 영에 감동된 사람을 우리가 어찌 찾을 수 있으리요!" 이것은 극도의 감탄을 표현하는 것이다. 바로가 탄성을 지르고 있다. 수많은 애굽의 신하들에게서 볼 수 없는 탁월한 능력이었고, 그것도 요셉이 꿈을 해석하면서 자주 말한 하나님이라는 신이 주신 능력으로 인정할 수밖에 없어 더욱 외경심을 느꼈을 것이다.

아니 그런데 어떻게 애굽 왕 바로가 '하나님'에 대해서 알았을까? '하나님의 영에 감동된' 것을 바로는 신학적으로 올바로 이해하고 있었던 것일까? 아마도 당시 요셉을 만났던 바로는 옆에 요셉의 '이력서'를 두고 있었을 것이다. 아니면 술 맡은 관원장이 요셉의 프로필을 상세하게 소개하여 이미 요셉의 이력을 알고 있었을 것이다. 그런데 요셉이 제시하는 '7풍7흉 대비 서바이벌 프로젝트'는 도저히 나이 서른 살에, 노예생활을 10년 동안 했고, 감옥에서 3년을 지낸 팔레스타인 출신 젊은이에게서 나올 수 없는 기획안이었다. 더구나 신으로 추앙받는 자기 앞에서 생소한 신 '하나님'의 이름을 다섯 차례나 반복해 언급하는 당돌한 청년 요셉을 바로가 보고 있었다. 그렇다면 그 청년의 탁월한 능력은 그가 말하는 하나님의 영감을 통해 가능하다고 판단한 것이 아니겠는가? 그래서 외친 것이다. "이와 같이 하나님의 영에 감동된 사람을 우리가 어찌 찾을 수 있으리요!"

하나님이 역사하신 창조의 특징은 무엇인가? 그것은 오직 말씀만으로 일어나는 창조라는 점이다. 우리 삶을 궁극적으로 새롭게 하는 것은 오직 하나님의 말씀뿐이다.

애굽의 바로가 요셉에게 보았던 하나님의 영에 감동된 능력은 구체적인 직업적 능력으로 나타났다. 바로가 본 점은 요셉의 '명철과 지혜'였다. "요셉에게 이르되 하나님이 이 모든 것을 네게 보이셨으니 너와 같이 명철하고 지혜 있는 자가 없도다"(창 41:39). 특히 요셉에게는 그 능력이 애굽을 다스릴 정치적인 역량이었다. 요셉의 예언대로 7년 풍년과 7년 흉년을 대비하는 법을 구체적으로 밝힌 것을 통해 입증되듯이, 요셉의 정치적인 역량은 상황에 대비한 매우 실제적이고 체계적인 것이었다. 위기관리를 위한 총책임자의 선정, 전국 지역의 위기관리 감독관 선임과 배치, 세금의 비율(20퍼센트) 확정, 곡식의 집하와 저장 관리의 구체적인 방법과 인적 관리 등 요셉의 위기관리 프로세스는 바로의 불안한 마음을 완벽하게 해소해 주었다.

요셉이 형들에게 자신을 드러내다

요셉의 해석대로 7년간의 풍년이 지나고 흉년이 도래했다. 불행하게도 흉년으로 인한 기근은 애굽에게만 국한된 것이 아니었다. 야곱 일가가 살던 가나안도 예외는 아니었다. 애굽에 곡식이 있다는 소식을 들은 야곱은 곡식을 사기 위해서 아들 열 명을 애굽으로 보냈다. 야곱의 열두 명의 아들 중, 야곱은 모르지만 애굽으로 팔려 간 요셉과 요셉의 어머니 라헬에게서 얻은 막내아들 베냐민을 제외한 모든 아들이 애굽으로 곡식을 구하러 내려간 것이다.

요셉은 곡식을 구하러 온 열 명의 형들을 알아보았지만, 형들은 애굽의 총리가 된 요셉을 알아보지 못했다. 요셉은 형들을 정탐꾼으로 몰아붙였다. 형들은 자신들의 가족사를 늘어놓으면서 자신들이 정탐꾼이 아님을 변론하지만, 요셉은 형들을 사흘간 감옥에 가두었다가 형들 중 한 사람을 볼모로 애굽에 두고 나머지는 곡식을 가지고 집으로 돌아가서 굶주림을 면하고 다음에 올 때 집에 있다고 했던 막냇동생을 데리고 와서 정탐꾼이 아님을 증명하라고 요구했다. 형들은 요셉이 알아듣는지도 모른 채 이런 일이 벌어진 것이 요셉을 판 죄의 결과라고 자책하면서 결국 시므온이 남기로 결정하고 돈을 주고 산 곡식을 가지고 집으로 돌아갔다.

가나안으로 되돌아온 형들은 아버지 야곱에게 애굽에서 있었던 그간의 사정을 자세히 말씀드리고, 다음에 막냇동생을 데리고 오면 의심을 풀고 계속해서 곡식을 공급해줄 것이라고 약속했음을 알렸다. 하지만 야곱은 요셉을 잃고 같은 아내 라헬에게서 얻은 막내아들 베냐민조차 잃는 것을 용납할 수 없었다. 애굽에서 사 온 곡식이 다 떨어지자 야곱은 아들들에게 애굽에서 양식을 사 오라고 채근했다. 하지만 아들들은 애굽에 갈 수 없다고 말한다. 왜냐하면 막냇동생 베냐민을 데려가지 않으면 곡식을 살 수 없다는 것을 알고 있었기 때문이다. 야곱의 넷째 아들인 유다는 베냐민을 함께 보내주면 애굽에 내려가서 곡식을 사올 수 있다고 아버지 야곱을 설득했다. 결국 야곱은 허락하고 말았다.

베냐민을 데리고 애굽에 내려간 형들은 요셉의 부름을 받고 그 앞에 섰다. 자신의 동생 베냐민을 본 요셉은 감정이 북받쳐 오는 것을 참지 못하고 안방으로 가서 울었다. 마음을 가라앉힌 요셉은 음식을 차리게 하면서 베냐민에게는 다른 사람들보다 다섯 배나 더 주었다.

요셉은 청지기에게 가나안으로 돌아가는 형들의 곡식 자루에 돈을 넣고 베냐민의 곡식 자루에는 은잔을 넣으라고 명령했다. 형들과 베냐민은 돈을 주고 산 곡식 자루를 가지고 가나안으로 향했다. 그들이 떠난 지 얼마 지나지 않아서 요셉의 청지기는 요셉의 형들을 쫓아가 그들에게 요셉의 은잔을 훔쳐 갔다고 다그쳤다. 그러자 형들은 이렇게 말한다. "당신의 종들 중 누구에게서 발견되든지 그는 죽을 것이요 우리는 내 주의 종들이 되리이다"(창 44:9). 곡식 자루를 뒤지는 가운데 은잔이 발견되었다. 바로 요셉의 동생 베냐민의 자루였다.

결국 이들은 애굽의 성으로 되돌아가 요셉 앞에 섰다. 이때 야곱의 넷째 아들 유다가 나서서 은잔이 발견된 곡식 자루의 주인인 베냐민은 물론 형제들 모두가 요셉의 종이 되겠다고 죄를 자청한다. 하지만 요셉은 오직 은잔이 들어 있던 곡식 자루의 주인인 베냐민만 종이 되고 나머지는 가나안으로 돌아가도 된다고 말했다. 유다의 입장에서 요셉이 내건 조건은 도저히 용납할 수 없는 것이었다. 가나안으로 돌아갔을 때 아버지 야곱에게 벌어질 끔찍한 비극은 불을 보듯 자명했기 때문이다. 유다는 요셉에게 아버지 야곱이 베냐민을 보내주지 않으려 했던 그간의 사정을 상세하게 아뢰며 베냐민을 데리고 가지 않았을 경우 아버지에게 큰 재해가 미칠 것이라고 호소했다.

"이제 주의 종으로 그 아이를 대신하여 머물러 있어 내 주의 종이 되게 하시고 그 아이는 그의 형제들과 함께 올려 보내소서. 그 아이가 나와 함께 가지 아니하면 내가 어찌 내 아버지에게로 올라갈 수 있으리이까. 두렵건대 재해가 내 아버지에게 미침을 보리이다"(창 44:34-35). 여기서 잠깐 우리는 유다의 변화된 모습을 볼 수 있다. 처음 유다는 요셉을 애굽에 팔 때 아주 적극적으로 나서서 악행을 저질렀다. 그런데 지금은 아버지와 가족을 위해 자신을 희생하는 모습을 보인다. 어떻게 이런 일이? 그것은 창세기 37~50장까지 이어지는 요셉의 이야기 중간에 낀 창세기 38장의 유다 이야기를 보면 이해가 될 것이다(<핫이슈 2> 언약 계승자 유다의 끔찍한 죄악, 참조).

유다의 호소를 들은 요셉은 섬기는 애굽 종들을 모두 내보내고 형들과 베냐민 앞에서 대성통곡을 하며 자신이 형들이 판 요셉임을 밝혔다. 그때 아연실색한 형들에게 요셉은 이렇게 말한다. "나는 당신들의 아우 요셉이니 당신들이 애굽에 판 자라. 당신들이 나를 이곳에 팔았다고 해서 근심하지 마소서. 한탄하지 마소서. 하나님이 생명을 구원하시려고 나를 당신들보다 먼저 보내셨나이다. …하나님이 큰 구원으로 당신들의 생명을 보존하고 당신들의 후손을 세상에 두시려고 나를 당신들보다 먼저 보내셨나니"(창 45:4-5,7).

요셉은 자신을 판 형들에게 근심하지 말라고 위로하면서 자신이 애굽에 팔려 온 데는 하나님의 큰 섭리가 있었다고 말한다. 그것은 참혹한 기근에서 구원하셔서 형들과 가족의 생명을 구원하고 후손들을 세상에 두기 위함이었다. 이 구원은 단순히 7년간의 기근에서 벗어나는 차원이 아니었다. 요셉이 형들에 의해 애굽으로 팔려 간 것은 하나님이 조상 아브라함에게 하셨던 약속, 즉 아브라함의 자손들이 하늘의 별처럼 바닷가의 모래알처럼 많게 해주시겠다는 약속을 성취하기 위함이었다.

아브라함은 가나안을 소유하게 해주시겠다는 하나님의 약속을 어떻게 알 수 있느냐고 물었을 때 하나님은 아브라함에게 3년 된 암소, 암염소, 숫양과 산비둘기와 집비둘기 새끼를 가지고 희생제사를 드리라고 하셨다. 그때 하나님은 아브라함에게 이렇게 말씀하셨다. "너는 반드시 알라. 네 자손이 이방에서 객이 되어 그들을 섬기겠고 그들은 사백 년 동안 네 자손을 괴롭히리니 그들이 섬기는 나라를 내가 징벌할지며 그 후에 네 자손이 큰 재물을 이끌고 나오리라. …네 자손은 사대 만에 이 땅으로 돌아오리니"(창 15:13-14,16). 요셉이 알았든 알지 못했든 간에 요셉이 애굽으로 팔려 가 애굽의 총리가 된 것은 바로 하나님이 아브라함에게 하셨던 이 약속을 성취하기 위한 기반을 이루는 것이었다. 야곱 일가는 이방인 애굽에서 객, 곧 나그네생활을 400년 동안 하게 될 것이지만 아브라함의 자손들은 다시 약속의 땅 가나안으로 되돌아오게 될 것이다.

야곱 일가, 애굽 땅 고센에 거하다

요셉이 형제들에게 자신을 밝힌 시점은 7년간의 흉년 중에서 2년이 지난 때였다. 요셉은 남은 5년 동안의 흉년을 잘 넘기기 위해서 형들에게 아버지 야곱과 가족들을 모시고 애굽으로 내려오라고 부탁했다. 애굽 왕 바로는 요셉이 형제들을 만난 소식을 듣고 가족을 데려오도록 수레를 내주었다. 이렇게 가나안으로 돌아간 요셉의 형제들은 아버지 야곱에게 요셉이 총리가 된 사실을 전하고, 바로가 보낸 수레를 보여주자 막내아들 베냐민을 보내고 나서 노심초사하던 야곱은 기운을 차렸다.

애굽을 향해 가나안을 떠난 야곱이 제일 먼저 한 일은 바로 브엘세바에 이르러 하나님께 희생제사를 드리는 것이었다. 그 밤에 하나님은 이상 중에 야곱을 만나셔서 말씀하셨다. "나는 하나님이라. 네 아버지의 하나님이니 애굽으로 내려가기를 두려워하지 말라. 내가 거기서 너로 큰 민족을 이루게 하리라. 내가 너와 함께 애굽으로 내려가겠고 반드시 너를 인도하여 다시 올라올 것이며 요셉이 그의 손으로 네 눈을 감기리라"(창 46:3-4).

하나님은 이상 중에서 야곱에게 애굽으로 내려가라고 명령하신다. 흥미로운 것은 언약을 맺었던 조상 아브라함의 경우이다. 아브라함도 기근을 피해서 애굽으로 내려간 적이 있었다. 하지만 하나님은 그

브엘세바 입구에 있는 에셀나무. 아브라함시대의 것으로 여겨진다. 에셀나무는 물을 많이 머금고 있어서 브엘세바처럼 건조한 지역에서 오래 살며 잘 견뎌낸다.

때 애굽에 내려간 것을 좋아하지 않으셨다. 반면 야곱에게는 기꺼이 애굽으로 내려가라고 말씀하실 뿐만 아니라 하나님이 직접 야곱과 함께 애굽으로 내려가시겠다고 약속하신다. 애굽은 약속의 땅 가나안이 아니지만 하나님은 기꺼이 야곱 일가와 함께 애굽으로 내려가셨다. 이유는 단 하나, 조상 아브라함에게 약속하셨던 언약을 성취하기 위해서다. 즉 아브라함의 자손을 하늘의 별처럼 바닷가의 모래알처럼 많게 해주시겠다는 약속을 성취하기 위한 것이었다. 그래서 하나님은 이상 중에 "내가 거기서 너로 큰 민족을 이루게 하리라. …반드시 너를 인도하여 다시 [가나안으로] 올라올 것이며"라고 말씀하셨다. 야곱 일가가 애굽으로 내려감은 야곱의 후손을 큰 민족으로 만들어 하나님의 나라를 이루기 위한 하나님의 섭리였다.

애굽에 도착한 야곱은 요셉의 조언을 따라 애굽 왕 바로에게 목축을 할 수 있는 고센 땅에 거주할 수 있게 해달라고 부탁했다. 바로는 야곱 일가가 비옥하고 목축하기에 좋은 고센 땅에 거하도록 허락할 뿐만 아니라 자신에게 속한 가축을 돌보도록 했다(창 47:6). 요셉이 아버지 야곱에게 고센 땅을 요청하도록 했던 것은 그 땅이 살기 좋을 뿐만 아니라 목축을 가증히 여기는 애굽 사람들과 구별된 곳에서 살도록 하기 위함이었다(창 46:34).

5년 동안의 기근은 정말로 심각했다. 애굽 사람들은 곡식을 살 돈이 떨어지자 가축들을 곡식과 맞바꾸었으며, 그 이후로는 토지를, 그 이후로는 자신의 몸을 팔아 소작농이 되었다. 그러나 성경은 고센 땅에 거한 이스라엘 백성에 대해서 애굽 사람들의 처지와는 완전히 다른 이야기를 한다. "이스라엘 족속이 애굽 고센 땅에 거주하며 거기서 생업을 얻어 생육하고 번성하였더라"(창 47:27).

기근으로 모든 것을 잃는 애굽 사람들과는 달리 고센 땅에 거주하는 이스라엘은 생육하고 번성하였다. 이 '생육하고 번성하다'는 하나님이 인간을 창조하실 때부터 명령하신 것이었다. 하나님은 아담과 하와를 창조하시고 생육하고 번성하라 명령하셨으며(창 1:28), 홍수 멸망 이후 노아와 아들들에게도 동일한 명령을 내리셨으며(창 9:1,7), 야곱에게도 "생육하며 번성하라. 한 백성과 백성들의 총회가 네게서 나오고 왕들이 네 허리에서 나오리라"(창 35:11)고 명령하셨다. 하나님은 애굽의 고센 땅에 거하는 야곱 일가를 통해 하나님의 나라를 이루어가고 계셨다.

유다, 야곱의 언약 계승자

야곱은 가족들을 이끌고 애굽으로 내려가서 17년을 거주했다. 그는 죽을 때가 다가오자 요셉을 불러 자신의 시신을 가나안에 있는 조상의 묘지에 장사해 줄 것을 맹세하게 했다(창 47:8-31). 그는 아들 요셉에게 요구한 맹세를 통해서 하나님이 자신은 물론 조상들에게 약속하셨던 땅을 얼마나 사모하며 살았는지를 보여준다. 비록 기근을 피해 애굽에 와 있었지만 야곱의 마음은 약속의 땅 가나안을 떠나지 않았다.

야곱은 안수를 통해 요셉의 두 아들, 므낫세와 에브라임에게 축복기도를 했다. 보통 장자에게 오른손을 얹고, 차자에게 왼손을 얹어 기도하는 것이 관례였다. 그래서 요셉은 아버지가 장자에게 오른손을 얹을 수 있도록 두 아들 므낫세와 에브라임을 데리고 갔지만, 야곱은 손을 엇갈려서 차자인 에브라임에게 오른손을, 장자인 므낫세에게 왼손을 얹어 기도함으로써 차자인 에브라임이 장자인 므낫세보다 더 흥왕하게 될 것임을 예언했다. 이런 사실은 애굽을 떠나 이스라엘이 가나안에 돌아갔을 때 여실히 드러나게 된다.

이어서 야곱은 자신의 열두 아들들을 불러 모으고 죽음을 맞이하기 전 각 아들에 대해 유언을 했다. 하지만 이것은 단순한 유언이 아니라 야곱의 열두 아들의 미래에 있을 일에 대한 예언이었다(창 49:1). 야곱은 장자 르우벤부터 막내 베냐민에 이르기까지 열두 아들에 대한 예언과 축복을 한다(창 49:2-28).

하나님은 바벨탑 사건 이후 아브라함을 선택하여 부르시고 가나안 땅과 후손에 대한 약속을 통해 하나님의 나라를 이루어가셨다. 아브라함은 이삭을 낳았고, 이삭은 힘들게 얻은 두 아들 에서와 야곱 중에서 야곱에게 언약을 통한 하나님 나라의 유산을 상속했다. 야곱은 열두 아들을 두었는데, 창세기는 흥미롭게도 야곱의 장자인 르우벤이 아니라 야곱이 특별한 애정을 쏟았던 꿈쟁이 요셉에게 주목한다. 요셉의 이야기는 창세기 전체 50장 중에서 37장부터 50장까지 무려 14장을 차지하고 있어서, 마치 요셉이 언약을 이어가는 야곱의 계승자인 것처럼 착각하게 만든다.

하지만 야곱의 언약 계승자는 장자였던 르우벤도, 창세기 후반부의 주인공으로 등장하는 요셉도 아니라 야곱의 넷째 아들 유다였다. 야곱의 첫째 아들 르우벤은 서모였던 빌하와 잠을 자서 아버지의 침상을 더럽혔고(창 49:3-4), 둘째와 셋째인 시므온과 레위는 능욕당한 여동생 디나의 복수를 잔혹하게 자행함으로써 자격을 상실했다(창 49:5-7, 대상 5:1). 그래서 야곱의 언약 계승자는 자연스럽게 유다에게 이어졌다(창 49:8-12, 대상 5:2).

야곱의 언약 계승자로서 유다에게 주어진 복은 주권자, 곧 왕권이었다(대상 5:2). 야곱은 유언 예언에서 유다를 사자에 비유할 뿐만 아니라 '규', 곧 왕의 통치권을 상징하는 막대기가 유다에게서 떠나지 않을 것이라고 예언했다. 이런 야곱의 예언대로 이스라엘의 주권자, 곧 통치자는 유다 지파의 후손에서 나오게 되었다. 하나님은 유다 지파의 후손인 다윗을 초대 왕 사울에 이어 두 번째 왕으로 세울 뿐만 아니라 다윗의 왕권이 영원할 것이라고 약속하셨다. 그 약속은 다윗의 후손으로 이 땅에 오신 메시아 예수님, 온전한 하나님 나라를 성취하신 예수님을 통해서 성취되었다(삼하 7:14-16, 시 2편, 45편, 60편, 사 11장, 겔 21:26-27, 슥 9:9, 마 1:1-17, 눅 3:23-38, 계 5:5). 비록 이런 야곱의 유언과 축복의 성취는 창세기에서 찾아볼 수 없지만 구약성경, 즉 이스라엘의 역사 속에서 이루어지는 것을 확인하게 된다.

요셉의 신앙고백과 죽음

창세기의 마지막 주인공 요셉은 아버지의 소원을 따라 맹세한 대로 야곱이 세상을 떠나자 아버지의 시신을 약속의 땅 가나안에 있는 조상의 묘지 막벨라 굴에 장사를 지냈다. 이로써 야곱은 하나님이 조상 아브라함과 맺으셨던 언약의 계승자로서 지속적으로 소망하며 바라보았던 약속의 땅에 묻혔다.

아버지 야곱을 가나안 막벨라 굴에 장사를 지내고 애굽으로 돌아왔을 때 요셉을 애굽의 종으로 팔았던 형들은 두려움에 사로잡혔다. 아버지 야곱의 죽음으로 자신들의 방패막이가 사라져서 요셉이 자신들에게 복수를 할지도 모른다고 생각했기 때문이다. 형들이 요셉을 찾아와 자신들이 죄를 지었음을 고백하며 당신의 종이라고 부복하자 요셉은 이렇게 말한다. "두려워하지 마소서. 내가 하나님을 대신하리이까. 당신들은 나를 해하려 하였으나 하나님은 그것을 선으로 바꾸사 오늘과 같이 많은 백성의 생명을 구원하게 하시려 하셨나니"(창 50:19-20).

이 말에 요셉의 신앙이 들어 있다. 요셉은 형들이 자신을 애굽의 종으로 판 것을 개인의 일로 여기지 않고 하나님의 역사로 받아들였다. 형들은 요셉을 해하려 했지만 하나님이 그 계획을 선으로 바꾸셔서 많은 백성들의 생명을 구하게 하셨다는 것이다. 요셉이 형들에게 미움을 샀던 꿈, 곧 형들의 곡식단이 자신의 곡식단에게 절을 한다든가 해와 달은 물론 열한 개의 별들이 요셉의 별에게 절을 했다는 꿈은 결코 요셉 개인의 꿈이 아니었다. 그것은 많은 사람들의 생명을 구할 뿐만 아니라 조상 아브라함에게 약속하셨던 후손과 가나안 땅에 대한 언약을 성취하시는 하나님의 계획을 보여주는 꿈이었다. 비록 형들의 악한 생각 때문에 애굽에 종으로 팔려 갈 당시에는 그것을 이해하지 못했을지 몰라도, 요셉은 어릴 때 꾸었던 꿈은 물론 자신의 인생에서 벌어진 모든 일이 하나님의 섭리 가운데 이루어진 것임을 깨달아 알게 되었다. 그래서 그는 죄를 고백하는 형들에게 "두려워하지 마소서. 내가 하나님을 대신하리이까"라고 대답할 수 있었다.

우리는 요셉의 꿈을 예로 제시하며 꿈을 꾸면 하나님이 모든 꿈을 이루어주실 것이라고 말하지만 그것은 정말로 요셉의 꿈을 잘못 이해한 것이다. 우리는 종종 자신의 야망을 비전이라는 말로 포장하는 잘못을 저지른다. 요셉은 자신이 꾸었던 꿈과 자신의 인생에서 벌어진 일을 당시에 모두 이해하지 못했을지라도 철저하게 하나님을 의지했으며, 자신의 상황과 처지 속에서 하나님의 함께하심과 형통하심을 누렸다. 그 가운데 하나님의 섭리를 깨닫게 되며, 형들의 행위가 하나님의 계획 가운데 벌어진 일이었음을 알게 된 것이다.

요셉의 삶은 하나님을 바라보는 삶이었다. 요셉의 죽음으로 창세기를 마감하는데, 죽음을 맞이하게 된 요셉이 마지막으로 한 말은 이것이다. "요셉이 그의 형제들에게 이르되 나는 죽을 것이나 하나님이 당신들을 돌보시고 당신들을 이 땅에서 인도하여 내사 아브라함과 이삭과 야곱에게 맹세하신 땅에 이르게 하시리라"(창 50:24). 요셉은 아버지 야곱의 후손들이 애굽에 영원히 살지 않고, 하나님의 계획을 따라 애굽을 떠나서 조상, 곧 아브라함과 이삭과 야곱에게 언약하신 약속의 땅 가나안으로 돌아갈 것을 알고 있었다. 그래서 아버지 야곱이 그랬듯이 요셉도 죽은 후에 아버지는 물론 조상들이 묻힌 막벨라 굴에 묻히게 해달라고 부탁한다.

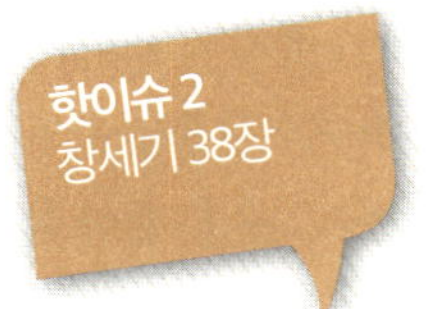

언약 계승자 유다의 끔찍한 죄악

유다는 화가 나 있었다. 아니 화가 났다기보다는 분노하여 치를 떨고 있었다. 어찌 이런 일이 일어날 수 있단 말인가? 아무리 생각해도 이해할 수 없는 노릇이었다.

"며느리 다말이 임신을 했단다!"

보통의 시아버지 같으면 며느리의 임신을 축하하고 기뻐해 주었을 것이다. 그런데 유다네 가문은 그렇지 못했다.

우리가 아는 것처럼 언약의 계승자 유다는 야곱의 넷째 아들이다. 그는 요셉을 애굽 땅에 판 장본인이라고 할 수도 있다. 물론 다른 형제들이 요셉을 죽이려고 할 때 "우리가 우리 동생을 죽이고 그의 피를 덮어둔들 무엇이 유익할까. 자 그를 이스마엘 사람들에게 팔고 그에게 우리 손을 대지 말자. 그는 우리의 동생이요 우리의 혈육이니라"(창 37:26-27)고 적극적으로 만류하여 그를 살려주기는 했지만, 동생 요셉을 애굽으로 파는 데 적극적으로 가담한 악한 기질의 사람이었다.

그래서 그랬을까? 그는 요셉을 애굽에 판 사건 이후 형제들로부터 떠나 이방 땅인 가나안 사람 수아라 하는 자의 딸과 혼인하여 엘, 오난, 셀라라는 세 아들을 낳았다. 유다 가문의 끔찍한 사건은 여기서부터 시작된다.

유다는 장자 엘을 위해서 다말이라는 여인을 아내로 데려왔다. 그런데 장자 엘은 여호와가 보시기에 악하였기에 여호와께서 엘을 죽이신지라, 다말은 첫날밤을 치루기도 전에 과부가 되고 말았다. 고대에는 '형사취수'제라는 것이 있었다. 즉, 자식 없이 과부된 사람이 자식을 낳을 수 있도록 죽은 사람의 형제들이 그녀와 결혼을 하여 대를 잇는 제도였다(신 25:5-10).

이 제도에 의하여 유다는 둘째 아들 오난에게 "네 형수에게로 들어가서 남편의 아우 된 본분을 행하여 네 형을 위하여 씨가 있게 하라"(창 38:8)고 명하였다. 그런데 오난은 그 씨가 자기 것이 되지 않을 줄 알고 형수하고 동침한 후에 땅에 설정함으로써 그 씨를 형수에게 주지 않았다. 즉 오난은 일종의 피임법을 사용한 것이다.

오난은 하나님 앞에 씻을 수 없는 죄를 범하였다. 오난은 창세기 1장 28절의 하나님의 명령, "하나님이 그들에게 복을 주시며 하나님이 그들에게 이르시되 생육하고 번성하여 땅에 충만하라"는 참뜻과 형사취수의 법, 그리고 족장들에게 그들의 자손들의 수를 셀 수 없을 만큼 번성하게 될 것이라고 확신을 주시며 하신 그 약속을 거스르는 끔찍한 죄를 범한 것이다. 그 결과 오난은 장자 엘과 마찬가지로 "그 일이 여호와가 보시기에 악하므로 여호와께서 그도 죽이셨다."

만약 여기서 유다가 현명하게 처신하여 오난이 그의 법적인 의무를 다하여 그 약속을 확실히 이루도록 관심을 가지고 지켜봤다면 어땠을까? 그러나 유다는 아무 일도 하지 않았다. 도리어 셀라도 그의 형들 같이 죽을까 봐 며느리 오말에게 셀라가 장성하기까지 네 아버지 집에 가서 수절하며 기다리라고 명하였다. 과부 오말은 시아버지 유다의 불의함에 대하여 아무런 법적 보상도 받지 못한 채 아버지 집으로 쫓겨나다시피 했다.

후손을 잇지 못한 다말은 막내 셀라가 장성하기까지 기다리라는 시아버지의 약속을 믿고 고향으로 돌아가 지냈지만, 시간이 지날수록 이 약속이 성취될 가능성은 희박해 보였다. 하지만 그때 다말에게 한 가닥 희망이 보였다. 시아버지 유다가 양털을 깎으려고 딤나에 올라왔다는 소식이었다. 그즈음 유다는 아내, 수아의 딸과 사별하고 그의 친구 아둘람 사람 히라와 함께 양털을 깎으려고 딤나에 온 것이다.

다말은 이 기회를 놓칠 수가 없었다. 그녀는 상황에 끌려 다니지 않고 약속을 이어받기 위해서 적극적으로 나섰다. 그녀는 과부의 의복을 벗고 너울로 얼굴을 가리고 몸을 휩싸고 딤나 길 곁 에나임 문에 앉았다. 그녀는 유다의 막내아들 셀라가 장성함을 보았어도 자기를 그의 아내로 주지 않을 것을 알았기에 그렇게 행동한 것이다.

유다는 가문에 엄청난 수치를 가져온 며느리 다말을 그냥 두고 볼 수는 없었다. 벌써 인근 마을까지 소문이 퍼져 지나가는 행인들조차 한마디씩 거들었다. 유다는 신중하지 못했다. 그리고 경솔했다. 화가 총명을 가렸고, 그의 악한 성품이 귀를 멀게 했다. 유다는 한번쯤 다말을 불러 자초지정을 들을수도 있었는데, 그는 그렇게 하지 않았다.

유다의 분노가 얼마나 심했는지 우리는 성경 말씀을 통해 확인할 수 있다. "유다가 이르되 그를 끌어내어 불

어떻게 보면 요셉의 이야기 중간에 삽입된 창세기 38장의 이야기는 유다의 끔찍한 죄악을 떠올리게 할 수도 있지만, 다시 한 번 더 깊게 생각한다면 상황을 뒤바꾸는 다말의 현명한 열정을 생각할 수도 있다.

사르라"(창 38:24). 그때 당시의 법으로 보더라도 행음하다 잡혀온 여인은 사형까지 시킬 수는 있었지만, 불에 태워 죽일 일은 아니었다. 그만큼 유다의 분노가 심하였고, 어떤 면에서는 성품이 악하였다고 볼 수밖에 없는 대목이다.

이에 반해 다말은 현명했고 총명했다. 다말은 시아버지 유다의 명에 의해 끌려가면서 사람을 유다에게 보내 "이 물건의 임자로 말미암아 임신하게 되었다"고 하면서 도장과 그 끈, 그리고 지팡이를 내놓았다. 유다는 참담했다. 그 물건들을 본 유다는 아연실색을 했다. 아니, 이게 어찌된 일인가! 며느리 다말이 내놓은 물건들은 자신의 애장품들이 아닌가?

이 일은 전말은 이랬다.

유다는 양 털을 깎기 위해 딤나에 올라왔다가 길 곁 에나임 문에 얼굴을 가리고 있던 다말을 창녀로 여겨 동침을 하게 된 것이다.

유다가 애나임 문에 앉아 있는 그녀를 창녀로 여겨,

"청하건대 나로 네게 들어가게 하라."

이에 그녀가 이르되

"당신은 무엇을 주고 내게 들어오겠습니까?"

그러자 유다는,

"내가 내 떼에서 새끼 염소를 주리라."

이에 다말은 다시 청하였다.

"당신이 새끼 염소를 줄 때까지 다른 것으로 담보물을 주세요."

그러자 다급해진 유다는 무엇을 줄까, 되묻게 되었고, 현명한 다말은 유다의 권위를 상징하는 도장과 그 끈, 그리고 지팡이를 달라고 한 것이다.

여기서도 유다는 경솔했다. 아무리 육체적 정욕에 눈이 멀었다고 하더라도 어떻게 함부로 모르는 이방 여인에게 가문의 권위를 상징하는 물건들을 내줄 수 있단 말인가? 물론 그 일이 있은 후에 유다는 친구 아둘람 사람 편에 염소 새끼를 보내어 도장과 그 물건들을 찾으려고 했지만, 허사였다. 이미 다말은 그 곳을 떠나 너울을 벗고 다시 과부의 의복으로 갈아입은 상태였기 때문이다.

다말이 다른 사람 편에 보낸 도장과 그 끈, 그리고 지팡이를 알아본 유다는 깊은 자괴감을 느꼈을 것이다. 그리고 자신보다 현명한 며느리 다말을 보면서 자책했을 것이다. 성경은 이에 대하여 이렇게 기록한다. "그는 나보다 옳도다. 내가 그를 내 아들 셀라에게 주지 아니하였음이로다"(창 38:26).

여기서 "그는 나보다 옳도다"라고 해서 시아버지와 동침하는 것을 인정하는 것이 아니다. 그 뒤에 나오는 "다시는 그를 가까이 하지 아니하였더라"는 말씀이 그 뜻이 아님을 보여준다. 그러나 이 경우 다말의 비정상적인 행위가 받아들여진 것은 그녀의 시아버지가 도덕과 신학을 훨씬 더 무시하였기 때문이다.

이 일로 인하여 유다의 삶에 변화가 일었다. 창세기 37장에서 동생 요셉을 애굽에 팔아넘길 때 앞장서서 악행을 저질렀던 완그한 유다였지만, 창세기 43장에서는 가족들을 위해 담보가 되겠다고 자기를 희생할 줄 아는 성품으로, 그리고 44장에서는 동정심 많은 모습으로 바뀌게 된 것이다. 그리고 하나님의 유업을 이을 언약의 계승자로 성장하게 된 것이다. 이처럼 유다의 정신을 차리게 한 것은 다말의 기이한 행동 때문이었다.

이 일로 인하여 다말의 삶에도 변화가 생겼다. 시아버지 유다에 의하여 잉태하게 된 다말은 베레스와 세라라는 쌍둥이 아들을 낳았다. 그리고 우리가 익히 아는 것처럼 예수 그리스도의 계보에 그 이름을 올리는 첫 번째 여인이 되었다. 어떻게 보면 요셉의 이야기 중간에 삽입된 창세기 38장의 이야기는 유다의 끔찍한 죄악을 떠올리게 할 수도 있지만, 다시 한 번 더 깊게 생각한다면 상황을 뒤바꾸는 다말의 현명한 열정을 생각할 수도 있다. 결국 유다를 변하게 만들고 언약의 계승자로 성장시킨 계기가 다말의 열정에 있었기에.

짧은 말씀
깊은 묵상

사자가 이르시되 그 아이에게 네 손을 대지 말라.
그에게 아무 일도 하지 말라. 네가 네 아들 네 독자까지도 내게
아끼지 아니하였으니 내가 이제야 네가 하나님을 경외하는 줄을 아노라.
(창세기 22장 12절)

렘브란트의 <아브라함의 제물>

애굽의 탈출부터 새로운 세대의 출범까지

야곱 일가가 애굽에 내려간 것은 표면적으로 볼 때 7년간의 극심한 기근을 피하기 위한 생존 전략이었다. 하나님은 노예로 팔려 갔던 야곱의 아들 요셉이 모든 것을 주관하는 애굽으로 야곱의 일가가 내려가는 것을 허용하심으로써 생존을 위협하던 기근에서 벗어날 수 있도록 하셨다. 하지만 7년간의 극심한 기근이 끝났지만 하나님은 야곱 일가와 그 후손들을 약속의 땅 가나안으로 불러들이지 않으셨다. 이는 야곱 일가가 애굽에 내려간 것이 단순히 생명을 보존하기 위한 목적만 갖고 있었던 것이 아님을 시사한다.

야곱도 죽고 요셉도 죽었다. 많은 세월이 흘렀다. 무려 4백여 년이 흘렀다(출 12:40). 이 오랜 세월은 하나님이 아브라함과 맺었던 언약, 자손이 하늘의 별처럼 바닷가의 모래처럼 많게 해주시겠다는 약속을 성취하는 시간이었다. 즉 아브라함의 자손인 야곱 일가가 하나님이 통치하시는 하나의 큰 국가로 형성되어가는, 하나의 국가로 탄생하는 시기였다.

그렇다고 애굽에 내려갔던 야곱의 후손들이 평탄한 삶을 살았던 것은 아니다. 4백여 년이 흐르는 동안 애굽에는 7년간의 대기근에서 애굽을 살려 냈던 요셉을 모르는 왕이 일어나 애굽을 다스리고 있었다(출 1:8). 그 왕은 오랜 세월 동안 엄청난 수로 불어난 이스라엘을 두려워해서 노예로 삼아 괴롭혔다. "이 백성 이스라엘 자손이 우리보다 많고 강하도다. 자, 우리가 그들에게 대하여 지혜롭게 하자. 두렵건대 그들이 더 많게 되면 전쟁이 일어날 때에 우리 대적과 합하여 우리와 싸우고 이 땅에서 나갈까 하노라 하고… 그들에게 무거운 짐을 지워 괴롭게 하여 그들에게 바로를 위하여 국고성 비돔과 라암셋을 건축하게 하니라"(출 1:9-11).

애굽 왕의 압제에 대한 하나님의 대응은 그들의 기대와는 완전히 달랐다. 애굽 왕은 이스라엘 백성을 노예로 부리며 괴롭히면, 이스라엘의 수가 줄어들고 힘이 약해질 것이라고 생각했다. 하지만 그 결과는 전혀 달랐다. "그러나 학대를 받을수록 더욱 번성하여 퍼져 나가니 애굽 사람이 이스라엘 자손으로 말미암아 근심하여"(출 1:12). 왜냐하면 야곱의 후손들이 애굽에 머무는 것은 번성하여 하나의 국가로 만들기 위한 하나님의 계획이었기 때문이다.

애굽 왕은 이스라엘의 힘을 약화시키고 영원한 노예로 삼기 위한 두 번째 계획을 시행했다. 그것은 산파를 통해서 이스라엘 집안에 아들이 태어나면 죽이는 계획이었다. 그러나 이 끔찍한 계획 가운데 하나님은 하나의 국가로 탄생하기에 충분한 이스라엘을 애굽에서 이끌어내어 약속의 땅 가나안으로 인도할 한 인물을 살려내셨다. 그가 바로 모세이다.

바로의 딸과 모세

요셉이 총리대신이 된 후 애굽으로 이주한 이스라엘은 후에 애굽에서 큰 민족을 이루게 되었다. 그러나 요셉을 알지 못하는 왕조가 애굽에 나오면서 이스라엘은 핍박을 받기 시작했다. 이스라엘 민족이 커가는 것을 두려워한 바로는 산파들에게 히브리 여인들이 해산할 때 남자아이들은 모두 죽일 것을 명령했다. 바로를 통해 하나님의 백성을 없애려는 사탄의 계략이었다.

그러나 하나님의 은혜로 산파들은 바로의 말대로 순종하지 않았다. 그들은 바로에게 아이를 낳은 히브리 여인들은 자신들이 도착하기 전에 먼저 아이를 낳는다고 변명했다. 그러자 바로는 더 가혹한 방법을 사용했다. 히브리 남자아이들을 모두 하수에 던지라는 지시였다. 이 악랄한 사탄의 방법에서 자신의 백성을 구원하기 위해 하나님의 섭리 속에서 태어난 아이가 바로 모세였다.

모세는 레위 족속의 사람이었다. 그의 어머니는 모세를 낳고 몰래 3개월 동안 숨기며 그를 키웠지만 아이가 성장하면서 더 이상 숨길 수가 없었다. 그녀는 아이를 갈대 상자로 만든 방주 속에 놓고 하수가에 내려놓았다. 그리고 자신의 딸에게 아이가 어떻게 되는지 지켜보도록 했다. 그때 마침 바로의 딸이 목욕을 하러 하수가에 시녀들과 함께 왔다. 바로

아부심벨 신전. 이집트의 왕들은 궁전이나 공공건물을 건축하는 것을 좋아했다. 도로와 병영, 수로는 계속 건설되었으며 왕국을 건축할 일꾼도 늘 필요했다. 이집트인들은 보수가 적은 이런 노동을 꺼렸기 때문에 유대인들이 이 힘든 일을 맡아 하게 되었다. 람세스 왕이 통치하던 기원전 13세기에는 이집트인과 유대인의 관계가 좋지 않았다. 상황은 점점 어려워져 유대인들은 애굽을 벗어나고자하는 욕구가 생기기 시작했다.

의 딸은 아이를 보자 그 아이가 히브리인의 아기임을 직감할 수 있었다. 애굽인들은 바로의 명령을 알고 있었기 때문에 그녀는 그 아이를 죽여야 했다. 정말로 위기였다.

하지만 하나님은 바로의 딸의 마음을 움직였다. 바로의 딸은 아이를 보고 불쌍한 마음이 들었다. 이를 지켜 본 아이의 누나는 바로의 딸에게 아이를 키울 유모를 소개해주겠다고 제안했다. 결국 아이는 다시 엄마의 품으로 돌아가 바로의 궁전에서 바로의 딸의 입양아로서 히브리인의 교육을 받으며 자랄 수 있었다. 이것은 전적으로 하나님의 은혜였다.

모세는 물로부터 건져냈다고 해서 모세라는 이름을 갖게 되었다. 그러나 모세는 또한 애굽인의 이름이기도 했다. 즉 아들이라는 의미의 이집트 단어에서 나온 파생어였다. 우리는 이집트 문헌을 통해서 프타모세라는 이름을 볼 수 있다. 특별히 이집트 제18왕조에는 유프라테스 강까지 세력을 펼쳤던 투트모세(Thutmosis III)라는 유명한 왕이 있었다. 이것은 모세라는 이름의 기원이 이집트에서 나왔음을 증명해준다.

모세의 출생을 통해 다시 한 번 애굽 왕 바로의 계획은 무너지게 되었다. 이후 하나님은 모세를 통해 이스라엘 백성들을 출애굽시키는 구원을 이루셨다. 모세의 출생이 교훈하는 것은 하나님은 예상치 못하게 보잘것없고 힘없는 것을 통해 구원을 이루신다는 사실이다. 모세의 출생은 어떤 의미에서 예수 그리스도의 출생과 유사하다. 예수 그리스도도 비천한 가운데 출생하여 당시 통치자 헤롯으로부터 생명의 위협을 받았다. 마찬가지로 모세도 억압받는 민족의 일원으로 태어나 당시 통치자인 바로에 의해 생명의 위협을 받았다. 이런 의미에서 모세의 출생은 신약의 예수 그리스도를 예표한다

고통 중에 울부짖는 이스라엘을 구원하시기 위해서 하나님이 선택하신 지도자는 바로 도망자 모세였다.

출애굽시킬 지도자 모세를 부르심

모세는 다 장성한 후에 애굽의 왕자로 이스라엘 사람들이 고되게 노동하는 현장에 나갔다가 애굽 사람이 이스라엘 사람을 때리는 것을 보았다. 성경은 이 광경을 이렇게 말한다. "모세가 장성한 후에 한번은 자기 형제들에게 나가서 그들이 고되게 노동하는 것을 보더니 어떤 애굽 사람이 한 히브리 사람 곧 자기 형제를 치는 것을 본지라"(출 2:11). 성경은 모세의 시각에서 상황을 설명하면서 "자기 형제들에게 나가서… 한 히브리 사람 곧 자기 형제를 치는 것"이라고 표현한다.

모세는 바로 딸의 아들로서 애굽 왕궁에서 자랐지만 자신이 히브리 사람, 곧 이스라엘 사람임을 잘 알고 있었다. 그래서 노예로 고통당하고 애굽 감독관에게 매를 맞는 이스라엘 사람을 자기 형제로 여겼다. 형제가 매 맺는 광경을 보다 못한 모세는 애굽 감독관을 죽여 모래 속에 묻어버렸다. 그러나 문제는 이튿날 발생했다. 히브리 사람 둘이서 싸우는 것을 보고 뜯어 말리려다가 히브리 사람에게 충격적인 말을 듣게 되었다. "네가 애굽 사람을 죽인 것처럼 나도 죽이려느냐"(출 2:14). 자기 죄가 탄로될 것을 두려워한 모세는 애굽을 떠나 미디안 광야로 도망쳤고, 거기서 미디안 제사장 이드로의 딸을 만나 그 집에 동거하며 나그네 생활을 시작하였다.

모세가 애굽의 왕궁에서 자랐다가 도망자의 신세로 전락하는 동안 애굽에서 노예생활을 하던 이스라엘 백성들의 고통은 결코 줄어들지 않았다. 모세가 40세에 미디안 광야로 도망쳐 이스라엘 백성을 애굽에서 이끌어낼 지도자로 부름받을 때까지 40년의 세월이 더 흘렀으니 이스라엘 백성들이 오랫동안 고통 속에서 좌절의 삶을 살았다는 것을 쉽게 알 수 있다. 그때 성경은 말한다. "여러 해 후에 애굽 왕은 죽었고 이스라엘 자손은 고된 노동으로 말미암아 탄식하며 부르짖으니 그 고된 노동으로 말미암아 부르짖는 소리가 하나님께 상달된지라"(출 2:23).

이스라엘은 고된 노동으로 고통스러워 "탄식하며 부르짖었다." '요셉을, 야곱의 일가를 화려하게 애굽으로 인도하셨던 하나님은 어디에 계시는가?' 이스라엘 백성들은 애굽의 노예생활에서 영원히 헤쳐나올 수 없을 것 같은 상황 속에서 탄식하며 자포자기의 심정으로 침묵하시는 하나님을 향해 부르짖었다. 그러나 하나님은 이스라엘 백성들의 생각과 달리 그들의 고통 소리를 들으시고 언약을 기억하셨다. "하나님이 그들의 고통 소리를 들으시고 하나님이 아브라함과 이삭과 야곱에게 세운 그의 언약을 기억하사 하나님이 이스라엘 자손을 돌보셨고 하나님이 그들을 기억하셨더라"(출 2:24-25).

"들으시고… 기억하사… 돌보시고… 기억하셨더라"가 하나님의 마음이셨다. 이스라엘은 엄한 노동 때문에 하나님이 자신들을 버리셨다고 생각했을는

지 몰라도 하나님은 결코 그들을 잊어버리지도 포기하지도 저버리지도 않으셨다. 더욱이 하나님은 "아브라함과 이삭과 야곱에게 세운 그의 언약"을 기억하셨다. 이는 야곱 일가를 애굽으로 내려보내신 목적, 곧 아브라함과 이삭과 야곱과 맺으신 언약대로 그 후손인 이스라엘을 하나님 나라에 걸맞은 백성으로 탈바꿈시키기 위한 것임을 시사한다. 이제 이스라엘은 하나님 나라의 백성으로서 약속의 땅, 하나님 나라의 땅으로 출발할 일만 남았다.

고통 중에 울부짖는 이스라엘을 구원하시기 위해서 하나님이 선택하신 지도자는 바로 도망자 모세였다. 모세는 바로의 추격을 피해 미디안 광야로 도망쳤다. 그곳에서 목자들의 괴롭힘을 당하는 십보라를 도와주어 인연을 맺게 되었고, 십보라를 아내로 맞아 미디안 광야에서 양떼를 치는 목자생활을 했다.

목자생활 40년이 지난 어느 날, 다른 날과 다를 바 없이 양떼를 이끌던 모세는 호렙 산에 이르렀다가 떨기나무에 불이 붙었지만 나무는 타지 않는 신기한 광경을 목격했다. 모세가 놀라움과 신기함에 매료되어 떨기나무 가까이에 갔을 때 하나님은 그를 부르셨다. 그리고 말씀하셨다. "나는 네 조상의 하나님이니 아브라함의 하나님, 이삭의 하나님, 야곱의 하나님이니라"(출 3:6).

모세가 하나님을 뵙기 두려워 얼굴을 가렸을 때 하나님은 모세를 부르신 목적을 말씀하신다. "내가 애굽에 있는 내 백성의 고통을 분명히 보고 그들이 그들의 감독자로 말미암아 부르짖음을 듣고 그 근심을 알고 내가 내려가서 그들을 애굽인의 손에서 건져내고 그들을 그 땅에서 인도하여 아름답고 광대한 땅, 젖과 꿀이 흐르는 땅 곧 가나안 족속, 헷 족속, 아모리 족속, 브리스 족속, 히위 족속, 여부스 족속의 지방에 데려가려 하노라. 이제 가라. 이스라엘 자손의 부르짖음이 내게 달하고 애굽 사람이 그들을 괴롭히는 학대도 내가 보았으니 이제 내가 너를 바로에게 보내어 너에게 내 백성 이스라엘 자손을 애굽에서 인도하여 내게 하리라"(출 3:7-10).

애굽에서 고통당하는 이스라엘을 구해내라는 하나님의 명령에 모세가 보인 반응은 어땠을까? 자기 동족 히브리인의 고통을 보는 것이 안타까워 애굽인을 죽였던 모세였다면 마땅히 "제가 여기 있나이다. 저를 보내소서"라고 외치지 않았을까? 하지만 모세는 우리의 기대를 완전히 무너뜨린다. "내가 누구이기에 바로에게 가며 이스라엘 자손을 애굽에서 인도하여 내리이까"(출 3:11). 하나님은 이런 모세를 위로하며 함께하시겠다고 약속하지만, 모세는 계속해서 꽁무니를 뺀다. "내가 이스라엘 자손에게 가서 이르기를 너희의 조상의 하나님이 나를 너희에게 보내셨다 하면 그들이 내게 묻기를 그의 이름이 무엇이냐 하리니 내가 무엇이라고 그들에게 말하리이까"(출 3:13).

하나님의 지속적인 채근에도 불구하고 모세가 변명으로 일관하자, 하나님은 아브라함에게도, 야곱에게도, 요셉에게도, 그 어느 누구에게도 알려주시지 않았던 놀라운 사실을 밝히신다. 바로 하나님의 이름이다. 그 거룩한 이름은 "나는 스스로 있는 자이니라"(출 3:14)이다. '스스로 있는 자'는 하나님이 모든 피조물과 상관없는 주권을 가지신 분일 뿐만 아니라 임재를 통해서 이스라엘의 조상들과 맺은 모든 언약을 보증하시는 분임을 뜻한다(사 41:4, 42:6,8, 43:10-11, 44:6, 45:5-7).

이왕 나온 김에 하나님의 이름인 '스스로 있는 자'에 대해서 한 가지를 더 살펴보자. 이스라엘 사람은 물론 학자들도 '스스로 있는 자'라는 하나님의 이름을 정확하게 어떻게 발음해야 할지 모른다. 한글 성경은 '스스로 있는 자'라는 하나님의 이름을 '여호와'로 옮겼다. 물론 '여호와'가 정확한 발음은 아니다. 이스라엘 사람들은 하나님의 이름이 너무 거룩해서 성경을 읽을 때 우리말 성경의 '여호와'가 나오는 자리에서 감히 하나님의 이름을 소리 내어 읽지 못하고 '나의 주'라는 뜻인 '아도나이'라 읽었다. 그러다 보니 세월이 흐름에 따라 하나님의 이름을 읽을 줄 알았던 조상들이 모두 세상을 떠나면서 그 독법이

전해지지 않았고 그 결과 하나님의 이름을 어떻게 읽어야 하는지 잊어버렸다. 학자들은 대부분 '야웨'라고 읽어야 한다고 말한다.

다시 이야기로 돌아가자. 하나님은 계속 꽁무니를 빼는 모세에게 자신의 이름까지 밝히시면서 확신을 주시고 큰 이적을 통해서 이스라엘을 애굽에서 구원시켜주실 것을 약속하셨다. 또한 모세가 잡고 있던 지팡이를 뱀으로 변하게 하시고, 품속에 넣었던 모세의 손이 나병에 걸렸다가 치유되는 이적을 보여주셔서 확증해주셨다. 하나님이 이렇게까지 하셨음에도 모세는 변명으로 일관한다. "오, 주여. 나는 본래 말을 잘하지 못하는 자니이다. 주께서 주의 종에게 명령하신 후에도 역시 그러하니 나는 입이 뻣뻣하고 혀가 둔한 자니이다"(출 4:10). 이때 하나님은 책망조로 말씀하신다. "누가 사람의 입을 지었느냐. 누가 말 못 하는 자나 못 듣는 자나 눈 밝은 자나 맹인이 되게 하였느냐. 나 여호와가 아니냐. 이제 가라. 내가 네 입과 함께 있어서 할 말을 가르치리라"(출 4:11-12). 하나님은 심지어 모세의 입과 함께 있어서 할 말을 가르쳐주시겠다고 말씀하신다. 그런데 모세는 이렇게 말한다. "오, 주여. 보낼 만한 자를 보내소서"(출 4:13). 이 얼마나 어처구니없는 변명인가!

하나님은 이 어처구니없는 상황에서도 모세의 변명을 끝까지 들어주실 뿐만 아니라 말 잘하는 아론을 붙여주시고, 할 말은 물론 할 일까지 가르쳐주겠다고 약속하시며 모세를 이스라엘을 애굽에서 구원할 지도자로 보내신다. 모세라는 불세출의 지도자가 나오기 위해서 하나님이 얼마나 인내하셨는지를 알게 된다. 오래 참고 기다리시는 하나님, 모세는 그 하나님 앞에 무너져 애굽으로 향한다.

바로 앞에 선 모세

모세가 애굽으로 갈 때 아론이 마중을 나왔다. 하나님이 모세에게 약속하신 대로 아론에게 모세를 맞으라고 명령하셨기 때문이다(출 4:14,27). 모세와 아론은 애굽으로 들어가 이스라엘 자손의 모든 장로를 모아 놓고 하나님이 이스라엘의 고난을 살피시고, 그들의 울부짖음을 들으셔서, 모세에게 이스라엘 백성을 애굽에서 구원해 이끌어내라는 명령을 전했다. 또한 백성들 앞에서 이적을 행하여 하나님이 보내셨음을 확증하였다. 그러자 이스라엘 백성은 머리 숙여 하나님을 경배했다(출 4:31).

그 후 모세와 아론은 바로에게 찾아가서 하나님의 말씀을 전했다. "내 백성을 보내라. 그러면 그들이 광야에서 내 앞에 절기를 지킬 것이니라"(출 5:1). 이에 대한 바로의 반응은 이렇다. "여호와가 누구이기에 내가 그의 목소리를 듣고 이스라엘을 보내겠느냐. 나는 여호와를 알지 못하니 이스라엘을 보내지 아니하리라"(출 5:2). 한마디로 이스라엘의 하나님 여호와의 권위, 곧 여호와 하나님의 주권을 인정하지 않겠다는 것이다.

말도 안 되는 소리를 하는 모세와 아론에게 화가 난 바로는 신하들을 시켜서 이스라엘 백성들의 노동 강도를 높이라고 명령한다. 이전까지는 짚을 내주면서 벽돌을 만들게 했지만, 이제부터는 짚도 이스라엘 노예들이 직접 구해서 동일한 수량의 벽돌을 만들어내게 하라고 명령했다. 애굽을 떠나서 절기를 지키게 하라는 말은 배부르다는 소리라는 것이다. 아직 죽도록 고생하지 않아서 어떤 신인지도 모르는 신을 위해 절기를 지켜야 한다고 생각할 정도로 배부른 소리를 하고 있다는 것이다.

짚을 내줄 때와 같은 수량의 벽돌을 짚까지 직접 구해가며 만들어야 하는 극심한 학대를 당하자, 이적을 보고 하나님께 경배하던 이스라엘은 곧바로 모세와 아론을 향해 원망을 쏟아 냈다. "너희가 우리를 바로의 눈과 그의 신하의 눈에 미운 것이 되게 하고 그들의 손에 칼을 주어 우리를 죽이게 하는도다. 여호와는 너희를 살피시고 판단하시기를 원하노라"(출 5:21). 백성들의 원망을 들은 모세는 하나님께 나아가 어찌해서 이런 일이 벌어지게 만드셨느냐고 따지듯 말한다. "주여, 어찌하여 이 백성이 학대를 당하게 하셨나이까. 어찌하여 나를 보내셨나이까. 내가 바로에게 들어가서 주의 이름으로 말한 후로부터 그가 이 백성을 더 학대하며 주께서도 주의 백성을 구원하지 아니하시나이다"(출 5:22-23).

하나님은 모세의 원망과 항변에 대해 이렇게 대답해주신다. "이제 내가 바로에게 하는 일을 네가 보리라. 강한 손으로 말미암아 바로가 그들을 보내리라. 강한 손으로 말미암아 바로가 그들을 그의 땅에서 쫓아내리라. …나는 여호와라. 내가 애굽 사람의 무거운 짐 밑에서 너희를 빼내며 그들의 노역에서 너희를 건지며 편 팔과 여러 큰 심판들로써 너희를 속량하여 너희를 내 백성으로 삼고 나는 너희의 하나님이 되리니 나는 애굽 사람의 무거운 짐 밑에서 너희를 빼낸 너희의 하나님 여호와인 줄 너희가 알지라"(출 6:1,6-7). 하나님은 여호와가 누군지 도무지 모르겠다고 무시하는 바로에게 강력한 힘을 보여줄 뿐 아니라 심한 학대로 원망하는 이스라엘 백성들에게 애굽의 압제에서 건져내어 '여호와', 즉 '스스로 있는 자'이심을 알게 할 것이라고 말씀하신다.

"누가 사람의 입을 지었느냐. 누가 말 못 하는 자나 못 듣는 자나 눈 밝은 자나 맹인이 되게 하였느냐. 나 여호와가 아니냐. 이제 가라. 내가 네 입과 함께 있어서 할 말을 가르치리라"

모세는 구원을 약속하시는 하나님의 말씀을 백성에게 전하지만, 그들은 가혹한 노역과 상한 마음 때문에 모세의 말을 듣지 않았다. 그러나 하나님은 백성도, 바로도 전혀 받아들이지 않는 실망스러운 상황에 의기소침해진 모세에게, 바로에게 들어가 이스라엘을 내보내라는 말씀을 전하라고 명하신다. 아울러 하나님은 바로가 모세의 말을 받아들이지 않을 것이라고 말씀해주신다. 바로가 고집스럽고 교만해서 모세를 통해 전달된 하나님의 명령을 받아들이지 않겠지만, 하나님은 바로의 완악함을 통해 애굽에 큰 심판을 내리심으로써 하나님이 '여호와', 즉 온 세상의 주권을 가지신 분이며, 이스라엘 조상들과 맺은 언약을 기억하고 구원하시는 분임을 알게 하실 것이라고 약속하신다(출 7:3-5). 하나님은 애굽에 큰 심판을 내리심으로써 바로와 애굽 사람들은 물론 애굽에서 해방될 이스라엘 백성들에게까지 하나님이 여호와이심을 드러내실 것이다.

약속을 받은 모세는 아론과 함께 다시 바로에게 나아가 이스라엘 백성들을 내보내라는 하나님의 말씀을 전달한다. 그때 하나님의 말씀대로 바로는 모세와 아론에게 이적을 보이라고 제안한다. 이는 모세, 네가 믿는 신이 얼마나 대단한지 증명하라는 것이다. 그때 아론이 하나님의 명령대로 바로와 신하들이 보는 앞에서 지팡이를 내던지자 지팡이가 뱀으로 변했다. 바로는 애굽의 현인과 마술사들을 불러들였다. 애굽의 요술사들이 모세처럼 지팡이를 던지자 뱀으로 변했다. 그러자 아론의 지팡이 뱀이 애굽 요술사들의 뱀을 집어삼켰다.

하지만 바로의 마음이 완악해져서 모세의 말을 전혀 듣지 않았다. 마치 모세가 섬기는 신이 애굽의 요술사들도 할 수 있는 정도의 이적밖에 행하지 못한다면 별로 신경 쓸 필요가 없다는 듯 말이다. 이렇게 완약한 바로를 향해 하나님은 어쩔 수 없이 열 가지 재앙을 내리신다. 이 열 가지 재앙으로 애굽은 완전히 초토화되었고, 바로는 하나님 앞에 항복할 수밖에 없었다. 여기서 출애굽을 위한 하나님의 열 가지 재앙은 하나님의 권능을 이스라엘 백성들에게 보여주어 믿음을 심어주고, 동시에 애굽 사람들에게는 그들의 신을 징벌하고, 하나님만이 참신이라는 사실을 보여주는 하나님의 기적적인 사건이었다.

애굽에 내린 열 가지 재앙

바로의 교만과 그에서 비롯된 완악함은 애굽에 엄청난 재앙을 초래하였다. 일명 애굽에 내린 열 가지 재앙이다. 블록버스터급 재난인 열 가지 재앙을 정리하면 이렇다.

첫째, 애굽의 젖줄인 나일 강이 '피'로 변하는 재앙이다(출 7:14-25).
둘째, '개구리'가 뒤덮는 재앙이다(출 8:1-15).
셋째, '이'가 들끓게 하는 재앙이다(출 8:16-19).
넷째, '파리' 떼가 집집마다 가득한 재앙이다(출 8:20-32).
다섯째, 들에 있는 가축에게 임한 심한 '돌림병' 재앙이다(출 9:1-7).
여섯째, 사람과 가축과 짐승에 생기는 '악성 종기' 재앙이다(출 9:8-12).
일곱째, 애굽 땅의 사람과 짐승과 채소에 내리는 '우박' 재앙이다(출 9:13-35).
여덟째, 애굽 전역을 뒤덮는 '메뚜기' 재앙이다(출 10:1-20).
아홉째, 앞을 전혀 볼 수 없게 만드는 '흑암' 재앙이다(출 10:21-29).
열째, 사람이든 가축이든 '처음 난 것'을 죽이는 재앙이다(출 11:1-10, 12:29-36).

하나님은 애굽에 열 가지 재앙을 내리셔서 이스라엘을 구원해 약속의 땅으로 이끄신다. 이 열 가지 재앙을 살펴보면서 몇 가지 주목해야 할 점이 있다. 그것은 재앙의 종류, 바로의 반응, 바로의 신하들의 반응, 애굽 땅에 사는 이스라엘에게 미친 영향 등이다. 재앙이 하나씩 내릴 때마다 각 재앙이 갖는 의미와 바로와 애굽 신하들과 이스라엘에게 미치는 영향과 반응을 살펴보면, 하나님이 왜 이스라엘을 구원하시기 위해서 열 가지 재앙을 내리셨는지 분명히 알게 된다.

먼저 현대인들은 잘 이해할 수 없겠지만, 고고학에 따르면 열 가지 재앙은 애굽 사람들이 섬기던 신들과 관련이 있었다. 나일 강 근원의 수호자인 크눔, 나일 강 홍수의 신 소티스, 나일 강의 악어 신인 세펙 등이 나일 강 관련 신들이었다. 나일 강을 피로 만들어 악취가 나고 마실 수 없게 만든 것은 이들 신들에 대한 심판이었다. 또한 나일 강은 범람을 통해 옥토를 쏟아내게 되고, 그로 말미암아 풍성한 수확을 얻을 수 있었다. 나일 강이 범람했을 때 생긴 웅덩이에 개구리가 서식하게 되는데, 개구리의 등장은 곧 풍성한 수확의 상징이어서 애굽인들은 개구리 모습을 한 헤케트 신을 섬겼다.

하나님이 두 번째 재앙으로 개구리를 나오게 하셨다가 죽어서 악취가 나게 하신 사건은 애굽인들의 신인 헤케트에 대한 심판이었다. 가축에 가득한 파리와 돌림병과 악성종기 재앙은 황소의 신인 아피스, 암소의 신인 하토르, 질병을 책임지는 신인 세크메트 등에 대한 심판이었다. 우박 재앙은 하늘의 신인 누트와 대기의 신인 슈, 곡식의 신인 세트 등에 대한 심판이었으며, 메뚜기 재앙은 메뚜기 피해를 당하지 않게 막아 주는 신인 세라피스에 대한 심판이었다.

흑암 재앙은 애굽인들이 섬기던 태양신에 대한 심판이었으며, 마지막 결정적 재앙이었던 초태생의 죽음 재앙은 생명 수호신인 셀케트는 물론 신으로 추앙받던 바로에 대한 심판이었다. 이처럼 하나님이 바로의 완악함에 대한 대응으로 애굽에 내린 열 가지 재앙은 애굽인들이 섬기던 신들에 대한 심판이었으며, 하나님이 온 세상을 주관하시는 창조주이고 주권자심을 드러내는 것이었다. "내가 그 밤에 애굽 땅에 두루 다니며 사람이나 짐승을 막론하고 애굽 땅에 있는 모든 처음 난 것을 다 치고 애굽의 모든 신을 내가 심판하리라. 나는 여호와라"(출 12:12).

둘째로 열 가지 재앙에 대한 바로의 반응을 보자. 바로는 첫 번째 재앙, 곧 나일 강이 피로 바뀌는 재앙을 애굽의 요술사들이 행하는 것을 보고 무시하다가, 결국 애굽의 모든 초태생의 죽음 재앙을 당했을 때야 비로소 여호와의 말씀을 따라 이스라엘 백성들을 내보내게 된다. 물론 열 번째 재앙 때까지 바로는 아홉 번이나 변심을 반복한다. 그 과정을 살펴보자.

① 나일 강 피 재앙 : "애굽 요술사들도 자기들의 요술로 그와 같이 행하므로… 바로가 돌이켜 궁으로 들어가고 그 일에 관심을 가지지도 아니하였고"(7:22-23).

② 개구리 재앙 : "개구리가 집과 마당과 밭에서부터 나와서 죽은지라. …그러나 바로가 숨을 쉴 수 있게 됨을 보았을 때에 그의 마음을 완강하게 하여"(8:13-15).

③ 이 재앙 : "요술사들도 자기 요술로 그같이 행하여 이를 생기게 하려 하였으나 못하였고… 바로의 마음이 완악하게 되어 그들의 말을 듣지 아니하였으니"(8:18-19).

④ 파리 재앙 : "내가 너희를 보내리니 너희가 너희의 하나님 여호와께 광야에서 제사를 드릴 것이나 너무 멀리 가지는 말라. …그 파리 떼가 바로와 그의 신하와 그의 백성에게서 떠나니 하나도 남지 아니하였더라. 그러나 바로가 이때에도 그의 마음을 완강하게 하여 그 백성을 보내지 아니하였더라"(8:28-32).

람세스 2세. 이집트의 제19왕조의 파라오가 기원전 1279년부터 기원전 1213년까지 이집트를 통치했다. 이 파라오가 출애굽기에 등장하는 파라오일 것이라고 추정하는데 그의 이름은 람세스이다.

⑤ 심한 돌림병 재앙 : "바로가 사람을 보내어 본즉 이스라엘의 가축은 하나도 죽지 아니하였더라. 그러나 바로의 마음이 완강하여 백성을 보내지 아니하니라"(9:7).

⑥ 악성종기 재앙 : "그러나 여호와께서 바로의 마음을 완악하게 하셨으므로 그들의 말을 듣지 아니하였으니"(9:12).

⑦ 우박 재앙 : "이번은 내가 범죄하였노라. 여호와는 의로우시고 나와 나의 백성은 악하도다. 여호와께 구하여 이 우렛소리와 우박을 그만 그치게 하라. 내가 너희를 보내리니 너희가 다시는 머물지 아니하리라. …바로가 비와 우박과 우렛소리가 그친 것을 보고 다시 범죄하여 마음을 완악하게 하니"(9:27-34).

⑧ 메뚜기 재앙 : "내가 너희와 너희의 어린아이들을 보내면 여호와가 너희와 함께 함과 같으니라. 보라, 그것이 너희에게는 나쁜 것이니라. 그렇게 하지 말고 너희 장정만 가서 여호와를 섬기라. …내가 너희의 하나님 여호와와 너희에게 죄를 지었으니 바라건대 이번만 나의 죄를 용서하고 너희의 하나님 여호와께 구하여 이 죽음만은 내게서 떠나게 하라. …그러나 여호와께서 바로의 마음을 완악하게 하셨으므로 이스라엘 자손을 보내지 아니하였더라"(10:10-20).

⑨ 흑암 재앙 : "여호와께서 바로의 마음을 완악하게 하셨으므로 그들 보내기를 기뻐하지 아니하고 바로가 모세에게 이르되 너는 나를 떠나가고 스스로 삼가 다시 내 얼굴을 보지 말라. 네가 내 얼굴을 보는 날에는 죽으리라"(10:27-28).

⑩ 초태생 죽음 재앙 : "밤중에 여호와께서 애굽 땅에서 모든 처음 난 것 곧 왕위에 앉은 바로의 장자로부터 옥에 갇힌 사람의 장자까지와 가축의 처음 난 것을 다 치시매… 너희와 이스라엘 자손은 일어나 내 백성 가운데에서 떠나 너희의 말대로 가서 여호와를 섬기며 너희가 말한 대로 너희 양과 너희 소도 몰아가고 나를 위하여 축복하라"(12:29-32).

피 재앙 때 거들떠보지도 않았던 바로가 재앙 때마다 얼마나 조변석개하며 완악하져가다 자신의 장자를 잃는 마지막 재앙에 이르러서야 백기투항하는 것을 보게 된다. 바로의 모습을 보면서 인간이 어디까지 완악해지는지, 하나님 앞에서 어디까지 대항하는지를 확인할 수 있다. 하나님 앞에서 건방을 떨던 바로는 재앙이 진행될 때마다 잘못을 깨닫다가 대항하는 일을 반복하며 하나님께 대적한다. 그러다가 최종적인 멸망을 당하는, 더 이상 어쩔 수 없는 하나님의 심판 앞에서 모든 것을 포기하게 된다. 그렇다고 해서 믿음이 생겼다거나 겸손해졌다는 것은 아니다. 엄청난 재앙에 정신을 잃었을 뿐이다. 이스라엘 백성들을 내보내고 나서 상황이 수습되자, 바르는 군대를 동원해서 홍해라는 막다른 골목에 있는 이스라엘 백성들을 죽이기로 작정한다. 하지만 끝까지 하나님께 대적한 결과는 홍해에 수장되는 것, 곧 멸망뿐이었다.

셋째로, 바로 신하들의 모습을 살펴보자.

① 나일 강 피 자앙 : "애굽 요술사들도 자기들의 요술로 그와 같이 행하므로"(7:22).

② 개구리 재앙 : "요술사들도 자기 요술대로 그와 같이 행하여 개구리가 애굽 땅에 올라오게 하였더라"(8:7).

③ 이 재앙 : "요술사들도 자기 요술로 그같이 행하여 이를 생기게 하려 하였으나 못하였고… 요술사가 바로에게 말하되 이는 하나님의 권능이니이다"(8:18-19).

⑥ 악성종기 재앙 : "요술사들도 악성종기로 말미암아 모세 앞에 서지 못하니 악성종기가 요술사들로부터 애굽 모든 사람에게 생겼음이라"(9:11).

⑦ 우박 재앙 : "바로의 신하 중에 여호와의 말씀을 두려워하는 자들은 그 종들과 가축을 집으로 피하여 들였으나… 바로가 비와 우박과 우렛소리가 그친 것을 보고 다시 범죄하여 마음을 완악하게 하니 그와 그의 신하가 꼭 같더라"(9:20-34).

⑧ 메뚜기 재앙 : "바로의 신하들이 그에게 말하되 어느 때까지 이 사람이 우리의 함정이 되리이까. 그 사람들을 보내어 그들의 하나님 여호와를 섬기게 하소서. 왕은 아직도 애굽이 망한 줄을 알지 못하시나이까 하고"(10:7).

네 번째 파리 재앙, 다섯 번째 심한 돌림병 재앙, 아홉 번째 흑암 재앙, 열 번째 초태생 죽음 재앙에서는 바로의 신하들의 반응이 나오지 않는다. 하지만 나머지 여섯 번의 재앙에 나오는 바로 신하들의 반응을 살펴보면 그들의 마음이 어떻게 변하는지 알 수 있다. 요술사가 하나님의 재앙에 대해 흉내를 낼 수 있을 때까지는, 성경은 그들의 반응에 대해서 어떤 설명도 붙이지 않는다. 하지만 그들이 더 이상 흉내를 내지 못하게 되고, 재앙의 강도가 세질 때마다 신하들은 바로보다 훨씬 덜 완악해져갔다.

세 번째 이 재앙에서는 애굽의 요술사들도 이 재앙이 하나님의 권능임을 인정한다. 악성종기 재앙에서는 심판 때문에 모세와 아론 앞에 나오지 못하게 되며, 그중 일부는 우박 재앙을 피하기 위해 가축을 숨기며, 종국에 가서는 바로에게 애굽이 망하게 되었다고 원망을 늘어놓는다. 하나님은 이런 열 가지 재앙을 통해 바로는 물론 애굽 사람 전체가 자신이 여호와이심을, 온 세상의 주권자이심을 알게 하시는 목적을 성취하셨다. "내가 내 손을 애굽 위에 펴서 이스라엘 자손을 그 땅에서 인도하여 낼 때에야 애굽 사람이 나를 여호와인 줄 알리라"(출 7:5).

마지막으로 이스라엘 백성들의 반응을 살펴보자. 열 가지 재앙이 내리기 전 모세와 아론이 바로에게 이스라엘 백성들을 내보내달라고 요구했을 때 바로는 이스라엘 백성들을 더 극심하게 학대했다. 그때 모세가 이스라엘을 구원해주시겠다는 하나님의 약속을 전했지만 이스라엘 백성들은 모세의 말을 믿지 않고 도리어 원망했다. 그러나 열 가지 재앙이 시작되고 나서 네 번째 파리 재앙 때부터 하나님은 이스라엘 백성들이 사는 고센 땅에 재앙이 내리지 않도록 하셔서 애굽 사람들과 구별하셨다. "그날에 나는 내 백성이 거주하는 고센 땅을 구별하여 그곳에는 파리가 없게 하리니 이로 말미암아 이 땅에서 내가 여호와인 줄을 네가 알게 될 것이라. 내가 내 백성과 네 백성 사이를 구별하리니 내일 이 표징이 있으리라 하셨다 하라"(출 8:22-23).

성경은 심한 돌림병 재앙(출 9:4), 우박 재앙(출 9:26), 흑암 재앙(출 10:23), 초태생 죽음 재앙(출 11:7) 때에는 이스라엘에게 재앙이 임하지 않았다고 구체적으로 밝힌다. 비록 여섯 번째 악성종기 재앙과 여덟 번째 메뚜기 재앙 때에는 이스라엘이 제외되었다는 기록이 성경에 나오지 않지만, 네 번째 재앙부터 열 번째 재앙까지 이스라엘은 재앙에서 구별되어 보호를 받았을 것이다. 애굽의 요술사들이 흉내를 내고, 내려고 했던 처음 세 가지 재앙, 곧 피 재앙과 개구리 재앙과 이 재앙 때에는 특별한 구별이 나오지 않는다. 어쩌면 이스라엘 백성들도 이 같은 재앙을 당했을지도 모른다. 그랬다면 아마도 이스라엘 백성들은 자연재해처럼 느꼈을는지도 모른다.

하지만 파리 재앙부터 이스라엘 백성들은 애굽 사람들이 당하는 재앙을 자신들이 당하지 않는 것을 보고 경험하면서 하나님을 점차로 느껴갔을 것이다. 그리고 그 절정인 초태생 죽음 재앙 때 하나님의 사자가 어린양의 피를 문설주와 문인방에 묻힌 자신들의 집을 넘어가는 것을 보면서 그들은 하나님이 여호와, 곧 언약을 기억하시는 하나님이시며, 온 세상의 주권자이심을 뼈에 깊숙이 새기게 되었을 것이다. 이것이 바로 하나님이 애굽에 열 가지 재앙을 내리신 또 다른 목적이셨다.

"그러므로 이스라엘 자손에게 말하기를 나는 여호와라. 내가 애굽 사람의 무거운 짐 밑에서 너희를 빼내며 그들의 노역에서 너희를 건지며 편 팔과 여러 큰 심판들로써 너희를 속량하여 너희를 내 백성으로 삼고 나는 너희의 하나님이 되리니 나는 애굽 사람의 무거운 짐 밑에서 너희를 빼낸 너희의 하나님 여호와인 줄 너희가 알지라"(출 6:6-7). 하나님은 이 열 가지 재앙을 통해 바로와 애굽 사람들과 애굽 신들을 심판하심으로써 하나님이 여호와이심을 바로와 애굽 사람들은 물론 이스라엘 백성들에게도 각인시키셨다.

이스라엘 유월절의 기원

유월절은 하나님이 모세를 통해 열 번째 재앙을 내리실 때 이스라엘 백성들에게 지키게 했던 규례이다. 하나님은 열 번째 재앙으로 애굽의 장자를 치실 때 이스라엘 백성들에게는 재앙을 피하고 구원받은 사실을 기억하도록 하기 위해서 유월절 규례를 주셨다. 먼저 가족의 식구대로 제10일에 양을 잡아 제14일까지 간직하고, 저녁 무렵에 양을 죽여 피로 집 문 좌우 설주와 인방에 바르도록 하셨다. 그러므로 이스라엘의 유월절은 저녁부터(아비월 제15일) 시작하는 절기였다.

아비월은 후에 니산월로 불리게 되었다(느 2:1). 이것은 오늘날 양력으로 3, 4월에 해당하는 시기이다. 그 후 이스라엘은 유월절을 지키는 달을 새로운 해의 시작으로 삼았다. 어떤 의미에서 유월절은 이스라엘이 민족으로서 새롭게 탄생되는 것을 기념하는 절기였다.

유월절이란 용어는 애굽의 장자를 치기 위해 여호와의 사자가 지나갈 때 피가 묻은 집은 그냥 넘어갔다는 데서 유래되었다. 유월절이란 바로 '넘어간다'라는 뜻이다. 유월절에 이스라엘 사람들은 각기 자기 집안에서 식구들과 모여 죽은 양의 고기를 불에 굽고 무교병과 쓴 나물을 함께 먹었다(출 12:8). 고기를 먹고 남은 것은 아침까지 소화해야 했다. 또한 그들은 하나님의 명령대로 허리에 띠를 띠고, 발에 신을 신고, 손에 지팡이를 잡고, 급히 먹었다. 양의 음식은 피로 구원받은 사실을 기억하고 감사하기 위한 것이었고, 무교병과 쓴 나물은 그들의 구원이 급히 이루어졌음을 기억하고 애굽에서 그들의 고통을 잊지 않기 위함이었다.

후에 유월절 규례는 시간이 지나면서 약간 변형되었다. 모세의 법에 따라 모든 희생제물은 성막에서 제사장에 의해 드려지게 되었다(레 17:1-6). 이제 유월절 양은 자신의 집에서 죽일 수 없고, 오직 성막/성전에서 제사장에 의해 잡을 수 있게 되었다. 따라서 모든 사람은 각기 자기의 양을 제단에 가져와 제사장으로 하여금 희생제물을 드렸다(대하 35:1-11).

예수님 당시에 유월절 규례를 보면 양을 성전에서 희생제물로 드리고, 집에서는 무교병으로 유월절 음식을 대신했던 것으로 보인다. 예수님 당시 사람들은 손에 지팡이를 들고 서둘러서 유월절 음식을 먹지 않았던 것 같다. 누가복음 22장 14절에 보면 예수님은 제자들에게 음식을 베풀고 편안한 자세로 식사하셨다. 그 후 70년 성전이 파괴되면서 유대인들은 유월절에 더 이상 양을 희생제물로 드릴 수 없게 되었다. 그때 이래로 무교병이 유대인들에게서 유월절에 중요한 위치를 차지하게 되었다.

유대인들의 전승에 의하면 유대인들은 하나님의 새로운 구원이 다시 유월절에 이루어질 것을 고대한다. 반면 신약은 예수님을 바로 유월절의 어린양이라고 증거한다. 그리고 실제로 예수님은 유월절에 예루살렘에서 유대지도자들에 의해 십자가에서 돌아가셨다.

이런 예수님에 대하여 세례 요한은 "세상 죄를 지고 가는 하나님의 어린양"이라고 증거했다. 또한 바울도 예수님에 대해 다음과 같이 고백했다. "너희는 누룩 없는 자인데 새 덩어리가 되기 위하여 묵은 누룩을 내버리라. 우리의 유월절 양, 곧 그리스도께서 희생되셨느니라"(고전 5:7). 베드로는 베드로전서 1장 19절에서 "오직 흠 없고 점 없는 어린양 같은 그리스도의 보배로운 피로 된 것이니라"고 예수 그리스도를 유월절 어린양으로 말했다.

유월절의 어린양은 이스라엘 백성들이 애굽의 속박에서 하나님의 은혜로 구원받도록 하는 대속의 양이었다. 그리고 그것은 이제 신약에서 죄의 속박에서 구원하기 위해 오신 예수님의 대속의 죽음을 상징하는 예표가 되었다.

홍해의 기적, 바닷길로 탈출하다

이스라엘 백성들은 애굽에서 나왔지만 바로 가나안 땅으로 들어가지는 못했다. 사실 가나안 땅으로 빨리 가기 위해서는 지중해 해안을 따라 펼쳐진 블레셋 사람의 길(출 13:17)로 가야했다. 하지만 하나님은 그 길을 이스라엘에게 허락하지 않으셨다. 그 이유를 성경은 "이 백성이 전쟁을 하게 되면 마음을 돌이켜 애굽으로 돌아갈까 하셨음이라"고 말한다. 고고학적으로 보면 그 지중해 해안길은 애굽의 군사도로로써 많은 애굽의 군대들이 진을 치고 있었다. 그러므로 모세가 백성들을 이끌고 그 길로 갔다면 애굽 군대와의 전면전이 불가피했다. 그런데 그 해안길 주변은 늪지대로 이루어졌기에 이스라엘이 애굽 군대와 전쟁을 했다면 불리할 수밖에 없었을 것이다.

또한 하나님이 보시기에 아직 이스라엘은 전쟁을 수행할 정도로 믿음이 강하지 못했다. 하나님은 그들이 참 구원자로서 하나님의 능력을 깨닫도록 하기 위해서는 홍해의 기적이 필요하다는 사실을 알고 계셨다. 결국 이 홍해의 기적을 통해 이스라엘은 진정으로 하나님을 믿을 수 있게 되었다. "이스라엘이 여호와께서 애굽 사람들에게 행하신 그 큰 능력을 보았으므로 백성이 여호와를 경외하며 여호와와 그의 종 모세를 믿었더라"(출 14:31).

이스라엘 백성들은 모세의 인도를 받아 숙곳에서 출발하여 광야 끝 에담에 도착했다. 아마도 이곳은 오늘날 수에즈 운하 근처인 것처럼 보인다. 그리고 다시 거기서 홍해에 도착했다. 홍해의 위치에 대해서는 아직도 학자들 간에 논란이 있다. 이스라엘 백성들이 출애굽할 때 레위 족속을 뺀 장정만 60만 명이었다. 여기에 여자와 어린아이들, 그리고 노약자를 합산한다면 약 200만 명이 출애굽을 했다는 계산이다. 그 많은 수가 홍해를 밤새도록 건넜다면 홍해는 넓이가 수 킬로미터가 되는 깊은 바다였을 것으로 추정된다. 하지만 일각에서는 홍해가 내륙에 있었던 큰 호수라고 주장하기도 한다.

당시 애굽은 애굽과 미디안 광야의 경계선에 운하를 팠다. 이것은 고고학 발굴을 통해 증명되었다. 그 당시 운하는 여러 호수들과 연결되어 있었는데, 이런 호수들은 주위의 홍해가 범람할 때 바닷물이 흘러들어왔기에 실제로 호숫물은 바닷물처럼 염분이 있었다. 또한 호수 주위에는 갈대들이 많았다. 성경에서 홍해는 히브리어로 '얌숲'인데, 그 뜻은 '갈대의 바다'이다. 그러므로 호수의 물은 홍해와 같은 명칭이었다.

시나이 반도의 내륙 안에 갈대바다로 명명된 호수들이 홍해와 같은 염수였기에 그 갈대바다라는 명칭을 전체 홍해에 적용한 것으로 추정할 수 있다(출 13:18). 실로 이스라엘이 진을 친 비하하롯은 '운하의 입구'라는 뜻을 가지고 있다. 이 운하와 호수 주위에는 물들이 짰기 때문에, 홍해를 건너 광야 길에서 이스라엘이 먹을 물을 찾지 못했다는 것은 충분히 설명이 가능하다.

애굽의 마병들은 호수인 갈대바다를 건너려는 이스라엘 백성들을 쫓아왔다. 혹자는 이미 열 가지 재앙을 통해 애굽의 가축들이 다 죽었는데, 어떻게 애굽 사람들이 말을 이끌고 올 수 있는가 하고 반문한다. 그러나 출애굽기 9장 20절 말씀을 보면 살아남은 가축들이 애굽에 있었음을 보여준다. "바로의 신하 중에 여호와의 말씀을 두려워하는 자들은 그 종들과 가축을 집으로 피하여 들였으나."

뒤쫓아오는 애굽의 군대를 뒤로하고 하나님은 모세를 통해 바다를 갈라지게 하셨다. 그리고 그 밤에 이스라엘 백성들은 그 갈대바다를 마른 땅과 같이 건넜다. 이스라엘 백성들이 홍해를 건너자, 하나님은 다시 모세를 통해 물을 원 위치로 합치게 하여 뒤따라오는 애굽의 군대를 수장시키셨다.

출애굽기 15장은 이 홍해 기적을 통한 출애굽사건을 하나님이 자신의 백성을 창조하신 창조사건으로 기술한다. "놀람과 두려움이 그들에게 임하매 주의 팔이 크므로 그들이 돌같이 침묵하였사오니 여호와여 주의 백성이 통과하기까지 곧 주께서 사신 백성이 통과하기까지였나이다"(출 15:16).

여기서 '주께서 사신 백성'이라는 구절에서 '사다'라는 말은 히브리어로 '낳다'라는 뜻이다. 이 단어는 고대 근동아시아의 문헌에서 창조의 뜻을 가지고 있다. 따라서 이 구절은 "주님께서 백성을 창조하셨다"라고 해석할 수 있다. 창세기 1장은 땅이 창조될 때 수면 아래 있었다고 말한다. 그러므로 이스라엘 백성들이 홍해를 건너 하나님의 백성으로 탄생되는 과정은 하나님이 물에서 땅을 드러냄으로써 땅을 창조하신 하나님의 창조행위와 비유될 수 있다.

여기서 우리는 이스라엘의 창조관을 엿볼 수 있다. 당시 이집트를 포함한 고대 근동아시아의 창조관은 '자연은 여전히 신들에 의해 주관된다'고 생각했다. 그리고 창조 이후 시간의 흐름은(역사) 창조의 질서가 무너지는 과정으로 여겨졌다. 따라서 그들은 원 창조 질서를 회복하기 위해 해마다 신년 축제 때 신들에게 제사를 드렸다. 그런 제사를 통해 창조의 질서가 다시 재현된다고 생각했던 것이다. 즉 창조의 반복이었다.

그러나 이스라엘은 달랐다. 이스라엘은 홍해사건을 통해 하나님이 역사 안에서 새롭게 창조하시는 행위를 목격했다. 그것은 원래 창조의 반복이 아니라 역사의 완성을 위해서 하나님의 목적을 성취하기 위한 새로운 창조였다. 따라서 이스라엘은 역사 안에서 새로운 창조의 역사를 자연스럽게 목도하고 역사에 의미를 두었다. 역사에 대한 이스라엘의 관심은 결국 역사의 끝에서 하나님의 나라가 새롭게 창조될 것이라는 종말론으로 이어진다. 이 마지막의 새 창조는 원래의 창조 이상의 의미를 가지고 있다. 결론적으로 홍해사건을 통해 이스라엘은 역사 안에서 하나님의 구원의 손길을 보고, 당시 자연에게만 관심이 있었던 근동아시아 민족들과 달리 역사의식을 가질 수 있었다.

> 이스라엘 백성들이 홍해를 건너 하나님의 백성으로 탄생되는 과정은 하나님이 물에서 땅을 드러냄으로써 땅을 창조하신 하나님의 창조행위와 비유될 수 있다.

구원의 음식, 만나와 메추라기

이스라엘 백성들은 출애굽한 후, 홍해를 건너 엘림과 시내산 사이 신 광야에 도착했다. 여기서 신 광야는 시나이라는 말과 연관된다. 홍해를 건넌 지 약 1개월이 지났다. 시간이 지나면서 양식이 떨어지자 이스라엘 백성들은 원망하기 시작했다. 그들은 모세와 아론에게 애굽에서 고기와 떡을 먹으며 죽는 것이 광야에서 죽는 것보다 더 낫다고 불평한다.

하나님은 그들의 원망을 들으시고, 저녁에는 메추라기와 아침에는 만나를 보내주셨다. 만나는 이스라엘 백성들이 그것을 보고 "무엇이냐"라는 말에서 유래되었다(출 16:15). 메추라기는 아프리카에서 시나이 반도 쪽으로 잦은 이동이 있었다는 보고가 있다. 아프리카에서 광야로 온 메추라기는 힘이 없기 때문에 사람들이 손쉽게 잡을 수 있었다고 전한다. 아마도 하나님이 보내신 메추라기도 사람들이 쉽게 잡을 수 있었던 것으로 보인다.

하나님은 만나를 한 사람의 몫으로 한 오멜씩만 거두고 다음날까지 집에 남겨두지 말라고 명령하셨다. 또한 제7일은 안식일이기 때문에 전 날에 두 배의 만나를 거두라고 말씀하셨다. 그리고 안식일에는 만나를 내리지 않을 것이며 처소에서 나와서는 안 된다고 명령하셨다. 하나님은 원망하는 그들에게 "그들이 내 율법을 준행하나 아니하나 내가 시험하리라"(출 16:4)고 모세를 통해 말씀하셨다.

그러나 이스라엘 백성들은 하나님의 명령을 어겼다. 그래서 더 많은 만나를 거두고, 다음날까지 남겨두는 사람들도 있었다. 그러자 거기서 벌레가 생기고 악취가 심하였다. 더군다나 안식일에 만나를 거두려고 나오는 사람들도 있었다. 이처럼 하나님의 명령을 거역하는 이스라엘 백성들에게 하나님은 모세를 통해 다음과 같이 책망하셨다. "여호와께서 모세에게 이르시되 어느 때까지 너희가 내 계명과 내 율법을 지키지 아니하려느냐"(출 16:28).

만나와 메추라기는 하나님이 이스라엘 백성들이 광야에서 살 수 있도록 내려주신 음식이었다. 그러면서 하나님은 매일 한 사람 당 한 오멜씩 만나를 거둘 것과 안식일에 대한 규례를 따로 주셨다. 이런 모습은 하나님 율법의 특징을 간접적으로 보여준다. 만나와 함께 주신 하나님의 규례는 하나님의 율법이 그 자체로 구원의 힘이 있는 것이 아니라 인간의 죄악으로 말미암아 그들의 죄악을 드러내는 기능이 있음을 보여준다.

또한 원망하는 이스라엘에게 그런 율법을 주셨다는 점에서 율법의 행위가 어느 정도 하나님의 진노를 누그러뜨리는 역할도 있음을 말해준다. 이런 맥락에서 바울은 하나님의 율법에 대해서 그것이 범법함을 인하여 주신 것이라고 말한다. "그런즉 율법은 무엇이냐. 범법하므로 더하여진 것이라. 천사들을 통하여 한 중보자의 손으로 베푸신 것인데 약속하신 자손이 오시기까지 있을 것이라"(갈 3:19).

하나님은 이스라엘이 가나안에 도착할 때까지 40년 동안 만나를 내려주셨다. 이런 만나를 내리신 의미를 모세는 다음과 같이 말한다. "너를 낮추시며 너를 주리게 하시며 또 너도 알지 못하며 네 조상들도 알지 못하던 만나를 네게 먹이신 것은 사람이 떡으로만 사는 것이 아니요 여호와의 입에서 나오는 모든 말씀으로 사는 줄을 네가 알게 하려 하심이니라"(신 8:3).

신 광야의 르비딤 사건들

이스라엘 백성들은 하나님이 만나를 내려주시기 시작한 신 광야의 르비딤에 장막을 쳤다. 하지만 거기에 마실 물이 없었다. 마사에서 쓴 물을 단물로 바꾸어주신 하나님, 하늘에서 만나와 메추라기를 내려주신 하나님을 경험했음에도 불구하고 당장 마실 물이 없자 이스라엘 백성들은 모세에게 대들었다. "우리에게 물을 주어 마시게 하라"(출 17:2). 우리말 성경은 그렇게 긴박감이 와닿지 않지만, 이런 백성들의 요구에 모세의 대답을 보면 어떤 상황인지 짐작할 수 있다. "너희가 어찌하여 나와 다투느냐. 너희가 어찌하여 여호와를 시험하느냐. …모세가 여호와께 부르짖어 이르되 내가 이 백성에게 어떻게 하리이까. 그들이 조금 있으면 내게 돌을 던지겠나이다"(출 17:2,4).

이스라엘 백성들은 모세에게 돌을 던지려고 할 정도로 불만이 팽배해 있었다. 그럼에도 하나님은 이들을 책망하지 않으시고, 모세에게 반석을 쳐서 물을 나오게 하라고 명령하셨다. 성경은 이스라엘 백성들의 행동에 대해서 이렇게 설명한다. "그가 그곳 이름을 맛사 또는 므리바라 불렀으니 이는 이스라엘 자손이 다투었음이요 또는 그들이 여호와를 시험하여 이르기를 여호와께서 우리 중에 계신가 안 계신가 하였음이더라"(출 17:7). 이스라엘 백성들은 어려움을 만나기만 하면 이전에 하나님이 베풀어주신 은혜와 역사를 까맣게 망각하고 하나님이 계신지 의심하였다. 마치 오늘날 우리가 그런 것처럼 말이다.

르비딤은 물만 부족한 것이 아니었다. 그곳에 머물러 있을 때 아말렉 족속이 쳐들어왔다. 이것은 출애굽한 이스라엘이 처음으로 맞닥뜨린 전투였다. 모세는 여호수아에게 군대를 이끌고나가 싸우라고 명령하고, 자신은 아론과 훌과 함께 산꼭대기에 올라가서 손을 들고 하나님께 도움을 구했다. 모세가 손을 들고 있을 때는 이스라엘이 이기고, 힘들어서 손이 내려올 때는 아말렉 족속이 이겼다. 결국 아론과 훌이 모세의 양쪽에서 손을 받쳐서 내려오지 않게 함으로써 아말렉 족속을 완전히 물리칠 수 있었다.

하나님은 이스라엘 백성들이 출애굽했을 때 뒤쫓아오던 애굽 사람들을 홍해에 수장시키셨다. 이스라엘 백성들이 한 일이라곤 그저 하나님의 역사하심과 구원하심을 지켜보는 것뿐이었다. 그런데 르비딤에서 아말렉 족속과의 전투에서는 모세가 손을 들고 기도해야만 했다. 흥미롭게도 손이 내려올 때는 전투에서 아말렉이 득세했고, 손이 올라가 있을 때는 이스라엘이 힘을 얻어 아말렉을 물리쳤다. 이런 모습은 아말렉과의 전투에서 승리가 하나님의 도우심과 역사하심의 결과라는 것을 보여준다. 한 가지 더 기억할 것은 애굽 군대를 수장시키셨을 때와 아말렉 족속을 무찌를 때의 상황이 조금 다르다는 사실이다. 직접 나가서 싸우는 아말렉 족속과의 전투는 이스라엘이 조금씩 하나님 나라의 백성으로서 형태를 이루어가고 있음을 암시적으로 보여준다. 부모가 아기를 양육하듯 하나님은 이렇게 조금씩 조금씩 이스라엘을 하나님 나라의 백성으로 키워가셨다.

시내산 언약은 아무런 조건 없이 하나님의 백성으로 삼으신 아브라함 언약과는 달리 조건이 있다.

하나님과 맺은 시내산 언약

이스라엘은 애굽을 떠난 지 3개월이 되던 날 시내 광야에 이르러 시내산 앞에 장막을 쳤다. 출애굽한 이스라엘이 약속의 땅 가나안에 이르는 여정에서 시내산은 중요한 중간기착지였다. 왜냐하면 하나님은 시내산에서 이스라엘과 언약을 맺으시기 때문이다.

하나님은 타락한 인류를 대신해서 아무런 조건 없이 아브라함을 부르셔서 언약을 맺고, 아브라함의 후손을 하나님 나라의 백성으로 삼겠다고 약속하셨다. "여호와께서 아브람에게 이르시되 너는 너의 고향과 친척과 아버지의 집을 떠나 내가 네게 보여줄 땅으로 가라. 내가 너로 큰 민족을 이루고 네게 복을 주어 네 이름을 창대하게 하리니 너는 복이 될지라. 너를 축복하는 자에게는 내가 복을 내리고 너를 저주하는 자에게는 내가 저주하리니 땅의 모든 족속이 너로 말미암아 복을 얻을 것이라 하신지라"(창 12:1-3). 이 언약에는 그 어디에도 조건이 없다. 그래서 우리는 아브라함 언약을 무조건적인 언약이라고 부른다.

하지만 400여 년이 지나 아브라함의 손자 야곱이 애굽으로 내려갔다가, 이제 거대한 백성이 되어 다시 약속의 땅으로 향하는 여정 가운데 하나님은 시내산에서 하나님 나라의 백성과 언약을 맺으신다. "내가 애굽 사람에게 어떻게 행하였음과 내가 어떻게 독수리 날개로 너희를 업어 내게로 인도하였음을 너희가 보았느니라. 세계가 다 내게 속하였나니 너희가 내 말을 잘 듣고 내 언약을 지키면 너희는 모든 민족 중에서 내 소유가 되겠고 너희가 내게 대하여 제사장 나라가 되며 거룩한 백성이 되리라"(출 19:4-6).

이 시내산 언약은 아무런 조건 없이 하나님의 백성으로 삼으신 아브라함 언약과는 달리 조건이 있다. "너희가 내 말을 잘 듣고 내 언약을 지키면"이다. 시내산 언약에서는 적어도 두 가지를 기억해야 한다. 첫째는 시내산 언약이 구원받은 하나님 나라의 백성과 맺은 언약이라는 사실이다. 이스라엘 백성은 하나님이 애굽에 내린 열 가지 재앙 중 열 번째 재앙에서 어린양의 피를 통해 구원을 받았다. 그래서 히브리서 저자는 이렇게 말한다. "믿음으로 유월절과 피 뿌리는 예식을 정하였으니 이는 장자를 멸하는 자로 그들을 건드리지 않게 하려 한 것이며 믿음으로 그들은 홍해를 육지같이 건넜으나 애굽 사람들은 이것을 시험하다가 빠져 죽었으며"(히 11:28-29). 이스라엘은 애굽에서 유월절 저녁에 어린양의 피로 구속받았으며 믿음으로 약속의 땅을 향하여 행진을 시작

시내산. 시나이(Sinai)는 히브리어로 '가시나무 숲'을 뜻한다. 바빌론 달의 여신인 신(Sin)의 이름을 딴 시내산은 시나이 반도 안에 있는 산으로 모세가 출애굽의 계시와 십계명을 받았던 산이다. 현재 정확한 위치는 알 수 없으나 호렙산 줄기의 최고봉인 무사산이 가장 유력하다.

했다.

둘째는 시내산 언약의 목적이 아브라함 언약의 목적과 다르지 않다는 것이다. "너희는 모든 민족 중에서 내 소유가 되겠고 너희가 내게 대하여 제사장 나라가 되며 거룩한 백성이 되리라." 하나님은 시내산 언약에서 '하나님의 말씀과 언약을 지키면' 이스라엘이 하나님의 소유가 되고, 제사장 나라가 되며, 거룩한 백성이 될 것이라고 말씀하셨다. 이스라엘은 하나님의 말씀과 언약을 지키면 제사장 나라가 된다. 제사장 나라는 다른 모든 나라를 하나님과 중재하는 나라이다. 이스라엘 백성들은 제사장으로서 모든 나라에 하나님을 드러내며 하나님의 말씀을 선포하고 모든 나라를 중재해서 속죄를 통한 하나님의 풍성한 축복을 누리도록 이끌어야 한다. 이것이 바로 출애굽해서 시내산 언약을 맺은 이스라엘 백성의 임무였다. 이는 하나님이 아브라함과 언약을 맺으실 때 하셨던 약속, 곧 "땅의 모든 족속이 너로 말미암아 복을 얻을 것이라"(창 12:3)와 일맥상통한다. 아브라함과 그 후손을 통해 땅의 모든 족속이 얻게 될 복의 통로 역할은 바로 시내산 언약에서 이스라엘이 언약을 지킴으로써 누리게 될 제사장 나라의 역할과 같다.

하나님은 이와 같은 시내산 언약을 맺으시기 위해 모세를 시내산 꼭대기로 부르셨다. 그리고 모세에게 십계명(출 20:1-17)과 소위 언약법전이라 불리는 율법(출 21:1-23:33)을 주셨다. 모세는 하나님이 주신 십계명과 율법을 이스라엘 모든 백성에게 전했으며, 이스라엘 백성들은 여호와께서 말씀하신 모든 것을 준행하겠다고 다짐했다. 모세는 이 언약을 맺기 위해 제단을 쌓고, 제물을 드리며, 언약서를 가져다가 백성들에게 낭독하여, 준행하겠다는 백성들의 다짐을 들은 후 희생제물인 소의 피를 백성들에게 뿌려 시내산 언약을 확증했다(출 24:1-8). 이제 이스라엘 백성들은 시내산 언약에서 맺은 규정대로 하나님이 주신 십계명을 비롯한 율법을 잘 준수함으로써 하나님의 제사장 나라가 되어, 하나님의 거룩하심과 공의로우심을 온 세상에 전하는 직무를 수행해야 한다.

하나님의 십계명

하나님은 시내산에서 모세를 통해 이스라엘 백성들에게 십계명을 주셨다. 이 십계명은 출애굽기 20장에 상세히 기록되어 있다. 십계명의 율법들은 하나님의 구원을 받기 위해 백성들이 지켜야 할 규례는 아니었다. 이미 하나님은 이스라엘 백성들을 애굽의 속박에서 구원하시고 자신의 백성으로 삼으셨다. 그러므로 십계명은 구원의 조건이 아니라 구원받은 백성으로서 살아야 할 공식적인 규범이었다.

제1계명은 하나님 외에 다른 신을 섬기지 말라는 것이다. 이 말씀은 다른 신의 존재를 인정하는 것이 아니라 여호와 하나님만이 참 신이기 때문에 그분만을 섬길 것을 의미한다. 이스라엘이 가나안 땅에 들어가서 실패하게 된 이유는 하나님을 버리고 바알을 섬긴 것이 아니라 하나님과 바알을 함께 섬긴 종교혼합주의 때문이었다. 그러나 하나님과 바알은 양립할 수 없다.

제2계명은 다른 우상을 만들지 말며 아무 형상이라도 만들지 말라는 것이다. 그리고 하나님은 질투하시는 하나님이기에 죄를 지은 자에게는 아비로부터 아들에게로 삼사 대까지 이르게 하거니와 자신을 사랑하고 계명을 지키는 자에게는 천 대까지 은혜를 베풀어주실 것이라고 말씀하신다. 인간이 바로 하나님의 형상이기에 또 다른 하나님의 형상을 만든다는 것은 용납될 수 없었다.

솔로몬 왕 이후 왕국이 북이스라엘과 남유다로 갈라질 때 북이스라엘의 여로보암은 자기 백성들이 제사를 위해 예루살렘 성전에 내려가는 것을 막기 위하여 두 개의 금송아지를 만들었다. 학자들은 당시 근동아시아의 종교문화를 통해 금송아지는 하나님의 직접 묘사가 아니라 하나님의 형상을 받쳐주는 발등상과 같은 역할을 했을 것이라고 말한다. 그러나 하나님은 자신의 형상을 암시하는 어떤 것도 허락하지 않으셨다. 결국 금송아지는 여로보암의 대표적인 죄악이 되었다. 모든 우상과 형상을 금한 것은 하나님의 자기 계시의 순수성을 보존하기 위함이었다.

하나님은 자신을 질투하는 하나님이라고 소개하셨다. 외형이나 형식만 갖추면 자동적으로 복을 주는 기계적인 하나님이 아니라 중심을 보시며 진정으로 섬기기를 원하시는 인격적인 하나님임을 의미한다. 이 계명에서 하나님은 죄를 지은 사람에게 아비로부터 삼사 대까지 책임을 묻겠다고 말씀하셨다. 이것은 율법의 저주였다. 그러나 이제 예수 그리스도로 말미암아 우리는 그러한 저주에서 벗어나게 되었다(갈 3:13). 부모의 죄의 영향이 클지라도 그리스도 안에 있다면 우리는 하나님의 은혜로 그 영향에서 벗어나 새 사람이 되기 때문이다.

제3계명은 여호와의 이름을 망령되이 일컫지 말라는 명령이다. 하나님은 이스라엘에게 여호와의 이름을 부르도록 허락하셨다. 이 명령의 의미는 일차적으로 그런 여호와의 이름을 마치 마술의 주문처럼 생각하고 부르지 말라는 뜻이다. 당시 사람들은 신의 이름을 알면 마치 마술의 주문처럼 그 이름을 부를 때 마음대로 신을 조정할 수 있다고 생각했다. 결국 여호와의 이름을 망령되이 일컫지 말라는 계명은 하나님에 대한 올바른 섬김을 위한 명령이다. 더 나아가 이 명령은 하나님의 이름은 거룩한 이름이기 때문에 그 이름을 부르는 사람들은 거룩한 삶을 살아야 한다는 의미이기도 하다.

제4계명은 안식일을 기억하여 거룩히 지키라는 말씀이다. 이 계명은 신 광야에서 하나님이 만나를 주시면서 이미 명령하셨던 계명이었다. 이 십계명에서 안식일의 의미가 더 구체적으로 설명된다. 안식일은 하나님이 만물을 창조하시고 제7일에 안식하신 모범을 따라 지키는 규례라는 것이다. 신약의 히브리서 기자는 우리에게 영원한 안식이 있음을 말하고 있다(히 4:1-6). 안식일은 하나님의 창조사역을 기념하면서 또한 우리에게 영원한 안식을 생각하게 하고 그 안식을 미리 선취하는 의미를 가진다.

제5계명은 부모를 공경하라는 말씀이다. 여기서 '공경하다'라는 히브리 단어는 일반적으로 성경에서 하나님께만 적용되는 존경과 애정을 의미한다. 그러므로 부모를 공경하라는 말은 하나님께 존경과 애정을 표하듯 부모님을 하나님의 대리자로 생각하고 존경과 애정으로 대하라는 명령이다. 부모는 이 땅에서 하나님을 대신하여 자녀를 신앙 안에서 교육할 신적 권위를 부여받은 자이기 때문이다. 그러므로 성경은 부모님을 치거나 저주하는 일은 하나님을 치고 저주하는 행위로써 엄하게 금하고 있다. "자기 아버지나 어머니를 치는 자는 반드시 죽일지니라"(출 21:15). "자기의 아버지나 어머니를 저주하는 자는 반드시 죽일지니라"(출 21:17).

제6계명은 살인하지 말라는 명령이다. 이 명령은 인간이 하나님의 형상으로 지음받은 고귀한 존재이기 때문이다. "다른 사람의 피를 흘리면 그 사람의 피도 흘릴 것이니 이는 하나님이 자기 형상대로 사람을 지으셨음이니라"(창 9:6). 하나님의 형상이란 본질적으로 하나님의 소유를 의미한다. 한번은 헤롯 당원들이 예수님을 찾아왔다. 그들은 예수님을 시험하기 위해 가이사에게 세를 받치는 것이 합당한지를 물었다. 그때 예수님은 동전에 새겨진 가이사의 형상을 가리키시면서 "가이사의 것은 가이사에게 바치라"고 대답하셨다. 가이사의 형상이 있기 때문에 가이사의 것이라는 예수님의 말씀에서 우리는 형상에 대한 한 가지 진리를 깨달을 수 있다. 즉 인간은 하나님의 형상이기 때문에 하나님의 것이라는 진리이다. 그러므로 살인은 하나님의 것을 빼앗는 소유침범이다. 이런 의미에서 자살도 자신의 생명을 자신의 것으로 착각하는 것이기에 죄악이다.

제7계명은 간음하지 말라는 것이다. 정당한 결혼제도 범위 밖에서 하는 혼외정사는 간음이다. 예수님은 이 간음을 마음에까지 확대하셨다. 그래서 음욕을 품는 자마다 간음을 했다고 말씀하셨다.

제8계명은 도적질하지 말라는 것이다.

제9계명은 네 이웃에 대하여 거짓 증거하지 말라는 것이다.

제10계명은 네 이웃의 집을 탐내지 말라는 것이다. 이것은 자신의 소유가 아닌 다른 사람의 모든 것을 탐내지 말라는 명령이다.

결론적으로 제1계명에서 제4계명까지는 하나님과의 관계를 명령하고, 나머지 제5계명에서 제10계명은 사람과의 관계를 언급한다.

하나님 나라 백성의 범죄, 금송아지 숭배

모세는 40일 동안 시내산에 머물면서 율법과 성막 청사진, 그리고 하나님이 직접 돌판에 새기신 십계명을 받았다. "여호와께서 시내산 위에서 모세에게 이르시기를 마치신 때에 증거판 둘을 모세에게 주시니 이는 돌판이요 하나님이 친히 쓰신 것이더라"(출 31:18).

그때 시내산 아래서는 불행한 일이 벌어지고 있었다. 그것은 출애굽한 이스라엘 백성, 곧 하나님 나라의 백성이 금송아지 우상을 만들어놓고 섬기는 것이었다. 일의 발단은 이랬다. 출애굽한 이스라엘의 지도자였던 모세가 시내산에 올라간 지 수일이 지났음에도 내려오지 않자, 이스라엘 백성들은 모세가 어떻게 되었는지 모르니까 자신들을 인도할 신을 만들

베를린 시립박물관에 있는 렘브란트의 <십계명 석판을 든 모세>

어내라고 아론에게 요구한다. 불행하게도 모세의 대변인이었던 아론은 이스라엘 백성들을 제지했어야 함에도 불구하고 자신의 직무를 망각하고 백성에게 금 고리를 거두어서 그것으로 송아지 우상을 만들었다. 그러자 이스라엘 백성들은 아무 생각 없이 금송아지를 자신들을 인도한 신이라고 외쳤다. "그들이 말하되 이스라엘아, 이는 너희를 애굽 땅에서 인도하여 낸 너희의 신이로다 하는지라"(출 32:4).

아론은 한술 더 떠서 다음날이 여호와의 절기라고 외치며 희생제사를 드리고 잔치를 벌였다. 이스라엘이 금송아지를 신이라 부른 것은 애굽에서 노예생활을 할 때 배웠던 애굽의 관습에서 비롯된 것이었다. 그들은 하나님 나라의 백성이 되었음에도 불구하고 여전히 과거 애굽에서 노예생활을 하던 풍습과 생활태도에서 벗어나지 못하고 우상을 하나님으로 섬기는 큰 죄를 짓고 있었다.

이를 지켜보신 하나님은 아직 시내산에 머물러 있는 모세에게 이 사실을 말씀하셨다. 그러면서 목이 뻣뻣하여 완고하며 죄악에 절은 이 백성을 모조리 멸망시키고 모세의 후손을 통해 다시 강대한 백성을 만들겠다고 말씀하신다. 하지만 모세는 화를 내리지 말아달라고 간곡하게 하나님께 매달리며 이렇게 간청한다. "주의 종 아브라함과 이삭과 이스라엘을 기억하소서. 주께서 그들을 위하여 주를 가리켜 맹세하여 이르시기를 내가 너희의 자손을 하늘의 별처럼 많게 하고 내가 허락한 이 온 땅을 너희의 자손에게 주어 영원한 기업이 되게 하리라 하셨나이다"(출 32:13). 모세는 하나님께 자신들의 조상 아브라함과 이삭과 이스라엘, 곧 야곱과 맺은 언약을 이야기하면서 화를 누그러뜨려 달라고 간청했다. 신실하신 하나님은 출애굽한 이스라엘의 조상들과 맺은 언약을 기억하시고, 뜻을 돌이키셔서 그들을 멸망시키지 않으셨다.

하나님이 직접 쓰신 돌판을 들고 시내산에서 내려오던 모세는 금송아지를 숭배하는 광란의 잔치를 보면서 분노하여 손에 들고 있던 돌판을 던져 깨뜨렸다. 그리고 여호와의 편에 있는 자는 자신에게 나아오라고 외쳤다. 그때 레위 자손들이 나아오자 그들에게 형제와 친구와 이웃을 칼로 쳐서 죽이라고 명령했다. 이날에 3천 명이 죽임을 당했다. 이튿날 모세는 하나님께 나아가 자신의 이름을 생명책에서 지우시더라도 이 백성의 죄를 사해달라고 다시 간청했다. 그때 하나님은 금송아지 우상을 만든 백성들을 치셔서 심판하셨다.

심판하신 후에 하나님은 모세에게 출애굽한 이스라엘 백성들을 데리고 약속의 땅으로 올라가라고 명령하신다. 하지만 하나님은 목이 곧은 백성을 진멸하시지 않기 위해 자신이 아니라 하나님의 사자를 먼저 보내겠다고 약속하신다. 그러자 모세는 자신이 하나님 앞에서 은총을 입은 것처럼 이 백성도 은총을 입게 하셔서 주의 백성으로 여겨달라고 다시 간청한다. 그때 하나님은 뜻을 돌이키셔서 친히 이스라엘 백성들과 함께 약속의 땅으로 가실 것을 약속하시고, 그 증거로 모세에게 자신의 등을 보여주셨다. 왜냐하면 하나님의 얼굴을 보는 자마다 죽임을 당하기 때문이다.

모세가 시내산에서 내려올 때 가져온 십계명 두 돌판을 깨뜨렸기 때문에 하나님은 모세에게 직접 돌판을 다듬어가지고 시내산으로 올라오라고 명령하셨다. 다시 언약을 맺으시기 위함이었다. 모세가 돌판을 준비해 시내산으로 올라갔을 때 하나님은 다시 한 번 언약을 세우셨다. "여호와께서 이르시되 보라. 내가 언약을 세우리니… 너는 내가 오늘 네게 명령하는 것을 삼가 지키라"(출 34:10-11). 모세는 또다시 시내산에서 40일 동안 머물렀으며, 하나님이 모세가 만든 돌판에 새겨주신 십계명을 가지고 시내산을 내려왔다. 그때 모세의 얼굴에는 이스라엘 백성들이 감히 쳐다보는 것조차 두려울 정도의 광채가 나고 있었다. 모세는 이스라엘 백성들에게 여호와 하나님이 다시 말씀해주신 내용을 전달했다. 그리고 하나님이 보여주신 청사진대로 성막을 제작했다(출 25-31장, 35-40장).

다베라와 기브롯 핫다아와, 반복되는 반역

출애굽한 지 2년이 지난 둘째 해 첫째 달 초하루에 하나님이 보여주신 청사진대로 성막을 제작해서 세웠다. 한 달이 지난 둘째 해 둘째 달 초하루에 하나님은 모세에게 전쟁에 나갈 수 있는 20세 이상의 인구를 조사하라고 명령하셨다. 약속의 땅 가나안으로 향하기 위해서 지파별로 조직을 구성해야 했기 때문이다. 모세는 인구조사를 통해 성막에서 섬겨야 할 레위 지파를 제외한 나머지 열두 지파(요셉의 아들이 므

성막과 법궤에 관한 놀라운 비밀

모세는 시내산에 하나님으로부터 성막과 법궤에 관한 규례를 받았다(출 25-31장, 35-40장). 성막의 구조는 크게 성막 바깥에 있는 뜰과 성막으로 되어 있다. 성막 안에는 커튼을 사이로 성소와 지성소로 나뉜다. 그래서 크게 성막은 3중 구조라고 할 수 있다.

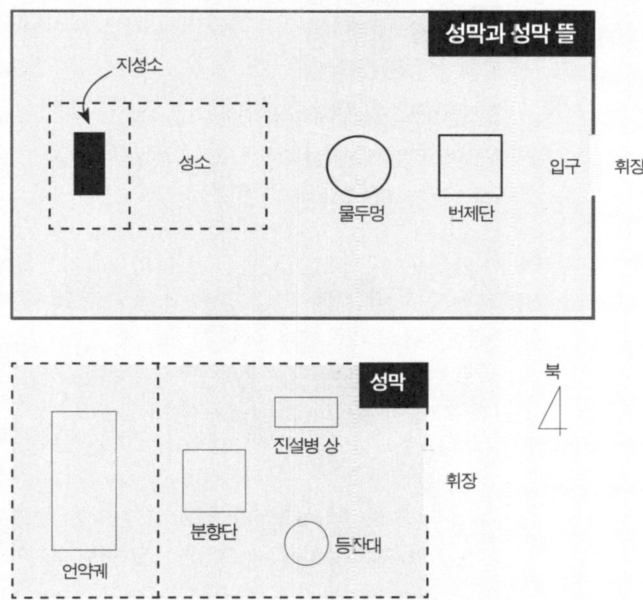

성막은 나무판으로 틀을 만들고 그 위에 커튼을 연결하여 드리운 구조물이다. 커튼은 세 겹이었다. 제일 먼저 성막 내부의 커튼은 10개의 일정한 규격의 커튼을 연결한 것으로 고리를 달아 금 갈고리를 끼워 연결했다. 이 커튼에는 가늘게 꼰 베실과 청색, 자색, 홍색실로 그룹이 수놓아졌다. 이 내부 커튼 위를 2차로 덮는 커튼은 재료가 염소털로 만들어졌고, 여러 개의 커튼을 놋 갈고리로 연결시킨 것이다. 그리고 그 위를 다시 3차로 붉게 물들인 수양의 가죽과 해달 가죽으로 덮었다.

성막 안은 다시 지성소와 성소를 구분하기 위해서 커튼을 설치했는데, 그 커튼은 청색, 자색, 홍색실과 가늘게 꼰 베실로 만들어졌다. 그리고 그 위에 그룹들이 공교히 수놓아졌다. 성막 안의 지성소에는 하나님의 법궤가 있었다(출 25:10-22). 법궤는 조각목으로 만들어졌고, 그 나무 위를 금으로 입힌 형태였다. 법궤 안에는 하나님의 증거판인 십계명이 놓여 있었다. 히브리서 기자는 이 법궤 안에 십계명과 함께 만나와 아론의 싹 난 지팡이가 있었다고 말한다(히 9장). 법궤 위에는 금으로 만든 속죄소가 있었고, 금으로 만든 두 그룹이 속죄소 양끝에 하나씩 있어 속죄소 위를 날개로 드리우며 서로 마주보는 모양이었다.

하나님은 법궤의 목적에 대해서 다음과 같이 말씀하셨다. “거기서 내가 너와 만나고 속죄소 위, 곧 증거궤 위에 있는 두 그룹 사이에서 내가 이스라엘 자손을 위하여 네게 명령할 모든 일을 네게 이르리라"(출 25:22). 하나님이 법궤 위에서 만나주신다는 것은 법궤가 하나님의 보좌임을 의미한다. 그래서 사무엘상 4장 4절에서는 "그룹 사이에 계신 만군의 여호와의 언약궤"라고 말한다. 하나님이 그룹으로 둘러 싼 법궤 위에 좌정하고 계신다는 뜻이다. 구약에서 그룹 사이에 좌정하시는 하나님의 모습은 통치자의 모습과 연관된다. "여호와께서 다스리시니 만민이 떨 것이요 여호와께서 그룹 사이에 좌정하시니 땅이 흔들릴 것이로다"(시 99:1). 따라서 법궤는 왕으로서 하나님이 좌정하시어 통치하시는 모습을 상징한다.

성막 안의 성소에는 진설병을 올려놓는 떡 상과 금 촛대, 그리고 향을 피우는 향단이 있었다. 성막 바깥에는 희생제물을 드리는 번제단이 있었고, 제사장들이 손을 씻을 수 있는 놋으로 만든 물두멍(물대야)이 있었다.

성막은 신약에서 세상 가운데 거하시는 예수 그리스도의 모형이다. 구약의 성막이 하나님의 임재와 하나님의 영광을 보여준 것처럼 예수님도 사람들 가운데 거하셔서 하나님의 영광을 드러내셨기 때문이다. 사도 요한은 예수 그리스도에 대해 "말씀이 육신이 되어 우리 가운데 거하시매 우리가 그의 영광을 보니 아버지의 독생자의 영광이요 은혜와 진리가 충만하더라"(요 1:14)고 말했다. 더 나아가 히브리서 기자는 성막 안에 성소와 지성소를 가로막는 휘장을 그리스도의 육체라고 말했다. "그 길은 우리를 위하여 휘장 가운데로 열어 놓으신 새로운 살 길이요 휘장은 곧 그의 육체니라"(히 10:20).

그러나 성막의 상세한 구조물들이 모두 예수 그리스도의 특성과 사역을 미리 예견해주는 모형이라고 지나치게 해석하는 것은 잘못이다. 혹자는 번제단이 조각목으로 만들어졌기 때문에 나무로 만든 번제단은 예수 그리스도의 대속의 장소가 나무인 십자가임을 미리 보여준다고 해석한다. 그러나 그런 해석은 지나친 풍유이다. 성막이 그리스도의 모형인 것은 사실이지만 지나치게 세세한 부분들까지 유추해서 그리스도께 적용하는 것은 성경적으로 정당화될 수 없다.

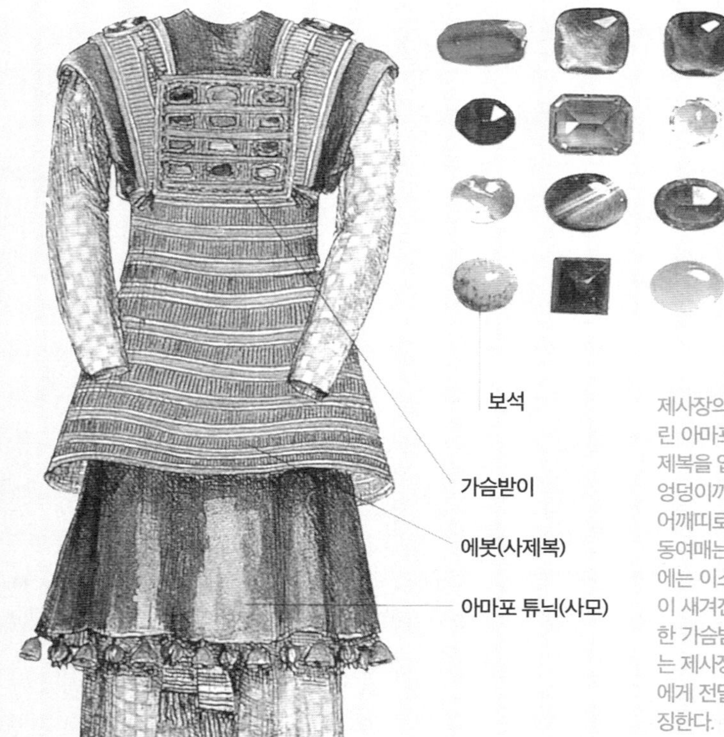

제사장의 의복. 제사장은 소매 달린 아마포 튜닉과 에봇이라는 사제복을 입었다. 이 옷은 가슴에서 엉덩이까지 내려왔는데 두 개의 어깨띠로 고정시킨 다음 허리에 동여매는 것이다. 대사장의 에봇에는 이스라엘 열두 지파의 이름이 새겨진 12개의 보석으로 장식한 가슴받이가 있었다. 가슴받이는 제사장이 하나님의 뜻을 인간에게 전달하는 존재라는 것을 상징한다.

자하여 이르시기를 이는 내가 영원히 쉴 곳이라. 내가 여기 거주할 것은 이를 원하였음이로다"(시 132:13-14). 그러므로 성전/성막에서 하나님의 임재는 안식을 동반하는 것이다.

초창기의 성소. 아라드 성전의 지성소 중 번제를 바치던 제단. 왼쪽 앞부분의 네 뿔 달린 제단은 중부 이스라엘의 메기도에 있던 성소에서 발굴된 것이다. 이 두 유물은 기원전 10세기의 것으로 추정된다.

인간은 창조 이후 범죄로 말미암아 하나님의 안식을 잃어버렸다. 그래서 하나님의 안식의 자리를 수고와 고통과 죄책이 차지하게 되었다. 하지만 이제 성막을 통해 인간에게 안식의 축복이 하나님의 임재와 함께 회복되기 시작했다. 즉 하나님의 안식에 인간이 참여할 수 있게 된 것이다. 히브리서 기자는 하나님의 안식이 마지막 날에 온전히 성취되고 회복될 것이라고 말한다(히 6장).

그러므로 성막/성전이 안식의 축복과 관련되어 있음을 성경은 다음과 같이 강조한다. "여호와 하나님이여, 일어나 들어가사 주의 능력의 궤와 함께 주의 평안한 처소에 계시옵소서. 여호와 하나님이여, 원하옵건대 주의 제사장들에게 구원을 입게 하시고 또 주의 성도들에게 은혜를 기뻐하게 하옵소서"(대하 6:41).

한편 나중에 남유다 왕국은 바벨론의 침공 때 그들은 성전과 법궤라는 외형적인 장치를 과신하고 성전에서의 예배가 자신들의 구원과 보호를 보장해줄 것이라고 믿었다. 하나님의 축복을 외형적인 제도에서 찾으려는 잘못된 생각이었다. 그들은 하나님의 성전과 법궤가 자신들에게 있기 때문에 바벨론으로 절대 잡혀가지 않을 것이라고 생각했다. 이렇게 생각하는 자들을 예레미야는 강력하게 비판하면서 결국 포로로 잡혀가게 될 것을 예언했다. 참된 신앙은 외형이 아니라 마음에 있다는 것을 선지자 예레미야는 지적했다.

사실 성막은 다양한 복합 상징체계이다. 성막은 교회를 상징할 수도 있다. 성막은 후에 성전으로 발전하게 되는데, 에스겔은 성전에 대해서 에덴동산의 이미지를 적용하고 있다(겔 47:6). 시편 기자도 성전이 있는 시온산을 에덴동산으로 제시한다(시 46편). 그러므로 성막은 인간이 타락으로 상실한 에덴동산의 예표이기도 하다.

하나님은 성막과 관련해서 안식일 규정을 다시 강조하셨다(출 31:12-17). 이런 의미에서 성막은 안식일 축복의 회복과도 연관된다. 하나님의 임재를 상징하는 성막이 어떻게 하나님의 안식과 연관되는가? 하나님의 안식은 하나님의 임재와 관련되어 있다. 창조 이후 제7일에 하나님이 안식하셨다는 뜻은 하나님이 만물을 거처로 삼으시고 등극하심을 의미한다. 그러므로 같은 맥락에서 시편 기자는 성전에서 하나님의 임재를 하나님의 안식과 동일시했다. "여호와께서 시온을 택하시고 자기 거처를 삼고

낫세와 에브라임이 각각 한 지파를 형성해서 제외된 레위 지파 자리를 차지했다)의 수는 60만 3,550명이었다.

모세는 성막을 중심으로 열두 지파를 동서남북에 배치하고 행진 순서를 정했다. 또한 레위 지파는 1개월 이상 된 남자의 수를 파악하고, 하나님은 애굽에 내린 열 번째 재앙, 곧 장자 죽음의 재앙에서 구원받은 이스라엘 장자 대신에 레위인들을 장자로 받아들였다. 또한 레위인들 중 30세부터 50세까지 성막에서 일할 사람의 수를 조사해서 레위의 아들 집안별로 각각 성막에서 수행해야 할 임무를 부과했다.

인구조사를 시작한 지 20일이 지난 둘째 해 둘째 달 20일에 성막 위에 내려앉았던 구름이 성막에서 떠오르자 행진을 시작했다. 이미 정해 놓은 행군 순서별로 출발을 시작했다. 1대(유다, 잇사갈, 스불론 지파), 2대(르우벤, 시므온, 갓 지파), 성막을 담당한 레위인들, 3대(에브라임, 므낫세, 베냐민 지파), 4대(단, 아셀, 납달리 지파) 순서로 행진을 시작했다. 1대와 2대가 출발하고 성막을 운반하는 레위인들이 떠날 때, 특별히 언약궤가 떠날 때 모세는 이렇게 외쳤다. "여호와여, 일어나사 주의 대적들을 흩으시고 주를 미워하는 자가 주 앞에서 도망하게 하소서"(민 10:35). 또한 머물 때에는 "여호와여, 이스라엘 종족들에게로 돌아오소서"(민 10:36)라고 외쳤다. 행진을 시작할 때와 진을 쳐서 머물려할 때 모세의 이런 외침은 이스라엘의 이동이 하나님을 왕으로 모신 하나님 나라의 군대로서 행진하는 사실임을 보여주었다.

시내산을 떠난 이스라엘이 제일 먼저 도착한 곳은 '다베라'였다. 이곳에서 이스라엘 백성들이 악한 말로 원망하자 하나님은 진영을 불로 살라서 심판하셨으며, 모세가 기도할 때 심판이 중지되었다. "여호와께서 들으시기에 백성이 악한 말로 원망하매 여호와께서 들으시고 진노하사 여호와의 불을 그들 중에 붙여서 진영 끝을 사르게 하시매 백성이 모세에게 부르짖으므로 모세가 여호와께 기도하니 불이 꺼졌더라. 그곳 이름을 다베라라 불렀으니 이는 여호와의 불이 그들 중에 붙은 까닭이었더라"(민 11:1-3).

이후에 기브롯 핫다아와에서도 이스라엘은 별반 다를 것이 없었다(민 11:4-36). 이스라엘 중에 섞여 사는 다른 인종들이 탐욕을 품고 애굽에 있을 때 먹었던 생선과 오이와 참외와 부추와 파와 마늘들을 떠올리며 불평을 터뜨렸다. 한마디로 만나만 먹는 것이 지겹고 고기가 먹고 싶다는 불만이었다. 여기서 "이스라엘 중에 섞여 사는 다른 인종들"은 이스라엘이 출애굽할 때 함께 나온 다른 족속의 사람들을 가리킨다(출 12:38). 이들의 불평은 이스라엘 전체로 삽시간에 퍼졌으며 모세에게 엄청난 부담으로 다가왔다. 이때 모세는 다른 때와 달리 하나님 앞에서 왜 출애굽시킬 지도자로 가고 싶지 않다는 자신을 보내서 감당하기 어려운 이 부담을 지게 하셨냐고 투덜거렸다. 모세는 차라리 은혜를 베푸셔서 자신을 죽임으로써 더 이상 이 고난을 당하지 않게 해달라고 간청했다. 이런 모세의 모습을 보면서 한편으로 부담을 짊어진 모세에 대한 안타까움을, 다른 한편으로는 이스라엘이 출애굽 이후에 얼마나 자주 불평과 원망을 늘어놓았는지를 느낄 수 있다.

하나님은 모세의 부담과 이스라엘의 불평을 외면하지 않으셨다. 먼저 하나님은 70명의 장로들을 세워서 하나님의 영이 그들에게 임재하게 하심으로써 모세의 부담을 덜어주셨다. 또한 고기를 먹고 싶다는 백성의 불평 또한 들어주셨다. 바다 쪽에서 바람을 불어 메추라기를 보내주셨다. 하지만 이스라엘이 메추라기를 씹기 전에 진노하셔서 재앙을 내리심으로써 그들이 늘어놓은 불평과 원망에 대해 심판하셨다.

다베라와 기브롯 핫다아와 사건에서 살펴보고 넘어가야 할 것이 있다. 이 사건들은 출애굽해서 시내산에 이르는 여정에서 이스라엘이 늘어놓았던 불평(출 15-16장)과 같다. 그러나 하나님은 출애굽기 16장, 곧 시내산에 이르기 전에 이스라엘이 늘어놓았던 불평에 대해서 어떤 심판도 행하지 않으시고 이스라엘의 바람을 그대로 들어주셨다. 반면에 하나님은 기브롯 핫다아와의 사건, 즉 시내산 언약을 맺고 나서 약속의 땅으로 행진하는 여정에서의 불평에 대해서는 여지없이 즉각적으로 심판하셨다. 시내산에서 언약을 맺고 율법을 받은 이스라엘은 훨씬 더 성숙한 신앙을 요구받았지만 그들은 전혀 변하지 않았다. 이스라엘은 이때까지 하나님의 수많은 이적과 능력과 공급하심을 경험했음에도 전혀 바뀌지 않았다. 더욱이 날마다 하늘 양식의 이적을 체험하고 메추라기 고기를 먹어 본 적이 있음에도 불구하고 이스라엘의 불평은 나아질 기미를 전혀 보이지 않고 있었다. 그러기에 이들에 대한 즉각적인 심판은 불신에 대한 책망과 아울러 더 성숙한 신앙을 요구하시는 것이었다.

가데스 바네아에서의 반역, 열 명의 정탐꾼의 부정적인 보고

기브롯 핫다아와 사건 이후 하세롯에서도 반역사건이 일어났다. 이번에는 모세의 누이 미리암과 아론의 반역이었다. 미리암과 아론은 모세가 이방인인 구스 여인을 취했다고 비난했다. 여기서 '구스 여인'은 모세의 아내 십보라를 가리키는 것으로 보인다(출 2:21, 합 3:7). 하나님은 미리암과 아론을 나아오게 하고 모세를 어떻게 생각하시는지를 밝히셨다. "내 말을 들으라. 너희 중에 선지자가 있으면 나 여호와가 환상으로 나를 그에게 알리기도 하고 꿈으로 그와 말하기도 하거니와 내 종 모세와는 그렇지 아니하니 그는 내 온 집에 충성함이라. 그와는 내가 대면하여 명백히 말하고 은밀한 말로 하지 아니하며 그는 또 여호와의 형상을 보거늘 너희가 어찌하여 내 종 모세 비방하기를 두려워하지 아니하느냐"(민 12:6-8). 이어서 미리암을 징계하셔서 나병에 걸리게 하셨다. 이를 목격한 아론은 자신들의 잘못을 인정하고 모세에게 간청하였으며 모세의 기도로 미리암은 치유를 받았다. 이로써 하나님은 모세가 자신이 선택하신 지도자임을 분명히 보여주셨다.

하세롯에서 미리암과 아론의 반역사건 이후에 이스라엘은 바란 광야의 가데스 바네아로 이동했다. 가데스 바네아는 약속의 땅에서 남쪽으로 그리 멀리 떨어지지 않은 곳이었다. 이제 약속의 땅 가나안이 지척에 있었다. 하나님은 그곳에서 각 지파별로 한 사람씩 뽑아 약속의 땅 가나안을 정탐하라고 명하셨다. 모세는 각 지파별로 정탐꾼을 선정했는데, 그들은 르우벤 지파의 삼무아, 시므온 지파의 사밧, 유다 지파의 갈렙, 잇사갈 지파의 이갈, 에브라임 지파의 호세아(여호수아), 베냐민 지파의 발디, 스불론 지파의 갓디엘, 므낫세 지파의 갓디, 단 지파의 암미엘, 아셀 지파의 스둘, 납달리 지파의 나비, 갓 지파의 그우엘이었다. 열두 명의 정탐꾼은 모세의 명령에 따라 40일 동안 약속의 땅 최북단 하맛 어귀 르홉부터 최남단 헤브론과 에스골 골짜기까지 정탐했으며, 명령에 따라 에스골 골짜기의 포도송이와 석류와 무화과까지 따서 가지고 돌아왔다.

이어서 약속의 땅 가나안에 대한 정탐꾼들의 보고가 백성들 앞에서 이루어졌다. 정탐꾼들은 모두 약속의 땅이 젖과 꿀이 흐르는 땅이라는 사실, 너무나 좋은 땅이라는 사실을 인정했다. "당신이 우리를 보낸 땅에 간즉 과연 그 땅에 젖과 꿀이 흐르는데 이것은 그 땅의 과일이니이다"(민 13:27). 이것으로 끝났으면 좋으련만, 이들의 보고는 그것만이 아니었다. "그러나 그 땅 거주민은 강하고 성읍은 견고하고 심히 클 뿐 아니라 거기서 아낙 자손을 보았으며 아말렉인은 남방 땅에 거주하고 헷인과 여부스인과 아모리인은 산지에 거주하고 가나안인은 해변과 요단 가에 거주하더이다"(민 13:28-29).

이것만이 아니었다. "우리가 두루 다니며 정탐한 땅은 그 거주민을 삼키는 땅이요 거기서 본 모든 백성은 신장이 장대한 자들이며 거기서 네피림 후손인 아낙 자손의 거인들을 보았나니 우리는 스스로 보기에도 메뚜기 같으니 그들이 보기에도 그와 같았을 것이니라"(민 13:32-33). 이들은 하나님이 당시 최강대국이었던 애굽을 물리치고 출애굽시켜주신 것을 까맣게 잊어버리고 있었다. 애굽 군대에 비하면 그리 강한 적도 아닌 아말렉인과 헷인과 여부스인과 아모리인은 물론 아낙 자손의 거인들에게 질려서 자신들을 스스로 메뚜기에 비유할 정도로 두려움에 사로잡혀 있었다.

열두 명의 정탐꾼 중 갈렙이 "우리가 곧 올라가서 그 땅을 취하자. 능히 이기리라"(민 13:30)고 외쳤지만, 갈렙과 여호수아를 제외한 열 명의 부정적인 보고에 매몰된 이스라엘은 통곡하고 모세와 아론을 원망하며, 심지어 지도자를 세워 애굽으로 돌아가자고 외쳤다. "우리가 애굽 땅에서 죽었거나 이 광야에서 죽었으면 좋았을 것을 어찌하여 여호와가 우리를 그 땅으로 인도하여 칼에 쓰러지게 하려 하는가. 우리 처자가 사로잡히리니 애굽으로 돌아가는 것이 낫지 아니하랴. 이에 서로 말하되 우리가 한 지휘관을 세우고 애굽으로 돌아가자"(민 14:2-4). 이들은 애굽의 종살이로 돌아가자고 외쳤다. 이는 하나님 나라의 백성이기를 포기하고 어둠의 종노릇하기를 자청하는 것이었다.

이를 목격한 여호수아와 갈렙이 옷을 찢으며 외쳤다. "우리가 두루 다니며 정탐한 땅은 심히 아름다운 땅이라. 여호와께서 우리를 기뻐하시면 우리를 그 땅으로 인도하여 들이시고 그 땅을 우리에게 주시리라. 이는 과연 젖과 꿀이 흐르는 땅이니라. 다만 여호와를 거역하지는 말라. 또 그 땅 백성을 두려워하지 말라. 그들은 우리의 먹이라. 그들의 보호자는 그들에게서 떠났고 여호와는 우리와 함께하시느니라. 그들을 두려워하지 말라"(민 14:7-9).

열 명의 부정적인 보고를 했던 정탐꾼들은 자신들을 가나안 사람들과 비교할 때 메뚜기와 같다고 말했지만, 여호수아와 갈렙은 그들을 '먹이'라고 표현했다. '먹이'라는 말은 빵을 가리킨다. 이 고백을 한마디로 표현하면 가나안 적들을 물리치는 것은 식은 죽 먹기라는 뜻이었다. 그러나 열 명의 정탐꾼을 비롯해서 이스라엘 백성들은 여호수아와 갈렙을 돌로 쳐 죽이려고 했다. "온 회중이 그들을 돌로 치려 하는데"(민 14:10). 여기서 '돌로 치려 하는데'는 한글 번역상 이렇게 번역할 수밖에 없지만, 원래는 문자적으로 '돌을 가지고 돌로 쳐 죽이려 하다'라는 뜻이다. '돌'이라는 표현이 두 번 반복되어서 이스라엘 백성들이 여호수아와 갈렙의 말에 얼마나 흥분했는지를 강조한다. 그들은 완전히 패닉 상태에 빠져 있었다. 자신들의 상황에 매몰되어 이성적인 판단은 물론 그동안 하나님이 베풀어주시고 함께해주신 사건들을 생각할 여지가 없었다. 그들은 직접 맞닥뜨리지도 않은 상황에 극도로 매몰되어 두려움에 빠짐으로써 그 어떤 이야기도 듣지 않았고, 그 어떤 생각도 하지 못했다. 그들에게는 더 이상 하나님을 믿는 신앙을 찾아볼 수 없었다.

새로운 세대의 하나님 나라 백성

이스라엘 온 회중이 여호수아와 갈렙에게 돌을 던지려는 순간 여호와 하나님의 영광이 성막에 나타났다. 여호와께서 임재하셔서 모세에게 말씀하셨다.

신 광야. 신 광야에 열두 명의 정탐꾼 중 여호수아와 갈렙을 제외한 열 명의 정탐꾼이 부정적인 보고를 했던 가데스 바네아가 있다.

"이 백성이 어느 때까지 나를 멸시하겠느냐. 내가 그들 중에 많은 이적을 행하였으나 어느 때까지 나를 믿지 않겠느냐. 내가 전염병으로 그들을 쳐서 멸하고 네게 그들보다 크고 강한 나라를 이루게 하리라"(민 14:11-12). 하나님은 전염병으로 출애굽한 이스라엘 백성들을 모조리 멸하시고 모세로부터 새로운 백성, 지금보다 훨씬 더 강한 나라를 만들겠다고 말씀하셨다.

그때 모세는 여호와께 간청했다. 만일 놀라운 이적으로 애굽에서 구원하신 이스라엘, 불기둥과 구름기둥으로 인도하신 이스라엘을 멸망시킨다면, 그 모든 과정을 보고 듣고서 두려움에 떨었던 온 나라가 비웃을 것이라고 말하면서 노하기를 더디 하시는 하나님의 인자하심을 베풀어서 용서해달라고 매달렸다. 하나님은 모세의 간청에 마음을 돌이키셔서 출애굽한 이스라엘을 멸망시키지 않겠다고 약속하셨다. 하지만 계속해서 불신앙으로 반역하는 이스라엘을 심판하시기로 결정하셨다. "내 영광과 애굽과 광야에서 행한 내 이적을 보고서도 이같이 열 번이나 나를 시험하고 내 목소리를 청종하지 아니한 그 사람들은 내가 그들의 조상들에게 맹세한 땅을 결단코 보지 못할 것이요 또 나를 멸시하는 사람은 한 사람도 그것을 보지 못하리라"(민 14:22-23).

비록 애굽으로 돌아가자고 반역했던 그 자리에서 일순간에 몰살시키지는 않지만, 하나님에게 순종하지 않고 계속해서 반역을 일으켰던 세대는 광야에서 모두 죽어 약속의 땅 가나안에 들어가지 못하게 된다는 것이다. 그 방법은 정탐꾼들이 약속의 땅을 정탐한 40일의 하루를 1년으로 계산해서 40년 동안 광야를 방랑하게 하는 것이었다. 40년간의 광야 방랑으로 20세 이상의 모든 이스라엘 백성은 광야에서 죽음을 맞이하고 약속의 땅에 들어가지 못하게 되었다. 가나안을 정복하자고 부르짖었던 여호수아와 갈렙을 제외한 나머지 열 명의 정탐꾼들, 곧 부정적인 보고로 이스라엘 온 회중이 반역하게 만들었던 그들은 재앙으로 여호와 앞에서 죽었다(민 14:28-38).

열 명의 정탐꾼의 부정적인 보고로 당하게 된 재앙, 곧 여호수아와 갈렙을 제외한 20세 이상의 모든 이스라엘 백성이 광야에서 죽게 된 사건은 분명히 여호와의 심판이었다. 그것은 분명 그들의 불신앙에서 비롯된 반역의 결과였다. 하지만 하나님은 이 놀라운 심판을 통해 약속의 땅에 들어갈 이스라엘에 대한 새로운 계획을 갖고 계셨다. 그것은 어둠의 땅 애굽에 물들지 않고, 40년의 광야 방랑 동안 하나님의 공급하심과 인도하심을 몸으로 체험한 새로운 세대의 하나님 나라의 백성을 세우는 것이었다.

20세 이후의 사람들은 애굽에서 살았던 삶을 벗어나지 못했다. 그들에게는 하나님이 약속하신 젖과 꿀이 흐르는 땅에 대한 기대감이나 소망을 찾아볼 수 없었다. 어려움에 직면할 때마다 애굽에서 노예로 보냈던 그 시절을 그리워하며, 그곳에서 먹던 고기와 야채에 대한 탐욕을 부렸다. 하나님의 놀라

운 이적을 통해 생명을 구원받음은 물론 고통스러운 노예생활에서 벗어났음에도 불구하고 그들은 자기 배를 만족시켰던 고기와 음식에 대한 탐욕을 버리지 못했다. 심지어 애굽에서 보았던 신들이 자신을 인도할 것이라는 착각에 빠졌다. 하나님이 열 가지 재앙을 통해 애굽의 신들은 철저히 가짜이며 아무것도 아니라는 사실을 분명히 보여주셨는데도 말이다.

하나님은 이렇게 애굽의 생활방식과 문화에 푹 절어 있는 20세 이상의 모든 이스라엘 백성을 약속의 땅으로 들이지 않기로 결정하셨다. 왜냐하면 그곳에는 전혀 다른 문화가 기다리고 있었기 때문이다. 이스라엘은 애굽에 있을 때도 목축하기 좋은 고센 땅에서 살았다. 그들은 양과 소를 기르는 목축문화를 가진 민족이었다. 하지만 약속의 땅은 농경문화를 갖고 있었다. 애굽문화에 젖어서 광야에서 하나님이 주시는 하늘 양식과 메추라기, 반석에서 나오는 물을 먹고 마심에도 불구하고 계속해서 불신과 원망을 늘어놓는 그들이 새로운 문화, 농경문화를 만난다면 변심할 것은 불을 보듯 분명했다.

그래서 하나님은 정탐꾼들의 부정적인 보고로 인한 반역을 심판하실 뿐만 아니라 광야생활 40년 동안 하나님이 공급하시는 양식과 물을 누리는 새로운 세대로 하나님의 나라를 이루기로 결정하셨다. 애굽의 문화에 조금이라도 덜 물들은 세대, 오직 하나님만이 양식을 공급하시고 필요를 채워주심을 40년 동안 날마다 체험한 세대, 그들만을 데리고 약속의 땅에 들어가서 하나님의 나라, 온 세상에 여호와의 영광을 드러낼 제사장의 나라를 세우기로 결심하셨다.

이 엄청난 심판의 예고를 들었을 때 이스라엘의 온 회중은 그제야 정신을 차렸다. 하지만 그렇다고 해서 그들이 올바로 깨달은 것은 아니었다. 그들은 하나님께 자신들의 신앙을 드러내려는 양 가나안을 향해 올라갔다. 하나님이 함께 올라가지 않으실 것이라고 외치는 모세의 만류에도 불구하고 그들은 자의대로 해석해서 가나안 땅에 올라갔다가 아말렉인과 가나안인들에게 공격을 당해 호르마까지 쫓기며 철저하게 패배를 당했다. 하나님의 심판 예고로 정신을 차렸다 할지라도 그들은 여전히 불신앙을 드러내고 있었다(민 14:39-45).

흥미롭게도 민수기는 호르마 사건 이후에 5장에 걸쳐 뜬금없어 보이는 제사에 관한 규정을 다룬다(민 15-19장). 거기에는 레위 집안 중 고핫 후손이 아론의 제사장직에 대해서 반기를 들었다가 하나님의 심판을 받은 사건과 아론의 지팡이에 싹이 나는 이적을 통해 아론이 하나님이 선택하신 제사장 집안임을 확증하는 이야기가 나온다. 또한 제사와 정결례, 기업을 받지 못할 제사장과 레위인의 몫에 대한 규정도 들어 있다. 이런 제사와 아론의 제사장직에 대한 이야기들이 광야 40년 방랑심판 예고직후에 기록되어 있는 것은 40년간 광야생활 동안 20세 이후의 모든 이스라엘 백성이 죽을지라도 하나님의 역사하심, 즉 이스라엘을 약속의 땅으로 인도하시는 역사가 계속될 것임을 암시적으로 보여준다. 출애굽 구원을 통해 만드신 하나님 나라의 백성을 하나님 나라의 땅, 약속의 땅으로 인도하신다는 하나님 나라의 계획은 심판 가운데서도 여전히 진행 중이다.

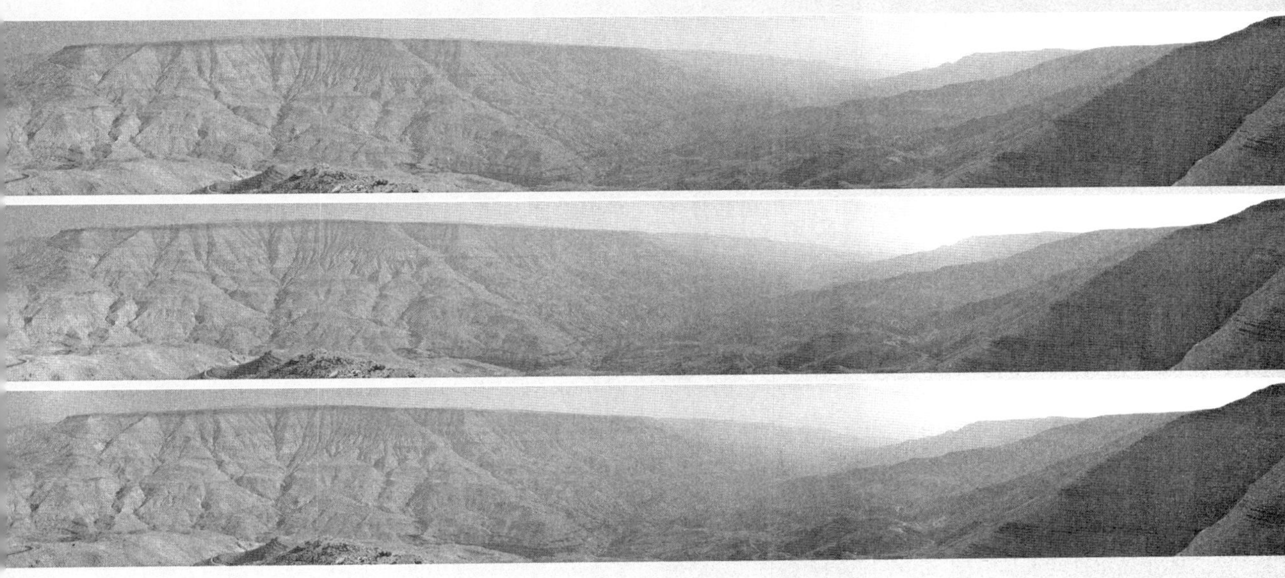

신 광야에서부터 가나안 정복까지

제사에 관한 규정(민 15-19장)이 끝난 다음에 민수기 20장 1절은 이렇게 시작된다. "첫째 달에 이스라엘 자손 곧 온 회중이 신 광야에 이르러 백성이 가데스에 이르더니." 민수기는 보통 시간을 기록할 때 '몇째 해 몇째 달…'이라는 표현을 사용한다(민 1:1, 9:1, 10:11). 출애굽하던 해를 기준으로 '몇째 해'라는 표현을 사용해서 시간을 나타냈지만, 20장 1절은 '몇째 해'라는 표현 없이 '첫째 달'로 시작한다. 성경은 이것이 출애굽한 지 몇째 해인지 밝히지 않고 있지만, 이어서 20장 22~29절에서 출애굽한 지 40년째 되던 해 5월 초하루(민 33:38-39)에 있었던 아론의 죽음 사건이 나오는 것으로 보아 20장 1절의 '첫째 달'은 출애굽한 지 40년째 되던 해라고 볼 수 있다.

모세와 아론, 가나안 땅에 들어가지 못하게 되다

성경은 이스라엘이 정탐꾼의 부정적인 보고로 인한 40년간 광야 방랑을 어떻게 했는지 기록하지 않고 있다. 다만 "첫째 달"(민 20:1)이라는 표현을 통해 이스라엘이 광야에서 40년 동안 방랑하고 나서 가나안 땅을 목전에 두고 있었음을 암시한다. 그들이 그리 멀지 않은 곳을 계속해서 방황했음을 암시할 뿐이다. "첫째 달에 이스라엘 자손 곧 온 회중이 신 광야에 이르러 백성이 가데스에 이르더니"(민 20:1). 이스라엘이 40년간의 광야 방랑이라는 심판을 예고받은 곳도 가데스였다(민 13:26). 출애굽한 지 40년이 지나서 다시 가데스에 이르렀을 때 모세의 누이 미리암이 죽었다.

그때 그곳에(나중에 '므리바'라 부른다) 물이 없었다. 40년이 지나서 하나님의 공급하심을 따라 살았던 이스라엘 백성들이 조금 나아졌으면 좋았으련만, 그들은 마실 물이 없자 모세와 아론에게 몰려와 또 불평을 터뜨린다(민 20:3-5). 그때 여호와께서 나타나 모세에게 말씀하셨다. "지팡이를 가지고 네 형 아론과 함께 회중을 모으고 그들의 목전에서 너희는 반석에게 명령하여 물을 내라 하라. 네가 그 반석이 물을 내게 하여 회중과 그들의 짐승에게 마시게 할지니라"(민 20:8).

모세는 하나님의 명령대로 지팡이를 잡고 반석 앞으로 가서 아론과 함께 "반역한 너희여 들으라. 우리가 너희를 위하여 이 반석에서 물을 내랴"라고 말하며 지팡이로 반석을 두 번 내리쳤다. 그때 물이 솟아나와 이스라엘 온 회중과 짐승들이 해갈할 수 있었다.

이때까지 아무런 문제가 없어 보인다. 하지만 그때 하나님은 모세와 아론에게 말씀하셨다. "너희가 나를 믿지 아니하고 이스라엘 자손의 목전에서 내 거룩함을 나타내지 아니한 고로 너희는 이 회중을 내가 그들에게 준 땅으로 인도하여 들이지 못하리라"(민 20:12). 하나님은 모세와 아론이 하나님의 거룩함을 드러내지 않았기 때문에 약속의 땅 가나안에 들어갈 수 없다는 청천벽력과 같은 선언을 하신다.

무엇이 잘못된 것인가? 이유는 이렇다. 하나님은 분명히 모세에게 지팡이를 잡고 반석 앞에 가서 반석에게 물을 내라고 명령하라 말씀하셨다. 하지만 모세는 지팡이로 반석을 두 번 내리쳤을 뿐만 아니라 "들으라. 우리가 너희를 위하여 이 반석에서 물을 내랴"(민 20:10)라고 말하여 마치 하나님이 물을 주시는 게 아니라 모세 자신과 아론이 물을 솟아나게 하는 것처럼 말한 것이다. 시편 기자는 므리바 반석에서 물을 낼 때 했던 말을 이렇게 해석한다. "그들이 또 므리바 물에서 여호와를 노하시게 하였으므로 그들 때문에 재난이 모세에게 이르렀나니 이는 그들이 그의 뜻을 거역함으로 말미암아 모세가 그의 입술로 망령되이 말하였음이로다"(시 106:32-33).

시편 기자는 모세에게 재난, 곧 가나안 땅에 들어가지 못하는 심판이 임한 이유가 "그의 입술로 망령되이 말하였음이로다"라고 말한다. 여기서 '망령되이 말하다'라는 표현은 '생각 없이 말하다, 경솔하게 말하다'라는 뜻이다. 그래서 공동번역 개정판은 이를 이렇게 번역한다. "그들이 그의 성깔을 돋우는 바람에 모세가 함부로 말했던 탓이다"(시 106:33). 모세는 계속되는 백성의 원망과 불평에 화가 치밀어 생각 없이 함부로 말했던 것이다. 하나님은 자신의 거룩함을 드러내지 못한 모세와 아론에게 가나안 땅에 들어가지 못할 것이라고 선언하셨다.

에돔의 거절과 아론의 죽음, 그리고 놋뱀 이적

비록 모세는 약속의 땅에 들어가지 못한다는 하나님의 말씀을 들었다 할지라도 하나님이 목숨을 거두시지 않는 한 하나님 나라의 백성을 이끌고 약속의 땅 가나안으로 나아가야 했다. 약속의 땅 가나안은 북쪽에서 흘러 남쪽 사해로 모이는, 즉 남북을 가로지르는 요단강을 기준으로 서쪽이었다. 모세가 이끄는 하나님 나라의 백성 이스라엘이 가나안 땅에 들어가는 방법은 요단강 동쪽, 즉 남쪽에서부터 사해 동쪽으로 올라가 남북으로 길게 늘어서 있는 사해 북쪽 끝, 즉 요단강 물이 사해로 흘러들어가는 입구로 가서 요단강을 건너 서쪽에 있는 여리고를 정복하는 것이었다.

가데스에서 가나안 땅 여리고의 요단강 건너편 동쪽으로 진입하기 위해서는 필연적으로 에돔과 모압을 거쳐 아모리 족속이 있는 곳으로 가야만 했다. 가데스에서 목적지, 곧 여리고(서쪽)의 요단강 건너편(동쪽)까지 가장 쉽고 편하게 가는 방법은 에돔과 모압을 관통하는 '왕의 큰길'(민 20:17)을 지나는 것이었다. 왕의 큰길은 요단강 동편의 남북을 가로지르는 상업도로였다. 즉 이는 북쪽 수리아의 다메섹에서 남쪽 페트라와 홍해 항구인 에시온 게벨로 이어지는 큰 교통로였다. 모세는 가데스에서 에돔 왕에게 전령을 보내 왕의 큰길을 지날 수 있도록 허락해달라고 부탁했다. 심지어 에돔의 밭이나 포도원을 지나지 않음은 물론 우물물도 마시지 않겠다고 말해 전혀 피해를 주지 않고 단지 지나만 가겠다고 요청한 것이다(민 20:17). 하지만 에돔 왕은 허락하지 않았다. 그러면서 지나가려 하면 전쟁을 벌일 것이라고 위협했다.

모세는 어쩔 수 없이 에돔을 관통하려는 계획을 수정할 수밖에 없었다. 왜냐하면 하나님이 에돔 족속과 싸우지 말라고 명령하셨기 때문이다(신 2:4-5). 그래서 모세는 이스라엘을 이끌고 가데스에서 동북쪽으로 25km 정도 떨어진 곳에 있는 호르 산으로 갔다(민 20:22). 여호와 하나님은 호르 산에서 모세와 아론에게 아론의 제사장 옷을 그의 아들 엘르아살에게 입히라고 명령하셨다. 이는 아론이 죽을 것이며, 그가 맡고 있는 제사장직이 아들 엘르아살에게 계승됨을 의미한다. 모세는 하나님의 명령대로 호르 산에서 아론의 대제사장직을 엘르아살에게 위임했다. 그 후 아론은 호르 산에서 죽는다. 이로써 모세와 더불어 이스라엘을 출애굽시킨 위대한 지도자가 하나님 곁으로 갔으며, 약속의 땅에 들어가지 못하리라는 하나님의 말씀이 성취되었다. 이스라엘 백성들은 아론의 죽음을 애곡했다.

에돔 왕의 거절로 이스라엘은 에돔을 에둘러서 에돔의 동쪽으로 우회할 수밖에 없었다. 우회로는 훨씬 더 건조한 광야라서 힘들 뿐만 아니라 엄청나게 돌아가는 길이었다. 이로 인해 마음이 상한 백성들은 다시 원망을 늘어놓았다. "어찌하여 우리를 애굽에서 인도해내어 이 광야에서 죽게 하는가. 이곳에는 먹을 것도 없고 물도 없도다. 우리 마음이 이 하찮은 음식을 싫어하노라"(민 21:5).

모세는 하나님의 명령대로 지팡이를 잡고 반석 앞으로 가서 아론과 함께 "반역한 너희여 들으라. 우리가 너희를 위하여 이 반석에서 물을 내랴"라고 말하며 지팡이로 반석을 두 번 내리쳤다. 그때 물이 솟아나와 이스라엘 온 회중과 짐승들이 해갈할 수 있었다.

아르논 골짜기. 모압과 아모리 족속을 구별하는 골짜기다.

심지어 이스라엘 백성들은 하늘 양식 만나를 "이 하찮은 음식"이라고 불렀다.

이들의 원망은 또다시 심판을 초래했다. 하나님은 광야의 불뱀을 보내서 물게 하셨다. 이스라엘 백성들이 죽어나가자 모세가 백성을 위해 기도했다. 그때 하나님은 놋뱀을 만들어 장대에 달아 높이 들라고 하셨으며, 이를 쳐다보는 자는 생명을 얻을 것이라고 약속하셨다. 하나님의 말씀대로 놋뱀을 쳐다보는 자들은 모두 치유받아 생명을 얻었다(민 21:9). 여기서 놋뱀을 쳐다보는 것은 믿음을 드러내는 행위였다. 그래서 예수님은 자신이 메시아로서 십자가에 달리셔서 들려야 함을 이야기하셨다. "모세가 광야에서 뱀을 든 것같이 인자도 들려야 하리니 이는 그를 믿는 자마다 영생을 얻게 하려 하심이니라"(요 3:14-15). 여기서 장대 위에 달린 들린 놋뱀을 쳐다보는 것은 십자가에 달려 들리신 예수님을 믿는 것과 연결된다. 놋뱀을 쳐다본 자들이 치유받아 생명을 얻은 것처럼 십자가에 달려 들리신 메시아 예수님을 믿는 자마다 영생을 얻게 된다. 믿음 안에서 쳐다보는 것이 영원한 생명을 얻는 데 필요하다. 하나님은 그 믿음을 보시고 맺으신 언약을 신실하게 지키셔서 구원해주신다.

아모리 왕 시혼과 바산 옥을 정복하다

가데스 바네아에서 요단강 동편으로 올라가는 가장 손쉬운 길은 에돔과 모압을 가로지르는 왕의 큰 길을 지나는 것이었다. 모세가 아무런 피해를 주지 않고 그냥 지나가기만 하겠다고 요청했지만 에돔도, 모압도 이 요청을 단번에 묵살했다. 그때 하나님은 모세에게 에돔과 모압과 싸우지 않게 하셨다. 그들이 에서의 후손이며 롯의 후손이었기 때문이다(신 2:5,19). 결국 모세가 이끄는 이스라엘은 에돔과 모압이 자리 잡고 있는 지역에서 더 떨어진 남쪽과 동쪽으로 우회할 수밖에 없었다. 더 멀고 더 거칠고 힘든 땅이었지만 하나님은 이스라엘이 우회하더라도 에돔과 모압 족속과 싸우지 않도록 하셨다.

잠시 지리 이야기를 하자. 약속의 땅 가나안은 요단강을 기점으로 서쪽(왼쪽)과 동쪽(오른쪽)으로 나뉜다. 요단강의 남쪽 끝자락에는 죽음의 바다 사해가 자리 잡고 있다. 요단강 동쪽에서 사해로 흘러들어가는 강은 크게 두 개가 있는데 사해 맨 아래쪽, 즉 남쪽의 세렛 시내와 사해 중간의 아르논 강이다. 에돔은 사해 남쪽에서 세렛 시내까지 차지하고 있고, 모압은 세렛 시내부터 아르논 강까지 차지하고 있었다. 모압 위쪽으로는 아모리 족속 시혼이, 아모리 족속의 땅 위에는 바산 왕 옥이 차지하고 있었다.

하나님의 명령을 따라 사해 남쪽을 차지하고 있는 에돔과 사해 중간을 차지하고 있는 모압 족속의 땅을 우회해서 지난 이스라엘은 역시 아모리 족속 왕 시혼에게 그 땅을 지나가게 해달라고 요청했다. 하지만 시혼은 한마디로 거절하고 군대를 이끌고 와서 야하스에서 이스라엘을 공격했다. 하나님은 에돔과 모압 족속 때와는 달리 시혼 왕과 그의 땅을 이스라엘의 손에 넘겨주셨다. 한바탕 전쟁을 벌인 이스라엘은 시혼 왕과 아모리 족속을 진멸했다(민 21:21-32, 신 2:26-37). 위협을 느낀 바산 왕 옥이 이스라엘을 공

격하자 이스라엘은 하나님이 넘겨주신 바산을 쳐서 완전히 정복하고 바산 사람들을 진멸했다(민 21:33-35, 신 3:1-11). 이로써 요단강 서쪽에 자리 잡고 있는 가나안 땅을 정복할 교두보를 확보하게 되었다.

모압 평지에서 일어난 두 사건

아모리 족속 왕 시혼과 바산 왕 옥을 무찌른 이스라엘은 약속의 땅(요단강 서편) 여리고성의 요단강 맞은편인 모압 평지에 진을 쳤다. 불안감에 사로잡힌 모압 왕 발락은 멀리 동북쪽 유브라데 강가에 사는 예언자 발람을 초청하러 신하들을 보냈다. 예언자 발람이 모압에 와서 이스라엘을 저주한다면 이스라엘과의 싸움에서 이길 수 있다고 믿었기 때문이다. "보라. 한 민족이 애굽에서 나왔는데 그들이 지면에 덮여서 우리 맞은편에 거주하였고 우리보다 강하니 청하건대 와서 나를 위하여 이 백성을 저주하라. 내가 혹 그들을 쳐서 이겨 이 땅에서 몰아내리라. 그대가 복을 비는 자는 복을 받고 저주하는 자는 저주를 받을 줄을 내가 앎이니라"(민 22:5-6).

모압의 장로들과 미디안 장로들은 두둑한 복채를 가지고 가서 발람을 설득했다. 그때 발람은 하룻밤을 지내며 여호와께서 무엇이라고 말씀하시는지 듣고 결정하겠다고 대답했다. 그 밤에 여호와 하나님은 발람에게 나타나셔서 절대로 가지 말라고 말씀하셨다. 복채가 아쉽지만 발람은 여호와 하나님의 말씀을 전하며 따라가지 않았다. 흥미로운 것은 발람이 본래 하나님의 선지자가 아니라는 사실이다. 이방 예언자였음에도 발람은 하나님의 권능에 사로잡혀 따르지 않을 수 없었다.

돌아온 신하들이 전하는 소식을 들은 발락은 애가 닳아 더 많은 복채를 약속하며 또다시 더 높은 신하들을 발람에게 보냈다. 발람은 또다시 동일한 이유로 발락의 귀족들에게 하룻밤을 머물게 했다. 그 밤에 하나님은 발람에게 모압의 귀족들과 함께 가도록 허락하시면서 반드시 여호와 하나님께서 말씀하시는 것만 전하도록 명령하셨다. "그 사람들이 너를 부르러 왔거든 일어나 함께 가라. 그러나 내가 네게 이르는 말만 준행할지니라"(민 22:20).

발락의 신하들과 함께 모압에 도착한 예언자 발람은 이스라엘 진영을 처음부터 끝까지 보고서 제사를 드린 후 이스라엘에 대해 예언을 했다. "발락이 나를 아람에서, 모압 왕이 동쪽 산에서 데려다가 이르기를 와서 나를 위하여 야곱을 저주하라. 와서 이스라엘을 꾸짖으라 하도다. 하나님이 저주하지 않으신 자를 내가 어찌 저주하며 여호와께서 꾸짖지 않으신 자를 내가 어찌 꾸짖으랴. …야곱의 티끌을 누가 능히 세며 이스라엘 사분의 일을 누가 능히 셀고"(민 23:7-10). 저주하라고 불렀건만 발람이 이스라엘에 대해 축복만 하자, 발락은 장소를 바꾸어서 발람에게 다시 저주를 하라고 요구한다. 그때 발람은 제사를 드린 후 여호와께서 주신 말씀대로 첫 번째 예언보다 훨씬 더 강렬하게 축복했다.

발락이 세 번째로 발람을 또 다른 곳으로 인도해서 이스라엘을 저주하도록 요구했다. 발람은 또다시 제사를 드렸는데, 이번에는 하나님이 직접 발람에게 영을 부어주셔서 이스라엘에 대해 예언하게 하셨다. "브올의 아들 발람이 말하며 눈을 감았던 자가 말하며 하나님의 말씀을 듣는 자, 전능자의 환상을 보는 자, 엎드려서 눈을 뜬 자가 말하기를 야곱이여 네 장막들이, 이스라엘이여 네 거처들이 어찌 그리 아름다운고. 그 벌어짐이 골짜기 같고 강가의 동산 같으며 여호와께서 심으신 침향목들 같고 물가의 백향목들 같도다. 그 물통에서는 물이 넘치겠고 그 씨는 많은 물가에 있으리로다. 그의 왕이 아각보다 높으니 그의 나라가 흥왕하리로다. 하나님이 그를 애굽에서 인도하여 내셨으니 그 힘이 들소와 같도다. 그의 적국을 삼키고 그들의 뼈를 꺾으며 화살로 쏘아 꿰뚫으리로다. 꿇어앉고 누움이 수사자와 같고 암사자와도 같으니 일으킬 자 누구이랴. 너를 축복하는 자마다 복을 받을 것이요 너를 저주하는 자마다 저주를 받을지로다"(민 24:3-9).

이스라엘에 대한 세 번에 걸친 발람의 예언은 갈수록 더욱더 강렬한 축복으로 변했다. 이스라엘의 수가 단순히 많다는 첫 번째 예언으로 시작해서 야곱의 허물과 이스라엘의 반역을 보지 않으시는 하나님이 함께하신다는 예언을 거쳐, 마지막으로 이스라엘의 힘이 강력해서 이스라엘을 축복하는 자마다 축복을 받고 저주하는 자마다 저주를 받을 것이라고 예언한다. 마지막 예언, 즉 이스라엘을 축복하는 자마다 축복을 받고 저주하는 자마다 저주를 받을 것이라는 이 예언은 창세기에서 하나님이 아브라함과 언약을 맺으실 때 하셨던 말씀을 떠올리게 한다. "너를 축복하는 자에게는 내가 복을 내리고 너를 저주하는 자에게는 내가 저주하리니 땅의 모든 족속이 너로 말미암아 복을 얻을 것이라 하신지라"(창 12:3).

발람은 한 왕이 야곱의 후손으로 태어나서 모압은 물론 모든 주변 국가를 다스릴 것을 예언하고 있다. 이 왕은 가깝게는 야곱의 아들 유다의 후손인 다윗을 가리키지만 종말론적으로 그것은 하나님 나라의 진정한 왕이 되실 메시아, 곧 예수 그리스도를 가리킨다.

화가 머리끝까지 치밀어 오른 발락은 발람을 내친다. 그때 발람은 마지막으로 발락과 그 백성이 어떻게 해야 할지를 예언해준다. 그때 이방 예언자 발람은 놀라운 예언을 한다. "한 별이 야곱에게서 나오며 한 규가 이스라엘에게서 일어나서 모압을 이쪽에서 저쪽까지 쳐서 무찌르고 또 셋의 자식들을 다 멸하리로다. …주권자가 야곱에게서 나서 남은 자들을 그 성읍에서 멸절하리로다"(민 24:17-19). 여기서 '별' '규' '주권자'는 모두 앞으로 태어날 왕을 가리킨다. 발람은 한 왕이 야곱의 후손으로 태어나서 모압은 물론 모든 주변 국가를 다스릴 것을 예언하고 있다. 이 왕은 가깝게는 야곱의 아들 유다의 후손인 다윗을 가리키지만 종말론적으로 그것은 하나님 나라의 진정한 왕이 되실 메시아, 곧 예수 그리스도를 가리킨다.

이로써 발락과 발람의 밀월여행은 끝이 났다. 하지만 이스라엘과 모압의 애증관계는 이것으로 끝이 아니었다. 이스라엘이 싯딤에 있을 때 일이 벌어졌다. 그것은 이스라엘이 모압 여자들과 음행을 저지르기 시작한 것이다. 이것은 단순히 이스라엘 남자가 모압 여자와 맺은 성관계를 가리키는 것이 아니다. 여기서의 음행은 곧 모압 여자들이 섬기는 신, 곧 우상을 섬기기 시작했다는 의미이다. "그 여자들이 자기 신들에게 제사할 때에 이스라엘 백성을 청하매 백성이 먹고 그들의 신들에게 절하므로 이스라엘이 바알브올에게 가담한지라"(민 25:2-3).

하나님은 우상 숭배, 곧 왕이신 하나님을 저버리고 이방 신을 섬기는 이스라엘에 대해 진노하셨다. 모세는 하나님의 명령을 따라 재판관들에게 바알브

올을 섬긴 사람들을 죽이라고 명령했다. 그 와중에 한 이스라엘 남자가 미디안 여인을 데리고 오는 것을 본 제사장 아론의 손자, 엘르아살의 아들 비느하스가 창을 들고 쫓아 들어가서 그 이스라엘 남자와 여자를 찔러 죽였다. 그때 하나님의 심판이 그쳤다. 이때 죽임을 당한 이스라엘 남자는 시므온 지파의 한 지도자였으며 여인은 미디안 백성의 한 가문 수령의 딸이었다. 하나님은 비느하스가 이스라엘의 지도자와 미디안 족속의 지도자의 딸을 한꺼번에 죽인 것을 보면서 이스라엘에 대한 심판을 그치셨다. 또한 하나님은 이렇게 이스라엘을 우상 숭배에 빠지게 만든 미디안을 치라고 명령하셨으며(민 25:17-18), 이스라엘은 하나님의 명령을 따라 미디안의 다섯 왕은 물론 남자를 아는 여인을 모두 죽였다(민 31:1-24).

이스라엘의 2차 인구조사

요단강 동편은 모든 것이 정리되었다. 이제 남은 일은 오직 요단강을 건너 약속의 땅 가나안을 정복하는 것뿐이었다. 모세는 이를 위해서 다시 한 번 전쟁에 나갈 수 있는 20세 이상의 이스라엘 남자를 조사했다. 이 인구조사는 두 번째였다(민 26장). 첫 번째 인구조사는 시내산에서 하나님과 언약을 맺고 율법을 받고 나서 시내산을 떠나 약속의 땅 가나안으로 출발하기 전에 실시되었다(민 1:1-54). 첫 번째 인구조사를 하고 나서 40년이 흘렀다. 왜냐하면 가데스 바네아에서 열두 명의 정탐꾼 중 열 명이 부정적인 보고를 함으로써 40년 동안 광야를 방랑했기 때문이다. 40년이 지난 이때 모세는 다시 한 번 인구조사를 실시했다.

흥미롭게도 첫 번째 인구조사와 두 번째 인구조사 사이에 40년이라는 시간의 간극이 있고 40년간 광야를 방랑하는 동안 20세 이상의 모든 이스라엘이 광야에서 죽었음에도 불구하고 인구수에서는 거의 변화가 없었다.

다음 페이지의 도표에서 볼 수 있듯이 하나님의 심판으로 40년 동안 광야를 방랑했던 이스라엘의 인구수는 고작 1,820명만 줄었을 뿐이다. 불신앙에 대한 심판으로 광야에서 40년 동안 방랑하게 하셔서 여호수아와 갈렙을 제외한 20세 이상의 이스라엘 백성들은 모두 광야에서 죽게 하셨다. 하지만 그것은 이스라엘을 멸망시키려는 심판이 아니었다. 하나님을 믿지 못하던 백성들을 광야에서 죽게 하심으로써 새로 태어난 이스라엘, 애굽의 문화에 물들지 않고 광야 40년 동안 하나님의 공급하심을 따라 살았던 새로운 하나님 나라의 백성들을 만들기 위함이셨다.

모세는 약속의 땅 가나안 입성을 눈앞에 둔 시점에서 새롭게 인구조사를 실시해서 가나안 정복전쟁에 나설 수 있는 군인의 수를 파악했다. 또한 각 지파의 수를 파악함으로써 가나안 땅에 들어갔을 때 지파별로 땅을 분배하는 데 필요한 자료를 확보했다. 왜냐하면 하나님의 땅 분배는 필요한 만큼 주는 것이었기 때문이다.

요단강 동편 땅을 받은 르우벤과 갓과 므낫세 반지파

약속의 땅 가나안으로 들어가기 전에 한 가지 일이 벌어졌다. 그것은 르우벤과 갓 지파 자손들이 요단강 서편인 가나안이 아니라 요단강 동편 땅을 달라고 요구한 것이었다. 그 땅은 약속의 땅 가나안에 진입하기 위해 지나가다가 싸워서 정복한 아모리 족속 왕 시혼과 바산 왕 옥의 땅이었다. 르우벤과 갓 지파 자손들이 볼 때 그곳은 목축하기에 너무나 좋은 땅이었다. 그래서 그들은 모세와 제사장 엘르아살과 회중 지휘관들에게 찾아와서 그 땅을 분배해달라고 요청했다. "아다롯과 디본과 야셀과 니므라와 헤스본과 엘르알레와 스밤과 느보와 브온 곧 여호와께서 이스라엘 회중 앞에서 쳐서 멸하신 땅은 목축할 만한 장소요 당신의 종들에게는 가축이 있나이다. 또 이르되 우리가 만일 당신에게 은혜를 입었으면 이 땅을 당신의 종들에게 그들의 소유로 주시고 우리에게 요단 강을 건너지 않게 하소서"(민 32:3-5).

모세는 르우벤과 갓 지파에게 화를 냈다. 왜냐하면 그들이 그 땅을 달라고 하면서 요단강을 건너지 않게 해달라고 요청했기 때문이다. 모세는 앞서 가데스 바네아에서 가나안에 살던 족속들을 두려워해 가지 않으려다가 하나님의 심판을 자초한 일을 떠올렸다(민 13:17-33). 그 결과로 여호수아와 갈렙을 제외한 나머지 사람들이 약속의 땅에 들어가지 못하게 되었기 때문이다(민 14:26-35). 모세는 르우벤과 갓 지파 자손이 요단강 동편에 주저앉음으로써 나머지 지파들을 낙심하게 해서 요단강 서편인 가나안 땅에 들어가지 않고 물러날 것을 염려했던 것이다(민 32:6-15).

그때 르우벤 지파와 갓 지파 자손들은 요단강 동편에 가축과 아이들을 남겨 놓고 건너가서 가나안을 땅을 정복한 후에 다시 돌아올 것이며, 그렇지 않다면 그 땅을 받지 않을 것이라고 서원했다(민 32:16-19). 이 이야기를 들은 모세는 두 지파가 무장하고 요단강을 건너가서 정복한다는 조건하에 요단강 동편에 머무는 것을 허락했다. 그래서 르우벤 지파와 갓 지파, 그리고 므낫세 지파 중 절반이 요단강 동편 땅을 분배받아 정착하게 되었다(민 32:33).

하나님은 모세를 통해서 가나안 땅을 목전에 둔 이스라엘에게 명령하셨다. "너희가 요단강을 건너 가나안 땅에 들어가거든 그 땅의 원주민을 너희 앞에서 다 몰아내고 그 새긴 석상과 부어 만든 우상을 다 깨뜨리며 산당을 다 헐고 그 땅을 점령하여 거기 거주하라. 내가 그 땅을 너희 소유로 너희에게 주었음이라. 너희의 종족을 따라 그 땅을 제비 뽑아 나눌 것이니 수가 많으면 많은 기업을 주고 적으면 적은 기업을 주되 각기 제비 뽑은 대로 그 소유가 될 것인즉 너희 조상의 지파를 따라 기업을 받을 것이니라. 너희가 만일 그 땅의 원주민을 너희 앞에서 몰아내지 아니하면 너희가 남겨 둔 자들이 너희의 눈에 가시와 너희의 옆구리에 찌르는 것이 되어 너희가 거주하는 땅에서 너희를 괴롭게 할 것이요 나는 그들에게 행하기로 생각한 것을 너희에게 행하리라"(민

1, 2차 인구조사표

지파	1차 인구 조사	2차 인구 조사	증감
르우벤	46,500	43,730	-2,770
시므온	59,300	22,200	-37,100
갓	45,650	40,500	-5,150
유다	74,600	76,500	+1,900
잇사갈	54,400	64,300	+9,900
스불론	57,400	60,500	+3,100
에브라임	40,500	32,500	-8,000
므낫세	32,200	52,700	+20,500
베냐민	35,400	45,600	+10,200
단	62,700	64,400	+1,700
아셀	41,500	53,400	+11,900
납달리	53,400	45,400	-8,000
합계	**603,550**	**601,730**	**-1,820**

33:51-56).

하나님은 이스라엘에게 가나안 땅에 들어가면 그 땅의 원주민들을 모두 몰아내고, 우상을 깨뜨리고, 그 땅을 정복해서 거주하라고 명령하셨다. 마지막으로 그 땅을 분배하는 방법을 가르쳐 주셨는데, 그것은 제비를 뽑는 것이었다. 그러나 거기에 한 가지 원칙이 있었다. "수가 많으면 많은 기업을 주고 적으면 적은 기업을 주되." 인구조사를 한 또 다른 목적이었다. 지파의 인구수가 많으면 많은 땅을, 적으면 적은 땅을 주는 것을 원칙으로 정하셨다. 모세는 하나님의 명령대로 요단강 서편 가나안 땅을 르우벤 지파와 갓 지파와 므낫세 반지파를 제외한 나머지 아홉 지파 반에게 제비를 뽑아주는 책임을 제사장 엘르아살과 눈의 아들 여호수아에게 맡겼다. 왜냐하면 자신은 므리바에서 저지른 잘못으로 약속의 땅 가나안에 들어갈 수 없었기 때문이다(민 20장).

모압 언약, 시내산 언약의 갱신

모세는 요단강 동편의 모압 평지에서 두 번째 인구조사를 하고 르우벤과 갓과 므낫세 반지파에게 요단강 동편 땅을 분배했다. 므리바 사건으로 인해서 가나안 땅에 들어갈 수 없었던 모세는 여기서 생애를 마감해야 했다. 40년 동안 애증을 가지고 이스라엘을 애굽에서 여기 모압 평지까지 이끈 모세는 자신은 들어갈 수 없는 약속의 땅을 목전에 두고 마지막 사역을 한다. 그것이 바로 출애굽했을 때 시내산에서 맺었던 언약을 모압 평지에서 갱신하는 것이었다.

모압 평지에 모인 이들은 여호수아와 갈렙을 제외하곤 애굽에서 나온 세대가 아니라 광야에서 새롭게 된 세대였다. 약속의 땅을 정탐하도록 가데스 바네아에서 파송된 열두 명의 정탐꾼 중 열 명이 40일간의 정탐 이후에 부정적인 보고를 함으로써 당시 20세 이상의 이스라엘 사람들은 모두 40년간의 광야방랑 동안 죽었다. 단지 정탐꾼의 일원이었으나 정복하자고 주장했던 여호수아와 갈렙만이 살아남았다. 그러기에 모압 평지에 모인 이스라엘은 출애굽 직후에 시내산에서 하나님과 언약을 맺었던 세대와 다른 세대들, 곧 새로운 세대들이었다. 모세는 생애를 마감하면서 마지막으로 이스라엘의 새로운 세대들과 함께 시내산 언약을 갱신해서 모압 언약을 맺었다. 이 내용은 신명기에 기록되어 있다.

> 모세는 생애를 마감하면서 마지막으로 이스라엘의 새로운 세대들과 함께 시내산 언약을 갱신해서 모압 언약을 맺었다.

하나님은 시내산 언약을 맺으시면서 율법을 주셨는데 그 내용은 출애굽기 19~24장에 기록되어 있다. 반면에 모압 언약, 즉 새로운 세대와 시내산 언약을 갱신하는 내용은 신명기 4장 44절부터 29장 1절에 기록되어 있다(한글 성경의 신명기 29장 1절은 히브리어 구약성경에서 신명기 28장 68절에 들어 있다). 신명기를 기준으로 출애굽기의 시내산 언약과 비교해서 도표로 만들면 다음 쪽의 도표와 같다.

도표의 내용을 풀어서 설명하면 이렇다. 언약의 당사자들은 여호와 하나님과 이스라엘이다. 하나님은 언약을 맺으시기 위해서 시내산에 임재하셨으며 대면하여 말씀하셨다(출 19:9-25, 신 5:4). 언약의 조건은 법이라고 말할 수 있는데, 그것은 십계명(출 20장, 신 5장)을 비롯해서 하나님과의 관계, 사람들과의 관계, 땅과의 관계 등에 대한 조항(출 21-23장, 신 6-26장)이라 할 수 있다. 이 언약을 맺고 조건(법)을 지키게 될 때 이스라엘은 여호와를 자신들의 하나님으로 인정하고, 하나님은 이스라엘을 보배로운 백성으로 인정하신다(신 26:16-19).

출애굽기는 하나님이 이스라엘을 하나님의 소유로 삼으며, 제사장 나라와 거룩한 백성이 되게 하신다고 말한다(출 19:5-6). 이런 언약 내용을 기록하고(출 24:4, 신 27:2-4,8), 희생 제사를 드려서 언약을 깰 경우 희생 제물처럼 됨을 확증한다(출 24:5-6,8, 신 27:5-7). 그리고 언약이 맺어졌음을 축하하며 기뻐하는 공동식사를 한다(출 24:9-11, 신 27:7). 이제 언약을 지켰을 때 임할 축복과 언약을 어겼을 때 당하게 될 저주를 백성 앞에서 선포하고(출 23:20-33, 신 28:1-68), 백성은 이 내용을 듣고서 준행할 것이라고 '아멘'으로 화답한다(출 24:7, 신 27:15-26).

모세는 이렇게 광야에서 새로 태어난 새로운 세대의 이스라엘에게 시내산에서 맺었던 언약을 갱신함으로써 약속의 땅 가나안에 들어갈 이스라엘이 하나님 나라의 백성으로서 합당한 삶을 살도록 하나님 나라의 법을 다시 한 번 주지시키며 다짐을 받는다.

그런데 모압 평지에서 행한 모압 언약, 곧 시내산 언약의 갱신은 한 가지 흥미로운 사실을 갖고 있다. 그것은 모세의 후계자 여호수아가 이스라엘의 새로운 세대를 이끌고 가나안 땅에 들어갔을 때 세겜에 있는 그리심산과 에발산에서 축복과 저주의 선언을 실행하라는 것이다(신 11:29, 27:12-13). 모세는 약속의 땅에 들어가지 못하기 때문에 약속의 땅에 있는 그리심산과 에발산에서 축복과 저주를 행하라고 명령함으로써 약속의 땅에 들어갔을 때 다시 한 번 언약을 생각하고 다짐하도록 이끈 것이다. 왜냐하면 이 언약은 이스라엘 백성들이 하나님 나라의 땅, 곧 약속의 땅 가나안에서 하나님 나라의 백성으로 살아가는 데 반드시 지켜야 할 내용이기 때문이다. 실제로 이스라엘을 이끌고 약속의 땅 가나안에 들어간 여호수아는 여리고성과 아이성을 정복한 후에 에발산에 제단을 쌓고 에발산과 그리심산에 반반 나누어 서 있는 이스라엘을 향해 율법책에 기록된 축복의 율법과 저주의 율법을 낭독했다(수 8:30-35).

축복과 저주의 기준, 하나님의 말씀에 대한 순종 여부

하나님이 열 가지 재앙을 통해 애굽의 고난에서 구원하여 출애굽시킨 이스라엘과 시내산 언약을 맺으신 이유는 무엇인가? 모세가 가데스 바네아의 불순종으로 40년간 광야 방랑을 겪고 난 이스라엘에게 모압 평지에서 시내산 언약을 갱신한 이유는 무엇인가? 가나안 땅에 들어갔을 때 그리심산과 에발산에 이스라엘 지파들을 모아 놓고 축복과 저주를 선언한 이유는 무엇인가? 그것은 시내산 언약과 모압 평지의 언약 갱신을 통해 이스라엘에게 주어진 율법, 곧 하나님의 말씀에 순종하라는 것이다. 하나님은 말씀에 순종하는 자에게 복을 주시고 불순종하는 자에게 재앙과 환난을 내리실 것이라

모압 언약과 시내 산 언약 비교

언약 조항	모압 언약 (신명기)	시내 산 언약 (출애굽기)
당사자들	5:4	19:9-25
조건 (법)	5:6-26:15	20:1-23:33
관계 내용	26:16-19	19:5-6
기록	27:2-4,8	24:4
제사	27:5-7	24:5-6,8
공동 식사	27:7	24:9-11
축복과 저주 선언	28:1-68	23:20-33
서약	27:15-26	24:7

는 선언이셨다.

"네가 네 하나님 여호와의 말씀을 삼가 듣고 내가 오늘 네게 명령하는 그의 모든 명령을 지켜 행하면 네 하나님 여호와께서 너를 세계 모든 민족 위에 뛰어나게 하실 것이라. 네가 네 하나님 여호와의 말씀을 청종하면 이 모든 복이 네게 임하며 네게 이르리니 성읍에서도 복을 받고 들에서도 복을 받을 것이며 네 몸의 자녀와 네 토지의 소산과 네 짐승의 새끼와 소와 양의 새끼가 복을 받을 것이며 네 광주리와 떡 반죽 그릇이 복을 받을 것이며 네가 들어와도 복을 받고 나가도 복을 받을 것이니라. …네가 만일 네 하나님 여호와의 말씀을 순종하지 아니하여 내가 오늘 네게 명령하는 그의 모든 명령과 규례를 지켜 행하지 아니하면 이 모든 저주가 네게 임하며 네게 이를 것이니 네가 성읍에서도 저주를 받으며 들에서도 저주를 받을 것이요 또 네 광주리와 떡 반죽 그릇이 저주를 받을 것이요 네 몸의 소생과 네 토지의 소산과 네 소와 양의 새끼가 저주를 받을 것이며 네가 들어와도 저주를 받고 나가도 저주를 받으리라"(신 28:1-6,15-19).

순종하면 복을 받고 불순종하면 심판을 받는다. 그러나 이 심판은 멸망이 아니라 훈련이며 돌아오라고 하는 교훈이다.

순종하면 복을 받고 불순종하면 심판을 받는다. 그러나 이 심판은 멸망이 아니라 훈련이며 돌아오라고 하는 교훈이다.

이것은 하나님과 언약을 맺고 여호수아의 인도 아래 가나안 땅을 정복하고 사사시대와 왕정시대를 거쳐 앗수르와 바벨론에게 멸망당한 이스라엘에게 가장 중요한 원리이다. 왕정시대에 등장하는 이스라엘의 예언자들은 죄를 범하는 이스라엘을 향해 끊임없이 이 원리를 상기시킨다. 그리고 불순종해서 죄를 지음으로써 재앙과 환난을 당하는 이스라엘에게 회개할 것을 촉구한다. "하나님의 말씀에 순종하라." 이것이 언약 백성, 하나님 나라의 백성에게 가장 중요한 삶의 원리이다. 세상의 가치관을 따르지 마라. 하나님의 말씀을 따라 살라. "그러므로 형제들아 내가 하나님의 모든 자비하심으로 너희를 권하노니 너희 몸을 하나님이 기뻐하시는 거룩한 산 제물로 드리라. 이는 너희가 드릴 영적 예배니라. 너희는 이 세대를 본받지 말고 오직 마음을 새롭게 함으로 변화를 받아 하나님의 선하시고 기뻐하시고 온전하신 뜻이 무엇인지 분별하도록 하라"(롬 12:1-2).

모세, 여호수아를 후계자로 세우다

모세는 출애굽부터 모압 평지에 이르는 역사를 회고하고 나서(신 29-30장), 요단강을 건너 가나안 땅에 들어가 차지하게 될 이스라엘에게 강하고 담대하라고 권면한다. "네 하나님 여호와께서 너보다 먼저 건너가사 이 민족들을 네 앞에서 멸하시고 네가 그 땅을 차지하게 할 것이며 여호수아는 네 앞에서 건너갈지라. 또한 여호와께서 이미 멸하신 아모리 왕 시혼과 옥과 및 그 땅에 행하신 것과 같이 그들에게도 행하실 것이라. 또한 여호와께서 그들을 너희 앞에 넘기시리니 너희는 내가 너희에게 명한 모든 명령대로 그들에게 행할 것이라. 너희는 강하고 담대하라. 두려워하지 말라. 그들 앞에서 떨지 말라. 이는 네 하나님 여호와 그가 너와 함께 가시며 결코 너를 떠나지 아니하시며 버리지 아니하실 것임이라"(신 31:3-6).

모세의 권면에서 주목을 끄는 표현은 "네 하나님 여호와께서 너보다 먼저 건너가사… 네 하나님 여호와 그가 너와 함께 가시며"이다. 하나님은 무작정 담대하고 두려워 떨지 말라고 말씀하지 않으신다. 하나님이 먼저 요단강을 건너 가나안 땅에 들어가셔서 가나안 족속들을 멸하시기 때문에, 이스라엘과 함께 가시기 때문에 두려워하지 말고 담대하라고 말씀하신 것이다.

아울러 모세는 여호수아를 불러서 온 이스라엘 백성들 앞에 세우고 자신의 뒤를 이어 이스라엘을 이끌어갈 여호수아에게 권면한다. "너는 강하고 담대하라. 너는 이 백성을 거느리고 여호와께서 그들의 조상에게 주리라고 맹세하신 땅에 들어가서 그들에게 그 땅을 차지하게 하라. 그리하면 여호와 그가 네 앞에서 가시며 너와 함께하사 너를 떠나지 아니하시며 버리지 아니하시리니 너는 두려워하지 말라. 놀라지 말라"(신 31:7-8). 여호수아는 이제까지 모세의 명령을 따라 임무를 수행했다. 그런데 이제는 모세의 인도함 없이 장정만 60만이 넘는 엄청난 수의 이스라엘을 이끌어야 한다. 또한 가나안 땅에 들어가 가나안 족속들을 정복해야 한다. 그런 그가 두려움에 빠지는 것은 어쩌면 당연한 일인지도 모른다.

누구보다도 이스라엘 백성들을 이끌면서 어려움을 겪었던 사람은 바로 모세였다. 출애굽부터 모압 평지에 이르기까지 40년 동안 이스라엘은 하나님의 놀라운 역사와 이적을 경험했음에도 불구하고 조그만 어려움에 직면하기만 하면 모세와 아론을 원망하고 하나님이 어디에 있느냐고 따진 목이 곧은 백성이었기 때문이다. 그러기에 모세는 이스라엘을 이끌고 가나안 땅을 정복하는 일이, 장정만 60만 명에 이르는 엄청난 수의 이스라엘을 이끄는 것이 여호수아에게 얼마나 힘들고 어려운 일인지 잘 알고 있었다. 그래서 모세는 이스라엘 백성들 앞에서 여호수아에게 강하고 담대하라고, 여호와께서 앞서 가시며 함께하실 것이라고 용기를 북돋아준 것이다.

하나님은 모세에게 후임자 여호수아와 함께 성막으로 나아오라고 명령하셔서 그 가운데 나타나셨다. 그리고 모세의 후임자 여호수아에게 이렇게 말씀하셨다. "너는 이스라엘 자손들을 인도하여 내가 그들에게 맹세한 땅으로 들어가게 하리니 강하고 담대하라. 내가 너와 함께하리라"(신 31:23). 모세가 이스라엘 백성들 앞에서 여호수아를 자신의 후임자로 세웠을 뿐만 아니라 하나님이 직접 여호수아에게 이스라엘 백성들을 가나안 땅으로 인도할 때 함께하시겠다고 약속하셨다. 이제 이스라엘을 가나안으로 이끌 지도자는 더 이상 모세가 아니었다. 여호수아였다. 새로운 지도자 여호수아에게 필요한 것은 함께하시겠다는 하나님의 약속을 부여잡고 담대하게 나아가는 것뿐이었다. "강하고 담대하라. 내가 너와 함께하리라."

노래를 지어 증거로 삼다

모세가 세상을 떠나기 전 하나님이 모세에게 명령하신 사역은 매우 흥미롭다. 그 사역은 노래를 만들어 약속의 땅 가나안에 들어갈 준비를 하는 이스라엘에게 가르치는 것이었다. 하나님은 이스라엘 백성들이 가나안 땅에 들어갔을 때 배가 부르게 되면 이방 신을 섬기며 자신을 멸시할 것을 아셨다. 이스라엘 백성들이 우상을 섬기게 되면 거룩하신 하나님은 그들이 재앙과 환난을 당하도록 얼굴을 가리고 숨기실 것이다. 그런데 우상을 섬겨 재앙을 당하는 이스라엘은 하나님께 돌아오는 것이 아니라 하나님이 자신들 가운데 계시지 않아서 재앙을 당하는 것이라고 말하게 될 것이다. 하나님은 이스라엘이 이런 변명을 하지 못하게 만드는 강력한 증거가 되도록 모세에게 노래를 만들어 가르치라고 명령하신 것이다. 이로써 이스라엘 백성들은 우상을 섬겨서 재앙을 당하게 될 때 하나님이 계시지 않는다고 변명할 수 없게 될 것이다(신 31:16-21).

모세는 하나님의 명령대로 노래를 지어 이스라엘에게 가르친다(신 31:22, 32장). 그 내용은 이렇다. 먼저 모세가 가르친 노래의 내용은 하나님을 찬양하는 것으로 시작한다. 하나님은 반석이시고 공의로우시며 거짓이 없으시다. 그 하나님이 어리석고 지혜 없는 이스라엘 백성들을 만들고 세우신 분이다. "내가 여호와의 이름을 전파하리니 너희는 우리 하나님께 위엄을 돌릴지어다. 그는 반석이시니 그가 하신 일이 완전하고 그의 모든 길이 정의롭고 진실하고 거짓이 없으신 하나님이시니 공의로우시고 바르시도다. 그들이 여호와를 향하여 악을 행하니 하나님의 자녀가 아니요 흠이 있고 삐뚤어진 세대로다. 어리석고 지혜 없는 백성아, 여호와께 이같이 보답하느냐. 그는 네 아버지시요 너를 지으신 이가 아니시냐. 그가 너를 만드시고 너를 세우셨도다"(신 32:3-6).

이 노래는 하나님이 계시지 않아서가 아니라 이스라엘 백성들이 하나님을 멸시하고 다른 신을 섬겨서 재앙과 환난을 당하는 것임을 분명하게 보여주는 증거이다.

둘째로 "옛날을 기억하라. 역대의 연대를 생각하라"는 말로 시작하여 이스라엘 역사를 노래한다. 하나님은 황무지에서, 광야에서 눈동자같이 지켜주셨지만 여수룬('올바른 자'라는 뜻이다), 곧 이스라엘은 비대하고 윤택해지자 하나님을 저버리고 업신여긴다. 하나님을 섬기지 않고 다른 신, 가증한 것, 귀신을 섬겨서 하나님의 심판을 자초한다. 하나님은 분별력도 모략도 없는 이 백성들에게 재앙을 통해 심판을 행하신다(신 32:7-33).

셋째로 이스라엘 백성들이 어리석게 우상을 섬기자 하나님은 심판하셔서 재앙을 내리시지만 완전히 버리지는 않으신다. 그 백성들을 불쌍히 여기시고, 그들과 그 땅을 속죄하셔서 구원하실 뿐만 아니라 이스라엘을 괴롭혔던 적들에게 보응하셔서 무찌르신다(신 32:34-43).

글이나 문장보다 노래를 외우는 것이 훨씬 더 쉽다. 그러기에 하나님은 가나안 땅에 들어가 반역할 이스라엘을 교훈하고 그들이 쉽게 깨닫도록 모세에게 노래를 지어 가르치게 하셨다. 이 노래는 하나님이 계시지 않아서가 아니라 이스라엘 백성들이 하나님을 멸시하고 다른 신을 섬겨서 재앙과 환난을 당하는 것임을 분명하게 보여주는 증거이다. 동시에 그 노래는 이스라엘 백성들이 우상을 섬겨 재앙을 당할 때 재앙의 원인이 무엇인지 분명하게 깨달아서 이스라엘의 왕이신 하나님께 돌아오도록 하는 도구가 된다. 이로써 모세는 이스라엘 백성들에 대한 애증이 가득한 40년간의 지도자생활, 지도자로서 해야 할 모든 사역을 마감하게 된다.

이스라엘의 영웅 모세, 세상을 떠나다

이제 모세는 하나님의 부름심을 받아 세상을 떠나야 한다. 하나님은 마지막으로 애써 수고한 모세를 배려하신다. 그것은 바로 느보산 비스가 꼭대기에 오르게 하신 것이다. 호르산에서 죽음을 맞이했던 아론처럼 이 산꼭대기는 모세가 이 세상의 삶을 마감할 장소였다. 하지만 그것이 전부는 아니었다.

모세는 정말로 이스라엘 백성들이 들어가게 될 약속의 땅을 간절히 사모했다. 하지만 그는 가나안에 들어갈 수 없었다. 광야생활 중에 므리바에서 반석에 명령하여 물을 내라는 하나님의 말씀을 거역하고 지팡이로 반석을 쳐서 물을 내어 하나님의 거룩함을 드러내지 못했기 때문이다(민 20:12). 비록 하나님의 심판으로 모세는 가나안 땅에 들어갈 수 없었지만, 하나님은 모세가 그토록 들어가고 싶어 하던 약속의 땅, 그토록 간절히 소망하던 가나안을 멀리서나마 바라볼 수 있는 전망대인 그 산꼭대기로 인도하셔서 약속의 땅을 눈으로나마 볼 수 있게 하셨다.

그래서 성경은 이렇게 말한다. "모세가 모압 평지에서 느보 산에 올라가 여리고 맞은편 비스가 산꼭대기에 이르매 여호와께서 길르앗 온 땅을 단까지 보이시고 또 온 납달리와 에브라임과 므낫세의 땅과 서해까지의 유다 온 땅과 네겝과 종려나무의 성읍 여리고 골짜기 평지를 소알까지 보이시고 여호와께서 그에게 이르시되 이는 내가 아브라함과 이삭과 야곱에게 맹세하여 그의 후손에게 주리라 한 땅이라. 내가 네 눈으로 보게 하였거니와 너는 그리로 건너가지 못하리라"(신 34:1-4).

모세는 비스가 산꼭대기에서 꿈에도 그리던 약속의 땅을 눈으로 확인하는 즐거움을 누렸다. 그리고 그곳에서 하나님의 부름심을 받아 죽음을 맞이했다. 이스라엘을 출애굽시킨 그 영웅은 이렇게 생을 마감했다.

강하고 담대하라, 여호와가 너와 함께하느니라

모세는 떠났다. 40년 동안 출애굽한 이스라엘 백성들을 애환 속에서 이끌었던 모세는 그토록 바라던 약속의 땅을 먼발치서 보고 하나님의 부르심을 받아 세상을 떠났다. 이제 출애굽한 이스라엘 백성들을 약속의 땅으로 인도할 책임은 여호수아에게 넘어갔다. 항상 모세의 곁을 지키면서 모세의 사역을 지켜보았지만 엄청난 수의 이스라엘 백성들을 이끌 책임을 부여받은 여호수아가 느낄 부담감은 이만저만한 게 아니었다.

그때 하나님은 여호수아에게 나타나셔서 말씀하셨다. "내 종 모세가 죽었으니 이제 너는 이 모든 백성과 더불어 일어나 이 요단을 건너 내가 그들 곧 이스라엘 자손에게 주는 그 땅으로 가라. 내가 모세에게 말한 바와 같이 너희 발바닥으로 밟는 곳은 모두 내가 너희에게 주었노니… 네 평생에 너를 능히 대적할 자가 없으리니 내가 모세와 함께 있었던 것같이 너와 함께 있을 것임이니라. 내가 너를 떠나지 아니하며 버리지 아니하리니 강하고 담대하라. 너는 내가 그들의 조상에게 맹세하여 그들에게 주리라 한 땅을 이 백성에게 차지하게 하리라. 오직 강하고 극히 담대하여 나의 종 모세가 네게 명령한 그 율법을 다 지켜 행하고 우로나 좌로나 치우치지 말라. 그리하면 어디로 가든지 형통하리니 이 율법책을 네 입에서 떠나지 말게 하며 주야로 그것을 묵상하여 그 안에 기록된 대로 다 지켜 행하라. 그리하면 네 길이 평탄하게 될 것이며 네가 형통하리라. 내가 네게 명령한 것이 아니냐. 강하고 담대하라. 두려워하지 말며 놀라지 말라. 네가 어디로 가든지 네 하나님 여호와가 너와 함께하느니라 하시니라"(수 1:2-9).

하나님은 모세와 함께하셨던 것처럼 여호수아에게도 함께하실 것을 약속하심으로써 출애굽한 이스라엘 백성들을 이끌 여호수아에게 용기를 북돋아주셨다. 그러나 하나님이 여호수아에게 요구하신 조건이 하나 있었다. 그것은 율법책을 입에서 떠나게 하지 않고 묵상하여 기록된 대로 지켜 행하라는 것이다. 하나님이 약속하신 땅, 하나님 나라의 백성이 거주할 그 땅에서 필요한 것은 단 한 가지, 곧 하나님 나라의 왕 되신 하나님의 말씀을 지키며 살아가는 것뿐이다. 하나님은 율법책, 곧 하나님의 말씀을 지

느보 산에서 내려다본 가나안 전경. 왼쪽에 강처럼 보이는 곳이 사해이다.

켜 행하게 되면 여호수아는 물론 그가 이끄는 이스라엘과 함께하셔서 형통하게 하실 것이라고 약속하신다. 하나님 나라의 백성에게 요구되는 것은 그 나라의 왕이 선포하신 율법, 곧 말씀을 지켜 행하는 것이다. 그때 하나님 나라의 백성다운 삶을 살게 되며, 왕 되신 하나님의 통치를 받게 될 것이다.

요단강을 건너서 약속의 땅으로

출애굽한 이스라엘 백성들이 머문 곳은 모압 평지였다. 그곳은 약속의 땅에 자리 잡고 있는 여리고성 맞은편이었다. 출애굽한 이스라엘 백성들이 약속의 땅에 들어가려면 하나의 난관을 거쳐야 하는데, 그것은 바로 요단강이었다. 여호수아는 요단강을 건너기 전 이스라엘 백성들에게 성결하게 하라고 명령했다.

하나님은 그때 여호수아에게 말씀하셨다. "내가 오늘부터 시작하여 너를 온 이스라엘의 목전에서 크게 하여 내가 모세와 함께 있었던 것같이 너와 함께 있는 것을 그들이 알게 하리라. 너는 언약궤를 멘 제사장들에게 명령하여 이르기를 너희가 요단 물가에 이르거든 요단에 들어서라 하라"(수 3:7-8). 출애굽한 이스라엘에게 요단강을 건너는 사건은 약속의 땅으로 들어가는 것이었지만, 여호수아에게는 하나님이 모세처럼 여호수아에게도 함께하심을 온 백성들에게 드러내는 중요한 사건이었다. 하나님은 요단강을 건너는 사건을 통해 출애굽한 이스라엘 백성들을 이끄는 여호수아의 지도력에 힘을 실어주셨다. 실제로 이스라엘이 여호수아의 인도로 요단강을 건넜을 때 이스라엘 백성들은 모세를 두려워했던 것처럼 여호수아를 두려워하며 따르게 되었다(수 4:14).

이제 이스라엘은 요단강을 건너기 위해 나섰다. 먼저 여호와의 언약궤를 멘 제사장들이 선두에 섰다. 제사장들이 요단강에 발을 내딛는 순간, 마치 홍해가 갈라질 때처럼 흘러내리던 요단강이 멈춰서 벽을 이루었다. 제사장들이 요단강의 마른 바닥에 있는 동안 그 뒤를 따르던 이스라엘 백성들이 요단강을 건너갈 수 있었다.

하나님의 명령을 따라 여호수아는 각 지파에서 한 사람씩 선택한 열두 사람에게 제사장들이 서 있는 요단강 바닥에서 한 지파가 돌 한 개씩, 모두 열두 개의 돌을 가져오게 했다. 그리고 요단강을 건너 약속의 땅에서 제일 먼저 진을 친 길갈에 이를 기념돌로 세웠다. 그것은 하나님이 요단강을 멈추게 하셔서 출애굽한 이스라엘 백성들이 요단강을 건너게 하심을 영원히 기념하며 후손들이 기억하도록 하기 위함이었다.

약속의 땅에 들어간 이스라엘은 40년 동안 광야에서 방황할 때 태어난 세대였다. 40년 전 여호수아와 갈렙을 제외한 20세 이상의 모든 세대는 광야에서 죽었다. 그러기에 약속의 땅에 들어간 이스라엘 백성들은 출애굽해서 홍해를 마른 땅처럼 건넜던 그 놀라운 이적에 대한 기억이 희미한 세대였다. 요단강을 마른 땅처럼 건너는 이 놀라운 체험은 약속의 땅에 들어간 세대에게 매우 특별한 것이었다. 여호와께서 그들이 의지하기에 충분한 전능하신 하나님이시라는 사실을 확인하는 사건이었기 때문이다.

또한 이것은 약속의 땅에 들어간 이스라엘 세대에게도 매우 중요한 일이었다. 왜냐하면 그들은 이제 완전히 다른 문화 속에서 살아가야 했기 때문이다. 그동안 이스라엘 백성들은 유목문화 속에서 살아왔다. 하지만 이제 약속의 땅에서는 새로운 문화, 곧 농경문화 속에서 살아가야 한다. 거기에는 농경문화를 주관하는 새로운 신과 종교가 자리 잡고 있었다. 농경문화 속에 살다 보면 자연스럽게 그 신들을 의지할 가능성이 농후하다. 하지만 온 세상을 주관하시는 분은 오직 하나님뿐이라는 사실, 강물을 멈추게도 흐르게도 하시는 하나님이 농사를 잘 지을 수 있도록 비를 주관하시는 분이라는 사실을 확고하게 믿어야 했다. 그러기에 요단강을 건너는 이적은 약속의 땅에 들어가는 이스라엘 세대에게 매우 중요한 체험이었다.

요단강을 마른 땅처럼 건너는 이 놀라운 체험은 약속의 땅에 들어간 세대에게 매우 특별한 것이었다.

이스라엘이 요단강을 마른 땅처럼 건넜다는 소식은 요단강 서쪽, 곧 약속의 땅 가나안 전역에 퍼졌으며 가나안 족속은 두려움에 사로잡혔다. 길갈에 진을 친 이스라엘은 그곳에서 할례를 행하고 유월절을 지켰다. 유월절 다음날부터 그 땅의 소산물을 먹게 되었으며, 이때부터 하늘에서 내리던 만나는 그쳤다.

두 정탐꾼과 라합

구약은 신약의 그림자이다. 그런 의미에서 구약은 신약을 올바로 이해하는 데 많은 도움을 준다. 어떤 이는 신약에서 구원의 계획이 완성되었기 때문에 더 이상 구약이 필요 없다고 주장하기도 한다. 그러나 그것은 잘못된 주장이다. 구원을 완성하러 오신 예수님도 자신의 목적이 구약의 율법을 폐하러 오는 것이 아님을 강조하셨다. 사실 구약을 통해서 우리는 신약의 구원의 의미를 더욱더 분명하게 알 수 있다. 구약은 이미 신약에서의 구원의 방법을 예표하고 있기 때문에 구약의 프리즘을 통해 신약의 다양한 구원의 색체를 느낄 수 있다. 이런 점에서 라합의 구원은 신약의 구원의 성격을 단편적으로 잘 보여주는 사건이다.

두 정탐꾼과 라합의 사건은 여호수아 2장에 기록되어 있다. 여호수아는 여리고성을 함락하기 전 먼저 두 정탐꾼을 보냈다. 두 정탐꾼은 우연히 기생 라합의 집에 머무르게 되었고, 라합은 그들을 숨겨주는 대가로 자신과 자신의 친족들의 생명을 구원해달라고 요청했다. 이에 정탐꾼들은 라합에게 붉은 줄을 창에 매달고 친족들을 그녀의 집에 모이도록 지시했다. 그리고 여리고성을 멸할 때 붉은 줄이 매여 있는 집안의 식구는 멸하지 않을 것이라는 약속을 주었다. 결국 라합은 그들의 말대로 순종해서 여리고성의 멸망에서 구원을 받았다.

실로 라합은 여리고성이 함락될 때 여리고성 사람들과 함께 멸망할 수밖에 없었다. 그녀 스스로에게는 자신을 구원할 길이 없었다. 라합이 구원을 받게 된 것은 전적으로 하나님의 도우심, 즉 그녀에게 찾아 온 두 정탐꾼의 호의 때문이었다. 이런 의미에서 라합의 구원은 우리의 구원이 우리의 노력이 아니라 오직 하나님으로부터 나온다는 사실을 새삼 일깨워준다. 라합의 집은 성벽 위에 있었다. "라합이 그들을 창문에서 줄로 달아내리니 그의 집이 성벽 위에 있으므로 그가 성벽 위에 거주하였음이라"(수 2:15). 그러므로 여리고성이 무너질 때 그녀의 집도 같이 무너질 수밖에 없었다. 그러나 하나님의 강권적인 은혜로 그녀의 집은 무너지지 않았다.

라합이 구원을 받은 것은 라합이 귀중한 신분의 사람이었기 때문도 아니다. 그녀의 신분은 기생이었다. 하나님의 구원은 우리에게 어떤 공로나 장점이 있기 때문이 아니다. 라합의 경우처럼 신분을 막론하고 아무리 죄인일지라도 우리를 구원시키는 하나님의 능력 때문이다.

한편 라합의 구원은 구원을 위해서는 결단이 있어야 함을 보여준다. 우리의 구원은 전적으로 하나님의 은혜이지만 구원을 얻기 위해서는 우리에게 결단이 필요하다. 이것이 기독교의 역설이다. 라합은 두 정탐꾼을 여리고성 왕에게 고발하여 상을 얻을 수도 있었다. 그러나 그녀는 그 유혹을 물리치고 결단을 통해 두 정탐꾼을 도와주었고, 그것이 구원의 계기가 되었다. 그녀의 결단을 칭찬하며 사도 야고보는 다음과 같이 말했다. "또 이와 같이 기생 라합이 사자들을 접대하여 다른 길로 나가게 할 때에 행함으로 의롭다 하심을 받은 것이 아니냐"(약 2:25).

라합에게서 행함이란 바로 결단이었다. 히브리서 기자는 또한 라합에 대해 이렇게 진술했다. "믿음으로 기생 라합은 정탐꾼을 평안히 영접하였으므로 순종하지 아니한 자와 함께 멸망하지 아니하였도다"(히 11:31). 라합의 결단을 히브리서 기자는 라합의 믿음으로 해석했다. 라합은 자신의 믿음을 통해서 자신과 자신의 식구들을 구했을 뿐만 아니라 마태복음에 보면 후에 예수 그리스도의 족보에 올라간 여성이 된 것을 볼 수 있다. "살몬은 라합에게서 보아스를 낳고 보아스는 룻에게서 오벳을 낳고 오벳은 이새를 낳고 이새는 다윗 왕을 낳으니라. 다윗은 우리야의 아내에게서 솔로몬을 낳고"(마 1:5-6). 라합은 하나님의 구원이 때때로 예기치 못한 연약한 사람들을 통해 이루어진다는 진리를 보여준 전형적인 인물이었다. 라합은 자신의 집에 붉은 줄을 매닮으로써 구원을 받게 되었는데, 그 줄은 신약에서 예수님의 십자가의 달리심을 통해 구원을 받을 것을 예표하는 모형이라고 말할 수 있다.

여리고성의 함락

이스라엘은 가나안 땅에 들어와서 먼저 여리고성을 무너뜨려야 했다. 하나님은 여리고성을 함락시킬 수 있는 방법을 다음과 같이 가르쳐주셨다. "너희 모든 군사는 그 성을 둘러 성 주위를 매일 한 번씩 돌되 엿새 동안을 그리하라. 제사장 일곱은 일곱 양각 나팔을 잡고 언약궤 앞에서 나아갈 것이요 일곱째 날에는 그 성을 일곱 번 돌며 그 제사장들은 나팔을 불 것이며 제사장들이 양각 나팔을 길게 불어 그 나팔 소리가 너희에게 들릴 때에는 백성은 다 큰 소리로 외쳐 부를 것이라. 그리하면 그 성벽이 무너져 내리리니 백성은 각기 앞으로 올라갈지니라 하시매"(수 6:3-5).

하나님은 백성들에게 여리고성을 돌 때 언약궤를 멘 제사장을 따라갈 것을 지시하셨다. 언약궤에는 만나와 아론의 싹난 지팡이와 십계명이 있었다(히 9:4). 언약궤는 하나님의 공급, 인도, 그리고 약속의 말씀을 상징하는 것이었다. 그러므로 언약궤를 따라간다는 것은 하나님의 말씀을 최우선으로 해야 한다는 것을 의미한다.

이스라엘 백성들은 엿새 동안은 하루에 한 번씩 성을 돌고 마지막 제7일에는 성을 일곱 번 돌아야 했다. 여기서 일곱 번 돌았다는 것은 온전한 순종을 의미한다. 성경에서 일곱이라는 숫자는 온전함을 뜻한다. 창세기에 하나님이 천지를 창조하실 때도 7일 동안 창조하시고 안식하셨다. 열왕기하 5장에서 아람 군대의 나아만 장군이 엘리사로부터 문둥병을 치료받을 때 요단강에서 일곱 번 몸을 씻으라는 명령을 받았다. 이와 같이 7이라는 숫자는 온전함을 의미한다. 그러므로 여리고성 함락을 위해 일곱 번 돌라는 말씀은 이스라엘 백성들이 하나님의 말씀에 온전히 순종하는지 보기 위한 목적이었다.

로마 바티칸미술관에 있는 <여호수아 관련 그림 두루마리>. 그림 왼쪽의 탄식에 잠긴 여인의 모습은 여리고성의 모습을 의인화한 것이다. 무너지는 성벽 곁에서 뿔 모양 용기를 떨어뜨린 채 쓸쓸히 앉아 있다. 그 오른쪽에는 병사를 거느리고 왕좌에 앉은 여호수아가 보인다. 이 두루마리는 9~10세기의 것으로 추정된다.

하나님은 이스라엘에게 성을 돌면서 말을 하지 말라고 하셨다. "여호수아가 백성에게 명령하여 이르되 너희는 외치지 말며 너희 음성을 들리게 하지 말며 너희 입에서 아무 말도 내지 말라. 그리하다가 내가 너희에게 명령하여 외치라 하는 날에 외칠지니라 하고"(수 6:10).

왜 하나님은 이스라엘 백성들에게 말을 하지 말라고 하셨을까? 결론적으로 이스라엘 백성들이 성을 돌 때 불평하여 입으로 죄를 범하지 않도록 하기 위해서였다. 하는 일 없이 성 주위만을 맴돌 때 분명 불평하는 사람들이 있었을 것이다.

사람들은 때때로 순종한다고 하면서도 불평하며 순종하는 경우가 있다. 그러나 하나님은 그런 불평을 기뻐하지 않으신다. 말을 하지 말라고 한 것은 하나님이 불평하지 말고 묵묵히 순종하기를 원하신다는 것을 보여준다. 성경은 말에 실수하지 말 것을 다음과 같이 말한다. "우리가 다 실수가 많으니 만일 말에 실수가 없는 자라면 곧 온전한 사람이라. 능히 온 몸도 굴레 씌우리라"(약 3:2). "여호와여, 내 입에 파수꾼을 세우시고 내 입술의 문을 지키소서"(시 141:3).

여리고성의 함락은 하나님의 축복을 위해서는 신앙생활에 불평과 원망이 없어야 한다는 교훈을 들려준다. 입술로 죄를 범하지 말라는 것이다. 출애굽했던 이스라엘 백성들이 가나안 땅에 들어가지 못한 것은 원망, 즉 입술의 범죄 때문이었다. 결국 여리고성은 무너졌고 하나님의 약속은 성취되었다. 여호수아는 "누구든지 일어나서 이 여리고성을 건축하는 자는 여호와 앞에서 저주를 받을 것이라"(수 6:26)고 예언했다. 그래서 나중에 벧엘 사람 히엘이 여리고성을 다시 재건할 때 그는 장자와 차자를 잃게 되었다. "그 시대에 벧엘 사람 히엘이 여리고를 건축하였는데 그가 그 터를 쌓을 때에 맏아들 아비람을 잃었고 그 성문을 세울 때에 막내아들 스굽을 잃었으니 여호와께서 눈의 아들 여호수아를 통하여 하신 말씀과 같이 되었더라"(왕상 16:34).

기생 라합을 포섭한 두 명의 이스라엘 '첩보원'

단정한 슈트 차림의 신사가 뚜벅뚜벅 걸어가다 갑자기 옆으로 몸을 틀며 권총을 쏜다. 화면에는 피 같은 붉은 액체가 흘러내리며 긴장감 넘치는 영화 주제곡이 흐르기 시작한다. 첩보 영화의 대명사격인 '007 시리즈'의 도입부다. 이 영화의 주인공 '제임스 본드'는 영국 정보부 MI5의 첩보원으로 전 세계를 누비며 글로벌한 악당들과 맞서 싸운다. 이제는 한물간 추억 속의 영화지만 한때 이 영화는 지구상의 모든 남성의 로망이었다.

영화처럼 화려하진 않지만 모든 전쟁에서 첩보원은 대단히 중요한 역할을 한다. 이들은 적진에 침투해 요인 암살, 주요시설 파괴 등의 임무를 수행하고 적의 동향을 파악할 수 있는 핵심적인 정보들을 캐내 전쟁의 향방을 바꾸기도 한다. 극히 적은 소수의 인원이지만 실제로 이들이 해내는 일은 때때로 1개 사단으로도 해낼 수 없는 엄청난 것이기도 하다. 이런 일들을 위해 첩보원들이 치러야 하는 대가 또한 상상을 초월한다.

이런 중요성 때문에 세계 각 국은 대부분 독자적인 정보기구를 운영해왔다. 미국의 CIA, 구 소련의 KGB, 영국의 MI5 등이 대표적인 첩보기관이다. 지금은 대부분의 첩보전이 위성을 통한 감시나 네트워크 해킹, 감청 같은 정보전으로 바뀌었지만 얼마 전까지만 해도 이들 첩보기관들은 수많은 첩보원을 양성해 적국으로 침투시켰다. 이스라엘의 경우는 '모사드'가 대표적인 첩보기관이었는데 모사드는 요인 암살로 아랍세계에서는 공포의 대명사로 통했다.

그런데, 이런 첩보원의 '원조'를 성경에서도 찾아볼 수 있다. 그 주인공은 바로 여호수아 2장에 등장하는 '두 명의 정탐꾼'. 40여 년 동안 사막을 방랑하던 이스라엘 민족은 하나님이 약속하신 땅으로 들어가기 위해 요단강을 건넌다. 그리고 그 땅으로 들어가기 위한 관문 여리고 성 앞에 선다. 약속의 땅으로 들어가기 위해서는 여리고 성을 함락해야만 했다.

여리고 성 정복을 위해 여호수아가 가장 먼저 했던 것은 정탐꾼을 보내는 일이었다. 적과 싸우기 위해서는 무엇보다도 적의 현황을 파악하는 것이 시급했던 것이다. 그래서 여호수아는 두 명의 정탐꾼을 여리고 성 안으로 침투시킨다. 성 안으로 침투한 정탐꾼들은 기생 라합의 집에 근거지를 마련한다. 지금 식으로 말하자면 적진에 침투해 근거지

여리고의 오래됨을 이야기하는 유적. 이 높이 9m의 능보가 세워진 것은 BC 7천 년경이다.

를 마련하고 자신들을 도울 수 있는 현지 주민을 포섭한 것이다.

이렇게 해서 두 명의 정탐꾼은 여리고 성 내부의 현황과 각종 군사시설, 병력 수, 배치 현황 같은 중요한 군사 정보를 파악해 여호수아에게 보고했을 것이다. 이 과정에서 큰 도움을 주었던 기생 라합은 그 대가로 여리고 성 함락 시 자신의 친족들의 생명을 보장받았다. 이후 진행된 여리고 성 함락 작전은 치열한 공방전이 아니라 법궤를 앞세우고 성 주변을 도는 전혀 예상외의 방법으로 진행되었지만 어쨌든 이 두 정탐꾼은 적진 내부로 침투해 자신들의 임무를 훌륭하게 수행했던 것이다. 이처럼 구약시대에도 첩보원은 존재했다!

속아서 기브온 족속과 조약을 맺음

요단강을 건넜을 때와 마찬가지로 이스라엘이 여리고성과 아이성을 정복한 소문은 가나안 전역에 퍼졌다. 가나안 지역에 살던 족속과 성읍들은 긴장 상태에 빠졌으며 긴급하게 이스라엘과 싸울 준비를 하고 있었다.

그런데 한 족속, 곧 기브온 족속은 예외였다. 기브온 족속은 여호수아가 이끄는 이스라엘이 여리고성과 아이성을 정복했다는 소문을 듣고 이길 수 없다는 것을 인정했다. 자신들이 살아남을 수 있는 유일한 길이 이스라엘과 화친조약을 맺는 것임을 깨달았다. 기브온 족속은 한 가지 꾀를 냈다. 그것은 사신을 보내되 해어진 전대와 포도주 가죽부대, 낡아서 기운 신과 옷을 입고 곰팡이가 난 떡을 준비해 아주 멀리서 화친조약을 맺기 위해 온 것처럼 위장하는 것이었다. 기브온 족속 사신들은 위장한 채 이스라엘 백성들이 주둔하고 있는 길갈로 찾아갔다.

이들을 만난 여호수아가 "너희는 누구며 어디서 왔느냐"라고 물었다. 그들은 여호와 하나님이 애굽과 요단강 동쪽에서 벌이신 일, 곧 헤스본 왕 시혼과 바산 왕 옥을 물리치게 하신 일을 듣고 화친을 맺기 위해서 왔다고 말하면서 자신들이 멀리서 온 증거로 해어진 옷과 가죽부대, 곰팡이 난 빵을 제시했다. 이스라엘 백성들은 그들이 갖고 있던 양식을 취하고서는 덜컥 조약을 맺었다.

성경은 여호수아가 기브온 족속의 사신들과 조약을 맺는 과정을 이렇게 묘사한다. "무리가 그들의 양식을 취하고는 어떻게 할지를 여호와께 묻지 아니하고 여호수아가 곧 그들과 화친하여 그들을 살리리라는 조약을 맺고 회중 족장들이 그들에게 맹세하였더라"(수 9:14-15). 여호수아와 이스라엘은 기브온 족속와 화친조약을 맺는 과정에서 실수를 범하고 말았다. 그들은 여호와 하나님께 묻지 않았다. 하나님은 본래 약속의 땅 가나안에 들어갔을 때 절대로 그 족속들과 조약을 맺지 말라고 명령하셨다. 그런데 그들은 하나님께 묻지 않아서 기브온 족속의 꾀에 넘어가 화친조약을 맺고 말았다. 여기서 중요한 것은 여호수아와 이스라엘 백성들이 하나님께 묻지 않았다는 것이다.

사흘 후에 속았다는 사실을 알아차렸지만 여호수아는 기브온 족속과 맺은 조약을 되돌릴 수 없었다. 그들을 물리치고 싶었지만 화친조약을 맺었기 때문에 어찌할 수 없었다. 결국 여호수아와 이스라엘은 기브온 족속을 건드리지 않는 대신에 온 회중을 위해서 나무를 패며 물을 긷도록 했다. "우리가 그들에게 맹세한 맹약으로 말미암아 진노가 우리에게 임할까 하노니 이렇게 행하여 그들을 살리리라 하고 무리에게 이르되 그들을 살리라 하니 족장들이 그들에게 이른 대로 그들이 온 회중을 위하여 나무를 패며 물을 긷는 자가 되었더라"(수 9:20-21).

기브온 족속을 죽이지 못하게 하는 이 약속은 이때뿐만 아니라 왕조시대에도 지속되었다. 실제로 성경에는 구체적으로 나오지 않지만 이스라엘의 초대 왕 사울이 기브온 족속 사람들을 죽이는 적대 행위를 저질렀다. 그러자 하나님은 여호수아가 기브온 족속과 맺은 약속을 기억하시고 다윗이 즉위했을 때 이스라엘에 3년간 기근을 내리셔서 심판하셨다. 기근 때문에 다윗이 하나님께 간구하자 하나님은 사울의 집이 기브온 사람들을 죽인 것 때문임을 알려주셨다(삼하 21:1-2). 다윗은 기브온 족속에게 묻자 그들은 자신들을 학살하고 멸하려 했던 사울의 자손 일곱 사람을 내달라고 요구했다. 다윗 왕은 이를 허락했다(삼하 21:3-6). 이처럼 하나님 앞에서 맺은 약속은 매우 엄정한 것이었다. 그러기에 여호수아는 이스라엘 백성들에게 절대로 기브온 족속을 죽이지 않도록 명령했으며 하나님도 여호수아가 실수로 맺은 약속을 끝까지 지키셨다.

여호수아는 기브온 족속의 사신이 왔을 때 자세히 조사하지도, 하나님께 묻지도 않고 덜컥 화친조약을 맺고 말았다. 여호수아는 전쟁을 벌이는 크고 중요한 일에는 하나님의 뜻을 묻고 물어서 전쟁에 승리를 거두었다. 하지만 곰팡이가 낀 빵을 가지고 온 기브온 족속과의 화친조약은 사소하고 작으며 그리 중요하지 않은 일처럼 여겨졌는지도 모른다. 어쨌든 그토록 하나님의 인도하심을 받았던 여호수아는 하나님의 뜻을 묻지 않아 기브온 족속과 조약을 맺는 실수를 저지르고 말았다. 마치 우리가 쉽게 할 수 있고 결정할 수 있는 일은 하나님께 기도하지 않은 것처럼 말이다. 그러나 하나님이 원하시는 것은 철저한 순종이다.

약속의 땅 남부지역 점령

기브온 족속과의 화친조약은 이스라엘이 가나안을 정복하는 데 새로운 변수가 되었다. 왜냐하면 기브온 성읍은 가나안의 중앙에 위치해 있었기 때문이다. 비록 의도한 것은 아닐지라도 여호수아가 기브온 족속과 화친조약을 맺은 것은 주변 성읍들에게 큰 긴장감과 초조함을 불러일으켰다. 다급해진 기브온 주변 성읍들은 결국 연합전선을 벌였다.

기브온 성읍 남쪽에 자리 잡고 있는 예루살렘 왕 아도니세덱은 헤브론 왕 호함과 야르뭇 왕 비람과 라기스 왕 아비아와 에글론 왕 드빌에게 연락을 보내 기브온을 공격하기로 결정했다. 다섯 개 성읍의 연합군이 기브온 성읍과 싸우기 위해 진을 치자 기브온 족속은 길갈에 있는 여호수아에게 긴급하게 도움을 청했다.

기브온 족속으로부터 구조 요청을 받았을 때 하나님은 여호수아에게 나타나셔서 "그들을 두려워하지 말라. 내가 그들을 네 손에 넘겨주었으니 그들 중에서 한 사람도 너를 당할 자 없으리라"(수 10:8)고 말씀해주셨다. 거짓으로 화친조약을 맺었을지라도 기브온 족속이 어려움을 겪자 하나님은 그것을 기회로 가나안 정복을 성취해가셨다.

여호수아와 이스라엘 백성들은 밤새도록 행진해서 기브온에서 다섯 성읍의 연합군을 공격했다. 여호수아의 군대는 연합군을 살육했으며 도망치는 적들을 추격해갔다. 적들이 벧 호론에서 아세가와 막게다에 이르는 비탈길로 도망칠 때 하나님은 하늘에서 커다란 우박 덩어리를 내리셨다. 이때 우박에 맞아 죽은 자들이 이스라엘의 칼에 죽은 자보다 훨씬 더 많았다. 여호수아는 그날에 하나님께 해가 머물도록 간구해서 끝까지 적군들을 추격하여 무찔렀다. "여호와께서 아모리 사람을 이스라엘 자손에게 넘겨주시던 날에 여호수아가 여호와께 아뢰어 이스라엘의 목전에서 이르되 태양아 너는 기브온 위에 머무르라. 달아 너도 아얄론 골짜기에서 그리할지어다 하매 태양이 머물고 달이 멈추기를 백성이 그 대적에게 원수를 갚기까지 하였느니라. 야살의 책에 태양이 중천에 머물러서 거의 종일토록 속히 내려가지 아니하였다고 기록되지 아니하였느냐"(수 10:12-13).

여호수아와 이스라엘 백성들이 큰 승리를 거두고 전초기지인 길갈로 돌아왔을 때 대적자인 연합군의 왕들이 막게다 굴에 숨어 있다는 소식을 들었다. 여호수아는 예루살렘 왕과 헤브론 왕과 야르뭇 왕과 라기스 왕과 에글론 왕을 굴에서 끌어내어 지휘관들이 그들의 목을 밟게 했다. 이 의식은 완전히 정복함을 나타내는 의식이었다. 또한 여호수아는 이런 의식을 통해 하나님이 함께하시는 이스라엘에게 당할 적이 없음을 분명하게 보여줌으로써 이스라엘 백성들의 사기를 북돋았다. "여호수아가 그들에게 이르되 두려워하지 말며 놀라지 말고 강하고 담대하라. 너희가 맞서서 싸우는 모든 대적에게 여호와께서 다 이와 같이 하시리라 하고"(수 10:25).

다섯 왕을 죽인 여호수아와 이스라엘은 립나, 라기스를 공격하고 라기스를 도우려 왔던 게셀 왕 호람을 물리치고, 이어서 에글론, 헤브론, 드빌을 공격해서 무찔렀다. 이로써 여호수아와 이스라엘 백성들은 가나안의 남부지역을 완전히 점령했다.

약속의 땅 북부지역 점령

약속의 땅 가나안의 남부지역이 이스라엘에게 넘어갔다는 소식은 재빠르게 가나안 북부지역으로 퍼져나갔다. 가나안 최북단에 위치한 큰 도성 하솔의 왕 야빈은 이 소식을 듣고서 남부 성읍들의 왕들처

하솔 유적터

럼 연합군을 꾸렸다. 하솔 왕 야빈을 중심으로 마돈 왕 요밥과 시므론 왕과 악삽 왕과 북부산지에 흩어져 있는 성읍들의 왕을 모조리 모아 연합군을 만들어서 메롬 물가에 모였다. 그 연합군의 세력은 엄청나서 성경은 이렇게 말한다. "그들이 그 모든 군대를 거느리고 나왔으니 백성이 많아 해변의 수많은 모래 같고 말과 병거도 심히 많았으며"(수 11:4).

여호수아와 이스라엘 백성들 역시 북부지역 연합군이 메롬 물가에 모래처럼 많이 몰려왔다는 소식을 들었을 것이다. 그때 하나님은 여호수아에게 나타나셔서 다시 용기를 북돋아주셨다. "그들로 말미암아 두려워하지 말라. 내일 이맘때에 내가 그들을 이스라엘 앞에 넘겨주어 몰살시키리니 너는 그들의 말 뒷발의 힘줄을 끊고 그들의 병거를 불사르라"(수 11:6). 이에 용기를 얻은 이스라엘 백성들은 연합군을 급습했다. 명령 체계가 제대로 전달되기 쉽지 않고 빠르게 대처하기 어려운 연합군 특성이 그러하듯 이스라엘의 갑작스러운 공격에 당황한 연합군은 패퇴하기 시작했다. 여호수아와 이스라엘 백성들은 끝까지 추격해서 연합군을 물리치고 그들의 말의 힘줄을 끊어 더 이상 군마로 이용될 수 없도록 만들었다.

연합군을 물리친 이스라엘 백성들은 각 성읍을 공격했다. 여호수아는 북부지역 연합군의 우두머리였던 하솔을 정복하고 나서 불살랐으며, 나머지 성읍들은 정복만했을 뿐 불사르지 않았다. 이것은 북부지역이 한꺼번에 황폐화되는 것을 막기 위함이었다. 황폐화되었을 경우 그곳을 정복한 이스라엘 백성들이 정착하는 데도 어려움이 따르기 때문이었다. 여호수아가 이끄는 이스라엘은 가나안 북부지역을 점령함으로써 약속의 땅 가나안 전체를 온전히 차지하게 되었다.

이제 하나님의 통치를 받는 하나님 나라의 백성 이스라엘은 자기들만의 영토를 차지하게 되었으며, 이로써 하나님 나라로서 완전한 형태를 갖추게 되었다. 이제 이스라엘 백성들에게 남은 것은 요단강 동편지역을 기업으로 물려받은 르우벤과 갓과 므낫세 반지파를 제외한 나머지 아홉 지파 반이 머무를 땅을 분배하는 것이었다.

열두 지파에게 땅 분배는 어떻게?

두 지파 반, 곧 르우벤 지파와 갓 지파와 므낫세 반지파는 모세가 죽기 전에 요단강 동편을 정복하면서 기업으로 할당받았다. 요단강 서편, 곧 약속의 땅 가나안은 이제 나머지 아홉 지파 반에게 기업으로 주어졌다.

여호수아는 남부전투와 북부전투를 통해 가나안을 정복한 후 아홉 지판 반에게 땅을 분배했다. 아홉 지파 반 중에서 제일 먼저 땅을 기업으로 할당받은 지파는 유다 지파였다. 유다 지파는 가나안 남부지역의 광활한 땅을 기업으로 할당받았다(수 14-15장). 성경은 유다 지파가 할당받은 땅에 대해 많은 부분을 할애해서 자세하게 설명한다. 하지만 마지막에 한 가지를 지적하는데, 그것은 유다 지파가 할당받은 광대한 땅에서 정복하지 못한 성읍에 대한 언급이었다. "예루살렘 주민 여부스 족속을 유다 자손이 쫓아내지 못하였으므로 여부스 족속이 오늘까지 유다 자손과 함께 예루살렘에 거주하니라"(수 15:63). 다윗 왕 이후 왕조사에서 이스라엘의 수도가 되는 예루살렘은 유다 지파가 정복하지 못해서 여부스 족속이 차지하고 있었다. 이는 나중에 살펴보겠지만 사울 왕에 이어 다윗이 이스라엘 전체의 왕이 된 후에 예루살렘을 정복하고 수도로 삼은 이유가 된다. 왜냐하면 그것은 이스라엘의 열두 지파 중 어느 지파도 차지하지 못해서 지파의 영향을 받지 않은 성읍이었으며 지리적으로 중앙에 위치했기 때문이다.

두 번째로 땅을 할당받은 지파는 요셉의 후손인 에브라임 지파였다(수 16장). 에브라임 지파는 가나안의 중앙 부분을 할당받았다. 이 지파도 완전히 정복하지 못한 성읍이 있었는데 그것은 게셀이었다. "그들이 게셀에 거주하는 가나안 족속을 쫓아내지 아니하였으므로 가나안 족속이 오늘까지 에브라임 가운데에 거주하며 노역하는 종이 되니라"(수 16:10). 게셀은 수리아(시리아)에서 애굽으로 이어지는 남북도로인 해안도로 상에 있었으며 여리고와 예루살렘으로 이어지는 동서도로와 연결되는 교통의 요충지였다. 교통의 요충지였기에 성읍이 번성했고 강력한 힘을 발휘한 것은 당연했다. 에브라임이 전투를 통해 이겼지만 그들을 완전히 멸절시키거나 내쫓지 못하고 노역하는 종으로 삼았다.

세 번째로 땅을 할당받은 지파는 요셉의 후손인 므낫세 지파였다(수 17장). 엄밀하게 말하면 므낫세 반지파였다. 왜냐하면 나머지 므낫세 지파의 절반이 르우벤 지파와 갓 지파와 함께 요단강 동편에서 땅을 할당받았기 때문이다. 요단강 서편의 땅을 차지한 므낫세 반지파는 에브라임 지파의 위쪽을 할당받았다. 그러니까 요셉의 후손인 에브라임 지파와 므낫세 반지파는 가나안 지역의 중앙 부분을 거의 다 차지한 셈이다.

유다 지파와 요셉의 후손인 에브라임과 므낫세 반지파가 먼저 땅을 할당받은 것은 매우 의미가 있다. 왜냐하면 유다 지파의 조상인 유다와 에브라임과 므낫세 반지파의 조상인 요셉은 이스라엘의 시조라고 할 수 있는 야곱의 열두 아들 중에서 가장 주목을 받은 아들들이었기 때문이다. 그래서 야곱은 죽기 전에 열두 아들을 축복했는데, 그때 유다와 요셉에 대해서 남다르게 축복했다.

먼저 유다에 대한 축복을 보자. "유다야, 너는 네 형제의 찬송이 될지라. 네 손이 네 원수의 목을 잡을 것이요 네 아버지의 아들들이 네 앞에 절하리로다. 유다는 사자 새끼로다. 내 아들아, 너는 움킨 것을 찢고 올라갔도다. 그가 엎드리고 웅크림이 수사자 같고 암사자 같으니 누가 그를 범할 수 있으랴. 규가 유다를 떠나지 아니하며 통치자의 지팡이

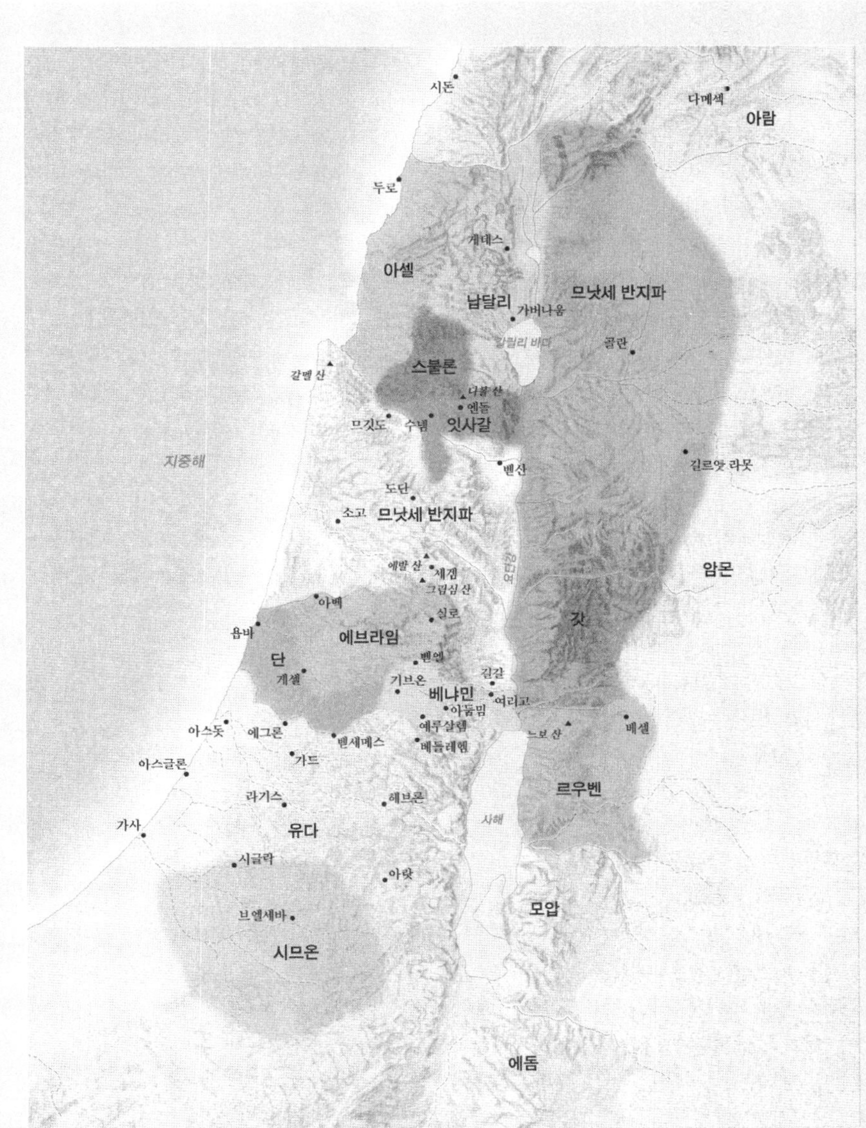

열두 지파가
할당받은 땅

가 그 발 사이에서 떠나지 아니하기를 실로가 오시기까지 이르리니 그에게 모든 백성이 복종하리로다. 그의 나귀를 포도나무에 매며 그의 암나귀 새끼를 아름다운 포도나무에 맬 것이며 또 그 옷을 포도주에 빨며 그의 복장을 포도즙에 빨리로다. 그의 눈은 포도주로 인하여 붉겠고 그의 이는 우유로 말미암아 희리로다"(창 49:8-12). 유다 지파는 수사자나 암사자와 같아서 강력할 뿐만 아니라 '규', 곧 왕의 단장을 갖고 있어서 왕권을 누리게 된다. 이스라엘 왕조사에서 가장 유명한 왕 다윗과 솔로몬이 바로 유다 지파 출신이다.

다음으로 요셉에 대한 축복을 보자. "요셉은 무성한 가지 곧 샘 곁의 무성한 가지라. 그 가지가 담을 넘었도다. 활 쏘는 자가 그를 학대하며 적개심을 가지고 그를 쏘았으나 요셉의 활은 도리어 굳세며 그의 팔은 힘이 있으니 이는 야곱의 전능자 이스라엘의 반석인 목자의 손을 힘입음이라. 네 아버지의 하나님께로 말미암나니 그가 너를 도우실 것이요, 전능자로 말미암나니 그가 네게 복을 주실 것이라. 위로 하늘의 복과 아래로 깊은 샘의 복과 젖먹이는 복과 태의 복이리로다. 네 아버지의 축복이 내 선조의 축복보다 나아서 영원한 산이 한없음같이 이 축복이 요셉의 머리로 돌아오며 그 형제 중 뛰어난 자의 정수리로 돌아오리로다"(창 49:22-26). 요셉의 후손은 샘 곁의 무성한 가지처럼 커다란 축복을 받았다. 실제로 요셉은 장자의 축복을 받아서 두 배의 몫을 누렸다. 그래서 이스라엘의 열두 지파 중에서 레위가 제사장 지파로 빠졌을 때 요셉의 아들들인 므낫세와 에브라임은 두 지파를 형성해서 이스라엘은 다시 열두 지파로 구성된다. 실제로 여호수아가 약속의 땅 가나안에서 땅을 분배할 때도 요셉의 후손인 에브라임 지파와 므낫세 지파는 다른 어느 지파보다도 훨씬 더 넓은 땅을 할당받는 큰 복을 누린다.

다시 땅 분배 이야기로 돌아가자. 유다 지파와 에브라임 지파와 므낫세 반지파가 할당받은 후에 나머지 일곱 지파는 여호수아의 명령에 따라 대표를 보내서 땅을 탐지한 후에 여호와 앞에서 제비를 뽑아 결정했다(수 19장).

한편 땅 분배 과정에서 한 가지를 더 짚고 넘어갈 것이 있다. 그것은 여호수아가 이끄는 이스라엘 백성들이 약속의 땅 가나안의 성읍을 정복했을지라도 가나안에 살던 이방인들을 모조리 몰아낸 것이 아니라는 점이다. 성경은 여호수아가 가나안의 땅을 분배할 때의 상황을 이렇게 묘사한다. "여호수아가 나이가 많아 늙으매 여호와께서 그에게 이르시되 너는 나이가 많아 늙었고 얻을 땅이 매우 많이 남아 있도다"(수 13:1). 여기서 주목해야 할 부분은 "얻을 땅이 매우 많이 남아 있도다"이다.

또한 에브라임 지파와 므낫세 지파가 땅을 분배받았을 때도 비슷한 사건이 나타난다. 그 두 지파는 땅을 분배받고도 만족하지 못하고 부족하니 더 할당해달라고 요청했다. "요셉 자손이 여호수아에게 말하여 이르되 여호와께서 지금까지 내게 복을 주시므로 내가 큰 민족이 되었거늘 당신이 나의 기업을 위하여 한 제비 한 분깃으로만 내게 주심은 어찌함이니이까 하니"(수 17:14). 그때 여호수아는 이렇게 말한다. "여호수아가 그들에게 이르되 네가 큰 민족이 되므로 에브라임 산지가 네게 너무 좁을진대 브리스 족속과 르바임 족속의 땅 삼림에 올라가서 스스로 개척하라 하니라"(수 17:15). 즉 가나안에는 이스라엘 백성들이 개척하고 정복해야 할 땅이 아직 많이 남아 있었다. 그래서 여호수아는 땅을 더 달라고 요청하는 에브라임 지파와 므낫세 지파에게 스스로 개척하라고 명령한다.

여호수아가 이끄는 이스라엘이 남부지역과 북부지역의 연합군을 상대해서 큰 승리를 거두고 성읍들을 정복했지만 가나안 전지역을 정복한 것은 아니었다. 연합군을 형성했던 가나안 주요 성읍들은 정복했지만 그 나머지 땅들은 여전히 남아 있는 상태였다. 여전히 정복해야 할 상대가 남아 있다는 것은 매우 중요한 의미를 함축한다. 그것은 이스라엘이 여전히 거룩한 전쟁을 해야 할 의무, 물리쳐야 할 적들이 여전히 남아 있음으로 가나안에 들어갔을지라도 왕 되신 하나님께 온전히 순종하여 적들을 물리쳐야 함을 시사한다.

혹자는 하나님이 한꺼번에 기적적인 방법을 동원해서라도 몰아내면 되지 않겠느냐 생각할는지 모른다. 하지만 그것은 그 땅을 차지하게 될 이스라엘 백성들에게도 도움이 되지 않는 일이었다. 첫째는 그들의 영적인 성장에도 문제가 된다. 대적과 곤경이 있을 때 하나님을 철저하게 의지함으로써 성숙해지는 계기가 된다. 둘째는 하나님 나라의 백성 이스라엘이 살게 될 가나안 땅의 황폐를 막는다. 한꺼번에 모두 일소해버린다면 필연적으로 황폐화되기 마련이다. 하나님은 약속의 땅 가나안을 차지하게 하셨지만 모든 적을 한꺼번에 물리치게 하시지는 않았다. 그것은 전적으로 이스라엘을 위한 것이었다. 그들이 살 터전을 보존할 뿐만 아니라 하나님 나라의 백성으로서 끊임없이 도전해오는 적을 물리치는 가운데 하나님을 전적으로 의지하여 성숙해지게 하기 위함이셨다.

이왕 살펴본 김에 한 가지를 더 생각해보자. 에브라임 지파와 므낫세 지파는 자신들에게 주어진 땅이 너무 작다고 불평을 터트렸을 때 여호수아는 스스로 삼림에 올라가서 개척하라고 명령했다. 그때 요셉 자손은 이렇게 말한다. "그 산지는 우리에게 넉넉하지도 못하고 골짜기 땅에 거주하는 모든 가나안 족속에게는 벧 스안과 그 마을들에 거주하는 자이든지 이스르엘 골짜기에 거주하는 자이든지 다 철 병거가 있나이다"(수 17:16). 요셉 자손, 곧 에브라임 지파와 므낫세 지파는 철 병거를 소유하고 있는 가나안 족속을 두려워하며 물리칠 수 없다는 변명을 늘어놓고 있었다. 그들은 가나안을 정복할 때 하나님이 보여주신 놀라운 이적과 권능을 이미 망각하고 있었으며, 하나님 대신에 적들이 가지고 있는 무기에 주목하고 있었다. 이스라엘의 열두 지파 중에서 강력한 힘을 가졌던 요셉 자손의 지파들이 이럴진대 다른 지파들은 말할 것도 없었을 것이다. 요셉 자손의 이런 변명은 앞으로 맞이하게 될 사사시대에 여호와 하나님을 의지하는 그들의 신앙이 얼마나 형편없었는지 잘 드러내는 단초가 된다.

여호수아의 마지막 사역

여호수아는 유다 지파를 비롯해 요단강 서편 가나안 지역에 아홉 지파와 므낫세 반지파에게 땅을 할당해주고 나서 마지막으로 세 가지 사역을 수행했다.

첫째는 도피성을 지정하는 것이었다. 도피성은 고의적인 의도 없이 사람을 죽인 자가 원수를 갚으려는 친족의 보복을 피해 안전하게 보호를 받을 수 있는 성읍이었다. 여호수아는 모두 여섯 개의 도피성을 지정했다. 요단강 서편, 곧 가나안에는 납달리 지파의 갈릴리 게데스, 에브라임 지파의 세겜, 유다 산지의 기럇 아르바(헤브론)를, 요단 강 동편, 곧 르우벤과 갓과 므낫세 반지파가 거주하는 지역에는 르우벤 지파의 베셀, 갓 지파의 길르앗 라못, 므낫세 반지파의 바산 골란을 도피성으로 지정했다. 요단강 서편에 세 개, 요단 강 동편에 세 개의 도피성을 지정해서 어느 지역에 있든 의도 없이 실수로 사람을 죽인 자들이 손쉽게 피할 수 있도록 배려했다(수 20장).

둘째는 땅을 기업으로 분배받지 못한 레위 지파가 거주할 수 있는 지역을 배정하는 것이었다. 레위 지파는 다른 지파처럼 한 지역에 모여 살지 않았다. 그들은 열두 지파 모두에게서 성읍을 할당받아 흩어져 살았다. 이는 레위 지파의 독특한 임무 때문이었다. 이스라엘의 모든 지파의 장자들은 출애굽할 때 열 번째 재앙, 곧 장자의 죽음 재앙에서 건짐을 받았다. 그래서 장자들은 모두 하나님의 소유가 되었지만 하나님은 성막에서 섬기는 사역을 감당할 레위 지파가 이스라엘의 장자를 대신하도록 하셨다. 이렇게 특별히 하나님을 섬기도록 부름을 받은 레위 지파는 이스라엘의 열두 지파 속에 흩어져 살며 열두 지파의 이스라엘 백성들이 하나님을 온전히 섬기도록 가르치고 인도할 과업을 부여받았다. 그랬기에 레위 지파는 한곳에 모여 살지 않고 이스라엘 열두 지파에게서 배당받은 성읍에 흩어져 살았던 것이다(수 21:1-42).

셋째는 요단강 동편 땅을 기업으로 받은 르우벤 지파와 갓 지파와 므낫세 반지파를 요단강 동편으로 보내는 것이었다. 이스라엘의 열두 지파에게 모든 땅을 분배하고 그 가운데 레위 지파가 살 성읍을 지정하기를 마친 여호수아는 요단강 서편 가나안 땅을 정복하는 데 힘을 보탰던 요단강 동편의 지파들, 곧 르우벤 지파와 갓 지파와 므낫세 반지파를 그들의 땅으로 돌려보내면서 한 가지 권면을 했다. "오직 여호와의 종 모세가 너희에게 명령한 명령과 율법을 반드시 행하여 너희의 하나님 여호와를 사랑하고 그의 모든 길로 행하며 그의 계명을 지켜 그에게 친근히 하고 너희의 마음을 다하며 성품을 다하여 그를 섬길지니라"(수 22:5). 그들에게 권면한 것은 단 한 가지, 곧 마음을 다하고 성품을 다하여 하나님을 섬기라는 것이었다.

여호수아의 마지막 설교와 다짐

나이가 많아 늙은 여호수아는 온 이스라엘, 곧 이스라엘의 장로와 수령들, 재판장과 관리들을 불러다가 마지막 설교를 했다. 그는 먼저 여호와 하나님께서 출애굽시킨 이스라엘을 이끄셔서 약속의 땅 가나안을 정복하게 하시고 땅을 분배하신 일을 회상했다(수 23:2-4). 이어서 좌로나 우로나 치우치지 말고 모세의 율법책에 기록된 말씀을 다 지켜 행하고 하나님을 사랑하라고 선포했다. "그러므로 너희는 크게 힘써 모세의 율법 책에 기록된 것을 다 지켜 행하라. 그것을 떠나 우로나 좌로나 치우치지 말라. …그러므로 스스로 조심하여 너희의 하나님 여호와를 사랑하라"(수 23:6,11). 그렇게 하면 이스라엘 사람 한 명이 천 명을 쫓도록 하나님이 그들을 위해 싸우실 것이라고 약속했다.

하지만 만약 하나님의 말씀을 지켜 행하지 않고 하나님을 사랑하지 않고 남아 있는 가나안 족속과 혼인하고 왕래하며 우상을 섬기게 되면 하나님의 진노가 임할 것이라고 경고했다. '확실히 알라. 너희의 하나님 여호와께서 이 민족들을 너희 목전에서 다시는 쫓아내지 아니하시리니 그들이 너희에게 올무

그리심산. 그리심산은 세겜을 중심으로 남쪽에 있다. 축복을 받았던 그리심산에는 에발산에 비해 나무가 있다.

가 되며 덫이 되며 너희의 옆구리에 채찍이 되며 너희의 눈에 가시가 되어서 너희가 마침내 너희의 하나님 여호와께서 너희에게 주신 이 아름다운 땅에서 멸하리라. …만일 너희가 너희의 하나님 여호와께서 너희에게 명령하신 언약을 범하고 가서 다른 신들을 섬겨 그들에게 절하면 여호와의 진노가 너희에게 미치리니 너희에게 주신 아름다운 땅에서 너희가 속히 멸망하리라 하니라"(수 23:13,16). 선한 말씀은 물론 불길한 말씀 또한 틀림없이 성취될 것이기 때문에 이스라엘은 철저히 하나님을 의지하고 하나님의 말씀을 지켜 행해야 했다. "보라. 나는 오늘 온 세상이 가는 길로 가려니와 너희의 하나님 여호와께서 너희에게 대하여 말씀하신 모든 선한 말씀이 하나도 틀리지 아니하고 다 너희에게 응하여 그 중에 하나도 어김이 없음을 너희 모든 사람은 마음과 뜻으로 아는 바라"(수 23:14).

이 마지막 설교를 마친 여호수아는 이스라엘 온 백성을 세겜에 불러모았다. 세겜은 북쪽의 에발산과 남쪽의 그리심산 사이의 계곡에 있는 성읍이었다. 에발산과 그리심산은 모세의 명령에 따라 여호수아가 각각 여섯 지파씩 모아 놓고 저주와 축복을 선언했던 곳이다. 축복과 저주의 율법을 낭독했던 그 산들 사이에 있는 세겜에서 여호수아는 이제 생애를 마감하기 전에 이스라엘의 온 백성을 모아놓고 마지막 다짐을 한다. 그는 이스라엘의 지도자들을 불러놓고 설교했던 것처럼 하나님이 아브라함을 선택하셨을 때부터 약속의 땅 가나안으로 인도하기까지 이스라엘의 역사를 나열하고서 여호와를 경외하며 온전함과 진실함으로 여호와를 섬기라고 권면한 후 이스라엘에게 결단을 요구한다.

에발산. 에발산은 세겜을 중심으로 북쪽에 있다. 저주를 받았던 에발산은 그리심산에 비해 나무가 없는 민둥산이다

"만일 여호와를 섬기는 것이 너희에게 좋지 않게 보이거든 너희 조상들이 강 저쪽에서 섬기던 신들이든지 또는 너희가 거주하는 땅에 있는 아모리 족속의 신들이든지 너희가 섬길 자를 오늘 택하라. 오직 나와 내 집은 여호와를 섬기겠노라"(수 24:15). 그때 이스라엘 백성은 한목소리로 이렇게 다짐했다. "우리가 결단코 여호와를 버리고 다른 신들을 섬기기를 하지 아니하오리니… 그러므로 우리도 여호와를 섬기리니 그는 우리 하나님이심이니이다. …우리가 여호와를 섬기겠나이다. …우리 하나님 여호와를 우리가 섬기고 그의 목소리를 우리가 청종하리이다"(수 24:16,18,21,24). 여호수아가 하나님만을 섬기라고 했을 때 백성들은 오직 하나님만 섬기겠다고 다짐하여 화답했다. 만일 여호와를 버리고 이방 신을 섬기면 여호와께서 재앙을 내리시고 멸하실 것이라고 말했을 때 백성은 아니라고 부정하고 여호와만을 섬기며 여호와의 목소리를 청종하겠다고 화답했다. 백성의 다짐과 화답을 들은 여호수아는 율법책에 기록하고 돌을 가져다가 성소 옆에 세움으로써 백성의 맹세와 화답에 대한 증거로 삼았다.

이 일 후에 여호수아는 죽음을 맞이했다. 모세의 뒤를 이어 출애굽한 이스라엘 백성들을 이끌어 약속의 땅 가나안으로 인도한 여호수아는 이렇게 죽음을 맞이하는 순간까지 이스라엘 백성들이 하나님만을 섬기도록 다짐하며 맹세하게 했다. 왜냐하면 여호와 하나님은 이스라엘의 왕이시며 하나님 나라의 왕이시기 때문이다.

그때에 왕이 없으므로

위대한 지도자 여호수아가 죽었다. 여호수아서는 마지막에 의미심장한 말을 남겼다. "이스라엘이 여호수아가 사는 날 동안과 여호수아 뒤에 생존한 장로들 곧 여호와께서 이스라엘을 위하여 행하신 모든 일을 아는 자들이 사는 날 동안 여호와를 섬겼더라"(수 24:31). 여호수아가 살아 있을 동안 이스라엘의 상태에 대해서 한마디로 정의했다. 즉 여호수아가 사는 날 동안과 여호수아 뒤에 생존한 장로들, 곧 여호와께서 이스라엘을 위해 행하신 모든 일을 아는 자들이 살아 있는 동안에는 이스라엘 백성들이 하나님을 섬겼다는 것이다. 이 말의 이면에는 여호수아가 죽고 장로들, 곧 여호와께서 이스라엘을 위해 행하신 모든 일을 아는 자들이 죽은 다음에는 이스라엘 백성들이 하나님을 저버렸다는 뉘앙스를 함축하고 있다.

여호수아시대 이후에 도래한 사사시대, 즉 사사기는 이렇게 시작한다. "여호와의 종 눈의 아들 여호수아가 백십 세에 죽으매… 그 세대의 사람도 다 그 조상들에게로 돌아갔고 그 후에 일어난 다른 세대는 여호와를 알지 못하며 여호와께서 이스라엘을 위하여 행하신 일도 알지 못하였더라. 이스라엘 자손이 여호와의 목전에 악을 행하여 바알들을 섬기며"(삿 2:8,10-11). 여호수아와 여호수아 세대 사람들이 조상들에게로 돌아간 후, 즉 죽은 후의 세대들은 여호와를 알지 못하며 여호와께서 이스라엘을 위해 행하신 일도 알지 못해서 여호와를 저버리고 가나안의 신인 바알을 섬겼다. 이것이 사사시대의 불행의 시작이었다.

사사시대에 이스라엘이 겪는 불행과 고난은 바로 여호와를 알지 못하는 데서 시작되었다. 여호와께서 이스라엘을 위하여 하신 모든 일을 알지 못하는 데서 시작되었다. 여호와를 알지 못한다면 여호와를 경외하지도 사랑하지도 않게 되며, 그 결과 자신들의 현실적인 문제를 해소해줄 것처럼 보이는, 하지만 아무런 생명도 아무런 능력도 없는 우상, 이방 신을 섬기기 마련이다. 그래서 바울은 믿음은 들음에서 나고 들음은 하나님의 말씀에서 나온다고 말했다. "그러므로 믿음은 들음에서 나며 들음은 그리스도의 말씀으로 말미암았느니라"(롬 10:17). 하나님의 말씀을 알지 못한다면 믿음도 없다. 왜냐하면 믿음은 하나님의 말씀을 들어 알게 되는 데서 나오기 때문이다. 마치 가나안을 정복한 이스라엘 백성들이 여호수아와 동시대 지도자들, 곧 여호와께서 이스라엘을 위해 행하신 모든 일을 아는 사람들이 죽었을 때 하나님을 알지 못해서 하나님을 저버리고 이방 신을 섬긴 것처럼 말이다.

사사의 등장과 다섯 가지 패턴

여호수아와 그 동시대의 장로와 같은 지도자들이 죽었다. 홍해를 건너게 하시고, 광야 40년 동안 만나를 내리시고, 옷도 신발도 해어지지 않게 하셨을 뿐만 아니라 요단강을 건너 약속의 땅 가나안을 정복하게 하셨던 그 수많은 이적들을 목도했던 사람들이 모두 죽었다. 그러자 이스라엘 백성들은 여호와 하나님을 저버리고 약속의 땅 가나안에 살던 족속들이 섬겼던 바알과 아스다롯을 섬겼다(삿 2:13). 왜냐하면 바알과 아스다롯이 훨씬 더 현실적으로 보였기 때문이다.

바알은 '주인'이라는 뜻으로 번개를 손에 쥐고 있는 형상을 하고 있는 폭풍의 신, 비의 신이었다. 아스다롯은 온몸이 가슴으로 채워진 형상을 하고 있는 다산의 여신이었다. 이 바알과 아스다롯을 섬기면 비를 내려서 풍요로운 농산물을 얻게 해줄 것처럼 보였다. 그래서 단 하루도 빠짐없이 40년 동안 만나를 내리셨던 하나님을 몰랐던 이스라엘은 농사문화에 적응하면서 현실적인 대안으로 바알과 아스다롯을 섬겼던 것이다.

이스라엘 백성들이 하나님을 저버렸을 때 하나님은 진노하셔서 그들에게 재앙을 내리셨다. 그 재앙은 이스라엘을 노략하는 자들의 손, 즉 주변 국가들에게 넘기셔서 이스라엘을 공격하게 하는 것이었다. 결국 이스라엘은 주변 국가들의 공격과 지배를 당하게 되었다. 그 고난이 깊어질수록 이스라엘 백성들은 하나님을 찾게 되었고, 하나님은 이스라엘의 회개하는 부르짖음을 들으시고, 사사를 세우셔서 그들을 주변 국가의 핍박과 괴롭힘에서 구원해주셨다. 사사가 살아 있는 동안 이스라엘은 하나님을 섬겼지만, 사사가 죽고 나면 또다시 하나님을 저버리고 가나안 족속들이 믿었던 우상을 섬기기 시작했다.

이스라엘의 우상 섬김, 하나님의 진노와 재앙으로 주변 국가에게 속박당함, 이스라엘 백성들의 회개의 부르짖음, 하나님이 사사를 세우셔서 구원하심, 사사가 살아 있는 동안 평안함, 이것이 바로 사사기에 반복적으로 나타나는 이스라엘 백성들의 삶의 패턴이다.

열두 명의 사사

여호수아서는 출애굽한 이스라엘 백성들이 여호수아의 인도 가운데 약속의 땅 가나안을 정복하고, 땅을 열두 지파에게 분배하는 과정을 그리고 있다. 그래서 흔히 여호수아시대에 가나안에 살던 모든 족속을 완전히 몰아내고 이스라엘이 가나안 땅을 완전히 정복한 것처럼 착각하기 쉽다. 하지만 사실은 그렇지 않다. 여호수아가 열두 지파에게 땅을 분배했을 때 주요 성읍들은 정복하였지만 가나안에 살던 족속들을 완전히 몰아낸 것은 아니었다. 여전히 가나안 땅에는 이스라엘 백성들이 몰아내야 할 족속들이 남아 있었다.

실제로 여호수아가 에브라임 족속과 므낫세 반지파에게 땅을 할당해주었을 때 요셉 자손인 그들은 자신들이 거주하기에는 땅이 작다고 불평을 터뜨리며 더 달라고 했다. 그때 여호수아는 이렇게 말했다. "네가 큰 민족이 되므로 에브라임 산지가 네게 너무 좁을진대 브리스 족속과 르바임 족속의 땅 삼림에 올라가서 스스로 개척하라. …비록 삼림이라도 네가 개척하라. 그 끝까지 네 것이 되리라. 가나안 족속이 비록 철 병거를 가졌고 강할지라도 네가 능히 그를 쫓아내리라"(수 17:15,18). 여호수아의 말에서 알 수 있듯 이스라엘이 약속의 땅 가나안에 들어가서 땅을 분배받을 정도로 정복했을지라도 삼림과 같은 오지는 여전히 가나안 족속이 차지하고 있는 상황이었다.

하나님이 한꺼번에 완전히 가나안 족속을 몰아내지 않으시고 가나안 땅을 분배받은 열두 지파에게 이렇게 가나안 족속을 남겨두신 데는 그 나름의 목적이 있었다. "나도 여호수아가 죽을 때에 남겨 둔 이방 민족들을 다시는 그들 앞에서 하나도 쫓아내지 아니하리니 이는 이스라엘이 그들의 조상들이 지킨 것같이 나 여호와의 도를 지켜 행하나 아니하나 그들을 시험하려 함이라 하시니라. 여호와께서 그 이방 민족들을 머물러 두사 그들을 속히 쫓아내지 아니하셨으며 여호수아의 손에 넘겨주지 아니하셨더라"(삿 2:21-23). 즉 하나님이 가나안 족속을 남겨두신 목적은 이스라엘 백성들이 가나안 땅을 차지했을 때 하나님의 말씀을 따라서 사는지 시험하시기 위함이었다. 이것은 마치 바울이 자신의 육체의 가시를 제거해달라고 세 번이나 간구했음에도 불구하고 하나님께서 바울이 자만하지 않도록 없애주시지 않은 이유와 같다.

불행하게도 이스라엘 백성들은 하나님의 기대에 부응하지 못했다. 그래서 하나님의 심판을 받아 주변 국가들에게 억압당하고 말았다. 이것이 하나님께서 사사를 보내셔서 고통당하는 가운데 회개의 기도를 했던 이스라엘 백성들을 구하시는 계기가 되었다. 사사기에는 모두 열두 명의 사사가 나온다.

사사들의 이야기를 구체적으로 다루기 전에 한 가지 짚고 넘어가야 할 것이 있다. 그것은 사사가 이스라엘 전체를 통치하지 않았다는 점이다. 사사들은 한 지역의 통치자로서 억압당하는 이스라엘 지파들을 구원했다. 뒤집어 생각해보면 이것은 이스라엘의 열두 지파가 하나의 공동체로서 제대로 단합되지 않았음을 암시한다. 여호수아와 같은 대단한 지도자가 없었으며, 하나님을 왕으로 모시지 않았기 때문에 이스라엘 백성들은 연합을 이루지 못하고 각 지파별로 행동하고 있었다. 그리하여 이스라엘 백성들은 우상을 섬기며 시간이 흐를수록 하나로 연합하지 못했을 뿐만 아니라 분열의 조짐을 보이게 된다.

사사기에 나타난 5가지 삶의 패턴

죄	이스라엘이 하나님을 저버리고 우상을 섬기며 하나님이 율법에 정해주신 삶의 방식을 따르지 않음
속박	하나님이 주변 국가를 일으키셔서 이스라엘을 정복하고 억압하게 하심
부르짖음	이스라엘은 적들의 억압과 속박 속에서 자신들이 저지른 죄를 회개하고 하나님께 돌아옴
구원	하나님은 그들의 부르짖음을 들으시고 사사를 세우셔서 이스라엘을 억압한 주변 국가를 몰아내심
평안	사사가 살아 있는 동안 평안을 누림

사사기에 나오는 열두 사사

사사 이름	억압자	억압당한 연수	평화 연수	성경 구절
옷니엘	메소포타미아 왕 구산 리사다임	8년	40년	3:7-11
에훗	모압 왕 에글론	18년	80년	3:12-30
삼갈				3:31
드보라	가나안 왕 야빈	20년	40년	4-5장
기드온	미디안	7년	40년	6-8장
돌라			23년	10:1-2
야일			22년	10:3-5
입다	암몬	18년	6년	10:6-12:7
입산			7년	12:8-10
엘론			10년	12:11-12
압돈			8년	12:13-15
삼손	블레셋	40년	20년	13-16장

이런 사실은 사사가 구원을 한 후에 이스라엘이 평화를 누리는 기간을 보아도 쉽게 알 수 있다. 열두 명의 사사들 중에서 후기의 사사들 쪽으로 갈수록 평화 연수가 줄어드는 사실을 도표로 볼 수 있다. 더욱이 사사들조차도 후기로 갈수록 타락해서 별로 힘을 발휘하지 못한다. 이것은 이스라엘 백성들이 가나안 땅에 들어가서 얼마나 타락했는지, 하나님의 말씀을 저버렸는지, 하나님을 왕으로 모시지 않았는지를 극명하게 보여준다.

열두 사사들 중에서 대표적인 사사는 성경에서 많은 분량을 차지하는 드보라(삿 4-5장), 기드온(삿 6-8장), 입다(삿 10:6-12:7), 삼손(삿 13-16장) 등이다. 여기서는 대표적인 사사들 중에서 기드온과 입다와 삼손을 다루고, 잘 드러나지 않지만 기드온의 아들인 아비멜렉을 다루려고 한다.

소심한 기드온, 미디안 족속을 물리치다

기드온 사사가 등장하기 전 성경은 이스라엘 백성들의 상태에 대해 이렇게 말한다. "이스라엘 자손이 또 여호와의 목전에 악을 행하였으므로 여호와께서 칠 년 동안 그들을 미디안의 손에 넘겨주시니"(삿 6:1). 여기서 주목해야 할 표현은 '또'이다. 이스라엘 백성들은 여호와 앞에서 반복적으로 악을 행했다. 하나님은 계속해서 죄를 짓는 이스라엘에게 미디안 족속을 보내셔서 7년 동안 억압하게 하셨다. 미디안 족속은 이스라엘을 쳐들어와서 토지소산을 모두 빼앗아갔다. 이스라엘 백성들은 미디안 족속으로 말미암아 궁핍해지자 여호와께 죄를 고백하고 구원해달라고 부르짖었다.

그때 하나님은 선지자를 보내셔서 자신이 이스라엘을 애굽에서 탈출시켜 이스라엘이 가나안 땅을 차

기드온이 300명 용사를 뽑기 위해 물을 마시게 했던 샘

지하게 했지만, 자신의 목소리를 듣고 순종하지 않았다고 책망하셨다. 그리고 회개하는 이스라엘 백성들을 구원하기 위해서 기드온을 준비하셨다.

기드온은 생각만큼 멋지고 용감한 사람이 아니었다. 하나님이 사자를 보내셔서 기드온을 부르실 때 그는 포도주 틀에서 타작하고 있었다. 곡식 타작은 본래 바람이 잘 통하는 개방된 장소에서 이루어졌다. 그런데 기드온이 곡식 타작을 포도주 틀에서 했다는 것은 타작하는 것을 숨겨서 적들에게 곡식을 빼앗기지 않기 위함이었다. 그런 기드온을 향해서 여호와의 사자는 이렇게 말씀한다. "큰 용사여, 여호와께서 너와 함께 계시도다"(삿 6:12). 소심한 기드온에게 "큰 용사"라고 부르시며 하나님이 함께하신다고 말씀하신다. 그리고 불평을 늘어놓는 기드온에게 이스라엘을 미디안 족속의 손에서 구원하라고 명령을 내리신다.

그때 기드온은 이렇게 대답한다. "오, 주여. 내가 무엇으로 이스라엘을 구원하리이까. 보소서. 나의 집은 므낫세 중에 극히 약하고 나는 내 아버지 집에서 가장 작은 자니이다"(삿 6:15). 그는 자신이 큰 용사도 아니고 별 볼일 없는 작은 자라고 고백한다. 그때 여호와께서 이렇게 말씀하신다. "내가 반드시 너와 함께하리니 네가 미디안 사람 치기를 한 사람을 치듯 하리라"(삿 6:16). 그러자 기드온은 여호와 하나님께 표징을 요구한다. 하나님의 사자는 기드온이 제단에 제물을 드리자 불이 바위에서 나오게 하셔서 불로 제물을 살라 버림으로써 기드온에게 확증해주었다.

때마침 미디안과 아말렉과 동방 사람들이 쳐들어왔다. 그때 여호와의 영이 기드온에게 임재했다. 기드온이 군사를 소집하는 나팔을 불고 사자를 보내자 아비에셀, 므낫세, 아셀, 스불론, 납달리가 몰려왔다. 이런 와중에서도 기드온은 또다시 갈등하며 하나님께 표징을 구한다. 그것은 양털 한 뭉치를 타작

마당에 두었을 때 양털에만 이슬이 내리고 주변은 마르게 해달라는 것이었다. 하나님이 그렇게 해주시자 기드온은 다시 한 번 정반대로 해달라고 요청한다. 양털 뭉치는 마르고 주변은 이슬로 젖게 해달라는 것이었다. 하나님은 거듭된 기드온의 불신과 표징 요구에도 불구하고 화를 내지 않으시고, 그대로 이루어주셔서 기드온에게 확신을 주셨다(삿 6:36-40).

이제 기드온은 몰려온 이스라엘 백성들을 이끌고 적들과 대치했다. 그때 하나님은 이스라엘의 군사가 너무 많으니 걸러내라고 명령하신다. 3만 2천 명 중에서 두려워 떠는 자 2만 2천 명을 돌려보내고, 다시 물을 먹는 시험을 통해 물을 혀로 핥아먹지 않고 손으로 떠서 먹은 300명만 남기고 모두 돌려보내게 하셨다. 이는 이 전쟁에서 이겼을 때 하나님의 도우심 때문이 아니라 군사의 수로 이겼다고 자랑하지 못하도록 하기 위함이었다.

군사의 수가 3만 2천 명에서 300명으로 줄어들었을 때 어렵게 힘을 내서 전투에 임하게 된 기드온의 마음은 어땠을까? 아마도 두려움에 사로잡혔을 것이다. 왜냐하면 하나님이 기드온에게 다시 한 번 표징을 보여주시기 때문이다. 그 표징은 기드온에게 밤에 일어나 적군의 진영에 몰래 들어가서 적들이 하는 말을 듣게 하신 것이다. 기드온이 부하 부라를 데리고 적군 진영에 침투했을 때 보초를 서던 적병들이 꿈 이야기를 주고받는 것을 들었다.

"기드온이 그곳에 이른즉 어떤 사람이 그의 친구에게 꿈을 말하여 이르기를 보라. 내가 한 꿈을 꾸었는데 꿈에 보리떡 한 덩어리가 미디안 진영으로 굴러 들어와 한 장막에 이르러 그것을 쳐서 무너뜨려 위쪽으로 엎으니 그 장막이 쓰러지더라. 그의 친구가 대답하여 이르되 이는 다른 것이 아니라 이스라엘 사람 요아스의 아들 기드온의 칼이라. 하나님이 미디안과 그 모든 진영을 그의 손에 넘겨주셨느니라 하더라"(삿 7:13-14). 적병의 입을 통해서 하나님이 적들을 기드온의 손에 넘겨주셨다는 말을 듣게 하셨다.

적병의 말을 들은 기드온은 이 전쟁에서 이길 수 있다는 확신을 얻었다. 기드온은 300명의 군사를 데리고 세 부대로 나누어 적군의 진영에 침투하게 해서 일시에 나팔을 불며 횃불을 손에 감춘 항아리를 깨게 하는 기습작전을 펼쳤다. 그때 기드온의 군사들은 이렇게 외쳤다. "여호와와 기드온의 칼이다"(삿 7:20). 그러자 적군들은 당황한 나머지 스스로를 쳐서 죽여 자멸하고 말았다. 이로써 기드온과 그의 군사들은 대승을 거두었다. 도망치는 적군들을 추격하는 가운데 기드온은 에브라임 지파에게 사자를 보내어 내려와서 미디안을 치고 요단강을 점령해서 퇴로를 막으라고 했다. 에브라임 지파는 이에 응답해서 수로를 점령하고 미디안의 두 방백 오렙과 스엡을 죽였다. 이로써 미디안 족속과의 전쟁은 일단락이 되었다.

그때 에브라임 지파는 기드온에게 나아와 시비를 걸었다. 미디안과 싸우러 나갈 때에 왜 자신들을 부르지 않았느냐는 것이다. 에브라임의 시비는 터무니없는 짓이었다. 형제들이 어려움을 겪을 때 나서지 않고 있다가 전쟁에서 승리할 대쯤에 참전해서 그 열매를 따먹은 주제에 처음부터 고생한 기드온에게 도리어 자신들을 대접하지 않았다고 시비를 거는 어처구니없는 짓을 하고 있는 것이다. 그러나 기드온은 "에브라임의 끝물 포도가 아비에셀의 만물 포도보다 낫지 아니하냐"(삿 8:2)라고 말하여 에브라임이 더 큰 전공을 세웠다고 추켜세워 분란을 봉합하고 화해를 이루었다.

기드온의 이야기를 마무리하기 전에 한 가지를 더 살펴보아야 한다. 기드온이 미디안 족속을 끝까지 추격해서 완전히 물리쳐서 평화를 가져왔을 때 이스라엘 사람들이 기드온에게 나아와 자신들의 왕이 되어 달라고 요청한 것이다. "그때에 이스라엘 사람들이 기드온에게 이르되 당신이 우리를 미디안의 손에서 구원하셨으니 당신과 당신의 아들과 당신의 손자가 우리를 다스리소서 하는지라"(삿 8:22). 그러자 기드온은 이렇게 대답한다. "기드온이 그들에게 이르되 내가 너희를 다스리지 아니하겠고 나의 아들도 너희를 다스리지 아니할 것이요 여호와께서 너희를 다스리시리라 하니라"(삿 8:23). 기드온은 자신이 다스리지 않겠다고 말할 뿐만 아니라 하나님이 왕으로서 이스라엘 백성들을 다스리신다는 사실을 분명하게 밝힌다. 이스라엘 백성들은 이처럼 왕 되신 하나님이 자신들과 함께하신다는 사실을 까맣게 잊어버리고 있었다. 이스라엘은 왕이신 하나님이 다스리시는 하나님 나라의 백성이다. 그런데 그들은 그 사실을 완전히 망각하고 기드온에게 자신들의 왕이 되어 달라는 실수를 범했다.

왕이 되고자 했던 기드온의 아들 아비멜렉

기드온은 아내가 많아서 자식이 무려 70명이나 되었다. 기드온이 세겜 출신의 첩에게서도 아들을 얻었는데, 그의 이름은 아비멜렉이었다. 흥미롭게도 '아비멜렉'이라는 이름의 뜻은 '내 아버지는 왕이시다'이다. 이 이름은 그 이후에 일어날 일의 전조였다.

기드온이 죽자 아비멜렉은 자기 어머니의 고향 세겜으로 가서 어머니의 형제들에게 이렇게 말했다. "너희는 세겜의 모든 사람들의 귀에 말하라. 여룹바알[기드온]의 아들 칠십 명이 다 너희를 다스림과 한 사람이 너희를 다스림이 어느 것이 너희에게 나으냐. 또 나는 너희와 골육임을 기억하라"(삿 9:2). 아비멜렉은 세겜 사람이 자신의 친척임을 내세워 자신을 왕으로 세워달라고 주장했다. 그러자 세겜 사람들은 아비멜렉의 주장에 동조해서 은 70개를 내주었다. 아비멜렉은 그 은으로 불량배를 사서 자기 형제들을 죽였다. 이 참극에서 유일하게 살아남은 자는 막내아들 요담뿐이다. 이때 세겜 사람들은 아비멜렉

푸생의 <미디안 사람들을 물리치는 기드온>. 보잘것없는 도구인 나팔과 횃불, 그리고 항아리를 가지고 미디안의 진에 간 기드온과 300명의 용사들은 하나님의 명령대로 나팔을 불고 항아리를 부수며 "여호와와 기드온의 칼이여" 하고 외쳤다. 그 순간 미디안 군사들은 혼비백산해서 서로 죽이고 도망하다가 전멸을 당했다. 기드온을 통한 하나님의 위대한 승리였다.

을 왕으로 옹립했다. "세겜의 모든 사람과 밀로 모든 족속이 모여서 세겜에 있는 상수리나무 기둥 곁에서 아비멜렉을 왕으로 삼으니라"(삿 9:6).

죽음의 위기를 겨우 벗어난 기드온의 막내아들 요담은 세겜 남쪽에 있는 그리심산에 올라가 아비멜렉을 왕으로 세운 세겜 사람들을 향해 우화를 외쳤다. 모든 나무가 감람나무, 무화과나무, 포도나무에게 각각 찾아가 왕이 되라고 간청하지만, 그 나무들은 저마다 가지고 있는 열매를 버릴 수 없다고 고사한 반면, 아무런 열매도 내지 못하는 가시나무는 왕이 되기를 자청하며, 자기 그늘 아래 피하라 말하고 그렇지 않으면 불이 가시나무에서 나와 태울 것이라고 말한다. 요담은 이런 우화를 통해 가시나무와 같은 아비멜렉으로 인해 세겜 사람들과 밀로의 집이 불살라질 것이며 아비멜렉 또한 불살라질 것이라고 예고했다.

아비멜렉이 왕이 되어 3년이 지났을 무렵 하나님은 악한 영을 보내셔서 세겜 사람들이 배반하여 아비멜렉과의 관계가 소원해지게 만드셨다. 이로써 기드온의 아들들을 죽일 때 흘린 피의 심판이 세겜 사람들에게 떨어지게 하신 것이다. 세겜 사람들은 에벳의 아들 가알을 추종해서 아비멜렉에게 반기를 들었고, 이 소식을 들은 아비멜렉은 세겜을 공격해서 죽였으며, 세겜 망대로 피한 사람들을 불태워 죽였다. 이때 죽은 남녀가 약 천 명이었다. 아비멜렉은 이어서 데베스를 쳐서 정복했고, 아비멜렉의 공격을 피해 데베스 망대로 도망친 사람들도 불살라버리려고 다가가다 망대 꼭대기에서 한 여인이 던진 맷돌 위짝에 맞아 두개골이 깨졌으며, 무기를 든 청년에게 부탁하여 죽음을 맞이한다. 이로써 기드온의 막내아들 요담이 우화를 통해 말한 저주가 그대로 이루어졌다.

'내 아버지는 왕이시다'라는 뜻의 이름을 가진 아비멜렉은 하나님이 왕이시라고 고백했던 아버지 기드온과 달리 친족을 동원하여 형제들을 죽이고 스스로 왕이 되었다. 이런 아비멜렉의 행동은 이스라엘이 하나님을 왕으로 인정하고 모시기를 거부했음을 단적으로 보여준다. 이스라엘 백성들은 하나님을 왕으로 모시기를, 하나님 나라의 백성이 되기를 거부했다.

건달패의 우두머리 입다, 암몬 족속을 물리치다

앞서 사사시대의 패턴에서 언급한 것처럼 이스라엘은 또다시 하나님을 저버렸다. 입다가 사사로 세움을 받기 전에 성경은 이스라엘이 하나님을 저버린 상황에 대해 이렇게 표현했다. "이스라엘 자손이 다시 여호와의 목전에 악을 행하여 바알들과 아스다롯과 아람의 신들과 시돈의 신들과 모압의 신들과 암몬 자손의 신들과 블레셋 사람들의 신들을 섬기고 여호와를 버리고 그를 섬기지 아니하므로"(삿 10:6). 앞서 드보라 사사시대에는 "에훗이 죽으니 이스라엘 자손이 또 여호와의 목전에 악을 행하매"(삿 4:1)라고, 기드온 시대에는 "이스라엘 자손이 또 여호와의 목전에 악을 행하였으므로"(삿 6:1)라고 간단하게 묘사하는 반면, 입다 시대에는 이스라엘이 하나님을 저버리고 얼마나 많은 이방 신들을 섬겼는지 나열하고 있다. 이스라엘은 바알들, 아스다롯, 아람의 신들, 시돈의 신들, 모압의 신들, 암몬 자손의 신들, 블레셋 사람들의 신들을 섬겼다. 시쳇말로 이스라엘 백성들은 가나안에 살던 모든 족속의 신을 섬길 정도로 타락해가고 있었다.

그때 하나님은 진노하셔서 이방 족속들을 들어 이스라엘을 공격하게 하셨다. 입다 시대에는 블레셋 족속과 암몬 족속이 요단강 동편과 서편을 정복해서 억압하고 있었다. 그래서 이스라엘의 곤고가 극심했다. "암몬 자손이 또 요단을 건너서 유다와 베냐민과 에브라임 족속과 싸우므로 이스라엘의 곤고가 심하였더라"(삿 10:9).

적들의 침략으로 고통을 당하자 이스라엘 백성들은 하나님을 찾으며 회개했다. "이스라엘 자손이 여호와께 부르짖어 이르되 우리가 우리 하나님을 버리고 바알들을 섬김으로 주께 범죄하였나이다 하니"(삿

10:10). 그러나 반복된 뉘우침에 하나님은 매정하게 반응하신다. "너희가 나를 버리고 다른 신들을 섬기니 그러므로 내가 다시는 너희를 구원하지 아니하리라. 가서 너희가 택한 신들에게 부르짖어 너희의 환난 때에 그들이 너희를 구원하게 하라 하신지라"(삿 10:13-14).

그러자 이스라엘 백성들은 보다 더 하나님 앞에 엎드리며 하나님의 구원하심을 갈구한다. "이스라엘 자손이 여호와께 여쭈되 우리가 범죄하였사오니 주께서 보시기에 좋은 대로 우리에게 행하시려니와 오직 주께 구하옵나니 오늘 우리를 건져내옵소서"(삿 10:15). "주께서 보시기에 좋은 대로 우리에게 행하시려니와"라는 표현은 하나님의 주권을 인정하는 것이었다. 뒤집어 생각하면 이것은 이스라엘 자신들이 그런 심판을 당하는 것이 마땅하다고 고백하는 것이었다. 그럼에도 불구하고 이스라엘 백성들은 그 가운데서 하나님의 자비를 간구하며 적들의 손에서 구원해달라고 간청한다. 더욱이 그들은 자신들이 섬기던 이방 신들을 제거하고 여호와 하나님을 섬김으로써 자신들의 회개가 진실임을 입증했다(삿 10:16). 하나님은 그들의 마음을 읽으시고 이스라엘의 곤고로 말미암아 근심하셨다.

그때 요단강 동편의 길르앗에 살던 백성과 지도자들은 자신들을 공격하려 진을 친 암몬 자손과 싸울 장수를 찾고 있었다. 장수 물망에 오른 사람은 입다였다. 입다는 소위 출신 성분이 그리 좋은 사람이 아니었다. 그는 길르앗이 기생에게서 얻은 아들이어서 집안에서 내쫓겨 건달패들과 어울려 지내고 있었다. 길르앗의 장로들은 돕 땅으로 입다를 찾아가 지휘관이 되어 달라고 요청했다. 입다는 자신이 하나님의 도우심으로 암몬과의 전쟁에서 이기면 지도자로서의 권위를 인정하라는 다짐을 받은 후 길르앗의 머리와 장관으로서 전투에 나섰다.

입다가 먼저 암몬 족속에서 사자를 보내어 왜 쳐들어왔는지를 묻자, 암몬 족속은 길르앗이 자기들의 땅인데 출애굽한 조상들이 강제로 차지했으니 내놓으라고 요구했다. 입다는 출애굽 때의 역사를 열거하며 그 땅이 암몬 족속의 땅이 아니며 아모리 족속 왕 시혼에게서 빼앗은 것임을 주지시켰지만, 암몬 족속은 입다의 주장을 받아들이지 않았다. 그때 여호와의 영이 입다에게 임했으며, 입다는 이 전쟁에서 이기게 하시면 돌아올 때 처음 자신을 맞이하는 것을 여호와께 번제물로 드리겠다고 서원한 후, 나가서 암몬 족속과 싸워 완전히 물리쳤다. 그런데 이를 어쩌랴! 입다가 승리한 후 돌아올 때 그를 처음으로 맞이한 것은 그의 무남독녀였다. 입다는 애통해했지만 서원을 되돌릴 수는 없었다.

사사 입다가 암몬 족속을 물리쳤을 때 또다시 에브라임 자손이 나서서 입다에게 시비를 걸었다. 이유는 기드온 때와 똑같았다. 즉 암몬 족속과 전쟁하러 나갈 때 자신들을 부르지 않았다는 것이다. 에브라임 지파는 다된 밥에 밥숟가락을 얹어서 그 영광을 차지하려고 했다. 에브라임의 공적을 찬양해서 달랬던 기드온 사사와 달리 입다는 강공으로 대적했다. 입다는 암몬 족속과 전쟁에 나갈 때 도움을 청했지만 에브라임 지파가 외면했다는 것을 분명히 밝히고, 에브라임 지파와 싸웠다. 이 싸움에서 에브라임은 패했고 도망쳐야 했다.

길르앗이 요단강 동편이었기 때문에 요단강 서편에 살았던 에브라임 지파가 도망치기 위해서는 요단강 나루터를 거쳐야 했다. 이를 알고 있던 입다는 요단강 나루터를 선점하고서, 건너는 사람들에게 '쉽볼렛'이라고 발음해 보라했다. 쉽볼렛은 '이삭, 시내'라는 뜻이다. 그런데 에브라임 지파는 '쉬' 발음을 하지 못했다. 마치 우리나라 경상도 사람들이 쌍시옷 발음을 잘하지 못해서 '쌀'을 '살'이라고 발음하는 것처럼 말이다. 그래서 에브라임 지파 사람들은 '십볼렛'이라고 발음할 수밖에 없었다. 만일 요단 강 나루터를 지나려는 사람이 쉽볼렛이라고 하지 못하고 십볼렛이라고 발음하면 길르앗 군사들은 그 사람을 그 자리에서 잡아 죽였다. 이때 죽은 에브라임 지파 사람들이 무려 4만 2천 명에 이르렀다.

이는 기드온 사사 때와 마찬가지로 이스라엘의 열두 지파가 하나의 공동체 의식을 갖고 있지 않고 분열되었으며, 에브라임 지파가 계속해서 자기 주도권을 내세우고 있었음을 보여준다. 기드온과 달리 입다는 에브라임 지파의 억지를 그냥 받아주지 않았고, 전투를 벌임으로써 이스라엘 지파들이 서로 얼마나 단절되고 완악해졌는지를 암시적으로 보여준다. 이렇게 그들의 마음은 완악해지고 하나님 나라의 한 백성이라는 의식 또한 사라져가고 있었다.

문란한 삶을 산 삼손, 죽음으로 사사직을 수행하다

이스라엘이 또다시 여호와의 목전에서 악을 행했다. 하나님은 그들을 블레셋 족속에게 넘기셔서 고난을 당하게 하셨다. 그때 단 지파 사람 마노아의 아내에게 여호와의 사자가 나타나 아들을 낳을 것을 예고하면서 아이가 태어나면 머리카락을 자르지 말라고 명령했다. 왜냐하면 그 아이는 나실인으로 구별되었기 때문이다. 나실인은 일정 기간, 또는 일평생 동안 하나님께 헌신하는 서약제도이다.

나실인으로 서약한 사람은 서약 기간 동안 지켜야 할 규례가 있었다. "포도주와 독주를 멀리하며 포도주로 된 초나 독주로 된 초를 마시지 말며 포도즙도 마시지 말며 생포도나 건포도도 먹지 말지니… 그 서원을 하고 구별하는 모든 날 동안은 삭도를 절대로 그의 머리에 대지 말 것이라. …시체를 가까이 하지 말 것이요 그의 부모 형제자매가 죽은 때에라도 그로 말미암아 몸을 더럽히지 말 것이니"(민 6:3,5-7). 나실인이 지켜야 할 규례를 정리하면 모두 세 가지다. 첫째, 포도주나 독주를 마시지 말아야 한다. 둘째, 머리카락을 자르지 말아야 한다. 셋째, 시체를 만지지 말아야 한다.

이렇게 태어난 사사가 바로 삼손이다. 삼손이 자랄 때 하나님은 그에게 복을 주셔서 여호와의 영이 강하게 역사하셨다. "그 여인이 아들을 낳으매 그의 이름을 삼손이라 하니라. 그 아이가 자라매 여호와께서 그에게 복을 주시더니 소라와 에스다올 사이 마하네단에서 여호와의 영이 그를 움직이기 시작하셨더라"(삿 13:24-25). 다른 사사와 달리 삼손은 태어날 때부터 하나님의 선택하심을 받았으며 하나님의 영의 강력한 역사 가운데 있었다. 그럼에도 불구하고 삼손은 사사로서 훌륭하게 사역을 해내지 못했다. 왜냐하면 삼손은 세 여인과의 만남으로 불행한 길을 걸었기 때문이다.

삼손이 만난 첫 번째 여인은 딤나 여인이었다. 그는 딤나에 내려갔다가 한 여인을 보고 결혼하기로 마음먹고 부모님에게 돌아와 딤나 여인과 결혼하겠다고 자기 결심을 밝혔다. 아마도 삼손은 이 딤나 여인을 통해 블레셋 족속을 물리칠 계획을 갖고 있었던 것으로 보인다. 삼손의 부모는 할례받지 못한 백성의 딸, 곧 이방인의 딸과 결혼하는 것을 반대했다. 그런데 성경은 아이러니하게도 이 상황에 대해 이렇게 말한다. "그때에 블레셋 사람이 이스라엘을 다스린 까닭에 삼손이 틈을 타서 블레셋 사람을 치려 함이었으나 그의 부모는 이 일이 여호와로부터 나온 것인 줄은 알지 못하였더라"(삿 14:4). 비록 이방 여인과 결혼하려는 계획이 좋은 것은 아니었지만 하나님은 그 상황을 통해서 블레셋 족속을 치려고 하셨다.

결혼 잔치를 할 때 삼손은 풍속을 따라 함께 모인 블레셋 청년들에게 베옷 삼십 벌과 겉옷 삼십 벌을 걸고 수수께끼를 냈다. "먹는 자에게서 먹는 것이 나오고 강한 자에게서 단 것이 나왔느니라"(삿 14:14). 이는 삼손이 결혼문제로 딤나를 오가다가 만난 사자를 죽였고, 사자의 시신 가운데 있었던 꿀을 떠서 먹은 것을 염두에 두고 낸 수수께끼였다. 블레셋 청년들은 이 수수께끼의 의미를 알 길이 없었다. 그들은 삼손의 아내가 된 딤나 여인에게 알아내지 못하면 불사르겠다고 협박했다. 딤나 여인이 7일 동안 울면서 조르자 삼손은 해답을 가르쳐주었다. 블레셋 청년들이 수수께끼의 정답을 말하자 화가 난 삼손은 임재하신 여호와 영의 역사로 블레셋 성읍인 아스글론에 내려가 그곳 사람 삼십 명을 죽이고 노략하여 수수께끼를 푼 대가로 주었다. 그리고 아버지의 집으로 가버렸다.

한참 시간이 흐른 후에 삼손은 다시 블레셋 여인 아내를 만나기 위해서 딤나로 내려갔지만 만날 수 없었다. 왜냐하면 장인이 삼손의 아내를 다른 남자에게 보내버렸기 때문이다. 이에 분노한 삼손은 여우 3백 마리를 붙잡아서 꼬리를 서로 묶고 횃불을 달아 블레셋 사람들의 곡식밭을 뛰어다니게 하여 밭을 불태웠다. 삼손이 이 일을 저질렀다는 것을 안 블레셋 사람들이 삼손의 블레셋 여인 아내와 그 아버지를 불태워 죽이자, 삼손은 그 블레셋 사람들을 죽여 보복하고, 유다 지파 영토 안에 있는 에담 바위틈에 머물렀다. 이에 다시 블레셋 족속이 유다 사람들에게 올라가서 진을 치고서 삼손을 내놓으라고 요구했다. 불행하게도 유다 지파 사람들은 삼손을 돕지 않고 블레셋 사람들의 요구대로 삼손을 결박해서 블레셋 족속에게 넘겨주었다. 그 순간 여호와의 영이 삼손에게 임하셨으며, 삼손을 결박한 밧줄을 끊고 나귀 턱뼈로 블레셋 사람 천 명을 죽임으로써 이스라엘을 괴롭혔던 적들을 물리쳤다.

루벤스의 <삼손과 들릴라>. 삼손은 달콤한 들릴라의 유혹에 넘어가 자신의 비밀을 알려주고 머리를 깎이는 수모를 당하고 있다.

삼손이 만난 두 번째 여인은 가사에 있는 기생이었다. 삼손은 기생과 함께 밤을 보내면서 블레셋 족속이 자신을 노리도록 한 것으로 보인다. 삼손의 기대대로 블레셋 사람들은 삼손을 포위하고 매복해서 죽일 기회를 노렸다. 그러나 한밤중에 일어난 삼손은 성 문짝과 문설주와 문빗장을 빼서 어깨에 메고 유다 지파 영토에 있는 헤브론으로 옮겼다.

세 번째 여인은 우리가 영화를 통해 익히 잘 알고 있는 들릴라이다. 흥미로운 것은 삼손과 들릴라의 이름이다. 삼손은 '태양'이라는 뜻에서 유래되었으며, 들릴라는 '밤'이라는 뜻의 낱말과 발음이 유사하다. 이는 만나지 말아야 상대들이 만난 것을 암시하는 것처럼 보인다. 삼손이 들릴라를 사랑한다는 소식을 듣자 블레셋 족속의 지도자들은 삼손이 가진 괴력을 무력화시킬 비밀을 알아내주면 은 1,100개를 주겠다고 들릴라를 꼬드겼다. 들릴라는 삼손에게 힘의 원천이 어디인지를 물었다. 삼손은 들릴라의 의도가 무엇인지 알면서도 장난처럼 대수롭지 않게 대했다. 삼손은 무려 세 번이나 장난으로 거짓말을 했다. 첫 번째는 새 활줄 일곱 가닥으로 결박하면, 두 번째는 새 밧줄로 결박하면, 세 번째는 삼손의 머리카락 일곱 가닥을 베틀의 날실에 섞어 짜면 힘을 잃게 될 것이라고 대답했다. 물론 거짓이었기에 블레셋 족속은 삼손을 포로로 잡을 수 없었다.

세 번이나 희롱당한 들릴라는 삼손에게 자신을 사랑하지 않는다고 협박하며 힘의 비밀을 알려달라고 재촉했다. "날마다 그 말로 그를 재촉하여 조르매 삼손의 마음이 번뇌하여 죽을 지경이라"(삿 16:16). 삼손이 처음에는 여인들과의 관계를 통해 블레셋 족속을 무찌르려는 계획을 세웠을지 몰라도 나중에는 그것이 올무가 되고 말았다. 결국 삼손은 자신의 힘의 비밀을 들릴라에게 털어 놓았다. "삼손이 진심을 드러내어 그에게 이르되 내 머리 위에는 삭도를 대지 아니하였나니 이는 내가 모태에서부터 하나님의 나실인이 되었음이라. 만일 내 머리가 밀리면 내 힘이 내게서 떠나고 나는 약해져서 다른 사람과 같으리라"(삿 16:17). 그 밤에 들릴라는 자기 무릎을 베고 자는 삼손의 머리카락을 밀었다.

들릴라가 블레셋 족속이 잡으러 왔다고 소리치자 삼손은 자리를 털고 일어났지만 아무런 힘을 발휘할 수 없었다. "들릴라가 이르되 삼손이여 블레셋 사람이 당신에게 들이닥쳤느니라 하니 삼손이 잠을 깨며 이르기를 내가 전과 같이 나가서 몸을 떨치리라 하였으나 여호와께서 이미 자기를 떠나신 줄을 깨닫지 못하였더라"(삿 16:20). 삼손은 여호와께서 자기를 떠나신 것조차 깨닫지 못하는 사람으로 전락해 있었다. 마치 죄를 지으면 지을수록 죄에 대해 무감각해지는 것처럼 말이다. 그 결과 블레셋 족속에게 사로잡힌 삼손은 두 눈이 뽑히고 옥에서 맷돌을 돌리는 신세로 전락했다. 하지만 성경은 이 대목에서 흥미로운 말을 한다. "그의 머리털이 밀린 후에 다시 자라기 시작하니라"(삿 16:22). 이는 삼손의 힘이 회복되고 있음을 암시적으로 보여준다.

블레셋 족속은 큰 골칫거리였던 삼손을 잡았으니 더 이상 문제될 것이 없었다. 블레셋 족속의 지도자들은 자신들이 섬기던 다곤 신이 삼손을 자신들에게 넘겨주었다고 기뻐하며 다곤에게 큰 제사를 드리고 축제를 벌였다. 그리고 삼손을 옥에서 불러내어 재주를 부리게 했다. 삼손은 자기 손을 붙든 소년에게 그 건물을 지탱하는 기둥으로 데려다 달라고 해서 기둥을 붙잡고 여호와께 부르짖었다. "주 여호와여, 구하옵나니 나를 생각하옵소서. 하나님이여, 구하옵나니 이번만 나를 강하게 하사 나의 두 눈을 뺀 블레셋 사람에게 원수를 단번에 갚게 하옵소서"(삿 16:28).

그리고 건물 기둥을 밀어 무너뜨림으로써 수많은 블레셋 족속과 함께 죽음을 맞이했다. 이처럼 블레셋 사람들은 '다곤 신이 삼손을 우리 손에 넘겨주었다'고 찬양했지만, 무너지는 다곤의 신전과 함께 몰사하고 말았다. 오히려 하나님이 그들을 삼손의 손에 넘겨주셨다. 민족의 영웅이었던 삼손의 비극적인 최후는 많은 안타까움을 남기지만, 결과적으로 그는 하나님의 도우심으로 자신의 사명을 완수할 수 있었다. 이런 삼손의 죽음에 대해서 성경은 이렇게 평가한다. "삼손이 죽을 때에 죽인 자가 살았을 때에 죽인 자보다 더욱 많았더라"(삿 16:30).

레위인의 타락과 내전

사사들의 대단한 사역 이야기가 끝난 후 사사기는 두 가지 이야기로 레위인의 타락상을 전한다. 첫째는 미가 집의 제사장 이야기다(삿 17-18장). 에브라임 산지에 사는 미가라는 사람은 어머니의 은 1,100개를 훔쳤다가 어머니가 훔친 자를 저주하자 내놓았고, 어머니는 그 은으로 신상을 만들어 집에 두었다. 또한 미가는 제사장들이 입는 옷인 에봇과 가정 수호신인 드라빔을 만들어 개인적인 신당에 모셔두었다. 심지어 그 집은 한 아들을 제사장으로 세웠다.

그러는 와중에 유다 가족에 속한 한 청년 레위인

블레셋 사람들의 정체는 무엇이었을까?

삼손, 사무엘, 사울, 그리고 다윗 등과 지속적으로 불편한 관계를 형성하면서 팔레스타인, 곧 '블레셋 사람의 땅'이라는 지명을 남긴 채 역사의 무대에서 유령처럼 사라진 블레셋 사람들의 정체는 여전히 풀리지 않는 수수께끼로 남아 있다. 블레셋 사람들 스스로 자신들의 정체를 밝힌 문헌상의 데이터 역시 전혀 남아 있지 않다. 다만 주변 국가들과 관계에 비추어볼 때 주전 1188년에 이집트를 침공한 바다 사람들로 추정할 따름이다. 이와 관련된 내용은 이집트의 람세스 신전에 부조로 새겨진 명문을 통해 확인할 수 있다. 아모스 선지자 역시 여호와의 예언을 전하면서 "블레셋 사람을 갑돌(크레타)에서… 올라오게 하지 아니하였느냐"(암 9:7)라고 언급함으로써 블레셋 사람들과 크레타인들이 서로 밀접한 관계가 있음을 시사한 바 있다.

룩소르의 맞은편 메디네트 하부의 신전 벽에 새겨진 블레셋 포로들

블레셋 사람들이 이집트와 주변지역을 침공한 시기는 크레타의 미노스 문명이 쇠퇴하던 무렵으로, 미노스 문명과 희랍의 미케네 문명의 영향을 받아 한꺼번에 남쪽으로 밀려 내려온 것으로 보인다. 이집트에서는 돛으로만 움직이는 선박을 타고 지중해를 가로질러 건너오는 블레셋 사람들을 '바다의 이방인'이라고 불렀다. 그들은 이집트 사람들과 달리 할례를 받아야 한다고 생각하지 않았다. 일부는 해안지대에 평화롭게 정착했지만 다른 일부는 이집트와 적대 관계에 있는 주변 민족과 연합해 강력하게 저항하기도 했다. 때문에

람세스 2세와 3세는 직접 병력을 동원해 정벌에 나서기도 했다. 특히 람세스 3세는 재위 초기(주전 1175년)에 나일 삼각주를 침공해온 바다 사람들과 전투를 벌여 2천 명 이상을 죽이고 상당한 숫자를 생포하는 전과를 올렸다.

이집트 사람들은 초기에는 자신들의 허점이 노출될 때마다 바다를 건너와 공격을 일삼는 사람들의 정체를 제대로 파악하지 못한 것으로 보인다. 이집트 사람들은 독특한 복장과 장비를 갖춘 도깨비 같은 바다 사람들을 상당히 위협적인 이방인이나 적으로 간주했다. 따라서 람세스 3세는 자신의 군대가 이처럼 강력한 적을 상대해 거둔 전과를 과시하고 싶었기에 건축 기술자들에게 바다 사람들과의 전투과정을 신전 벽면에 생생하게 기록하라고 지시했다. 기술자들은 이집트 군대와 전투를 벌이다가 대패한 바다 사람들을 부조로 표현했다. 하나같이 머리카락(혹은 깃털)을 곧게 세우거나 뿔이 달린 투구를 쓴 채 둥근 방패와 길고 끝이 날카로운 칼이나 창을 들고 있는 모습이었다.

이집트와 사사건건 대립하던 이들과 달리 가나안의 남서쪽 해안지역에 안정적으로 정착한 바다 사람들은 가사, 아스돗, 아스글론과 내륙에 있는 두 개의 도시인 가드, 에그론을 아우르는 도시국가 연맹체를 구축했고, 각 도시마다 세렌이라는 왕을 중심으로 확고한 행정체계를 조직했다. "곧 애굽 앞 시홀 시내에서부터 가나안 사람에게 속한 북쪽 에그론 경계까지와 블레셋 사람의 다섯 통치자들의 땅 곧 가사 족속과 아스돗 족속과 아스글론 족속과 가드 족속과 에그론 족속과 또 남쪽 아위 족속의 땅과"(수 13:3). "블레셋 사람이 여호와께 속건제물로 드린 금 독종은 이러하니 아스돗을 위하여 하나요 가사를 위하여 하나요 아스글론을 위하여 하나요 가드를 위하여 하나요 에그론을 위하여 하나이며"(삼상 6:17).

또한 그들이 보유한 강력한 군사력은 쇠를 능숙하게 다룰 수 있는 기술에서 비롯되었다. 반면 아직 청동기 수준을 벗어나지 못했던 이스라엘 부족들은 기술력에 의해 빚어진 차이 때문에 어쩔 수 없이 블레셋으로부터 시달림을 당해야 했다. "여호와께서 유다와 함께 계셨으므로 그가 산지 주민을 쫓아내었으나 골짜기의 주민들은 철 병거가 있으므로 그들을 쫓아내지 못하였으며"(삿 1:19). 블레셋 사람들은 철기 제조법을 오랫동안 철저하게 보안에 붙였기에 이스라엘 사람들은 철기를 입수하거나 보수하는 일까지도 그들의 손을 빌려야 했다.

테베 신전에 새겨진 블레셋 병사의 모습 (주전 12세기)

엘리 제사장 당시 에벤에셀 지역 전투에서 이스라엘 사람들이 목숨보다 소중하게 받들던 법궤까지 강탈할 정도로 막강한 군사력을 자랑하던 블레셋 사람들은 마침내 다윗 왕 때 이르러서 무릎을 꿇게 된다. 하지만 여전히 그 명맥을 유지하다가 주전 604년, 바빌론의 국왕 느부갓네살 2세가 이끄는 군대에 의해 완전히 멸망당하고 말았다. 블레셋은 이집트와 동맹을 맺고 끝까지 저항했지만 고대 바빌론의 황금시대 이후 역사상 어느 때보다 강력한 군대 앞에서 철저히 무력했고, 결국 팔레스타인이라는 지명만을 남긴 채 역사의 무대 뒤편으로 사라졌다.

— <누구도 가르쳐주지 않은 성경 밖 성경이야기>, 유재덕 저, 19-22쪽 발췌

이 거할 곳을 찾아 이리저리 방황하다가 미가의 집에 이르렀다. 미가는 해마다 은 열과 의복 한 벌과 먹을 것을 주기로 하고 그 레위인을 자신의 집 제사장으로 삼으며 말했다. "레위인이 내 제사장이 되었으니 이제 여호와께서 내게 복 주실 줄을 아노라"(삿 17:13). 하나님은 출애굽해서 약속의 땅에 들어간 이스라엘 백성들에게 자신의 말씀을 지킬 때 모든 것이 형통할 것이라고 약속하셨다(신 29:9, 수 1:7-8). 하나님을 왕으로 모시며 왕 되신 하나님의 말씀을 따를 때 복을 받게 될 것이라는 말이다. 그런데 미가는 불법일지라도 레위인을 제사장으로 세웠으니 복 주실 것이라고 믿었다. 이는 이스라엘이 얼마나 타락했는지를 단적으로 보여준다.

미가가 레위인을 자기 집 제사장으로 삼았을 당시 단 지파는 거주할 땅을 찾고 있었다. 분명 여호수아가 단 지파에게 거주할 땅을 할당했지만 웬일인지 단 지파는 대표를 뽑아서 거주할 땅을 찾아다니고 있었다. 단 지파가 여호수아 시대에 할당받은 땅은 사사시대에 블레셋 족속이 거주하던 땅이었다(수 19:40-48). 하지만 단 지파는 블레셋 족속의 등쌀에 못 이겨 결국 다른 곳으로 이주하기로 결정한 것이었다. 단 지파 대표자 다섯 명은 미가의 집을 지나가다가 미가의 개인 제사장 레위인에게 지파가 거주할 땅을 찾는 자신들의 과업에 대해서 묻자, 제사장은 "평안히 가라. 너희가 가는 길은 여호와 앞에 있느니라"(삿 18:6)고 대답해주었다.

이들 다섯 명은 북쪽으로 올라가 납달리 지파 북쪽 끝에 자리 잡고 있는 라이스에 갔다가 그 땅이 안전하고 풍족함을 보고 그곳으로 이주하기로 결정했다. 이 대표자들은 단 지파의 땅으로 돌아와서 단 지파를 데리고 라이스로 이주했다. 그 여정에서 에브라임 산지에 있는 미가의 집에 들러서 그 집에 있던 새긴 신상과 에봇과 드라빔과 부어 만든 신상을 약탈했으며, 이를 제지하는 레위인 제사장을 협박하고 한 집의 제사장이 되는 것보다 지파 전체의 제사장이 되는 것이 좋지 않으냐는 제안을 했다. 그러자 그 미가 제사장은 더 좋은 조건을 제시한 단 지파를 따라나섰다.

둘째는 레위인의 첩 사건이다(삿 19-21장). 에브라임 산지에 거류하던 이 레위인은 유다 베들레헴에서 첩을 얻었다. 이 첩이 행음을 하고 남편 레위인을 떠나 집으로 돌아가자, 레위인은 첩을 찾으러 장인에게 갔다. 장인은 사위의 마음을 돌리기 위해서 잔치를 벌였고, 떠나려고 하는 레위인을 여러 날 붙잡았다. 레위인은 더 머물라고 붙잡는 장인을 뿌리치고 첩을 데리고 떠났다. 자기 집으로 가던 도중에 밤을 맞은 레위인은 여부스, 곧 예루살렘에 들어가서 밤을 보내자는 종의 말을 따르지 않고 길을 재촉했다. 왜냐하면 예루살렘은 이스라엘 족속이 아니라 이방인 여부스 족속이 차지하고 있었기 때문이다.

레위인이 선택한 성읍은 기브아였다. 기브아는 베냐민 지파의 성읍이었기 때문이다. 레위인이 기브아 성읍에 들어가 나그네로 있었지만 아무도 그를 영접하지 않았다. 나그네를 영접해 환대하는 것은 우리 주 하나님이 율법에 정하신 것이었는데도 말이다. 한 노인이 레위인 일행을 영접했는데 그도 베냐민 지파가 아니라 기브아에 거류하는 에브라임 산지 사람이었다.

이 노인이 레위인 일행을 집으로 맞아들여 음식을 제공했을 때 기브아 성읍의 불량배들이 찾아와 나그네를 내놓으라고 요구했다. 이유는 나그네와 성관계, 곧 동성애를 하겠다는 것이었다. "그 성읍의 불량배들이 그 집을 에워싸고 문을 두들기며 집주인 노인에게 말하여 이르되 네 집에 들어온 사람을 끌어내라. 우리가 그와 관계하리라 하니"(삿 19:22). 집주인인 노인이 아무리 만류해도 소용이 없자, 레위인은 자기 첩을 내주었다. 기브아 불량배들은 밤새도록 그 첩과 관계를 맺었고 새벽에 놓아 주었으며, 첩은 겨우 그 노인의 집 앞에서 쓰러졌다. 아침 일찍 일어나 길을 떠나려는 레위인은 깨워도 반응 없는 첩을 나귀에 싣고 집으로 돌아와 첩의 시신을 토막 내서 이스라엘의 각 지파에게 보냈다.

토막 난 시신을 본 이스라엘 모든 지파의 어른들은 미스바에 모여 레위인에게 그간의 사정을 말하라고 요구했다. 레위인이 자초지종을 말하자, 그곳에 모인 이스라엘 백성들은 망령된 일을 저지른 기브아 사람을 처벌하기로 결정하고 베냐민 지파에게 기브아의 불량배들을 넘기라고 요구했다. 그런데 불행하게도 베냐민 지파는 이를 거절했다. 이로써 열한 지파와 베냐민 지파 사이에 내전이 벌어졌다. 내전으로 베냐민 지파의 성읍들은 불타올랐고, 베냐민 사람은 오직 600명만 살아남았다.

내전이 끝났을 무렵 이스라엘은 한 지파가 거의 멸절될 지경에 이르렀다는 사실을 깨닫고 애통해하며 후회했지만 돌이킬 방법이 없었다. 더욱이 이스라엘 지파들은 베냐민 지파에게 딸을 주지 않기로 맹세했기 때문에 살아남은 베냐민 지파 600명은 가정을 꾸릴 수도 없었다. 그들은 전쟁에 참여하지 않은 야베스 길르앗을 공격해서 처녀만 남겨 두고 모조리 죽였다. 그렇게 해서 얻은 처녀는 단 400명이었다. 살아남은 베냐민 지파 600명에게 짝을 구해 주기에는 200명이 모자란 상태였다. 이스라엘 회중의 장로들은 실로에서 벌어지는 축제 때에 나머지 200명을 보쌈해가는 것을 묵인함으로써 거의 멸절된 베냐민 지파를 복원했다.

사사기서 마지막에 나오는 두 명의 레위인 사건은 이스라엘 백성들이 얼마나 타락했는지를 극명하게 보여준다. 레위인의 타락은 다른 지파의 타락과 달리 매우 심각했다. 왜냐하면 레위인들은 이스라엘 온 땅에 흩어져 살면서 이스라엘 백성 전체가 하나님의 뜻대로 살아가도록 인도할 책임이 있었기 때문이다. 그래서 레위 지파는 여호수아 시대에 한 지역을 지파 땅으로 분배받지 않고, 이스라엘 모든 지파 속에 흩어져 살았던 것이다.

더욱이 레위인의 타락과정에서 나타난 단 지파의 행위나 레위인으로 촉발된 내전은 이스라엘이 하나님 나라의 백성으로서 한 공동체를 이루지 못하고 완전히 사분오열되어 있었음을 단적으로 보여준다. 이들에게서는 더 이상 하나님의 백성다운 모습을 찾아볼 수 없었다.

사사기의 결말, 이스라엘에 왕이 없으므로

사사기의 마지막 부분에는 유독 반복되는 표현이 있는데, 그것은 "이스라엘에 왕이 없었다"이다(삿 17:6, 18:1, 19:1, 21:25). 더욱이 이 마지막 부분의 첫 장인 17장에 이런 문구가 나온다. "그때에는 이스라엘에 왕이 없었으므로 사람마다 자기 소견에 옳은 대로 행하였더라"(삿 17:6). 또한 이 문구는 사사기 마지막 장 마지막 절인 21장 25절에서도 동일하게 반복되어 사사시대를 명확하게 규정해 준다. 즉 사사시대에 이스라엘이 그렇게 고난을 당하고 극심한 타락상을 보여준 이유가 이스라엘에 왕이 없었기 때문이라는 것이다.

이스라엘에는 주변 국가들처럼 인간 왕은 없었다. 그러나 왕이 없었던 것은 아니다. 왜냐하면 하나님이 그들의 왕이셨으며, 이스라엘은 하나님 나라의 백성이었기 때문이다. "그러므로 이스라엘 자손에게 말하기를 나는 여호와라. 내가 애굽 사람의 무거운 짐 밑에서 너희를 빼내며 그들의 노역에서 너희를 건지며 편 팔과 여러 큰 심판들로써 너희를 속량하여 너희를 내 백성으로 삼고 나는 너희의 하나님이 되리니 나는 애굽 사람의 무거운 짐 밑에서 너희를 빼낸 너희의 하나님 여호와인 줄 너희가 알지라"(출 6:6-7, 19:4-6, 삼상 8:5-7 참조).

그럼에도 불구하고 이스라엘은 하나님을 왕으로 모시지 않았다. 그래서 사사기 저자는 마지막에 "이스라엘에 왕이 없었다"고 반복해서 말한다. 하나님을 왕으로 모시지 않았던 이스라엘 백성들은 하나님이 말씀하신 율법을 따르지 않았으며, 사람마다 자기 소견에 옳은 대로 행하였다. 여기서 '소견'은 자신들의 눈으로 보기에 좋은 것을 가리킨다. 그들은 보이지 않는 왕이신 하나님을 믿지도 모시지도 않았기 때문에 자기 육신의 눈에 보기 좋은 것을 선택하여 자기 욕심을 채우기 위해 마음대로 행했다. 그 결과 사사시대는 이스라엘의 암흑기와 같았다. 하나님을 왕으로 모시지 않는 삶, 왕 되신 하나님의 율법을 따르지 않는 삶, 자신들의 눈으로 보기에 좋은 대로 행하는 삶, 그것은 짐승과 다를 바가 없었다. 도덕적인 타락은 물론 자기 욕심만이 판을 치는 세상이었다.

Bible Tip 14

사사시대의 역설적 이야기

이방 여인 룻, 메시아의 족보에 들다

룻기 1장 1절의 "사사들이 치리하던 때"란 구절에서 보듯 룻기는 사사시대를 배경으로 삼고 있다. 룻기는 암흑과 같은 사사시대에 이방 모압 땅에 살았던 한 여인 룻의 믿음을 그린 이야기다. 분량은 짧지만 내용적으로 보면 룻의 이야기는 앞으로 나타날 다윗의 등장을 알려주는 중요한 이야기다. 또한 하나님의 구원사적 관점에서 룻기는 이방 여인 룻을 통해 사사시대의 암울한 역사 속에서도 신앙과 혈통의 계승이 일어나는 과정을 담고 있다. 은혜를 통한 구원이 어떻게 지속되는지 그 과정을 하나님의 섭리의 관점으로 보여준다. 당장 사람들은 잘 이해하지 못해도 하나님의 섭리와 경륜은 룻과 나오미, 그리고 보아스와 주변 사람들을 통해 지속되고 있었다. 이런 과정을 거쳐서 그들은 아름다운 구원 역사의 주인공들이 되었다.

룻기는 사사기의 부록이라고 할 수 있다. 배신과 죄악의 역사인 사사시대를 배경으로 하고 있지만(룻 1:1), 그렇기 때문만은 아니다. 룻기는 죄악 역사가 가득한 사사시대에도 하나님의 은혜로 인한 구원의 역사가 계속되고 있음을 잘 보여주고 있다. 사사기에서 제대로 표현하지 못한 아름다운 구원의 이야기를 룻기를 통해 표현하고 있는 것이다.

그럼, 룻기의 구원의 역사 속으로 한번 들어가보자. 사사들이 치리하던 때에 흉년이 들자, 유다 베들레헴에 살던 엘리멜렉은 그의 아내 나오미와 두 아들 말론과 기룐을 데리고, 흉년을 피해 고향을 떠나 모압 땅으로 건너간다. 그러나 그의 가족은 그곳에서 더 큰 환난을 당한다. 모압 땅으로 이주한 지 얼마 되지 않아 엘리멜렉이 죽었고, 그의 아들 말론과 기룐은 모압 여인 룻과 오르바와 결혼하지만, 그들 역시 후사를 남기지 못한 채 모두 죽고 말았다. 모압으로 이주한 지 10년 만에 엘리멜렉의 아내 나오미는 모든 것을 잃었다. 어찌 이렇게 기구한 운명이 있을 수 있단 말인가? 살자고 이주한 땅이 죽음의 땅으로 변했으니 말이다.

하지만 나오미는 결코 포기하거나 좌절하지 않았다. 도리어 이 기회를 여호와께서 자신에게 주신 회복의 기회로 삼고자했다. 그래서 다시 고향 유다 땅으로 돌아가려고 했다. "그 여인이 모압 지방에서 여호와께서 자기 백성을 돌보시사 그들에게 양식을 주셨다 함을 듣고 이에 두 며느리와 함께 일어나 모압 지방에서 돌아오려 하여 있던 곳에서 나오고"(룻 1:6-7). 그리하여 나오미는 두 며느리와 함께 모압 지방을 나선다.

그리고 두 며느리와 동행하던 나오미는 며느리들에게 돌아가 재혼하라고 권한다. 며느리들은 나오미를 따르겠다고 하지만, 그녀는 자기를 따라와 봐야 아무런 소망이 없음을 강조한다. 나오미의 거듭된 권면에 오르바는 자기 민족과 그의 신들에게로 돌아간 반면, 룻은 나오미를 무덤까지 따르겠다고 나선다. 이는 단지 시어머니를 잘 모시려는 윤리적인 차원의 결단만은 아니었다. "어머니의 백성이 나의 백성이 되고 어머니의 하나님이 나의 하나님이 되시리니"(룻 1:16)라는 고백에서 보듯 룻의 결단은 신앙적인, 민족적인 결단이었다.

이렇게 하여 나오미는 며느리 룻을 데리고 고향 땅 유다 베들레헴으로 돌아온다. 그런데 베들레헴 사람들은 지금 자기들의 눈앞에 있는 나오미가 자신들이 알던 나오미가 맞는지 믿을 수가 없었다. "이에 그 두 사람이 베들레헴까지 갔더라. 베들레헴에 이를 때에 온 성읍이 그들로 말미암아 떠들며 이르기를 이이가 나오미냐 하는지라"(룻 1:19). 어찌 그렇지 않겠는가! 그녀는 나갈 때는 풍족하게 나갔지만 돌아올 때는 텅 비어서 아무것도 없이 빈손으로 돌아왔으니 말이다.

사별의 아픔, 쓰디쓴 상처와 가난, 쓸쓸한 귀향, 소망 없는 미래…. 이에 나오미는 자신을 나오미(즐거움)라 부르지 말고, 마라(괴로움)라고 불러달라고 말한다. 이 나오미의 요구에서 우리는 충분히 그녀의 고통을 느낄 수 있다. 그러나 나오미를 뒤덮은 불형의 먹구름 사이로 한줄기 은혜의 빛이 보였다. 그것은 나오미가 혼자 온 것이 아니라 룻과 함께 왔다는 사실이다. 또한 그들이 돌아온 때가 바로 보리 추수를 시작할 때였다. "나오미가 모압 지방에서 그의 며느리 모압 여인 룻과 함께 돌아왔는데 그들이 보리 추수 시작할 때에 베들레헴에 이르렀더라"(룻 1:22).

이방 여인이었고, 남편도 죽고 홀로 된 시어머니를 부양해야 했던 룻은 생계를 위해 이삭줍기에 나섰다. 그런데 룻이 이삭을 주우러 나간 밭은 '우연히도' 보아스의 밭이었다. 보아스는 베들레헴의 유력한, 즉 능력 있고 부유한 사람으로서 죽은 남편의 친척이었으며, 고엘 후보 중 한 사람이었다. 여기서 고엘이란 대가 끊긴 가정의 땅을 '되찾아 주는 사람'을 말한다. 고엘은 죽은 남편의 친척 중에서 그 대가 끊긴 집안의 여인과 결혼하여 대를 이어주기도 했다. 룻기 2장 1절에 나오는 '친족'이라고 표현된 단어가 바로 고엘을 뜻한다.

한편 룻이 그 밭에서 이삭을 줍고 있을 때, '마침' 그때 보아스가 성 안에서 자신의 밭으로 나와 이 여인 룻을 보게 되었다. 나오미와 룻에 관한 소문을 들어 익히 알고 있던 보아스는 룻에게 선뜻 호의를 베푼다(룻 2:9). 이렇게 우연히, 마침 시간이 딱딱 맞아서 일이 이루어지는 것 같은데, 이런 '우연'과 '마침'은 그야말로 목적 없이 이루어지는 요행이 아니다. 이것은 하나님이 치밀하게 섭리하시는 것을 인간의 눈으로 보고 이해한 관점으로 표현한 것뿐이다. 룻이 이삭줍기를 나가서 우연히 보아스의 밭에 발길이 닿은 것 같지만 하나님은 이미 그 상황을 계획하셨고, 또한 설정해두셨다. 한마디로 말해 이것은 모두 하나님의 예비하신 은혜였다.

집으로 돌아온 룻은 그날 있었던 일들을 시어머니 나오미에게 고했다. 보아스가 룻에게 호의를 베풀어주었다는 말을 들은 나오미는 살아 있는 자신과 룻은 물론이고, 이미 죽은 자신의 남편과 아들들도 생각해주는 보아스를 위해 복을 빌었다. "그가 여호와로부터 복 받기를 원하노라. 그가 살아 있는 자와 죽은 자에게 은혜 베풀기를 그치지 아니하도다"(룻 2:20). 그리고 나오미는 룻에게 보아스가 '기업 무를 자', 즉 '고엘' 중 한 사람임을 알리며, 추수가 끝나기까지 그의 밭에서 이삭을 주우라고 말한다. 이처럼 룻기에서 하나님은 전면에 나오시지 않지만 등장인물들의 말과 행동을 통해 역사하신다.

시어머니 나오미는 룻으로 하여금 계속 자신을 봉양하게 할 수 있었지만, 보아스와 재혼시켜 안식을 누릴 수 있게 해주기로 결심하고 계획을 세운다. "룻의 시어머니 나오미가 그에게 이르되 내 딸아 내가 너를 위하여 안식할 곳을 구하여 너를 복되게 하여야 하지 않겠느냐. 네가 함께하던 하녀들을 둔 보아스는 우리의 친족이 아니냐. 보라. 그가 오늘 밤에 타작 마당에서 보리를 까불리라. 그런즉 너는 목욕하고 기름을 바르고 의복을 입고 타작 마당에 내려가서 그 사람이 먹고 마시기를 다 하기까지는 그에게 보이지 말고 그가 누울 때에 너는 그가 눕는 곳을 알았다가 들어가서 그의 발치 이불을 들고 거기 누우라. 그가 네 할 일을 네게 알게 하리라 하니"(룻 3:1-4). 이때 룻은 나오미의 계획에 순종하는데, 이는 단지 자신의 유익을 위해서만이 아니라 보아스와의 결혼을 통해 나오미 가문의 기업이 보존되고, 가문의 대가 이어지를 원했기 때문이다. 자, 이제 룻기의 하이라이트라 할 수 있는 나오미의 재혼작전 속으로 들어가보자.

타작마당에서 일을 마치고 즐겁게 먹고 마신 보아스는 노적가리 곁에 누웠다. 아마도 타작하는 기간 동안 밭의 주인이 곡식더미에서 야영, 혹은 노숙하는 관습을 따랐던 것으로 보인다. 곡식 도난을 방지하는 목적도 있었을 것이다. 룻이 보아스가 잠든 곳을 찾아가서 발치 이불을 살짝 들고 그곳에 누웠다. 밤중에 잠이 깼을 때 놀란 보아스가 당황하여 소리쳤다. "네가 누구냐?"(룻 3:9)

수상한 여인이 자신의 이불 안에 있기에 놀라서 던진 질문이었다. 당연한 외침인데 보아스는 그 여인 룻의 정체를 물었다. 야밤에 자신의 발치 이불 밑으로 왜 한 여인이 들어와 있는지, 그 의도를 파악해야 했다. 보아스가 한밤중에 "네가 누구냐?"라고 소리치며 질문했을 때 룻은 어떤 대답을 했는가? 자신의 정체에 대한 분명한 인식이 룻에게 있었다. 룻은 정체를 묻는 보아스의 질문에 이렇게 대답한다. "나는 당신의 여종 룻이오니 당신의 옷자락을 펴 당신의 여종을 덮으소서. 이는 당신이 기업을 무를 자가 됨이니이다"(룻 3:9).

룻은 마치 준비한 대사처럼 자신의 정체에 대하여 명쾌하게 대답했다. 자신의 이름을 분명하게 밝힐 뿐만 아니라 '여종'이라는 겸손한 표현으로 뜻밖의 일을 겪는 보아스에 대한 미안함을 표현하기도 했다. 그러면서 왜 그런 행동을 하는지 분명하게 밝히면서도 시적인 표현을 사용해 요구사항을 간결하게 피력했다. "당신의 옷자락을 펴 당신의 여종을 덮으소서." 그런데 여기서 '옷자락'은 '날개'라는 뜻의 단어를 사용하고 있는데, 전에 보아스가 룻을 가리켜 축복했던 구절을 되받아 대답하고 있는 것이다. 보아스가 전에 자신의 밭에 이삭을 주우러 온 룻을 이렇게 축복하면서 룻의 정체에 대해 인식하고 있었다. "여호와께서 네가 행한 일에 보답하시기를 원하며 이스라엘의 하나님 여호와께서 그의 '날개' 아래에 보호를 받으러 온 네게 온전한 상 주시기를 원하노라"(룻 2:12).

보아스는 룻을 "이스라엘의 하나님 여호와의 날개 아래에 보호를 받으러 온" 여인으로 보았다. 그러니 룻의 입장에서는 바로 그 '하나님의 날개'가 구체적으로 '보아스의 옷자락'이라고 지적한 것이다. 룻은 자신이 하나님의 보호를 받을 당당한 권리가 있는 것도 알았고, 그런 신학적인 지식에 근거해서 보아스에게 자신의 정체를 분명하고 자신 있게 밝혔던 것이다.

또한 룻이 옷자락을 펴 덮어달라고 이야기한 것은 한 남자와 한 여자의 결혼과 관계된 의미를 담고 있다. 보통 남자가 여자를 옷으로 덮는 것이지만 룻이 보아스에게 그렇게 요청한 것은 여성 쪽에서 프러포즈를 한 셈이다. 물론 이 비유적이고 상징적인 표현과 룻의 행동은 기업을 무를 자에 대한 율법을 확신했기에 가능했다. 막나가는 여인의 부적절한 유혹이나 무모한 대시(dash)가 아니라 하나님의 약속에 대한 분명한 신뢰에 바탕을 둔 행동이었다. 룻이 보아스에게 청혼하며 대시하는 이유가 있었다. "당신이 기업을 무를 자가 됨이니이다." 보아스가 율법에 따라 집안의 땅을 사주고 결혼하여 대를 이어줄 사람이었기 때문에 룻이 야밤에 그렇게 보리밭에 잠입했던 것이다.

한편 보아스는 가까운 친족으로서 기업을 무를 책임은 있었지만, 미망인을 맡아 자식을 낳음으로써 그 가문의 후사를 이어줘야 할 계대결혼의 책임은 없었다. 이는 친형제가 후사 없이 죽었을 때에만 해당되는 이야기다(신 25:5-10). 그러나 보아스는 "당신의 옷자락을 펴 당신의 여종을 덮으소서"라고 호소하는 룻을 위해 관대한 마음으로 그녀의 청을 받아들인다. 고엘의 책임을 기꺼이 이행할 뿐 아니라 그녀를 위해 그 이상의 의무를 기꺼이 짊어진 것이다.

이렇게 하여 이방 땅 모압에서 남편을 잃고 이주해온 여인 룻은, 드디어 유대 땅에서 결혼을 하고 기업을 이어갈 수 있게 되었다. 하나님의 놀라우신 은혜로 가능했던 일인데, 더구나 룻이 보아스와 결혼하게 된 일이 중요한 것은 이 가정을 통해 예수 그리스도의 가계가 이어진다는 사실 때문이다. 그리고 예수님의 계보에 룻이 포함되는 영광을 누리게 된 것이다. 그렇다면 어떻게 이들이 결혼했고, 그 결혼이 어떤 의미를 가지고 있는지 확인해보자.

룻기의 결론 부분에서는 보아스가 룻을 '맞이하여' 아내로 '삼고' 룻과 '동침했다'고 한다. 하나님이 룻에게 '임신하게 하여' 아들을 '낳았다.' 연달아 이어지는 다섯 개의 동사들 속에 하나님이 주신 가정언약의 축복이 고스란히 담겨 있다. 그리고 이적도 나타나 있다. 과거 모압에서는 오랜 기간 동안 룻이 말론과 결혼생활을 했으나 아이를 낳지 못했다. 그러나 여기 유다 땅에서는 라헬과 한나를 하나님이 생각하시니 그들이 임신한 것처럼(창 30:22, 삼상 1:19) 하나님이 룻에게 은혜를 베풀어 임신하게 하셨다. 보아스와 룻의 아들이 태어나자 동네의 여인들이 태어난 아기를 축복하며 나오미에게 축하의 말을 던진다. "찬송할지로다. 여호와께서 오늘 네게 기업 무를 자가 없게 하지 아니하셨도다. 이 아이의 이름이 이스라엘 중에 유명하게 되기를 원하노라. 이는 네 생명의 회복자이며 네 노년의 봉양자라. 곧 너를 사랑하며 일곱 아들보다 귀한 네 며느리가 낳은 자로다"(룻 4:14-15).

이 가정의 끊어질 뻔한 대를 이어 생명이 회복된 것을 축하하고, 또한 나오미가 노년에도 자녀들의 섬김을 받을 것을 기뻐해주고 있다. 아이의 이름이 이스라엘 중에 유명하게 되기를 바랐던 것처럼 태어난 아기 오벳은 다윗 왕의 할아버지가 되는 왕족의 복을 누리게 된다(룻 4:17). 그리고 나오미가 아기를 받아 품에 안고 그의 양육자가 되었다고 한다. 룻기의 마지막 부분은 이렇게 마친다. "오벳은 이새를 낳고, 이새는 다윗을 낳았더라"(룻 4:22). '아하, 이 이야기는 룻이 다윗 왕의 증조할머니라는 말이구나!'라고 생각한다면 당연한 반응이라고 할 수 있다. 룻기가 쓰였을 때 이 책을 본 사람들도 그렇게 반응했을 것이다. 이리하여 룻은 이방 여인으로서 예수님의 계보에 드는 은혜를 누렸다. 그것도 하나님을 왕으로 모시지도 않고, 왕 되신 하나님의 율법을 다르지도 않으며, 자신들의 눈으로 보기에 좋은 대로 행하는, 도덕적인 타락은 물론 자기 욕심만이 판치는 이스라엘의 암흑기 사사시대에 말이다.

짧은 말씀
깊은 묵상

여인들이 나오미에게 이르되 찬송할지로다.
여호와께서 오늘 네게 기업 무를 자가 없게 하지 아니하셨도다.
이 아이의 이름이 이스라엘 중에 유명하게 되기를 원하노라.
(룻기 4장 14절)

미켈란젤로의 <보아스, 룻, 오벳>

선지자 **사무엘**에서
춤추는 예배자
다윗 왕까지

사사시대를 닫는 마지막 사사이자 왕정시대를 여는 산파 역할을 감당하는 사무엘이 선지자로 소명을 받은 것은 구약시대에 하나님의 나라가 전개되는 과정에 있어서 하나의 전환점을 이룬다. 하나님이 세우신 사사들의 통치에서 왕정으로 급변하던 시기에 사무엘은 민족의 사회와 종교적 일치를 새로이 해야 하는 큰 사명을 받았다. 출애굽 역사에 버금가는 중대한 이스라엘 백성들의 암흑기를 겪으며, 사무엘은 하나님의 나라를 다시 세우기 위한 도구로 쓰임을 받았다. 그는 선지아의 직무를 확립했을 뿐 아니라 이를 제사장직이나 왕직의 차원과도 경합시켰다. 또한 이스라엘 백성들의 영적생활을 육성하고 강화했을 뿐 아니라 백성과 지도자들을 향하여 하나님의 뜻을 대언하여 선포하였다. 자, 그렇다면 사사시대의 문을 닫고 왕정시대를 활짝 펼친 사무엘로부터 이스라엘 왕국에 관한 이야기를 시작해보자.

사사이며 선지자로 부름받은 사무엘

에브라임 지파에 엘가나라는 사람이 있었다. 그에게는 두 아내가 있었는데, 하나는 브닌나이고 다른 하나는 한나였다. 엘가나는 한나를 사랑했지만 한나에게는 아이가 없는 반면 브닌나에게는 자식이 있었다. 자식이 없던 한나는 성막이 있는 실로에 올라가서 하나님 앞에서 애통해하는 마음을 털어놓고 통곡하며 기도했다. "서원하여 이르되 만군의 여호와여, 만일 주의 여종의 고통을 돌보시고 나를 기억하사 주의 여종을 잊지 아니하시고 주의 여종에게 아들을 주시면 내가 그의 평생에 그를 여호와께 드리고 삭도를 그의 머리에 대지 아니하겠나이다"(삼상 1:11). 이는 삼손 사사와 같은 나실인 서약이었다(삿 13:4-5). 당시 제사장이었던 엘리는 한나의 모습을 보고 술에 취한 줄 알고 야단을 치다가 한나의 사정을 듣고는 축복을 한다. "평안히 가라. 이스라엘의 하나님이 네가 기도하여 구한 것을 허락하시기를 원하노라"(삼상 1:17).

한나가 라마의 집으로 돌아와서 남편 엘가나와 동침하여 사내아이를 낳게 되었는데, 그의 이름을 사무엘이라 지었다. 한나는 실로 성막에서 서원한 대로 젖을 뗄 무렵 사무엘을 실로에 데려가 제사장 엘리에게 위탁했다. 이렇게 해서 어린 사무엘은 성막에서 자라며 여호와를 섬기게 되었으며, 여호와와 사람들에게 더욱 은총을 받았다. "그 아이는 제사장 엘리 앞에서 여호와를 섬기니라. …아이 사무엘이 점점 자라매 여호와와 사람들에게 은총을 더욱 받더라"(삼상 2:11,26).

하루는 아이 사무엘이 하나님의 궤, 곧 언약궤가 있는 여호와의 전 안에 누워서 잘 때 하나님의 부르심을 받았다. 하나님이 사무엘을 부르셨지만 아이 사무엘은 나이가 많아 눈이 어두운 엘리 제사장이 부르는 줄 알고 엘리 제사장에게 달려갔다. 세 번이나 부르셨느냐고 묻자 엘리 제사장은 그제야 하나님이 사무엘을 부르신 것을 깨닫고, 또다시 이름이 불릴 때 취할 행동을 가르쳐주었다.

여호와께서 또다시 임하셔서 부르셨을 때 사무엘은 엘리 제사장이 가르쳐준 대로 응답했다. "사무엘아 사무엘아, …말씀하옵소서. 주의 종이 듣겠나이다"(삼상 3:10). 그때 여호와께서는 사무엘에게 엘리 제사장 집안이 멸망당하여 남자들이 모두 젊어서 죽게 될 것을 예고하셨다. 왜냐하면 엘리 제사장의 아들들인 홉니와 비느하스가 제물을 함부로 대하고, 성막에서 봉사하는 여인과 동침을 일삼았는데도 아버지 엘리 제사장이 엄하게 경책하지 않았기 때문이다.

"엘리의 아들들은 행실이 나빠 여호와를 알지 못하더라. 그 제사장들이 백성에게 행하는 관습은 이러하니 곧 어떤 사람이 제사를 드리고 그 고기를 삶을 때에 제사장의 사환이 손에 세 살 갈고리를 가지고 와서 그것으로 냄비에나 솥에나 큰 솥에나 가마에 찔러 넣어 갈고리에 걸려 나오는 것은 제사장이 자기 것으로 가지되 실로에서 그곳에 온 모든 이스라엘 사람에게 이같이 할뿐 아니라 기름을 태우기 전에도 제사장의 사환이 와서 제사드리는 사람에게 이르기를 제사장에게 구워드릴 고기를 내라. 그가 네게 삶은 고기를 원하지 아니하고 날 것을 원하신다 하다가 그 사람이 이르기를 반드시 먼저 기름을 태운 후에 네 마음에 원하는 대로 가지라 하면 그가 말하기를 아니라 지금 내게 내라. 그렇지 아니하면 내가 억지로 빼앗으리라 하였으니 이 소년들의 죄가 여호와 앞에 심히 큼은 그들이 여호와의 제사를 멸시함이었더라"(삼상 2:12-17).

"엘리가 매우 늙었더니 그의 아들들이 온 이스라엘에게 행한 모든 일과 회막 문에서 수종 드는 여인들과 동침하였음을 듣고 그들에게 이르되 너희가 어찌하여 이런 일을 하느냐. 내가 너희의 악행을 이 모든 백성에게서 듣노라. 내 아들들아 그리하지 말라. 내게 들리는 소문이 좋지 아니하니라. 너희가 여호와의 백성으로 범죄하게 하는도다. 사람이 사람에게 범죄하면 하나님이 심판하시려니와 만일 사람이 여호와께 범죄하면 누가 그를 위하여 간구하겠느냐 하되 그들이 자기 아버지의 말을 듣지 아니하였으니 이는 여호와께서 그들을 죽이기로 뜻하셨음이더라"(삼상 2:22-25).

사무엘은 다음 날 하나님이 말씀하신 것이 무엇인지 묻는 엘리 제사장에게 숨기지 않고 하나님의 뜻을 전달했다. "내가 엘리의 집에 대하여 말한 것을 처음부터 끝까지 그날에 그에게 다 이루리라. 내가 그의 집을 영원토록 심판하겠다고 그에게 말한 것은 그가 아는 죄악 때문이니 이는 그가 자기의 아들들이 저주를 자청하되 금하지 아니하였음이니라. 그러므로 내가 엘리의 집에 대하여 맹세하기를 엘리 집의 죄악은 제물로나 예물로나 영원히 속죄함을 받지 못하리라 하였노라 하셨더라"(삼상 3:12-14).

이렇게 하나님의 음성을 듣고 부름을 받은 아이 사무엘이 자라면서 하나님이 사무엘과 함께하심이 이스라엘 전체에 알려졌으며, 이스라엘 백성들은 사무엘이 하나님의 선지자로 세움을 받았음을 인정했다. "사무엘이 자라매 여호와께서 그와 함께 계셔서 그의 말이 하나도 땅에 떨어지지 않게 하시니 단에서부터 브엘세바까지의 온 이스라엘이 사무엘은 여호와의 선지자로 세우심을 입은 줄을 알았더라"(삼상 3:19-20).

사무엘, 에벤에셀 하나님의 도움으로 블레셋을 물리치다

삼손시대와 마찬가지로 블레셋은 이스라엘의 골칫거리였다. 블레셋 족속이 쳐들어오자 이스라엘이 나아가 싸웠지만 1차 전투에서 패배했다. 이스라엘 장로들은 실로에 있는 언약궤를 가지고 전장에 나아가면 이길 수 있다고 생각해서 언약궤를 앞세우고 블레셋 족속과 2차 전투에 돌입했지만, 여지없이 패했을 뿐만 아니라 언약궤마저 빼앗기고 말았다. 이 과정에서 언약궤를 가지고 전장에 나갔던 엘리 제사장의 아들 홉니와 비느하스는 죽었고, 전장에서 겨우 도망친 군사가 전해준 전투 패배와 두 아들의 죽음 소식을 들은 엘리 제사장은 의자에서 뒤로 넘어져 목이 부러져 죽었다. 해산 때가 가까웠던 비느하스의 아내도 이 소식을 듣고 죽었다. 이로써 어린 사무엘에게 전해졌던 예언, 곧 엘리 집안의 멸절은 성취되었다.

> 사사시대를 닫는 마지막 사사이자 왕정시대를 여는 산파 역할을 감당하는 사무엘이 선지자로 소명을 받은 것은 구약시대에 하나님의 나라가 전개되는 과정에 있어서 하나의 전환점을 이룬다.

이스라엘의 언약궤를 빼

실로 전경. 출애굽한 이스라엘 백성은 가나안을 정복하고 나서 성막을 이곳 실로에 안치했다.

앗은 블레셋 족속은 자신들이 믿는 다곤 신이 이스라엘의 신 여호와를 이겼다고 환호하며 언약궤를 아스돗에 있는 다곤 신전에 두었다. 다음 날 아침 다곤 신상이 여호와의 궤 앞에 엎드러져 있는 것을 발견한 블레셋 족속은 다곤 신상에 일으켜 세웠지만, 이튿날 다곤이 또 엎드러졌을 뿐만 아니라 머리와 손목이 끊어진 것을 발견했다. 더욱이 여호와의 손이 아스돗 사람을 쳐서 독한 종기 재앙을 내리셨다. 아스돗의 블레셋 사람들은 이 재앙과 신전의 변고가 이스라엘의 신 여호와로 말미암았다고 생각하고 언약궤를 다른 도시인 가드로 보냈다. 하지만 결과는 같았다. 또한 가드에서 에그론으로 옮겼지만 마찬가지였다.

호된 재앙을 겪은 블레셋 사람들은 여호와의 언약궤를 이스라엘에 돌려보내기로 결정했다. 방법은 금독종 다섯과 금쥐 다섯 마리를 만들어 속건제를 드리고, 언약궤를 젖 나는 암소 두 마리가 이끄는 수레에 실어 이스라엘의 벧세메스로 보내는 것이었다. 블레셋 사람들은 만일 그 암소들이 새끼들의 울부짖음에도 불구하고 곧바로 벧세메스로 가면 자신들에게 임한 재앙이 여호와로 말미암은 것이며, 그렇지 않으면 우연히 당한 것이라고 여겼는데, 언약궤를 실은 수레를 끄는 암소는 좌우로 치우치지 않고 곧장 벧세메스로 직행했다. 이로써 여호와께서는 블레셋 족속의 성읍에 내린 재앙이 자신에게서 비롯된 것임을 드러내셨다.

벧세메스에 살던 이스라엘 사람들은 돌아온 언약궤를 들여다보다가 하나님의 심판을 받아 죽임을 당했다. 심판으로 두려움에 사로잡힌 벧세메스 사람들은 언약궤를 기럇여아림에 사는 아비나답의 집으로 보냈다. 그 언약궤를 받은 아비나답의 아들 엘리아살은 20년 동안 여호와를 궤를 거룩하게 구별하여 지킴으로써 복을 얻었다.

한편 사무엘은 블레셋 족속과의 전투에서 패배를 맛본 온 족속에게 회개를 촉구했다. "만일 너희가 전심으로 여호와께 돌아오려거든 이방 신들과 아스다롯을 너희 중에서 제거하고 너희 마음을 여호와께로 향하여 그만을 섬기라. 그리하면 너희를 블레셋 사람의 손에서 건져 내시리라"(삼상 7:3). 이스라엘의 온 백성은 사무엘의 권면에 부응하여 이방 신, 곧 바알들과 아스다롯을 제거하고 여호와만을 섬기며 미스바에 모여서 여호와께 범죄했음을 고백했다.

이때 블레셋 족속은 이스라엘의 온 백성이 미스바에 모였다는 소문을 듣고 치러 올라왔다. 블레셋 족속이 몰려온다는 소식을 전해들은 이스라엘 백성들이 공포에 휩싸이자, 사무엘은 어린양을 가져다가 여호와께 온전한 번제를 드리며, 이스라엘을 구원해 달라고 부르짖었다. 그때 하나님은 사무엘의 기도에

응답하셔서 블레셋 사람들 가운데 큰 우레를 발하여서 혼비백산하게 만드심으로 이스라엘이 승리하게 하셨다. 사무엘은 이 전투에서 하나님이 도와주셔서 승리하게 하신 것을 기념하기 위해 돌을 가져다가 세우고 에벤에셀이라 불렀다. 에벤에셀은 문자적으로 '도움의 돌'이라는 뜻으로 "여호와께서 여기까지 우리를 도우셨다"라는 의미를 담고 있다.

여호와의 손, 곧 여호와의 권능과 힘이 사무엘이 사는 날 동안 함께하심으로 사사시대에 그토록 괴롭혔던 블레셋 족속은 감히 이스라엘을 넘볼 수 없었다. 반대로 사무엘이 다스리는 이스라엘은 블레셋 족속에게 빼앗겼던 성읍들을 회복했으며 평화를 누렸다. 마치 사사시대에 회개한 이스라엘 백성들을 억압하는 국가로부터 구원하여 평화의 시대를 연 사사들처럼 말이다.

왕을 주소서

세월이 흘렀다. 사무엘은 늙자 자신의 아들들, 곧 요엘과 아비야를 사사로 삼아 가나안의 남쪽 브엘세바에서 일하게 했다. 그런데 여기에 문제가 발생했다. 사사는 하나님의 부르심을 따라 세워진다. 하지만 성경은 사무엘의 아들들이 사사로 하나님의 부르심을 받았다는 이야기를 하지 않는다. 그 결과 그들은 아버지 사무엘의 길을 따라 하나님의 통치 방식을 따르지 않고, 이익에 따라 뇌물을 받고 재판을 불의하게 처리했다. '그의 아들들이 자기 아버지의 행위를 따르지 아니하고 이익을 따라 뇌물을 받고 판결을 굽게 하니라"(삼상 8:3).

이런 실상을 파악한 이스라엘 장로들은 사무엘에게 나아와 사무엘의 아들들의 처사를 핑계 삼아 왕을 주어 자신들을 다스리게 해달라고 요구한다. 그들이 왕을 요구한 이유는 이렇다. "우리도 우리 왕이 있어야 하리니 우리도 다른 나라들같이 되어 우리의 왕이 우리를 다스리며 우리 앞에 나가서 우리의 싸움을 싸워야 할 것이니이다"(삼상 8:19-20). 그들은 주변 국가와 마찬가지로 왕이 일사분란하게 백성들을 이끌어서 쳐들어오는 적에 대처할 수 있기를 원했다. 이런 요구의 배경에는 사사시대에 지파 간의 분열과 불일치로 인해서 적들에 대해 효과적으로 대처하지 못했다는 인식이 담겨 있었다. 사실 그들은 모세와 여호수아와 같이 탁월한 지도자가 있었을 때 적들을 물리쳤던 것을 그리워하고 있었다. 하지만 이는 자신들이 당하고 있는 고난의 원인을 오해한 것이었다.

사무엘은 주변 국가들처럼 왕을 달라는 이스라엘 장로들의 요구를 달가워하지 않았다. 사무엘이 여호와께 이 문제를 놓고 기도했을 때 하나님은 이렇게 응답하셨다. "백성이 네게 한 말을 다 들으라. 이는 그들이 너를 버림이 아니요 나를 버려 자기들의 왕이 되지 못하게 함이니라"(삼상 8:7). 이스라엘에는 이미 왕이 계셨다. 바로 하나님이시다. "너희의 하나님 여호와께서는 너희의 왕이 되심에도 불구하고"(삼상 12:12). 이스라엘 장로들이 분열과 불일치를 가져왔다고 생각하던 사사시대에도 여전히 하나님은 왕이셨다. 그런데 그들은 이 사실을 거부하고 자신들이 당하는 고난의 원인이 왕이 없었기 때문이라고 터무니없는 주장을 하고 있는 것이다. 그들이 당하는 고난의 실상은 왕 되신 하나님에게 순종하지 않았기 때문인데도 말이다.

하나님은 이미 모세시대에 신명기 28장에서 여호

와 하나님의 말씀을 삼가 듣고 모든 명령을 지켜 행하면 모든 민족 위에 뛰어나게 되어 복을 얻게 되며 형통할 것이라고 말씀하셨다. 하지만 반대로 말씀에 순종하지 않으면, 주변 국가들의 압제와 노략을 당하고, 구원할 자가 없을 것이며, 철 멍에를 지게 될 것이라고 말씀하셨다. 이것은 왕 되신 하나님이 하나님 나라의 백성들을 징계하고 훈련시키시는 방법이었다. 이로써 그들이 죄를 고백하고 회개하여 왕 되신 하나님께 되돌아오게 하려는 것이었다.

"기스에게 아들이 있으니 그의 이름은 사울이요 준수한 소년이라. 이스라엘 자손 중에 그보다 더 준수한 자가 없고 키는 모든 백성보다 어깨 위만큼 더 컸더라"(삼상 9:2).

그런데 이스라엘 장로들은 자신들이 현재 당하고 있는 고난의 본질을 보지도 못했을 뿐만 아니라 왜곡시켰다. 그들은 주변 국가들처럼 눈에 보이는 지도자, 왕이 있다면 공격하는 적들에 대항해서 지파를 연합하여 강력한 힘으로 대처할 수 있다고 착각했다. 하지만 이들의 속내는 하나님의 왕 되심을 부정하고 왕 되신 하나님의 방법, 곧 징계와 훈육을 통해 죄를 고백하고 회개하여 돌아오게 하는 방법을 거부하는 것이었다.

선지자 사무엘은 인간 왕의 제도가 갖고 있는 폐해를 설명했다. 그것은 인간 왕이 백성을 종처럼 부리고 과도한 세금으로 착취하여 왕을 요구한 백성이 힘들게 된다는 사실이었다(삼상 8:11-18). 그럼에도 불구하고 백성들은 한목소리로 외쳤다. "아니로소이다. 우리도 우리 왕이 있어야 하리니"(삼상 8:19). 이처럼 그들은 왕이신 하나님을 저버리고 애굽에서와 같이 종의 생활을 자청하고 나섰다.

그러자 하나님은 사무엘에게 "그들의 말을 들어 왕을 세우라"(삼상 8:22)고 말씀하셨다. 사실 하나님은 하나님 나라의 백성인 이스라엘을 이끄실 때 왕정시대를 완전히 배제하신 것은 아니었다. 하나님의 계획 속에는 왕정제도가 있었다. 그래서 선택하신 아브라함과 언약을 맺으실 때 "왕들이 네게로부터 나오리라"(창 17:6)고 말씀하셨으며, 야곱의 유언에서도 유다 지파에서 규, 곧 왕권이 떠나지 않을 것이라고 말씀하셨다(창 49:10). 이뿐만 아니라 모세는 이스라엘에게 하나님 나라의 법인 율법을 전하면서 왕이 따라야 할 법을 주었다(신 17:14-20). 그러나 하나님은 이런 방식으로 백성들에게 왕을 주기를 원하시지 않았다. 하나님은 가장 좋은 때에 가장 좋은 방법으로 왕을 주기 원하셨지만 이스라엘 백성들은 하나님을 왕으로 모시기를 거부하는 방법으로 왕을 요구했다.

하나님이 허락하심에 따라 사무엘은 왕을 세우게 되지만, 인간 왕을 요구한 것이 분명 잘못된 것임을 가시적인 징조를 통해 분명하게 드러냈다. 사무엘은 밀 베는 때, 즉 비가 전혀 오지 않는 5~6월에 우레와 비를 내리게 해서 인간 왕을 요구한 것이 큰 죄임을 이스라엘 백성에게 각인시켰다. "너희는 이제 가만히 서서 여호와께서 너희 목전에서 행하시는 이 큰 일을 보라. 오늘은 밀 베는 때가 아니냐. 내가 여호와께 아뢰리니 여호와께서 우레와 비를 보내사 너희가 왕을 구한 일 곧 여호와의 목전에서 범한 죄악이 큼을 너희에게 밝히 알게 하시리라. 이에 사무엘이 여호와께 아뢰매 여호와께서 그날에 우레와 비를 보내시니 모든 백성이 여호와와 사무엘을 크게 두려워하니라. 모든 백성이 사무엘에게 이르되 당신의 종들을 위하여 당신의 하나님 여호와께 기도하여 우리가 죽지 않게 하소서. 우리가 우리의 모든 죄에 왕을 구하는 악을 더하였나이다. 사무엘이 백성에게 이르되 두려워하지 말라. 너희가 과연 이 모든 악을 행하였으나 여호와를 따르는 데에서 돌아서지 말고 오직 너희의 마음을 다하여 여호와를 섬기라"(삼상 12:16-20).

이스라엘의 초대 왕 사울

하나님은 이스라엘 백성들의 요구대로 사무엘에게 왕을 세우라고 명령하셨다. 하지만 성경은 곧바로 하나님이 한 사람을 선택하는 장면으로 넘어가지 않고 아버지의 명령을 따라 잃어버린 암나귀를 찾아 헤매는 사울을 등장시킨다. 베냐민 지파의 기스는 아들 사울에게 잃어버린 암나귀를 찾아오라고 했다. 사울은 사환을 데리고 온 땅을 헤맸지만 암나귀를 찾을 길이 없었다. 마지막으로 사환의 제안대로 선지자인 사무엘을 찾아가서 잃어버린 암나귀의 행방을 물어보기로 했다.

사울을 만난 사무엘은 사흘 전에 잃어버린 암나귀를 이미 찾았다고 말하여 안심시킨 후 의미심장한 말을 사울에게 건넨다. "온 이스라엘이 사모하는 자가 누구냐. 너와 네 아버지의 온 집이 아니냐 하는지라"(삼상 9:20). 이 말을 들은 사울은 화들짝 놀랐을 것이다. 왜냐하면 이스라엘이 사무엘에게 왕을 세워달라고 요청해서 사무엘의 말과 행동 하나하나가 온 이스라엘의 주목을 받고 있었기 때문이다. 그래서 사울은 이렇게 대답한다. "나는 이스라엘 지파의 가장 작은 지파 베냐민 사람이 아니니이까. 또 나의 가족은 베냐민 지파 모든 가족 중에 가장 미약하지 아니하니이까. 당신이 어찌하여 내게 이같이 말씀하시나이까"(삼상 9:21).

사무엘은 제사장의 몫이었던 넓적다리를 요리하는 사람에게 내오라고 말해서 사울을 극진하게 대접하고, 지붕에서 밤새도록 이야기를 나눈 후 새벽 동틀 무렵에 기름병을 가져다가 사울의 머리에 기름을 부으며 말했다. "여호와께서 네게 기름을 부으사 그의 기업의 지도자로 삼지 아니하셨느냐"(삼상 10:1). 여기서 말하는 '기업'은 바로 이스라엘을 가리킨다.

사무엘은 사울에게 기름을 부어 왕으로 세우고 나서 이후에 사울에게 있을 세 가지 징조를 말해준다. 첫째는 베냐민 땅 경계에 이르렀을 때 두 사람을 만나서 암나귀를 찾고 아버지가 사울을 걱정한다는 소리를 듣게 된다는 것이다. 둘째는 다볼 상수리나무에 이르렀을 때 벧엘로 올라가는 세 사람, 곧 염소 새끼 셋을 끄는 사람과 떡 세 덩이를 가진 사람과 포도주 한 가죽부대를 가진 사람을 만나게 되는데, 떡 두 덩이를 받게 된다는 것이다. 셋째는 기브아 성읍에 들어갈 때 예언하는 무리를 만나게 되는데, 그때 사울에게도 여호와의 영이 임하여 예언을 하고 새사람이 된다는 것이다. 이 세 가지 징조는 하나님이 사울과 함께하신다는 증거였으며 사울이 집으로 돌아가는 동안 모두 이루어졌다. "이 징조가 네게 임하거든 너는 기회를 따라 행하라. 하나님이 너와 함께하시느니라. …그날 그 징조도 다 응하니라"(삼상 10:7,9). 이 세 가지 징조의 성취로 말미암아 사울은 자신이 이스라엘의 왕으로 하나님의 선택을 받았음을 깨닫게 되었다.

사무엘은 이스라엘의 온 백성을 미스바로 불러 모으고 각 지파별로 천 명씩 나아오게 했다. 하나님이 선택하신 왕을 공식적으로 확인하는 자리였다. 이때 열두 지파 중 베냐민 지파가 뽑혔고, 베냐민 지파 중 마드리 가족이, 마드리 가족 중 기스의 아들 사울이 뽑혔다. 그러나 정작 그 자리에는 사울이 보이지 않았다. 왜냐하면 사울은 짐 보따리들 사이에 숨어 있었기 때문이다. 사람들이 사울을 데리고 나왔다. 그때 성경은 이렇게 말한다. "그가 백성 중에 서니 다른 사람보다 어깨 위만큼 컸더라"(삼상 10:23). 앞서 사무엘상 9장에서도 사울은 이렇게 소개된다. "기스에게 아들이 있으니 그의 이름은 사울이요 준수한 소년이라. 이스라엘 자손 중에 그보다 더 준수한 자가 없고 키는 모든 백성보다 어깨 위만큼 더 컸더라"(삼상 9:2). 그는 이스라엘 백성들의 눈에 찰 만큼 훤칠한 키와 다부진 몸매와 잘 생긴 외모를 갖추었다.

이스라엘 백성들이 어깨 위만큼 큰 사울을 보자 왕의 만세를 외치며 즐거워했다. 사무엘은 왕이 세워진 나라의 제도를 백성들에게 알려주었으며, 모든 백성은 각자 자기의 집으로 돌아갔다. 그렇다고 해서 모든 백성이 사울을 달가워한 것은 아니었다. 일부는 사울이 어떻게 자신들을 적군에게서 구원할 수 있는지 의문을 제기했다.

그때 마침 사울이 하나님께서 선택하신 왕임을 입증할 수 있는 사건이 일어났다. 암몬 족속이 요단강 동편의 길르앗 야베스에 쳐들어온 것이다. 야베스 장로들은 아무런 저항 없이 암몬 족속과 언약을 맺으려 했다. 그들은 이스라엘의 다른 지파에게 도움을 청하지도, 사무엘을 찾지도, 하나님께 구해달라고 매달리지도 않고 이방 족속에서 매달리기로 했다. 하지만 암몬 족속은 길르앗 야베스 사람 모두의 오른쪽 눈을 빼야지만 언약을 맺을 것이라고 했다. 사실상 언약을 맺지 않고 무력화시키겠다는 뜻이었다.

사태의 심각성을 알아차린 야베스 장로들은 요단강 서편으로 전령을 보내 상황을 알리며 도움을 청했다. 밭에서 일을 마치고 돌아오던 사울이 이 소식을 접했을 때 하나님의 영이 감동을 주셔서 사울은 이스라엘 모든 지역에 전령을 보내 참전을 요구했다. 이때 모인 이스라엘의 자손은 30만 명이요 유다 사람이 3만 명이었다. 사울은 군사로 모인 백성들을 삼 대로 나누어서 새벽에 암몬 족속을 기습해서 완전히 무찔렀다.

백성들을 인도해서 암몬 족속을 완전히 물리친 사울의 영도력에 반한 이스라엘 백성들은 사울의 즉위를 마뜩해하지 않았던 사람들을 내놓으라고 요구했다. 그들을 죽이겠다는 것이었다. 하지만 사울은 여호와께서 승리와 구원을 주신 기쁜 날에 죽일 수 없다고 제지시켰다. 그때 사무엘은 이스라엘 백성들을 길갈로 불러 모아 사울을 왕으로 삼고 제사를 드렸다. 이로써 사울은 모든 이스라엘이 인정하는 명실상부한 왕이 되었다.

사무엘의 마지막 당부

나이가 들어 머리가 희어진 사무엘은 온 이스라엘 백성들에게 마지막 당부를 한다. 사무엘의 고별사는 크게 두 부분으로 이루어져 있다.

첫째, 사무엘은 자신이 해를 끼친 적이 있는지 이야기하라고 말한다. "내가 어려서부터 오늘까지 너희 앞에 출입하였거니와 내가 여기 있나니 여호와 앞과 그의 기름 부음을 받은 자 앞에서 내게 대하여 증언하라. 내가 누구의 소를 빼앗았느냐. 누구의 나귀를 빼앗았느냐. 누구를 속였느냐. 누구를 압제하였느냐. 내 눈을 흐리게 하는 뇌물을 누구의 손에서 받았느냐. 그리하였으면 내가 그것을 너희에게 갚으리라"(삼상 12:2-3).

사무엘은 사사시대에서 왕조시대로 넘어가는 이스라엘 역사에 큰 영향을 끼친 인물이다. 동서고금을 막론하고 세간에 주목을 받는 사람은 실수하기가 쉽다. 그런 그가 자신에게 흠을 발견했는지 이스라엘 백성들에게 묻는다. 그때 백성들은 말했다. "당신이 우리를 속이지 아니하였고 압제하지 아니하였고 누구의 손에서든지 아무것도 빼앗은 것이 없나이다"(삼상 12:4). 한마디로 사무엘은 막강한 영향력을 행사했음에도 백성들을 속이지도 압제하지도 빼앗지도 않았다. 권세를 가진 자가 다른 사람을 속이고 권력을 행사해서 압력을 가하고 빼앗기가 얼마나 손쉬운지, 또 그런 유혹이 얼마나 강한지 누구나 다 안다. 그럼에도 백성 중 어느 누구도 사무엘이 그런 일을 자행했다고 고발하지 않았다. 이는 사무엘이 얼마나 하나님의 말씀대로 하나님의 뜻에 사로잡혀 살았는지를 단적으로 보여준다. 사무엘은 자신의 결백을 강조한 것이지만, 이는 하나님 나라의 지도자들이 어떤 삶을 살아야 하는지를 보여주는 무서운 경고이기도 하다.

둘째, 오직 하나님을 경외하고 마음을 다하여 진실히 섬기라는 것이다. 사무엘은 이스라엘의 역사, 즉 하나님이 모세와 아론과 여룹바알(기드온)과 베단(바락)과 입다와 자신을 보내셔서 이스라엘을 이방인의 손에서 건져주셔서 안전하게 살게 하신 것을 상기시켰다. 그럼에도 하나님 나라의 왕 되신 여호와를 버리고, 이방 국가들처럼 다스릴 왕을 달라고 요구한 것이 큰 죄라고 책망했다. 사무엘은 말로만 책망한 것이 아니라 인간 왕을 요구한 것이 얼마나 큰 죄인지를 이적을 통해서 확증하기 위해 밀 베는 때, 곧 건기인 5~6월에 하늘에서 우레와 비를 내려 달라고 간구했다. 그러자 하나님은 우레와 비를 보내셔서 하나님을 왕으로 모시기를 거부한 죄가 얼마나 큰지를 가시적으로 보여주셨다. 이스라엘 백성들이 우레와 비로 인해서 큰 두려움에 빠졌을 때 사무엘은 여호와께서 이스라엘을 위해 행하신 큰일을 생각하고 마음을 다하여 오직 여호와를 섬기라고 권면했다. 만일 계속해서 악을 행한다면 이스라엘의 왕은 물론 이스라엘까지 모두 멸망할 것이라고 경고한다.

오직 여호와만을 경외하며 진심을 다하여 섬겨야 한다. 왜냐하면 비록 인간 왕을 주셨을지라도 이스라엘의 참된 왕은 오직 여호와 하나님 한 분이시기 때문이다.

늙은 사무엘이 이스라엘에게 마지막으로 당부한 말은 단 한 가지, 하나님 나라의 왕 되신 여호와를 마음을 다하여 섬기라는 것이다. 애굽의 종살이를 하던 이스라엘을 해방시키셔서 약속의 땅에 안전하게 살게 하셨던 하나님을 기억하고, 오직 여호와만을 경외하며 진심을 다하여 섬겨야 한다. 왜냐하면 비록 인간 왕을 주셨을지라도 이스라엘의 참된 왕은 오직 여호와 하나님 한 분이시기 때문이다.

겸손하던 사울 왕의 몰락

불행히도 사울의 왕위는 그리 오래가지 못했다. 사무엘의 우려대로 사울은 하나님의 명령을 따르지 않는 교만함으로 하나님께 버림받게 된다. 사무엘이 사울에게 기름 부을 당시 사울은 참으로 겸손했었다. “나는 이스라엘 지파의 가장 작은 지파 베냐민 사람이 아니니이까. 또 나의 가족은 베냐민 지파 모든 가족 중에 가장 미약하지 아니하니이까. 당신이 어찌하여 내게 이같이 말씀하시나이까”(삼상 9:21). 이렇듯 겸손했던 그였지만, 한 번도 아니고 두 번에 걸친 불순종으로 말미암아 완전히 몰락하고 만다.

첫 번째 불순종은 블레셋과의 전투에서 일어났다. 왕이 된 지 2년이 되었을 때 사울은 블레셋과 전쟁을 벌이게 되었다. 사울은 군사 3천 명을 모아서 자기 수하에 2천 명을, 아들 요나단의 수하에 1천 명을 두었는데, 요나단이 블레셋 수비대를 공격함으로써 블레셋 족속과 본격적인 전투를 벌이게 되었다. 블레셋 군대가 이스라엘과 싸우기 위해서 모였는데, 병거가 3만 대이고, 마병은 6천 명이었으며, 그에 따른 군사는 해변의 모래처럼 많았다.

서로 진영을 세우고 대치하고 있는 상황에서 사울은 사무엘이 와서 여호와 하나님께 제사를 드려주기를 기다리고 있었다. 하지만 정해진 기간인 7일 동안 기다렸지만 사무엘은 오지 않았다. 그러자 블레셋 족속과 싸우기 위해 모였던 이스라엘 백성들이 서서히 흩어지기 시작했다. 블레셋 족속의 수는 해변의 모래처럼 많았고, 싸우기 위해 모인 이스라엘 백성들이 흩어지자 다급해진 사울은 사무엘을 기다리지 않고 직접 번제를 드렸다. 제사장, 곧 사무엘이 해야 할 일을 왕인 사울이 대신한 것이다. 번제를 드리자마자 사무엘이 왔다. 사무엘이 번제를 드린 사울을 책망하자 사울은 핑계를 댔다. 오기로 한 사무엘은 오지 않고 블레셋은 곧 쳐들어올 것 같아서 여호와의 은혜를 구하고자 번제를 드렸다는 것이다.

사무엘은 변명하는 사울을 향해 이렇게 말한다. "왕이 망령되이 행하였도다. 왕이 왕의 하나님 여호와께서 왕에게 내리신 명령을 지키지 아니하였도다. 그리하였더라면 여호와께서 이스라엘 위에 왕의 나라를 영원히 세우셨을 것이거늘 지금은 왕의 나라가 길지 못할 것이라. 여호와께서 왕에게 명령하신 바를 왕이 지키지 아니하였으므로 여호와께서 그의 마음에 맞는 사람을 구하여 여호와께서 그를 그의 백성의 지도자로 삼으셨느니라"(삼상 13:13-14). 사무엘은 하나님이 사울을 버리셨음을 선언한다. 이유는 단 하나였다. 하나님이 명령하신 바를 지키지 않았다는 것이다. 사무엘은 추상같이 선언을 하고서 돌아가 버렸다.

사무엘이 돌아가고 사울 곁에 남은 군사의 수는 6백 명뿐이었다. 대치 상태에 있을 때 돌파구를 찾은 것은 사울의 아들 요나단이었다. 요나단은 믿음의 사람이었다. 그는 이렇게 고백했다. "여호와의 구원은 사람이 많고 적음에 달리지 아니하였느니라"(삼상 14:6). 요나단은 여호와께 징조를 구하고 응답을 받자 무기를 든 소년과 함께 블레셋을 공격했다. 두 명의 공격으로 블레셋 사람 20여 명이 죽자 블레셋 족속은 겁에 질려 공포에 빠져 소동이 일었다. 이를 지켜보던 사울은 하나님의 도움을 구하려고 제사장 아히야에게 하나님의 궤를 가져오라고 하다가 블레셋 진영의 소동이 점점 더 커지자 여호와의 궤를 물리치고 블레셋을 공격해서 승리를 거두었다.

비록 이스라엘 군대가 승리를 거두었지만 그 승리는 사울이 아니라 요나단 때문이었다. 사울은 하나님의 궤를 가져오라고 하다가 블레셋 진영의 소동이 커지자 하나님의 궤를 물리치고 공격에 나섰다. 사울에게서는 믿음의 모습이라곤 전혀 찾아볼 수 없었다.

> 하나님의 말씀은 단호했다. 번제보다, 엄청나게 많은 헌금보다 순종하는 것이 더 낫다는 것이다. 순종은 오직 하나님을 왕으로 모실 때만 가능하다.

두 번째는 아말렉 족속을 멸절하라는 명령에 불순종한 것이다. 사무엘은 사울에게 출애굽한 이스라엘을 공격했던 아말렉 족속을 쳐서 모든 소유를 남기지 말고 완전히 진멸하라는 하나님의 명령을 전했다. 사울이 백성을 소집했을 때 그 수는 보병이 20만 명이었고, 유다 족속이 1만 명이었다. 사울은 아말렉 족속을 공격해서 큰 승리를 거두었다. 하지만 이때도 아말렉 족속을 완전히 진멸하라는 명령을 어기고, 아말렉 족속의 왕 아각을 살려두었을 뿐만 아니라 아각의 양과 소의 좋은 것과 어린양과 모든 좋은 것을 남기고 진멸하지 않았다.

그때 하나님은 사무엘에게 이렇게 말씀하셨다. "내가 사울을 왕으로 세운 것을 후회하노니 그가 돌이켜서 나를 따르지 아니하며 내 명령을 행하지 아니하였음이니라"(삼상 15:11). 이 말씀을 들은 사무엘은 밤새도록 하나님께 부르짖었다. 하지만 하나님의 뜻을 돌이킬 수는 없었다. 이튿날 아침 일찍 사무엘은 사울을 만났다. 그런데 사울은 뻔뻔하게도 여호와의 명령을 다 행했다고 거짓말을 했다. 사무엘이 양과 소의 울음소리는 무엇이냐고 묻자, 비로소 사울은 하나님께 제사하려고 가장 좋은 것을 남겨두었다고 변명했다. 사무엘은 신앙을 빙자해서 변명을 일삼는 사울을 향해 이렇게 말했다.

"왕이 스스로 작게 여길 그때에 이스라엘 지파의 머리가 되지 아니하셨나이까. 여호와께서 왕에게 기름을 부어 이스라엘 왕을 삼으시고… 여호와께서 번제와 다른 제사를 그의 목소리를 청종하는 것을 좋아하심같이 좋아하시겠나이까. 순종이 제사보다 낫고 듣는 것이 숫양의 기름보다 나으니 이는 거역하는 것은 점치는 죄와 같고 완고한 것은 사신 우상에게 절하는 죄와 같음이라. 왕이 여호와의 말씀을 버렸으므로 여호와께서도 왕을 버려 왕이 되지 못하게 하셨나이다"(삼상 15:17,22-23).

사무엘의 엄중한 책망을 들은 사울은 또다시 백성들을 두려워하여 어겼다고 변명을 하며 매달리지만, 사무엘은 사울이 여호와의 말씀을 버렸기 때문에 여호와께서 사울을 버리셨다고 선언하고, 아각을 죽인 후 라마로 돌아가 버렸다. 그 후 사무엘은 죽는 날까지 사울을 다시 보지 않았다. 이로써 사울은 하나님께 완전히 버림을 받았다.

블레셋과의 전투와 아말렉 족속과의 전투에서 드러났듯이 사울의 몰락 이유는 단 한 가지였다. 사무엘이 말했듯 '사울이 스스로를 작은 자로 여기고 겸손했을 때는 이스라엘의 왕이 되었고, 암몬 족속을 쳐부수는 놀라운 전과를 올렸으며, 모든 백성의 인정을 받았다.' 하지만 교만해진 사울은 사무엘을 대신해서 번제를 드리는 일을 자행하고, 더 나아가 아말렉 족속을 진멸하라는 하나님의 직접적인 명령조차도 따르지 않았다. 더욱이 계속해서 흩어지는 백성들과 탐욕스러운 백성들이 두려워서 어쩔 수 없이 여호와의 명령을 따르지 못했다고 변명을 일삼았다. 심지어 여호와께 좋은 것을 드리기 위해서 불순종하고 좋은 소와 양을 남겨두었다고 자기 신앙을 포장하기까지 했다.

그러나 하나님의 말씀은 단호했다. 번제보다, 엄청나게 많은 헌금보다 순종하는 것이 더 낫다는 것이다. 순종은 오직 하나님을 왕으로 모실 때만 가능하다. 교만해진 사울은 하나님을 더 이상 왕으로 인정하지 않았다. 하나님의 은혜를 구한다고 번제를 드리고, 하나님께 좋은 것을 바치기 위해서 소와 양을 남겨두었다고 그럴듯한 말로 포장하지만, 그는 하나님의 명령을 따르지 않음으로써 스스로 왕이며 권세를 갖고 있음을 내세웠다. 그에게는 하나님이 없었다. 왕 되신 하나님을 거부하고 멸시했다. 그때 그는 몰락의 길을 걸을 수밖에 없었다.

사무엘, 다윗에게 기름 붓다

사무엘은 안타까웠다. 비록 폐위를 선언할 수밖에 없었지만 하나님의 명령을 받아 세운 이스라엘의 초대 왕 사울이 몰락하는 과정을 지켜보면서 슬퍼하지 않을 수 없었다. 하나님은 슬퍼하는 사무엘에게 언제까지 슬퍼하겠냐며 새로운 인물, 곧 베들레헴 사람 이새의 아들 중 하나에게 가서 기름을 부어 사울을 대신할 왕을 세우라고 명하셨다. 사무엘은 새로운 왕을 세우라는 명령에 이렇게 대답했다. "내가 어찌 갈 수 있으리이까. 사울이 들으면 나를 죽이리이다"(삼상 16:2). 그때 하나님은 사울의 의심을 피할 방법까지 알려주셨다. "너는 암송아지를 끌고 가서 말하기를 내가 여호와께 제사를 드리러 왔다 하고 이새를 제사에 청하라"(삼상 16:2-3).

사무엘이 여호와의 명령을 따라 베들레헴에 갔을 때 긴장하기는 베들레헴 장로들도 마찬가지였다. "평강을 위하여 오시나이까"(삼상 16:4). 새로운 왕을 세우라는 하나님의 명령에 대한 사무엘의 반응과 베들레헴 성읍 장로들의 반응을 보면 당시 이스라엘과 사울의 분위기를 짐작하고도 남는다. 하나님께 버림받은 사울이 사무엘의 행동을 예의 주시했을 것은 너무나도 자명하다. 하나님이 사무엘을 통해 새로운 왕을 세울 것이 뻔하기 때문이다.

사무엘은 제사를 드리자고 말하고 이새와 그 아들들을 초청했다. 이새의 아들들이 올 때 사무엘은 유심히 살폈다. 이새의 장자 엘리압을 보고 흡족했다. 하지만 하나님은 반대하셨다. "그의 용모와 키를 보지 말라. 내가 이미 그를 버렸노라. 내가 보는 것은 사람과 같지 아니하니 사람은 외모를 보거니와 나 여호와는 중심을 보느니라"(삼상 16:7). 사무엘이 이새의 둘째 아들인 아비나답, 셋째인 삼마 등 일곱 아들을 보았지만 하나님은 선택하지 않으셨다. 사무엘이 이 아들들이 전부인지 확인하자 이새는 이렇게 말했다. “아직 막내가 남았는데 그는 양을 지키나이다”(삼상 16:11). 여기서 ‘막내’는 문맥상 의역한 것이다. 문자적인 의미는 ‘작은 자, 하찮은 자’라는 뜻이다.

기원전 9세기에 아람어로 쓴 이 비문은 다윗 왕조에 대해 언급하고 있다. 이는 이스라엘 유물이 아닌 자료로서는 유일하다.

이새는 사무엘이 와서 아들들을 데리고 함께 제사를 지내자고 했을 때 사무엘이 왕을 세우기 위해 왔다는 것을 어느 정도 눈치를 챘을 것이다. 사무엘이 사울을 두려워하고 베들레헴 장로들이 사무엘의 등장으로 긴장했던 것처럼 이스라엘은 온통 사무엘이 세울 새로운 왕에 신경을 쓰고 있었기 때문이다. 사무엘이 왕을 세우려고 한다는 것을 눈치 챈 이새가 아들들을 데려오면서 다윗은 그대로 들에 내버려두었다. 우리는 다윗이 이스라엘의 위대한 왕이라는 선입견 때문에 놓치지만 이새는 다윗을 작은 자, 하찮은 자로 부르며 왕이 될 재목으로 전혀 여기지 않았다.

사무엘이 다윗을 보기 전까지 식사를 하지 않겠다고 하자, 이새는 급히 들에서 일하던 다윗을 불러왔다. 그때 하나님이 사무엘에게 말씀하셨다. “이가 그니 일어나 기름을 부으라”(삼상 16:12). 하나님은 누구도 신경을 쓰지 않던 다윗의 마음을 보시고 그를 왕으로 선택하셨다. 사무엘이 기름을 붓자 그날 이후로 다윗이 여호와의 영에 사로잡혔다. 사무엘은 다윗에게 기름을 붓고 자기 집 라마로 돌아갔다.

다윗이 기름 부음을 받았지만 어떤 공식적인 행사는 없었다. 왕이 되었음을 선포하는 행사도, 새로운 왕이 출현했음을 축하하는 행사도 없었다. 도리어 그 반대로 베들레헴 사람들은 사무엘이 다윗에게 기름을 부은 일을 쉬쉬했을 것이다. 사울의 보복이 두려워서 말이다.

다윗, 골리앗을 죽이다

또다시 사울은 블레셋 족속과 전투를 벌이기 위해서 엘라 골짜기에 진을 쳤다. 이번 전투에서 블레셋 족속의 대표 장수는 우리가 잘 아는 골리앗이다. 거인 골리앗은 갑옷을 입고 이스라엘 진영 앞에 나아와 조롱했다. “너희는 한 사람을 택하여 내게로 내려보내라. 그가 나와 싸워서 나를 죽이면 우리가 너희의 종이 되겠고 만일 내가 이겨 그를 죽이면 너희가 우리의 종이 되어 우리를 섬길 것이니라”(삼상 17:8-9). 골리앗이 이렇게 도발하지만 사울을 비롯한 이스라엘 군대는 잠잠했다. 사울이 골리앗을 죽이는 자에게는 엄청난 재물과 딸을 주고 세금을 면제해주겠다고 포상을 내걸지만 골리앗의 키와 용모에 주눅이

피렌체 아카데미아미술관에 있는 미켈란젤로의 <다윗> 동상

들어 아무도 나서지 못하고 있었다.

이런 상황에 다윗이 형들의 안부를 확인하고 오라는 아버지의 말씀을 따라 전장에 나아왔다. 골리앗의 조롱을 들은 다윗은 "이 할례받지 않은 블레셋 사람이 누구이기에 살아 계시는 하나님의 군대를 모욕하겠느냐"고 분개했다. 이 소식이 사울에게까지 전해져 사울은 다윗을 불러 세웠다. 사울은 실망했다. 왜냐하면 다윗은 소년이었기 때문이다. 사울이 만류하지만 다윗은 출전을 자원했다. 사울이 하사한 갑옷이 너무 커서 운신하기 어려워지자 다윗은 목동으로서 짐승을 치던 모습으로 거구인 골리앗 앞에 나섰다. 가소롭게 여긴 골리앗이 다윗을 저주하고 조롱하자 다윗은 외쳤다.

"너는 칼과 창과 단창으로 내게 나아오거니와 나는 만군의 여호와의 이름 곧 네가 모욕하는 이스라엘 군대의 하나님의 이름으로 네게 나아가노라. 오늘 여호와께서 너를 내 손에 넘기시리니 내가 너를 쳐서 네 목을 베고 블레셋 군대의 시체를 오늘 공중의 새와 땅의 들짐승에게 주어 온 땅으로 이스라엘에 하나님이 계신 줄 알게 하겠고 또 여호와의 구원하심이 칼과 창에 있지 아니함을 이 무리에게 알게 하리라. 전쟁은 여호와께 속한 것인즉 그가 너희를 우리 손에 넘기시리라"(삼상 17:45-47).

이 외침은 다윗의 신앙을 잘 보여준다. 다윗은 하나님이 이스라엘 군대의 하나님이심을, 구원이 칼과 창에 있지 않고 전쟁이 여호와 하나님께 속하였음을 믿었다. 이는 전쟁을 포함해서 모든 것을 주관하시는 하나님이 왕이심을 믿는 신앙이었으며, 이 믿음이 하나님이 사울을 대신해서 다윗을 왕으로 기름 부으신 이유였다.

이렇게 외친 다윗은 물맷돌을 던져서 골리앗의 이마를 맞추었다. 골리앗이 맥없이 쓰러지자 다윗은 골리앗의 칼을 빼서 그의 머리를 베어 죽였다. 골리앗이 무너지자 블레셋 족속은 혼비백산해서 도망쳤고, 이스라엘 군대는 뒤쫓아가며 죽이고 노략함으로 큰 승리를 거두었다. 이 전쟁을 계기로 사무엘의 기름 부음을 받은 다윗은 역사의 전면에 등장하게 되었다. 또한 다윗이 골리앗을 물리친 사건은 하나님이 사울의 뒤를 이어 왕으로 기름 부으신 다윗을 통해 어둠의 세력을 물리치고 평화의 나라, 하나님의 나라를 세워가실 것임을 보여주는 전조였다.

다윗이 블레셋 장수 골리앗을 죽였던 엘라 골짜기. 아세가에서 바라본 엘라 골짜기 전경으로써 오른쪽 끝이 소고이다.

물매와 고대의 무기들

물매

다윗이 골리앗을 쓰러뜨리는 장면을 묘사하는 그림에 항상 등장하는 물매(팔매, sling)는 사실 장난감이라고 할 수 없다. 역사학자들에 의하면 동물의 가죽과 힘줄, 혹은 머리털을 꼬아 제작한 물매를 이용하면 1파운드(453g)짜리 돌을 시속 145킬로미터 정도의 속도로 던질 수 있었다고 한다. 기계 장치를 이용해 가속의 힘을 얻어 시속 3,620킬로미터 속도로 날아가는 총알에 비교하기는 무리이지만 물매의 위력이 만만치 않았음을 충분히 짐작할 수 있다. 물매는 이집트와 그리스, 그리고 로마 군대에서 중요한 무기로 활용되었다. 팔레스타인 지역에서도 군용이나 목동의 호신용으로 사용되었다. 특히 목동들은 들에서 곰이나 늑대처럼 사나운 짐승들이 공격해올 때 방어수단으로 사용하거나 사냥할 때 사용했다. 오늘날에도 물매는 팔레스타인 사람들이 중무장한 이스라엘 군대와 맞서는 데 필수적인 무기로 사용되고 있다.

그렇다면 성경시대에는 물매 이외에 어떤 무기가 사용되었고, 부대는 어떻게 편제되었을까? 과거와 달리 온갖 첨단 기술이 총동원되는 현대전에서도 변하지 않은 것이 있다면 보병의 중요성일 것이다. 주변의 강대국처럼 다양한 무기를 확보하는 데 어려움을 겪던 고대 이스라엘 군대에서 보병은 핵심적인 역할을 담당했다. 보병이 주로 사용한 무기로는 먼저, 방어용 무기인 방패가 있었다. 방패는 나무를 사용해 둥글게 만들었는데 겉에는 가죽을 씌웠다. 그리고 가죽이 갈라지는 것을 방지하기 위해 기름을 충분히 먹였다(삼하 1:21). 공격용 무기로는 창과 단검처럼 작은 칼이 있었다. 칼은 왼쪽에 매단 칼집에 꽂고 다녔다(삼상 18:10-11). 또 백병전이 벌어질 때는 대개 단창을 썼다(민 25:7-8, 대하 11:12).

물매의 사용법을 소개하는 그림

구약시대에도 특수부대가 존재했는데 물맷돌부대와 궁수부대가 대표적이었다. 어려서부터 동네 골목에서 놀이 삼아 표적을 맞추는 데 사용되거나 사나운 짐승을 쫓을 때 사용되던 물매는 다윗의 경우에서 확인할 수 있듯이 필요에 따라서는 전쟁터에서 주요 무기로 활용되었다. 사람들은 사정거리가 200미터가 넘는 물매로 평소에는 가축을 지키고, 전시에는 부대를 이루어 전과를 올렸다.

궁수들이 사용하던 화살은 일반 화살과 다를 바 없었으나 박힌 부위에서 쉽게 빠지지 않게 하기 위해 촉에 미늘(작은 갈고리)을 달기도 했다. 초창기의 활은 나무에 양의 내장을 말린 줄을 매달아 만들었지만 나중에는 아시리아의 영향을 받아 얇은 나무와 뿔을 겹쳐 만든 활이 등장함으로써 힘과 정확도가 증가되었다. 특히 궁수들은 전차를 타고 전쟁을 치르기도 했다. 전차는 대개 두세 마리의 말이 끌었으며, 두 사람 정도가 넉넉히 탈 수 있을 정도의 크기였다. 이스라엘은 본래 전차를 소유하지 못했으나 후에 다윗 왕이 전쟁에서 전차를 획득해 전차부대를 만들었고, 솔로몬시대에 이르러서는 일급 전차군대로 발전했다(삼하 8:4, 왕상 9:19). 이스라엘 사람들 가운데 탁월한 전차 조종사는 아합에 반기를 들었던 예후이다. 성경은 그가 들의 광풍처럼 미치게 전차를 몰았다고 전한다(왕하 9:20).

신약시대에 들어서면서 병사들, 특히 보병의 무장이 획기적으로 개선되었다. 전쟁에서 승승장구하던 로마군의 영향 때문이었다. 로마군의 무장은 바울이 자신의 서신에서 거론할 정도로 인상적이었다(엡 6:10-17). 바울은 제일 먼저 허리띠와 흉배에 관해 이야기했다. 허리띠는 갑옷 아래 착용하던 가죽 에이프런이나 아랫배를 보호하던 금속 벨트였다. 흉배는 가죽에 금속을 덧입힌 것으로 전투에 참가할 경우에만 착용했다. 바울이 평안의 복음을 전하기 위해 신으라고 한 신은 로마군이 착용하던 샌들이나 칼리가(caliga)라는 이름의 반 부츠를 말한 것 같다. 또한 병사들은 전투 시에 청동으로 제작된 투구를 착용했다. 검은 맨 앞 열에 위치한 병사들이 창을 사용하지 못할 정도로 근접 거리에서 전투를 벌일 때 사용했다. 글라디우스(gladius)라고 불린 이 검은, 양날 검으로 길이는 50~60센티미터 정도였다. 병사들은 이외에도 단검과 창, 그리고 사각 방패를 무기로 지급 받았다.

로마 병사의 전투 장면을 묘사한 조각상

—<누구도 가르쳐주지 않은 성경 밖 성경이야기>, 유재덕 저, 196-199쪽 발췌

다윗을 죽이려는 사울, 사울을 살려주는 다윗

사울은 해결할 길이 없었던 골리앗을 물리친 다윗을 총애했다. 하지만 그것은 오래가지 않았다. 왜냐하면 전쟁에서 돌아오는 길에 들은 환영하는 무리의 노랫소리 때문이었다. "사울이 죽인 자는 천천이요 다윗은 만만이로다"(삼상 18:7). 사람들이 다윗을 찬양하는 소리를 듣고서 불쾌해진 사울은 진노하여 다윗을 주목해서 지켜보았으며, 여호와께서 자신을 떠나 다윗과 함께 계심을 보고서 다윗을 두려워했다(삼상 18:12,15). 그럼에도 불구하고 왕위를 포기할 수 없었던 사울은 다윗을 죽이기로 마음먹었다.

다윗을 죽이려는 첫 번째 시도는 사위를 삼는 조건으로 블레셋 사람의 포피 100개를 원한 것이었다. 사울은 다윗이 블레셋 사람과 싸우다가 죽기를 바랐다. 하지만 다윗은 블레셋 사람의 포피 200개를 사울에게 가져다주고 사울의 딸 미갈을 얻었다. 두 번째로 사울은 전쟁에서 승리하고 돌아온 다윗에게 단창을 던져 죽이려 했으며, 실패하자 군사를 집에 보내 죽이게 했다. 하지만 아내 미갈의 기지로 다윗은 밤에 몰래 도망쳐서 생명을 보존할 수 있었다. 세 번째로 다윗이 사무엘과 함께 라마 나욧으로 도망갔을 때 사울이 죽이려 쫓아왔다가 하나님의 영이 임함으로 사울은 걸어가면서 예언하고 사무엘 앞에서 옷을 벗고 예언했다. 네 번째로 초하루 때 사울이 죽이려 드는 것을 요나단이 알려주어서 다윗은 죽음을 피했다. 다섯째로 다윗은 놉에서 블레셋 가드 왕에게로 갔다가 미친 체하여 도망해서 아굴람으로, 아굴람에서 그일라로, 그일라에서 십 광야로, 십 광야에서 엔게디에 있는 굴로 도망쳤다. 사울은 엔게디로 추격해왔다가 용변을 보러 다윗이 숨어 있는 굴로 들어갔지만 다윗은 사울의 옷자락만 베고 죽이지 않았다. 여섯째로 다윗이 십 광야 하길라 산에 숨었을 때 십 사람이 사울에게 다윗의 거처를 고발하여 사울이 다윗을 포위했다. 다윗은 밤에 사울의 진영에 들어가 사울 머리맡에 있는 창과 물병만 가지고 나오고 죽이지 않았으며 사울의 추격을 피해 적군인 블레셋 족속의 땅으로 피신했다. 자신을 죽이려는 사울을 단념시키기 위해서였다.

사울은 하나님이 다윗에게 함께하심을 알고 있음에도 불구하고 끊임없이 다윗을 죽이려고 시도했다(삼상 18:17-27:4). 사울은 아들 요나단이 다윗이 피할 수 있도록 도와주었을 때 불같이 화를 내면서 왕권이 다윗에게 넘어가지 않게 하기 위해 다윗을 죽이려 했음을 숨기지 않았다. "이새의 아들[다윗]이 땅에 사는 동안은 너와 네 나라가 든든히 서지 못하리라. 그런즉 이제 사람을 보내어 그를 내게로 끌어오라. 그는 죽어야 할 자이니라"(삼상 20:31). 사울은 다윗이 차기 왕으로 하나님의 선택받았음을 알아차렸음에도 다윗을 죽이려 시도하여 하나님의 계획을 막으려 하고, 하나님께 공개적으로 대적했다. 그는 더 이상 하나님의 백성이라 할 수 없었다.

이런 사울과는 달리 다윗은 자신을 죽이려는 사울의 추격을 피해 도망치면서도 사울을 죽일 수 있는 기회를 이용하지 않았다. 엔게디 동굴에서 용변을 보는 사울을 죽일 수도 있었고, 십 광야에서 잠든 사울을 죽일 수도 있었다. 심지어 다윗을 따르는 부하들이 사울을 죽일 수 있도록 하나님이 기회를 주신 것이라고 설득했지만 다윗은 이를 단호히 거절했다. "다윗의 사람들이 이르되 보소서. 여호와께서 당신에게 이르시기를 내가 원수를 네 손에 넘기리니 네 생각에 좋은 대로 그에게 행하라 하시더니 이것이 그날이니이다 하니 다윗이 일어나서 사울의 겉옷 자락을 가만히 베니라. …자기 사람들에게 이르되 내가 손을 들어 여호와의 기름 부음을 받은 내 주를 치는 것은 여호와께서 금하시는 것이니 그는 여호와의 기름 부음을 받은 자가 됨이니라"(삼상 24:4,6). "아비새가 다윗에게 이르되 하나님이 오늘 당신의 원수를 당신의 손에 넘기셨나이다. 그러므로 청하오니 내가 창으로 그를 찔러서 단번에 땅에 꽂게 하소서. 내가 그를 두 번 찌를 것이 없으리이다 하니 다윗이 아비새에게 이르되 죽이지 말라. 누구든지 손을 들어 여호와의 기름 부음받은 자를 치면 죄가 없겠느냐"(삼

죽이지 않았으며 해코지할 의사가 없음을 분명히 밝혔다(삼상 24:8-12, 26:13-20).

사울은 다윗이 하나님의 선택을 받았음을 알았음에도 자신의 왕권을 지키기 위해 다윗을 죽이려 하여 하나님께 대적한 반면, 다윗은 자신을 죽이려는 사울을 살려주어 한때 사울을 왕으로 세우셨던 하나님의 결정을 존중했다. 하나님은 자신을 존중히 여기는 자를 존중히 여기시며 멸시하는 자를 경멸하신다(삼상 2:30). 다윗은 이 원리를 잘 알고 있었다. 다윗은 하나님을 모든 것을 주관하시는 왕으로 인정함으로써 하나님의 존중을 받았다.

엔게디. 굴이 많다.

이스라엘 초대 왕, 사울의 최후

다윗은 사울의 추격을 피하기 위해 적군이었던 블레셋 족속의 가드 왕 아기스에게 몸을 의탁했다. 다윗이 죽인 블레셋 사람이 많았음에도 불구하고 가드 왕 아기스는 다윗의 무리를 받아들여 시글락을 내주었다. 적의 적은 아군이라는 법칙이 통했

상 26:8-9). 다윗은 사울을 죽일 기회라는 부하들의 권고에도 흔들리지 않고 하나님이 기름 부으셔서 세웠던 사울을 해하지 않았다. 대신에 엔게디 동굴에서는 사울의 옷자락을, 십 광야에서는 사울의 창과 물병을 취해서 자신이 사울을 죽일 기회가 있었음에도

다. 다윗은 블레셋 땅에서 무려 1년 4개월을 보냈다. 그곳에서 아말렉 족속이나 그술 사람이나 기르스 사람을 공격했으며, 블레셋 가드 왕 아기스에게는 유다의 네겝, 곧 남방을 공격했다고 둘러댔다. 아기스는 다윗이 같은 민족을 공격했으니 자기 민족에게로

벧산. 언덕은 구약시대의 벧산이며 언덕 아래는 스키토폴리스(신약 시대의 벧산)이다. 이 언덕 위에 사울의 시신을 내걸었던 블레셋 족속의 성벽이 있었다.

영원히 돌아갈 수 없다고 믿어 다윗을 영원한 부하로 여겼다(삼상 27:12).

블레셋 사람들이 이스라엘과의 일전을 위해 모였다. 이때 아기스는 다윗에게 전쟁에 참가하기를 제안하고 다윗을 자기를 지키는 자로 삼았다. 하지만 블레셋의 다른 성읍(블레셋 족속은 가드, 아스돗, 가사, 에그론, 아스글론 등 다섯 개의 성읍 연합체로 이루어져 있었다. 삼상 6:17)의 반대에 부딪쳤다. 앞서 말했듯이 이스라엘 백성들이 "사울이 죽인 자는 천천이요 다윗은 만만이로다"라고 노래했던 것처럼 다윗은 블레셋 족속을 가장 많이 죽인 사람이었기 때문이다. 다른 성읍의 왕들은 다윗이 이스라엘과 협공할 것을 염려했다. 결국 아기스는 다윗을 이스라엘과의 전투에 참가시키려했던 자기 계획을 철회할 수밖에 없었다.

블레셋 족속과 일전을 벌이기 위해 대치하고 있었던 사울은 불안에 떨었다. 사무엘도 이미 죽었고(삼상 28:3), 용맹한 장수였던 다윗도 떠나고 없었으며, 하나님의 음성을 듣지 못했기 때문이다. 그는 블레셋과 대치 상태에서 야음을 틈타 변장을 한 채 엔돌로 갔다. 엔돌에 있는 신접한 여인을 만나 죽은 사무엘의 영혼을 불러 달래서 전쟁의 결과가 어떻게 될지 알아보고 싶어서였다. 엔돌의 신접한 여인은 사울의 요구대로 죽은 사무엘의 영혼을 불러냈다. 사울이 무엇을 행해야 할지 물었을 때 사무엘은 이렇게 대답했다. "여호와께서 너를 떠나 네 대적이 되셨거늘 네가 어찌하여 내게 묻느냐. 여호와께서 나를 통하여 말씀하신 대로 네게 행하사 나라를 네 손에서 떼어 네 이웃 다윗에게 주셨느니라. 네가 여호와의 목소리를 순종하지 아니하고 그의 진노를 아말렉에게 쏟지 아니하였으므로 여호와께서 오늘 이 일을 네게 행하셨고 여호와께서 이스라엘을 너와 함께 블레셋 사람들의 손에 넘기시리니 내일 너와 네 아들들이 나와 함께 있으리라. 여호와께서 또 이스라엘 군대를 블레셋 사람들의 손에 넘기시리라"(삼상 28:16-19). 사무엘은 하나님이 이스라엘을 다윗에게 주셨으며, 이 전쟁에서 이스라엘이 패하고 사울과 그 아들들도 죽을 것이라고 말했다.

여기서 한 가지 짚고 넘어갈 것이 있다. 그것은 엔돌의 위치다. 엔돌은 이스라엘 진영이 아니라 이스라엘과 대치하고 있는 블레셋 진영 뒤편에 있는 마을이었다. 당시 이스라엘 땅에는 신접한 여인이나 박수가 없었다. 사울이 변장한 채 야밤에 블레셋 진영을 뚫고 엔돌에 가서 신접한 여인을 만났다는 것은 그가 얼마나 절박했는지를 잘 보여준다. 하나님을 떠난 인간, 하나님을 왕으로 인정하지 않은 인간이 안고 있는 그 절박함이었다.

블레셋 사람들은 이스르엘 골짜기로 올라가서 이스라엘과 전쟁을 벌였다. 사무엘의 영혼이 예고한 대로 결과는 사울의 참패였다. 이스라엘 군대는 블레셋 군대에 쫓겨서 길보아 산으로 도망치며 죽임을 당했고 사울의 아들들, 곧 요나단과 아비나답과 말기수아도 죽음을 맞이했다. 사울은 블레셋이 쏜 화살에 맞아 중상을 입었다. 그때 할례받지 않은 블레셋 족속에게 죽임을 당하는 수치를 피하기 위해서 무기를 든 자에게 자신을 죽여달라고 요청했지만 두려워하자 자기 칼에 엎드러져 죽고 말았다. 이로써 사울은 물론 사울의 아들들과 무기를 든 자까지 모두 함께 죽었다.

블레셋 사람들은 사울의 머리를 베고 갑옷을 벗기고 그의 시신은 벧산 성벽에 못 박았다. 이 소식을 전해들은 요단 강 동편 길르앗 야베스 주민들은 밤새도록 달려와서 사울과 그 아들들의 시신을 거두어서 장사를 지내고 7일 동안 금식했다. 길르앗 야베스 주민들은 암몬 족속 나하스의 공격을 받았을 때 구해주었던 사울의 은혜를 기억하여(삼상 11:1-11) 그의 시신을 거두고 장사를 지냈던 것이다.

이스라엘과 유다의 내전

이스라엘 초대 왕 사울이 죽었다. 사울이 죽었던 블레셋과의 전투에 참여하지 않았던 다윗은 사울이 죽은 지 사흘이 되었을 때 사울의 진영에서 도망쳐 나온 한 청년이 전한 사울의 죽음 소식을 들었다. 그런데 이 청년은 사울의 죽음 소식을 왜곡시켰다. 부상당한 사울의 요청에 따라 자신이 죽였다고 보고한 것이다. 이 청년은 다윗을 죽이려했던 사울이었기에 사울을 죽였다고 하면 다윗에게서 공적을 인정받을 줄 알았다. 그러나 그는 다윗이 사울의 추격을 당하는 와중에서 죽일 기회를 얻었음에도 불구하고 사울을 죽이지 않았던 사실을 몰랐다. 다윗은 사울을 죽였다고 자처하는 그 청년을 죽이라고 명령한 후 사울과 요나단의 죽음을 애통해하며 애가를 지어 불렀다.

그 후 다윗은 하나님께 물었다. "내가 유다 한 성읍으로 올라가리이까"(삼하 2:1). 다윗은 하나님의 허락을 받고 유다 성읍 헤브론으로 올라갔다. 그때 유다 지파 사람들이 헤브론으로 와서 다윗에게 기름을 붓고 유다 족속의 왕으로 삼았다. 사무엘이 하나님의 명령을 따라 유다 지파 베들레헴에 들러서 이새의 아들 목자 다윗에게 기름을 붓고 나서, 오랜 고난을 겪은 후 다시 한 번 유다 지파가 다윗에게 기름을 부음으로 유다 지파의 왕이 되었다(삼하 2:7).

초대 왕이었던 사울과 요나단 등 그의 아들들이 블레셋과의 전투에서 죽고 다윗이 유다 지파의 왕이 되었을지라도 이스라엘 전체를 통치한 것은 아니었다. 왜냐하면 사울의 아들 이스보셋이 유능한 군사령관 아브넬의 지원 속에 여전히 사울의 뒤를 이어 왕 노릇을 하고 있었기 때문이다. 이는 필연적으로 유다 지파의 왕 다윗과 나머지 지파들의 지지를 받고 있는 이스보셋 사이에 전쟁을 촉발했다.

다윗의 진영은 스루야의 세 아들 요압과 아비새와 아사헬을 중심으로, 이스보셋의 진영은 아브넬을 중심으로 군대를 이끌었으며 내전을 벌였다. 이 전쟁에서 요압의 동생 아사헬이 아브넬에게 죽임을 당했지만 내전의 승리는 다윗의 군대로 기울었다. "사울의 집과 다윗의 집 사이에 전쟁이 오래매 다윗은 점점 강하여 가고 사울의 집은 점점 약하여 가니라"(삼하 3:1). 사울의 집안과 다윗의 집안 사이에 전쟁이 오랫동안 지속되었지만 대세는 다윗의 집안이었다. 사울의 집안은 하나님의 버림을 받아 몰락해가고 있었다.

하나님 마음에 맞는 다윗, 온 이스라엘의 왕이 되다

사울 집안의 완전한 몰락은 그 집안을 떠받들며 막강한 권세를 휘둘렀던 아브넬의 반역으로 이루어졌다. 아브넬은 이스보셋 왕의 아버지 사울의 첩과 통간했다. 고대에서 정복한 나라의 왕이나 이전 왕의 여자와 자는 것은 왕권을 요구하는 행위였다. 그래서 나중에 다윗에게 반역을 일으켰던 압살롬도 아버지 다윗의 후궁과 잠을 잤다(삼하 16:21-22). 아브넬의 행위를 알게 된 이스보셋은 강하게 책망했지만 막강한 병권을 쥐고 있었던 아브넬의 반발만 사고 말았다. "내가 유다의 개 머리냐. 내가 오늘 당신의 아버지 사울의 집과 그의 형제와 그의 친구에게 은혜를 베풀어 당신을 다윗의 손에 내주지 아니하였거늘 당신이 오늘 이 여인에게 관한 허물을 내게 돌리는도다"(삼하 3:8). 결국 아브넬은 이스보셋의 대결 상대였던 다윗을 찾아가 이스보셋의 나라를 다윗에게 넘기기로 언약을 맺었다(삼하 3:12-21).

다윗의 장군 요압은 전쟁에 나갔다가 돌아오는 길에 아브넬이 다윗을 만나서 언약을 맺고 돌아갔다는 소식을 전해 듣고 아브넬에게 전령을 보내 헤브론으로 오게 했다. 이유는 다윗 집안과 사울 집안 사이에 벌어졌던 전쟁에서 자기 동생 아비새를 죽인 아브넬에게 원수를 갚기 위함이었다. 요압은 결국 헤브론으로 돌아온 아브넬을 죽였다.

이 소식을 전해들은 다윗은 분노했지만 요압이 이끄는 군대의 막강한 힘 때문에 제재를 가하지 못하고, 다만 아브넬의 죽음이 자신과 관계가 없음을 선포하며 옷을 찢고 굵은 베를 띠고 아브넬의 죽음을 애도했다. 이로써 다윗은 온 백성의 마음을 얻었다. "온 백성이 보고 기뻐하며 왕이 무슨 일을 하든지 무리가 다 기뻐하므로 이날에야 온 백성과 온 이스라엘이 넬의 아들 아브넬을 죽인 것이 왕이 한 것이 아닌 줄을 아니라"(삼하 3:36-37).

아브넬의 죽음은 이스보셋 왕이 이끄는 사울 집안, 곧 유다 지파를 제외한 온 이스라엘의 결정적인 몰락을 의미했다. 사울 집안의 몰락을 눈치챈 부하 바아나와 레갑은 이스보셋 왕을 암살하고 그의 머리를 베어서 헤브론에 있는 다윗에게 바쳤다. 하지만 그들 역시 다윗을 제대로 알지 못했다. 다윗은 주인을 배신한 바아나와 레갑을 죽였으며 이스보셋을 아브넬과 함께 매장했다.

왕을 잃어버린 온 이스라엘은 헤브론에 있는 다윗에게 나아와서 고백했다. "보소서. 우리는 왕의 한 골육이니이다. 전에 곧 사울이 우리의 왕이 되었을 때에도 이스라엘을 거느려 출입하게 하신 분은 왕이시었고 여호와께서도 왕에게 말씀하시기를 네가 내 백성 이스라엘의 목자가 되며 네가 이스라엘의 주권자가 되리라 하셨나이다"(삼하 5:1-2). 이스라엘의 모든 장로는 헤브론에서 다윗과 언약을 맺고 다윗에게 기름 부어 온 이스라엘, 즉 유다 지파만이 아니라 열두 지파 전체의 왕으로 삼았다.

온 이스라엘의 왕이 된 다윗이 제일 먼저 한 일은 수도를 정하는 것이었다. 그가 수도로 삼은 도시는 예루살렘이었다. 예루살렘은 여호수아시대에 베냐민 지파에게 할당된 기업이었지만(수 18:28), 베냐민 지파는 거기에 살던 여부스 족속을 내쫓지 못해서 다윗시대까지 여전히 여부스 족속이 예루살렘을 차지하고 있었다. 다윗은 이 예루살렘을 정복해서 수도로 삼고 '다윗 성'이라 불렀다. 다윗이 예루살렘을 수도로 정한 것은 그곳이 유다 지파에게도 북쪽의 이스라엘에게도 소속되지 않은 중립적인 지역이었기 때문이다. 다윗은 예루살렘을 수도로 정함으로써 어떤 지파의 영향도 받지 않고서 온 이스라엘을 다스릴 수 있었다.

이제 하나님께 불순종하던 사울을 대신해서 하나님 마음에 맞는 다윗이 온 이스라엘의 왕이 되었다(삼상 13:14). 불순종했던 사울과 달리 다윗은 모든 일을 할 때 하나님의 뜻을 물었다. 사울이 죽은 후 헤브론에 올라갈 때도(삼하 2:1), 온 이스라엘의 왕이 되고서 사울을 괴롭혔던 블레셋 족속과 전쟁을 벌일 때도(삼하 5:19,23-24) 다윗은 끊임없이 하나님의 뜻을 묻고 하나님의 허락을 받아 일을 진행했다.

다윗이 하나님의 뜻을 얼마나 간절히 원했는지, 얼마나 하나님 중심으로 살았는지는 온 이스라엘의 왕이 되고 나서 수도 예루살렘에 하나님의 언약궤를 옮겨온 것에서 잘 드러난다. "우리가 우리 하나님의 궤를 우리에게로 옮겨오자. 사울 때에는 우리가 궤 앞에서 묻지 아니하였느니라 하매 뭇 백성의 눈이 이 일을 좋게 여기므로 온 회중이 그대로 행하겠다 한지라"(대상 13:3-4). 당시 하나님의 언약궤는 바알레유다, 곧 기럇여아림에 있었다. 사무엘 이전, 곧 엘리 대제사장 때 블레셋과의 전쟁에서 언약궤를 빼앗겼지만, 하나님은 블레셋 족속의 다곤 신을 부수고 블레셋 족속 성읍에 재앙을 내려 심판하셨다. 하나님의 심판을 깨달은 블레셋 족속은 언약궤를 수레에 실어 이스라엘의 벧세메스로 돌려보냈으며, 나중에 그 언약궤는 기럇여아림으로 옮겨져 20년간 그곳에 있었다(삼상 5:1-7:2).

다윗이 기럇여아림에 있는 언약궤를 새 수레에 실어 예루살렘으로 옮기는 와중에 소가 날뛰어서 떨어지려는 언약궤를 잡았던 웃사가 죽임을 당했다. 이 때문에 언약궤 1차 수송은 실패로 돌아갔다. 언약궤는 수레가 아니라 레위인이 직접 메고 옮겨야 했는데 이를 지키지 않았기 때문이다(민 4:15, 7:9, 대상 15:2). 이로써 언약궤를 예루살렘으로 옮기려는 다윗의 계획은 실패로 돌아갔으며, 언약궤는 오벧에돔 집으로 옮겨졌다(삼하 6:1-10, 대상 13:5-14). 석 달 후에 다윗은 하나님의 율법대로 레위 사람들을 통해 언약궤를 메고 예루살렘으로 옮겼으며, 너무 기쁜 나머지 여호와 앞에서 뛰놀며 춤을 추었다(삼하 6:11-23, 대상 15:1-29). 이런 다윗의 모습은 그가 왜 하나님 마음에 맞는 왕인지를 잘 보여준다.

다윗 언약, 네 나라가 영원히 보존되고 견고하리라

예루살렘으로 옮겨진 하나님의 언약궤는 장막에 놓였다(대상 15:1). 다윗은 하나님의 언약궤가 장막에 있는 것이 마음에 걸렸다. 왕이 사는 궁전처럼 번듯한 성전에 두고 싶은 열망이 다윗의 마음에 피어올랐다. 다윗은 이런 속마음을 선지자인 나단에게 내비쳤다. "왕이 선지자 나단에게 이르되 볼지어다. 나는 백향목 궁에 살거늘 하나님의 궤는 휘장 가운데에 있도다. 나단이 왕께 아뢰되 여호와께서 왕과 함께 계시니 마음에 있는 모든 것을 행하소서 하니라"(삼하 7:2-3).

다윗이 하나님의 언약궤가 놓일 성전을 건축할 마음을 토로하자 하나님은 나단을 통해서 뜻을 밝히셨는데, 다윗에게 성전을 짓는 것을 허락하지 않으신다는 것이었다. 다윗이 전쟁을 통해서 땅에 피를 많이 흘렸기 때문이다(대상 22:8). 하지만 다윗의 뒤를 이어 왕이 될 아들 솔로몬이 성전을 건축하게 하셨다. 그러나 하나님은 성전을 짓고 싶어 하는 다윗의 마음을 어여삐 받으셨다. 그래서 다윗의 이름을 존귀하게 만들어주며 아들 솔로몬을 통해서 이어질 다윗의 나라와 왕위를 견고하게 하실 것을 약속하셨다. 또한 하나님은 다윗의 아들 솔로몬의 아버지가 되고 솔로몬은 하나님의 아들이 되며, 솔로몬이 죄를 지으면 징계하실지언정 사울에게서처럼 빼앗지 않아 다윗의 나라가 영원할 것을 약속하셨다. "네 집과 네 나라가 내 앞에서 영원히 보전되고 네 왕위가 영원히 견고하리라 하셨다 하라"(삼하 7:16, 대상 17:14).

이것이 하나님이 다윗과 맺으신 언약의 핵심이다. 이 구절에서 '집'은 다윗의 후손을, '나라'는 정치적인 실체를, '왕위'는 왕으로서 다스릴 권세를 가리킨다. 더욱이 여기서 중요한 표현은 두 번이나 언급되는

'영원히'이다. 다윗 집안의 왕권은 영원히 지속될 것이다. 이 다윗 언약은 아브라함의 언약과 마찬가지로 이후 이스라엘 역사에서 가장 중요한 언약이 된다. 그래서 선지자들도 계속해서 다윗 집안의 왕권이 영원히 지속될 것을 강조한다(사 9:6-7, 11:1-5, 55:1-4, 렘 23:5-6, 30:8-9, 33:14-22, 겔 37:23-27, 단 7:13-14, 호 3:4-5, 암 9:1-15, 슥 9:9, 14:4,9). 즉 하나님은 다윗 집안의 왕권을 통해 하나님 나라의 백성을 통치하시며 하나님 나라를 온전히 이루어가신다.

선지자 나단을 통해 하나님의 놀라운 언약을 받은 다윗은 하나님께 감사의 기도를 드린다. "주 여호와여, 나는 누구이오며 내 집은 무엇이기에 나를 여기까지 이르게 하셨나이까. 주 여호와여, 주께서 이것을 오히려 적게 여기시고 또 종의 집에 있을 먼 장래의 일까지도 말씀하셨나이다. …주께서 주의 백성 이스라엘을 세우사 영원히 주의 백성으로 삼으셨사오니 여호와여 주께서 그들의 하나님이 되셨나이다. …만군의 여호와 이스라엘의 하나님이여, 주의 종의 귀를 여시고 이르시기를 내가 너를 위하여 집을 세우리라 하셨으므로 주의 종이 이 기도로 주께 간구할 마음이 생겼나이다. 주 여호와여, 오직 주는 하나님이시며 주의 말씀들이 참되시니이다. 주께서 이 좋은 것을 주의 종에게 말씀하셨사오니 이제 청하건대 종의 집에 복을 주사 주 앞에 영원히 있게 하옵소서. 주 여호와께서 말씀하셨사오니 주의 종의 집이 영원히 복을 받게 하옵소서 하니라"(삼하 7:18-29).

Bible Tip 16

어떻게 이런 일이!

씻을 수 없는 다윗의 끔찍한 죄악

영원한 왕권에 대한 하나님의 언약을 받은 다윗은 행하는 전쟁마다 승리를 거두었다. 사울을 그토록 괴롭혔던 블레셋 족속, 모압, 아람, 하맛, 에돔, 암몬 등 주변에 있는 모든 나라를 물리치고 지배했다. 하나님께서 다윗이 어디를 가든지 승리를 거두게 하셨기 때문이다(삼하 9장, 11장). 하지만 이 와중에 다윗은 씻을 수 없는 큰 죄를 짓는다. 다윗의 부하들이 암몬 족속을 물리치기 위해 암몬 족속의 수도 랍바를 에워싸고 있을 때, 다윗은 암몬 족속과의 전쟁에 참여하지 않고 예루살렘 궁전에 있었다. 전쟁에 참여하지 않고 예루살렘에 있었던 것이 불행의 시작이었다.

다윗은 저녁 때 옥상에 올라갔다가 한 여인이 목욕을 하는 것을 보게 되었다. 이미 영적으로 무장 해제되어버린 그는 육체적 정욕에 그대로 무너지고 말았다. 그리하여 부하를 통해 그 여인이 자기 부하인 우리아의 아내 밧세바라는 사실을 알게 되었지만, 다윗은 사람을 보내 밧세바를 데려오게 하고 동침을 하고 만다. 그 과정에는 어떤 망설임이나 양심의 가책도 없었다. 다윗은 이미 죄에

다윗 성에서 내려다본 기드론 골짜기. 집들이 계단식으로 되어 있어서 아래에 있는 집의 지붕을 내려다볼 수 있다.

깊이 물들어 있었다. 아니, 그 일이 잠깐의 일탈정도로 끝날 줄 알았다.

하지만 시간이 흐른 후 "내가 잉태하였나이다"라는 밧세바의 한마디에 다윗의 일탈은 더 큰 죄악으로 이어진다. 다윗은 이를 무마하기 위해 전쟁에 나가 있던 요압에게 우리아를 예루살렘으로 보내라고 명령한다. 밧세바의 남편 우리아를 만난 다윗은 그에게 전쟁 상황을 물어보고, 집으로 돌아가서 쉬라고 명한다. 어떻게든 밧세바와 동침시켜 자신의 죄악을 덮으려고 한 것이다. 하지만 우리아는 다윗의 기대와는 달리 다른 군사들과 함께 잠을 잤다. 다윗이 우리아에게 왜 집에 가서 자지 않았느냐고 묻자, 우리아는 이렇게 대답했다. "언약궤와 이스라엘과 유다가 야영 중에 있고 내 주 요압과 내 왕의 부하들이 바깥들에 진 치고 있거늘 내가 어찌 내 집으로 가서 먹고 마시고 내 처와 같이 자리이까. 내가 이 일을 행하지 아니하기로 왕의 살아계심과 왕의 혼의 살아계심을 두고 맹세하나이다"(삼하 11:11).

여의치 않자, 다윗은 아내와 동침하라고 애원하다시피 해도, 술을 잔뜩 먹여보아도 하나님 군대의 강직한 군사 우리아를 흩트려놓지 못했다. 충직한 우리아가 밧세바와 잠을 잘 가능성이 없음을 감지한 다윗은 결국 그를 죽이기로 마음먹었다. 다윗은 자신의 손을 사용하지 않고 지극히 자연스러운 방법으로 우리아를 죽이고자 했다. 방법은 전쟁의 최전선에 내보내서 적군의 손에 죽게 만드는 것이었다.

"아침이 되매 다윗이 편지를 써서 우리아의 손에 들려 요압에게 보내니 그 편지에 써서 이르기를 너희가 우리아를 맹렬한 싸움에 앞세워 두고 너희는 뒤로 물러가서 그로 맞아 죽게 하라 하였더라"(삼하 11:14-15). 다윗은 이런 내용의 편지를 써서 우리아의 손에 들려 요압에게 보낸다. 아니, 어찌 이런 일을 할 수 있단 말인가! 어찌 이리도 잔인함의 극치를 보일 수 있단 말인가! 사형집행 명령서와도 같은 편지를 당사자인 우리아의 손에 들려 보낼 수 있단 말인가! 다윗의 계략대로 우리아는 전쟁터에서 죽었다. 우리아의 전사보고를 들은 다윗은 전쟁 중에 의례히 있을 수 있는 길이라며 예사로이 넘기는 태연함을 보인다. 그리고 밧세바를 데려다가 아내로 삼고, 당당히 아이를 낳았다. 그리하여 다윗은 밧세바와의 동침과 우리아의 죽음에 대한 모든 죄를 완벽하게 덮을 수 있다고 생각했다. 하지만 하나님 앞에서 감출 수 있는 것은 아무것도 없었다.

하나님은 선지자 나단을 보내셔서 다윗을 책망하셨다. 다윗 앞에 선 나단은 한 가지 예화를 들었다. 양과 소가 심히 많은 부자가 자신을 방문한 손님을 대접하기 위해서 오직 작은 암양 새끼 한 마리밖에 없는 가난한 사람의 양 새끼를 빼앗아다가 잡았다는 내용이었다. 이 이야기를 들은 다윗은 흥분해서 가난한 자를 불쌍히 여기지 않고 못된 일을 저질렀으니 네 배나 갚아주어야 한다고 말했다. 그때 나단은 그 부자가 당신이라고 외쳤다. "나단이 다윗에게 이르되 당신이 그 사람이라"(삼하 12:7).

나단은 다윗이 저지른 죄를 고발할 뿐만 아니라 그 죄악으로 인해서 다윗에게 내려진 심판을 선고했다. "칼이 네 집에서 영원토록 떠나지 아니하리라 하셨고 여호와께서 또 이와 같이 이르시기를 보라. 내가 너와 네 집에 재앙을 일으키고 내가 네 눈앞에서 네 아내를 빼앗아 네 이웃들에게 주리니 그 사람들이 네 아내들과 더불어 백주에 동침하리라. 너는 은밀히 행하였으나 나는 온 이스라엘 앞에서 백주에 이 일을 행하리라"(삼하 12:10-12). 이는 칼, 곧 전쟁과 고난이 다윗의 집안에서 끊이지 않을 것과 반역이 일어나 반역자가 다윗의 아내들과 잠을 자는 일이 일어날 것이라는 예언이었다.

실제로 다윗의 아들 압살롬이 반역을 일으켜 아버지 다윗의 후궁들과 백주에 동침함으로써 스스로 왕이 되었음을 선포했다(삼하 16:21-23). 또한 이 예언의 말씀대로 베냐민 지파 사람 세바의 반역을 겪었으며(삼하 20장), 3년간의 기근을 겪었고(삼하 21:1), 인구조사를 해서 하나님보다 군사력을 의지함으로써 하나님의 심판을 받는(삼하 24장, 대상 21장) 등 다윗은 말년에 수많은 어려움을 겪는다.

하나님의 마음에 맞는 왕, 영원한 왕권을 보장받은 다윗이었지만 하나님의 도움으로 모든 전쟁에서 승리를 거두고 주변국을 정복하여 잘 나갈 때 우리아의 아내 밧세바를 취하는 죄를 저질렀다. 다윗도 사울과 마찬가지로 죄를 지었다. 하지만 다윗은 사울과 달랐다. 사무엘이 사울의 죄악을 고발했을 때 사울은 변명으로 일관하며 자신의 행위를 정당화했다. 반면 다윗은 나단이 자신의 죄악을 고발했을 때 자기의 죄를 인정하고 고백했다. "다윗이 나단에게 이르되 내가 여호와께 죄를 범하였노라"(삼하 12:13). 다윗은 죄를 지적받는 순간 하나님 앞에 무릎 꿇고 회개했다.

시편 51편은 다윗이 밧세바와 동침한 후 선지자 나단이 와서 죄를 고발했을 때 지은 참회시다. 다윗은 자기가 저지른 죄악을 자인하며 하나님의 용서를 구했다. "하나님이여 주의 인자를 따라 내게 은혜를 베푸시며 주의 많은 긍휼을 따라 내 죄악을 지워주소서. 나의 죄악을 말갛게 씻으시며 나의 죄를 깨끗이 제하소서. …주의 얼굴을 내 죄에서 돌이키시고 내 모든 죄악을 지워주소서. 하나님이여 내 속에 정한 마음을 창조하시고 내 안에 정직한 영을 새롭게 하소서. 나를 주 앞에서 쫓아내지 마시며 주의 성령을 내게서 거두지 마소서. 주의 구원의 즐거움을 내게 회복시켜주시고 자원하는 심령을 주사 나를 붙드소서. …하나님이여 나의 구원의 하나님이여 피 흘린 죄에서 나를 건지소서. 내 혀가 주의 의를 높이 노래하리이다"(1-2,9-12,14). 이 시편을 보면 다윗이 자기가 저지른 죄악 때문에 얼마나 뼈저리게 하나님의 용서와 회복을 구했는지 잘 알 수 있다. 이것이 다윗이 사울과 다른 점이었으며 하나님이 마음에 맞는 자라고 하신 이유이다.

나단은 밧세바가 갖게 된 아이가 태어난 지 이레 만에 죽을 것임을 예고했고, 다윗이 그토록 간절히 하나님께 간구했지만 그대로 성취되고 만다. "다윗이 그 아이를 위하여 하나님께 간구하되 다윗이 금식하고 안에 들어가서 밤새도록 땅에 엎드렸으니 그 집의 늙은 자들이 그 곁에 서서 다윗을 땅에서 일으키려 하되 왕이 듣지 아니하고 그들과 더불어 먹지도 아니하더라. 이레 만에 그 아이가 죽으니라"(삼하 12:16-18). 이처럼 하나님은 우리가 죄를 자백하면 용서해주시지만 그 죄에 대한 책임은 반드시 물으신다. 그 후 다윗은 밧세바에게서 자신의 뒤를 이어 왕이 될 솔로몬을 얻었다(삼하 12:24).

랍바. 오늘날 요르단 수도 암만이다.

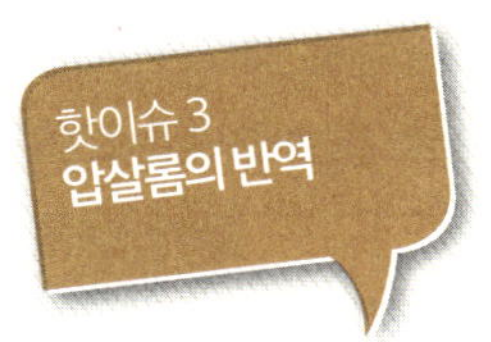

형제 살인과 부자 전쟁의 골육상쟁

한 순간의 방심으로 씻을 수 없는 큰 죄를 지은, 다윗 왕의 범죄로 인한 재앙은 밧세바와의 사이에서 난 첫 아이의 죽음만으로 끝나지 않았다. 나단의 예언처럼 그 가문에 칼바람이 임했다. 비극은 다윗의 아들인 암몬과 압살롬, 그리고 압살롬의 누이동생인 다말 사이에서 시작되었다. 암논과 압살롬은 차기 왕권에 가장 근접한 라이벌이었다. 암논은 장자로서 1순위였고, 셋째인 압살롬은 둘째인 길르압이 일찍 죽는 바람에 왕위계승 서열 2위가 되었다. 압살롬은 그술 왕 달매의 딸인 마아가의 아들로서 누이동생 다말과 함께 빼어난 외모의 소유자였다.

한편 죄악의 대물림이라고 해야 할까? 아니면 성품의 유전이라고 해야 할까? 다윗 왕의 아들 암논은 아버지 다윗처럼 순간의 정욕을 참지 못해 이복누이 다말을 겁탈하는 죄악을 범하고 만다. 그 사건의 전말은 이렇다.

암논은 이복누이 다말을 사랑했다. 하지만 여기서 사랑은 그를 전인적인 애정으르 사랑했다기보다는 오직 다말의 미모에 반해 성관계를 갖고자했던 강한 충동인 것 같다. 어찌됐든 그 욕정이 얼마나 컸던지 다말 때문에 울화로 말미암아 병이 날 정도였다. 이를 안 암논의 간교한 친구 요나답은 암논을 위해 씻을 수 없는 죄악의 꾀를 낸다. "요나답이 그에게 이르되 침상에 누워 병든 체하다가 네 아버지가 너를 보러 오거든 너는 그에게 말하기를 원하건대 내 누이 다말이 와서 내게 떡을 먹이되 내가 보는 데에서 떡을 차려 그의 손으로 먹여주게 하옵소서 하라 하니"(삼하 13:5).

이렇게 하여 요나답의 꾀처럼 다말은 아버지 다윗의 명으로 밀가루를 가져다가 이겨, 암논이 보는 앞에서 맛있는 과자 몇 개를 빚어 구웠다. 그리고 냄비를 가져다가 암논 앞에서 그릇에 담아 주었으나 암논은 먹을 생각은 하지 않았다. 그러고는 사람들을 다 밖으로 내보내라고 말하고 나서 사람들이 모두 밖으로 나간 뒤에 다말에게 말하였다.

"음식물을 가지고 침실로 들어오너라. 내가 네 손에서 먹으리라."

그래서 다말은 손수 만든 과자를 들고, 자기의 오라버니 암논의 침실로 들어갔다. 그 순간 암논은 돌변하여 다말에게 동침할 것을 요구했다. 그러자 다말이 거절하며 말하였다.

"내 오라버니여 나를 욕되게 하지 마소서. 이런 일은 이스라엘에서 마땅히 행하지 못할 것이니 이 어리석은 일을 행하지 마소서. 내가 이 수치를 지니고 어디로 가겠나이까. 당신도 이스라엘에서 어리석은 자 중의 하나가 되리라. 이제 청하건대 왕께 말씀드리소서. 왕께서 나를 당신에게 주기를 거절하지 아니하시리라."

현숙하고 처녀였던 다말은 정식적인 혼인절차를 밟아달라고 애원했지만, 암논은 그녀의 말을 듣지 않고 힘으로 그녀를 제압한 후 덮쳐 강간하고 말았다. 밧세바를 본 순간 정욕을 이기지 못하고 즉시 데려다가 겁탈했던 다윗의 전력이 그의 아들을 통해 그대로 재현된 것이다. 어찌 아버지 다윗의 입장에서 이보다 가혹한 형벌이 있을 수 있겠는가!

그런데 그뿐만이 아니었다. 다윗이 자신의 죄를 숨기기 위해 우리아를 전쟁에서 죽인 것과 같은 씻을 수 없는 죄악을 암논은 짓고 만다. 정식결혼을 요구하는 다말을 암논은 냉정하게 거절하고 그녀를 문밖으로 내쫓아버린다. 얼마 전까지만 해도 다말을 사랑해서 울화로 말미암아 병이 날 정도였는데, 이제 돌변하여 "그를 심히 미워하니 이제 미워하는 미움이 전에 사랑하던 사랑보다 더"하게 된 것이다. 이는 강간 그 자체보다 더 무책임하고 악랄하며 모욕적인 처사였다.

조금 전까지만 해도 사랑스럽고 빛나는 공주였던 다말은 이제 쫓겨난 과부처럼 재를 뒤집어 쓴 채 채색옷을 찢고 통곡하며 자신의 집으로 돌아왔다. 그 모습을 본 오빠 압살롬의 마음은 어떠했을까? 금방이라도 암논에게 쳐들어가 죽이든 살리든 결단을 내고 싶었을 것이다. 그러나 압살롬은 냉정하게 누이동생을 타이르듯 위로했다. "그의 오라버니 압살롬이 그에게 이르되 네 오라버니 암논이 너와 함께 있었느냐. 그러나 그는 네 오라버니이니 누이야 지금은 잠잠히 있고 이것으로 말미암아 근심하지 말라 하니라"(삼하 13:20). 그리고 암논에게도 일절 잘잘못을 따지지 않았다. 압살롬은 이미 말보다는 칼로 해결하기로 마음을 먹은 것이다.

한편 암논의 죄악을 알게 된 다윗은 매우 진노하기만 했을 뿐 어떤 조치도 취하지 않았다. 그는 적어도 성적인 문제에 있어서만큼은 자녀들을 올바로 지도할 영적, 도덕적 권위를 가지고 있지 못했다. 여기서 만약 암논의 죄악을 알게 된 다윗이 진노한 만큼 암논에게 벌을 내렸다면 어떻게 되었을까? 그리고 암논과 다말을 결혼시켰다면? 다윗이 성적으로 아무런 허물이 없어서 그런 조치를 취했다면 이스라엘 역사는, 성경은 다르게 쓰였을 것이다.

이 일이 있은 후 만 이 년이 흘렀다. 마침 에브라임 곁 바알하솔에서 압살롬이 양 털을 깎는 일이 있으매 압살롬이 왕의 모든 아들을 청하였다. 예부터 양 털을 깎는 일은 유목민들에게 농부들이 추수하는 것만큼이나 기쁘고 즐거운 일이었다. 이때는 큰 잔치를 베풀어 이웃과 나그네를 대접하는 것이 관례였다. 암논은 압살롬이 양털 깎는 행사에 왕자들을 초청하자 아무 의심 없이 참석하지만 그의 종들에 의해 목숨을 잃고 만다.

"압살롬이 이미 그의 종들에게 명령하여 이르기를 너희는 이제 암논의 마음이 술로 즐거워할 때를 자세히 보다가 내가 너희에게 암논을 치라 하거든 그를 죽이라. 두려워하지 말라. 내가 너희에게 명령한 것이 아니냐. 너희는 담대히 용기를 내라 한지라. 압살롬의 종들이 압살롬의 명령대로 암논에게 행하매"(삼하 13:28-29). 이렇게 하여 압살롬은 2년 동안 칼을 갈며 기다려온 동생 다말에 대한 복수를 해치운다. 그리고 그의 외할아버지 그술 왕 달매에게 도망친다.

소식을 전해들은 다윗은 심히 통곡하며 슬퍼했다. 몇 년 전 밧세바를 범하고 우리아를 죽게 했던 자신의 죄상들이 떠오르며 그를 괴롭혔을 것이다. 그리고 나단 선지자의 예언이 두고두고 마음에 남았을 것이다. 그렇게 모든 것이 끝나는 줄 알았다. 그렇게 자신이 지은 죄로 인한 재앙이 끝났으면 했을 것이다.

또 3년의 시간이 흘렀다. 다윗은 그동안 압살롬을 망명생활하게 한 것으로 죽은 암논에 대한 도리를 어느 정도는 했다고 생각했다. 다윗은 현실적으로 다음을 생각했다. 자신의 뒤를 이어 왕국을 이끌어갈 후계자를 생각했다. 어차피 암논은 죽었다. 그렇다면 압살롬까지 잃을 수는 없지 않은가? 압살롬을 향한 다윗의 부정은 날로 간절해져만 갔다. "다윗 왕의 마음이 압살롬을 향하여 간절하니 암논은 이미 죽었으므로 왕이 위로를 받았음이더라"(삼하 13:39).

그러나 세월이 흘렀다고 해서 암논을 죽인 압살롬을 아무 명분 없이 다시 불러올 수는 없었다. 다윗의 마음은 간절했지만 다윗은 딜레마에 빠졌다. 이런 다윗의 마음을 간파한 스루야의 아들 요압은 드로아의 지혜로운 여인과 모사를 꾸민다. 그 여인으로 하여금 '동생을 죽인 후 죽음의 위협에 처한 형의 비유'를 통해, 다윗이 "네 아들의 머리카락 하나도 땅에 떨어지지 아니하리라"(삼하 14:11), 즉 아무도 네 남은 아들을 죽이지 못할 것이라는 판결을 내리도록 유도한다. 그러고는 결론적으로 이 판결을 압살롬에게 적용해줄 것을 요구하도록 시켰다. 딜레마에 빠진 다윗에게 압살롬을 데려올 명분을 만들어준 것이다.

드로아 여인의 말을 다 들은 다윗은 이 모든 일이 요압이 꾸민 일임을 눈치 챈다. 그리고 압살롬의 귀환을 허락한다. 너무도 어려운 일일 것으로 생각했던 그 일은 "가서 청년 압살롬을 데려오라"는 짧고 단순한 다윗의 명령에 의해 실현된다. 그러나 압살롬이 예루살렘으로 돌아오는 일은 쉽게 이루어졌지만, 다윗을 만나는 일은 그리 쉽지 않았다. 드로아 여인이 다윗의 지혜에 관하여 "내 주 왕의 지혜는 하나님의 사자의 지혜와 같아서 땅에 있는 일을 다 아시나이다"(삼하 14:20)라고 치켜세웠음에도 불구하고 압살롬을 향한 다윗의 행동은 사실상 매우 지혜롭지 못했다. 다윗은 압살롬을 향한 분노보다는 그리움이 더 컸지만 분노의 앙금이 완전히 사라진 것은 아니었다. 그리하여 "내 얼굴을 볼 수 없게 하라"는 다윗의 명령에 의해 압살롬은 또다시 2년 가까이 일종의 연금조치를 당한다.

압살롬은 다윗 왕이 몹시 보고 싶었다. 이는 단지 아들로서 아버지가 보고 싶은 마음 때문만은 아니었다. 2년 넘게 왕을 배알하지 못했다는 사실은 그에게 이미 왕위계승자로서 자격이 없음을 의미할 수도 있었기 때문이다. 이에 압살롬은 다윗 왕을 만나고자 그의 충신 요압을 청하지만 번번이 실패하고 만다. 그러자 요압의 밭에 불을 지르는 극단적인 방법을 동원한다. 우리는 여기서 자신의 목적을 위해서는 수단과 방법을 가리지 않는 압살롬의 성품을 엿볼 수 있다.

이렇게 하여 압살롬은 요압을 통해 다윗과 재회를 하지만, 그 둘의 만남은 이에 대한 묘사가 한 절에 그친 것에서도 볼 수 있듯 감정의 개입이 극도로 배제된 너무도 공적이고 형식적인 만남이었다. "요압이 왕께 나아가서 그에게 아뢰매 왕이 압살롬을 부르니 그가 왕께 나아가 그 앞에서 얼굴을 땅에 대어 그에게 절하매 왕이 압살롬과 입을 맞추니라"(삼하 14:33).

여기서 다윗은 아버지 대신 왕으로만 언급되고, 압살롬의 모습은 아들이라기보다는 사면받은 신하와 같은 모습으로 묘사된다. 다시 만난 자리에서 압살롬이 자신의 잘못을 시인했다는 언급은 없다. 그의 외모는 온 이스라엘 사람들이 칭찬할 정도로 너무도 매력적이었지만 그의 내면은 거기에 한참 미치지 못했다.

다윗과 압살롬은 5년 만에 부자상봉을 했지만, 이것은 갈등의 해결이 아니라 또 다른 더 큰 갈등의 씨앗이 되고 말았다. 아버지를 만나 사면받은 압살롬은 그 즉시 무섭게 반역을 준비했다. "그 후에 압살롬이 자기를 위하여 병거와 말들을 준비하고 호위병 오십 명을 그 앞에 세우니라"(삼하 15:1). 다윗을 만나 자신이 왕위를 계승하게 될 것이라는 확신을 얻었더라면 그는 더 기다릴 수 있었을 것이다. 그러나 다윗의 냉정한 태도에 왕권은 기다릴 문제가 아니라 탈취해야 할 일이라고 판단하게 된 것이다.

4년에 걸친 치밀한 준비작업을 끝낸 압살롬은 병거와 기마병들의 호위 속에 늠름하게 예루살렘을 행진하며, 일일이 백성들의 손을 잡고 입을 맞추고 민원을 해결해준다. "압살롬이 그에게 이르기를 보라. 네 일이 옳고 바르다마는 네 송사를 들을 사람을 왕께서 세우지 아니하셨다 하고 또 압살롬이 이르기를 내가 이 땅에서 재판관이 되고 누구든지 송사나 재판할 일이 있어 내게로 오는 자에게 내가 정의 베풀기를 원하노라 하고"(삼하 15:3-4). 이렇게 하여 압살롬은 서서히 백성들의 마음을 도적질해 나갔다. 상상해보라. 젊고 매력적인 왕자가 백성들과 함께하며 일일이 백성들의 고충을 들어주고 풀어준다면 당신이라면 어떻게 하겠는가? 분명 압살롬은 천부적으로 다재다능한 지도자였다. 만약 그의 인격이 달랐더라면 그는 분명 다윗을 이어 탁월한 왕이 되었을 것이다.

그리고 드디어 서원제사를 핑계로 헤브론에 가서 반란을 선포한다. "이에 압살롬이 정탐을 이스라엘 모든 지파 가운데에 두루 보내 이르기를 너희는 나팔 소리를 듣거든 곧 말하기를 압살롬이 헤브론에서 왕이 되었다 하라 하니라"(삼하 15:10). 이렇게 하여 형제 살인에 이은 부자간의 전쟁이 시작되었다. 다윗의 모사이자 밧세바의 조부인 아히도벨을 비롯하여 많은 백성들이 그를 따를 정도로 압살롬은 유다와 북쪽 지파 모두에서 많은 추종자를 얻었다. 이 여세라면 금방이라도 다윗을 몰아내고 자신이 왕위에 오를 것만 같았다. 그런데 이스라엘이 어떤 나라인가? 하나님이 다스리시는 민족이 아니던가? 그러기에 하나님의 최종 결재가 없으면 다 된 것 같아도, 실은 아무것도 안 된 일이었다.

한편 압살롬의 반역 소식을 들은 다윗은 후궁 열 명만 궁전에 남겨둔 채 황급히 예루살렘을 떠나 피난길에 나섰다. 이는 예루살렘의 피해를 최소화하고, 압살롬에 대항하여 싸우려는 사람들을 모아 군대를 조직할 시간을 벌고자 한 결정이었다. 그래서 다윗은 동쪽으로 나아가 결국 이스보셋의 전 도성이었던 요단 동편의 마하나임에 이르게 된다. "이에 다윗은 마하나임에 이르고 압살롬은 모든 이스라엘 사람과 함께 요단을 건너니라"(삼하 17:24).

이 과정 속에서 다윗은 가드 출신 잇대의 충성심을 다시 한 번 확인하게 되고(내 주 왕께서 어느 곳에 계시든지 사나 죽으나 종도 그곳에 있겠나이다. 삼하 15:21), 제사장 사독과 아비아달이 여호와의 임재를 상징하고, 승리의 보장과도 같은 법궤를 매고 왔지만 예루살렘으로 돌려보낸다. 그리고 마침 자신을 찾아온 친구이자 모사인 후새를 아히도벨의 모략을 무력화시키기 위해 압살롬의 측근으로 잠입시킨다.

다윗이 피난하는 동안 압살롬과 책사 아히도벨을 비롯한 반란세력들은 예루살렘에 입성하고, 다윗을 돕기 위해 거짓 투항한 후새 역시 그들에게 합류한다. 이때 아히도벨은 압살롬에게 다윗의 후궁들을 범할 것을 제안한다. 당시의 관습으로는 왕위계승자가 전왕의 후궁들을 취함으로써 전왕의 모든 것을 승계했다는 상징으로 삼기도 했다. 이는 압살롬의 왕위 찬탈을 돌이킬 수 없는 기정사실로 만들기 위함이었다. 이에 압살롬은 지붕에 장막을 치고 온 이스라엘 무리의 눈앞에서 다윗의 후궁들을 범하였다. "이에 사람들이 압살롬을 위하여 옥상에 장막을 치니 압살롬이 온 이스라엘 무리의 눈앞에서 그 아버지의 후궁들과 더불어 동침하니라"(삼하 16:22).

어찌 이런 일이 있을 수 있단 말인가! 아무리 왕위가 중요하다고 하지만 대낮에 그것도 이스라엘의 무리가 보는 가운데서. 그러나 이 일은 이미 예고된 재앙이었다. 다윗이 밧세바를 범하고 우리아를 죽게 했을 때, 범죄한 다윗에게 나단 선지자는 "네 아내를 빼앗아 네 이웃들에게 주리니 그 사람들이 네 아내들과 더불어 백주에 동침하리라"(삼하 12:11)고 분명히 예언했었다. 이 말씀에서 '네 이웃'은 다름 아닌 바로 그의 아들 '압살롬'이다. 여기서 우리는 분명히 알 수 있다. 우리가 불순종하고 범죄할 때 하나님의 심판과 징계의 도구는 멀지 않은 곳에 있다는 사실을 말이다.

압살롬의 반역은 거의 성공한 것처럼 보였다. 그러나 그 순간 하나님은 후새를 통해 다윗에게 생명을 건질 수 있는 은혜를 주신다. 첫 번째 계략을 보기 좋게 성공시킨 아히도벨은 다음 책략으로 소규모 추격군이라도 지금 당장 투입하여 다윗을 죽이자는 것이었다. 그의 계획은 일리가 있었다. 속도전과 기습공격은 거의 사상자를 내지 않고 전쟁을 승리로 이끌 수 있는 최상의 전략이었다. 그리고 언제나 역사는 승리한 자의 편이기에, 일단 다윗이 죽고 나면 압살롬에 대한 모든 반대는 무의미해질 것이기 때문이다.

그러나 후새는 충분한 시간을 갖고 대규모 추격군을 동원하자고 했다. 그것은 압살롬의 군대가 다윗의 군대보다 더 크다는 사실에 바탕을 둔 제안이었다. 하지만 이 계획의 결점은 경험이 풍부한 다윗과 요압에게 적절한 대비를 할 수 있는 시간을 충분히 벌게 해줄 것이라는 점이었다. 이에 "압살롬과 온 이스라엘 사람들이 이르되 아렉 사람 후새의 계략은 아히도벨의 계략보다 낫다 하니"(삼하 17:14). 만약 이때 아히도벨의 주장대로 그날 밤에 추격군이 출병했다면 다윗은 꼼짝없이 죽었을 것이다. 그러나 후새의 주장이 채택됨으로써 다윗과 그의 군사들은 요단강을 건너 마하나임으로 피신할 수 있는 시간을 확보할 수 있게 되었다. 그 뒤 자신의 계획이 시행되지 못하자 아히도벨은 고향으로 돌아가 자살하고 만다.

이제 결전의 날이 다가왔다. 마침내 마하나임에 주둔해 있던 다윗의 군대와 예루살렘에서 추격해 온 압살롬의 군대가 만나 일전을 겨루게 되었다. 먼저 다윗은 그의 군대를 백전노장인 요압, 아비새, 잇대로 나누어 세 부대로 편성했다. 다윗의 군대는 이처럼 뛰어난 지휘관들뿐 아니라 목숨을 아끼지 않는 병사들로 구성되어 있었다. 다윗은 전의에 불타 출전하는 군사들에게 압살롬을 아직 철부지처럼 여기고 너그러이 대해줄 것을 신신당부했다. "나를 위하여 젊은 압살롬을 너그러이 대우하라"(삼하 18:5). 아버지의 마음이란 이런 것인가 보다. 아무리 자신을 죽이려고 반역을 일으킨 적이지만, 아들을 향한 아버지의 마음은 언제나 애달픈가보다.

불가피하게도 그날 그곳에 살육이 컸다. 전사자만 해도 이만 명에 이르렀다. 반역은 큰 대가를 지불하는 법이다. 압살롬의 군대가 그 지역에 관해 거의 몰라서 더 큰 희생을 낸 것과 대조적으로 다윗의 신복들은 자신들의 한 수 높은 경험을 여실히 보여줄 수 있었다. 드디어 에브라임 숲에서 시작된 전투는 다윗 측의 일방적인 승리로 끝이 났다. 이는 다윗의 군대가 잘 싸웠기 때문이기도 했지만, 하나님이 수풀 속에 숨겨두신 늪, 웅덩이, 벼랑, 덤불 등과 같은 험한 지형지물들 때문이었다. "그날에 수풀에서 죽은 자가 칼에 죽은 자보다 많았더라"(삼하 18:8). 지형지물을 적절히 이용한 다윗 군대장들의 뛰어난 전략을 여실히 보여주는 전투였다.

단 한 번의 전투로 반란에 실패한 압살롬은 이제 상황이 역전되어 다윗의 군대에 쫓기는 신세가 되었다. 그러나 이를 어쩌랴! 한때 그의 자랑거리였던 머리카락이 그의 저주가 되다니. 노새를 타고 도망가던 압살롬은 머리가 상수리나무 나뭇가지에 걸려 매달리게 되었다. 참으로 아이러니하다. 인생이란 이런 것인가 보다. 자신의 자랑거리가 한순간에 불행의 단초가 될 수도 있음을. 그 와중에 왕권을 상징하던 노새는 그를 두고 유유히 떠나버린다. 비신앙적이고 반인륜적이었던 압살롬은 하늘과 땅 어디에서도 환영받지 못한 채 공중에 매달렸다. 이 사실을 보고받은 요압은 한걸음에 달려가 매달려 있는 압살롬의 심장을 창으로 찌르고, 함께한 청년 열 명이 압살롬을 에워싸고 쳐죽인다. 다윗에게 압살롬은 어떻게든 살리고 싶은 아들이었지만, 진압군 사령관 요압에게는 반드시 제거되어야 할 후환이었다. 이렇게 하여 형제를 죽이고 아버지의 왕위를 찬탈하려했던 압살롬의 길고긴 반역의 역사는 종지부를 찍는다.

기드온 골짜기의 압살롬의 무덤. 전통적으로 이것이 압살롬의 무덤이라고 일컬어지고 있다(삼하 18장).

한편 압살롬이 죽었다는 소식을 들은 다윗은 어땠을까? 다윗은 슬픔과 고통을 이기지 못하고 "내 아들 압살롬아, 내 아들 내 아들 압살롬아, 차라리 내가 너를 대신하여 죽었더면"이라고 울부짖었다. 그러나 예전에 우리아의 전사소식을 들었을 때는 "이 일로 걱정하지 말라. 칼은 이 사람이나 저 사람이나 삼키느니라"(삼하 11:25)며 예사롭지 않게 넘겼지만, 지금은 그럴 수가 없었다. 우리아의 죽음이 그냥 그렇게 쉽게 넘어갈 수 있는 것이 아니었음을 다윗은 지금 아들의 죽음을 통해 깨닫게 된 것이다. 다윗의 깊고 불합리한 슬픔은 나단이 예언했던 하나님의 심판이 얼마나 사실적이었는가를 여실히 입증해준다. 한순간의 정욕을 참지 못해 밧세바를 데려다 동침하고, 그 죄를 숨기려 우리아를 전장에서 죽게 만든 다윗의 죄악은, 결국 재앙이 되어 암논과 압살롬을 죽고 죽이는 골육상쟁의 결과를 초래하였다. 이것이 하나님의 법칙이다. 진정으로 회개하면 죄는 용서하되, 그 죄에 대한 대가는 언젠가는 반드시 치러야 한다는 하나님의 공의 말이다.

일천 번제 솔로몬 왕부터 왕국의 멸망까지

다윗 왕이 늙자 후계 구도가 복잡해졌다. 다윗 왕은 밧세바에게 그녀의 아들 솔로몬을 후계자로 삼겠다고 약속했지만 형제들은 그것을 인정할 수 없었다. 다윗의 아들들 중 아도니야가 이런 결정에 반기를 들었다. 아도니야는 다윗 왕의 넷째 아들로 학깃의 아들이요, 반역했다가 요압에게 죽임당한 압살롬 다음으로 용모가 준수하였다. 그리고 단 한 번도 아버지 다윗 왕의 마음을 섭섭하게 한 적이 없는 아들이었다. 그런 그가 늙은 아버지 다윗의 뜻을 거역하고 스스로 왕이 되기로 마음먹었다. 아도니야는 아버지의 군사령관이었던 요압과 제사장 아비아달과 연합하고, 에느로겔 근방 소헬렛 바위 곁에서 다윗 왕의 신하들을 초청해서 연회를 열었다. 하지만 그는 선지자 나단과 브나야와 용사들과 자기 동생 솔로몬은 초청하지 않았다.

솔로몬, 다윗의 뒤를 이어 이스라엘의 왕이 되다

이 소식을 들은 선지자 나단은 밧세바를 찾아가 다윗 왕에게 이 사실을 알리고 읍소할 것을 요청했다. 밧세바가 늙은 다윗을 찾아가 아도니야가 벌인 일을 알리고 다윗이 자신에게 했던 약속, 곧 자기 아들 솔로몬을 왕으로 세우겠다는 약속(왕상 1:17)을 지켜달라고 요청했다. 밧세바가 읍소할 때 나단도 왕의 존전 앞에 들어가 밧세바를 거들었다. 다윗은 이전에 여호와 앞에서 솔로몬을 후계자로 삼겠다고 맹세했던 사실을 확인하며, 제사장 사독과 선지자 나단과 맹장 브나야를 불러서 솔로몬에게 기름을 부어 왕으로 세우라는 명령을 내렸다.

사독과 나단과 브나야는 솔로몬을 노새에 태워 기혼 샘으로 가서 기름을 붓고 이스라엘의 왕으로 삼으며 솔로몬이 온 이스라엘의 왕이 되었음을 선포했다. "제사장 사독이 성막 가운데에서 기름 담은 뿔을 가져다가 솔로몬에게 기름을 부으니 이에 뿔나팔을 불고 모든 백성이 솔로몬 왕은 만세수를 하옵소서 하니라. 모든 백성이 그를 따라 올라와서 피리를 불며 크게 즐거워하므로 땅이 그들의 소리로 말미암아 갈라질 듯하니"(왕상 1:39-40). 솔로몬이 왕이 되었다는 소식이 전해지자 아도니야와 그를 따르던 무리들은 혼비백산해서 흩어졌으며, 아도니야는 제단 뿔을 붙잡고 죽음의 위험을 피하고자 했다. 이 소식을 들은 솔로몬은 아도니야를 살려 돌려보냈다.

이스라엘의 가장 위대한 왕 다윗의 죽음이 임박했다. 그는 자신의 뒤를 이어 왕위에 오른 솔로몬에게 두 가지 유언을 남겼다. 첫째는 하나님의 말씀을 지키면 이스라엘 왕위가 끊이지 않을 것이라는 하나님의 언약을 상기시키는 것이었다. "너는 힘써 대장부가 되고 네 하나님 여호와의 명령을 지켜 그 길로 행하여 그 법률과 계명과 율례와 증거를 모세의 율법에 기록된 대로 지키라. 그리하면 네가 무엇을 하든지 어디로 가든지 형통할지라. 여호와께서 내 일에 대하여 말씀하시기를 만일 네 자손들이 그들의 길을 삼가 마음을 다하고 성품을 다하여 진실히 내 앞에서 행하면 이스라엘 왕위에 오를 사람이 네게서 끊어지지 아니하리라 하신 말씀을 확실히 이루게 하시리라"(왕상 2:2-4, 참고 삼하 7:12-16). 이스라엘 왕이 지켜야 할 가장 큰 덕목은 바로 하나님이 모세를 통해 주신 율법을 지켜 행하는 것이었다. 그러면 하나님은 이스라엘을 지켜주시며 다윗 집안의 왕권이 영원히 지속되게 해주실 것이다.

이것으로 다윗의 유언이 끝났으면 좋으련만 다윗은 한 가지를 더 유언하는데, 그것은 자신의 정적을 제거하고 충성된 자를 들어쓰라는 것이었다. 어쩌면 정치의 생리 때문에 생긴 불가피한 유언일는지 모른다. 그러나 하나님을 온전히 의지한 다윗이었기에 그에게 좀 더 다른 차원의 유언을 기대한 것은 순진한 생각일까? 어쨌든 그는 자신에게 대적했던 요압과 베냐민 지파 시므이를 용서하지 말라고 유언했다. 요압은 다윗 용사의 군사령관으로서 강력한 힘을 갖고 언제든지 다윗을 위협할 수 있는 위치에 있었다. 실제로 요압은 다윗의 명령을 어기고 사울의 아들 이스보셋과 경쟁을 할 때 통합을 협상하러 온 이스보셋의 군사령관 아브넬을 죽여서 자기 동생 아사헬을 죽인 개인적인 복수를 했으며(삼하 3:27), 다윗이 죽이지 말라고 부탁했던 압살롬을 죽이기도 했다(삼하 18:14-15). 시므이는 다윗이 반역한 압살롬을 피해 도망칠 때 나와서 저주를 퍼부었던 자였다(삼하 16:5-8). 이런 유언을 했던 다윗이 조상에게로 돌아갔다. 그는 헤브론에서 7년, 예루살렘에서 33년 도합 40년 동안 왕으로서 이스라엘을 통치했다.

다윗이 죽고 솔로몬이 통치할 때 스스로 왕이 되고자 했던 형 아도니야를 죽이지 않으면 안 되는 상황이 벌어졌다. 아도니야가 솔로몬의 어머니 밧세바를 찾아가 아버지 다윗이 늙어 기운이 없었을 때 첩으로 얻었던 아비삭을 자신에게 달라고 요청했다. 밧세바는 아도니야의 뜻을 솔로몬에게 전했는데 솔로몬은 분노했다. 왜냐하면 선왕의 첩이나 아내를 취하는 것은 자신에게 왕권이 있음을 선포하는 행위였기 때문이다. 마치 다윗에게 반역했던 압살롬이 모사 아히도벨의 충고를 받아들여 다윗이 피난을 가면서 남겨두었던 다윗의 후궁들과 대낮에 성관계를 맺었던 것처럼 말이다(삼하 16:21-22).

아도니야가 아비삭을 달라고 했다는 소식을 들은 솔로몬은 브나야를 보내 아도니야를 죽였다. 이를 시점으로 아도니야 편을 들었던 제사장 아비아달을 파직시켜서 고향으로 돌려보내고, 다윗의 군사령관이었다가 아도니야 편을 들었던 요압을 제단에서 끌어내 죽였다. 또한 아버지 다윗이 유언했던 시므이가 예루살렘을 떠나지 말라는 명령을 어기자 죽여 버렸다. 이로써 솔로몬은 자기 왕권을 위협하던 정적들을 하나씩 하나씩 숙청하였으며, 이로 말미암아 솔로몬의 왕위는 견고해졌다(왕상 2:46).

솔로몬, 부와 명예가 아니라 지혜를 구하다

정권을 안정시킨 솔로몬은 기브온에 있는 산당에 가서 하나님께 일천 번제를 드렸다. 하나님은 밤에 솔로몬에게 나타나 물으셨다. “내가 네게 무엇을 줄꼬. 너는 구하라”(왕상 3:5). 그때 솔로몬은 전혀 예상치 못한 것을 구했다. 그것은 선악을 분별할 수 있는

제단 뿔. 브엘세바에서 발견된 제단이며 네 귀퉁이가 뿔처럼 솟아나 있다.

지혜였다. "종은 작은 아이라. 출입할 줄을 알지 못하고 주께서 택하신 백성 가운데 있나이다. 그들은 큰 백성이라. 수효가 많아서 셀 수도 없고 기록할 수도 없사오니 누가 주의 이 많은 백성을 재판할 수 있사오리이까. 듣는 마음을 종에게 주사 주의 백성을 재판하여 선악을 분별하게 하옵소서"(왕상 3:7-9).

하나님은 솔로몬이 부도 생명도 아닌 지혜를 구한 것을 너무 흡족해하셨다. 그래서 솔로몬이 구한 지혜는 물론 구하지 않은 부귀와 영광도 주셔서 다른 왕과 비교할 수 없는 복을 주겠다고 약속하셨다. 또한 아버지 다윗처럼 행하고 하나님의 명령과 법도를 지키면 장수의 복까지 주겠다고 약속하셨다. "이에 하나님이 그에게 이르시되 네가 이것을 구하도다. 자기를 위하여 장수하기를 구하지 아니하며 부도 구하지 아니하며 자기 원수의 생명을 멸하기도 구하지 아니하고 오직 송사를 듣고 분별하는 지혜를 구하였으니 내가 네 말대로 하여 네게 지혜롭고 총명한 마음을 주노니 네 앞에도 너와 같은 자가 없었거니와 네 뒤에도 너와 같은 자가 일어남이 없으리라. 내가 또 네가 구하지 아니한 부귀와 영광도 네게 주노니 네 평생에 왕들 중에 너와 같은 자가 없을 것이라. 네가 만일 네 아버지 다윗이 행함 같이 내 길로 행하며 내 법도와 명령을 지키면 내가 또 네 날을 길게 하리라"(왕상 3:11-14).

솔로몬은 정말로 하나님이 주신 지혜로 백성의 선악을 판결하였다. 그래서 온 이스라엘이 솔로몬의 판결을 보고 두려워했다. 왜냐하면 그들은 솔로몬의 판결 속에서 하나님의 지혜가 있음을 알 수 있었기 때문이다(왕상 3:16-28). 더욱이 솔로몬의 지혜는 이스라엘에만 한정되지 않았다. 온 세상에 솔로몬의 지혜에 대한 소문이 퍼져서 스바 여왕이 찾아올 정도였다. 스바는 오늘날 남아라비아 지역의 나라로 추정된다. 아마도 스바 여왕은 지혜로 명성을 얻고 있는 솔로몬과 교역을 맺기 위해서 왔을 것이다. 그녀는 실제로 솔로몬을 보고서 이렇게 말하였다. "내가 내 나라에서 당신의 행위와 당신의 지혜에 대하여 들은 소문이 사실이로다. 내가 그 말들을 믿지 아니하였더니 이제 와서 친히 본즉 내게 말한 것은 절반도 못되니 당신의 지혜와 복이 내가 들은 소문보다 더하도다. 복되도다, 당신의 사람들이여. 복되도다, 당신의 이 신하들이여. 항상 당신 앞에 서서 당신의 지혜를 들음이로다. 당신의 하나님 여호와를 송축할지로다. 여호와께서 당신을 기뻐하사 이스라엘 왕위에 올리셨고 여호와께서 영원히 이스라엘을 사랑하시므로 당신을 세워 왕으로 삼아 정의와 공의를 행하게 하셨도다"(왕상 10:6-9).

이방 여인인 스바 여왕의 고백에서 볼 수 있듯이 하나님은 솔로몬에게 지혜와 총명은 물론 넓은 마음을 주셔서 당시 강대국이었던 애굽의 지혜보다 뛰어나게 하셨다. 솔로몬은 잠언을 3천 가지나 말했고, 노래는 무려 1,005편을 지었다. 실제로 성경의 잠언과 시편 중 상당수도 솔로몬이 지은 것이다.

또한 그는 하나님이 주신 지혜로 이스라엘을 잘 조직화했으며, 애굽과 블레셋을 비롯한 주변 국가들로부터 조공을 받아 엄청난 부를 축적했다. 그래서 성경은 솔로몬의 통치에 대해서 이렇게 말한다. "솔로몬이 그 강[유브라데 강] 건너편을 딥사에서부터 가사까지 모두, 그 강 건너편의 왕을 모두 다스리므로 그가 사방에 둘린 민족과 평화를 누렸으니 솔로몬이 사는 동안에 유다와 이스라엘이 단에서부터 브엘세바에 이르기까지 각기 포도나무 아래와 무화과나무 아래에서 평안히 살았더라"(왕상 4:24-25). 다윗이 전쟁을 벌이고 많은 피를 흘림으로써 주변 국가들을 정복한 반면, 솔로몬은 아버지 다윗의 권세 위에 지혜로운 외교정책을 통해 주변 국가들로부터 조공을 받고, 교역을 통해 엄청난 부를 축적하고 태평성대를 이루었다.

솔로몬의 지혜로운 판결

솔로몬이 하나님께 지혜를 구한 후, 두 여자가 재판을 받기 위해 솔로몬을 찾아왔다. 살아 있는 아이가 누구의 아이인지를 판결해달라는 요청이었다. 그

피렌체 우피치미술관에 있는 조르지오네의 <솔로몬 왕의 판결>

이지 말라고 부탁했지만, 아이의 가짜 어미는 그대로 죽여서 반으로 나눠달라고 말했다. 아이의 진짜 어미는 모성애를 통해 아이가 죽는 것을 볼 수 없었던 것이었다. 솔로몬은 모성애의 본능을 통해 아이의 어미가 누구인지를 밝혔다. 이 사건을 통해 온 이스라엘은 솔로몬의 지혜로운 판결을 듣고 두려워하며 하나님의 지혜가 솔로몬에게 내려왔음을 알게 되었다. "온 이스라엘이 왕이 심리하여 판결함을 듣고 왕을 두려워하였으니 이는 하나님의 지혜가 그의 속에 있어 판결함을 봄이더라"(왕상 3:28).

여기서 흥미로운 점은 이 사건에서 언급되는 여자들의 신분이 창

들은 둘 다 해산한 지 얼마 안 되어 밤에 각기 아이를 안고 잠을 잤다. 그러나 새벽에 한 여자가 일어나 아이에게 젖을 먹이려고 할 때 아이가 죽어 있는 것을 발견했다. 밤중에 자면서 아이가 질식하여 죽었던 것이다. 여자는 죽은 아이가 자신의 아이가 아니라 말하고, 다른 여자가 밤에 아이를 바꿔 놓았다고 주장했다. 그러자 그 다른 여자는 앞선 말을 부인하며, 살아 있는 아이가 자신의 아이라고 맞섰다.

솔로몬은 신하를 불러 칼을 가져오도록 했다. 솔로몬은 살아 있는 아이를 둘로 나누어 반씩 여자들에게 주라고 말했다. 그러자 아이의 진짜 어미는 죽

녀라는 사실이다. 이 이야기는 창녀의 신분을 합법화하기 위함이 아니다. 이 이야기의 초점은 창녀와 같은 낮은 신분에도 불구하고 그들의 소송을 무시하지 않고 솔로몬이 신중하고 지혜롭게 판결하여 공의를 행했다는 사실이다. 솔로몬은 왕의 신분으로서 교만할 수도 있었지만 비록 천한 사람들까지도 그들에게 정의를 행했다는 사실을 보여준다.

이 사건을 통해 우리는 하나님의 지혜의 단면을 엿볼 수 있다. 하나님의 지혜는 이 세상의 하찮은 것까지도 감찰하고 판단하시며 공의를 행하신다는 사실이다. 솔로몬이 하나님의 지혜를 구할 때, 그는 다

동쪽 감람산에서 바라본 현대 예루살렘 성전

음과 같이 하나님께 말하였다. "누가 주의 이 많은 백성을 재판할 수 있사오리이까. 듣는 마음을 종에게 주사 주의 백성을 재판하여 선악을 분별하게 하옵소서"(왕상 3:9).

솔로몬의 시기는 이스라엘 왕국 초기로서 이스라엘이 대내외적으로 불안정한 시기였다. 이스라엘에는 다윗의 통치 말기까지 끝임 없는 싸움과 투쟁이 있었다(삼하 15:1-4). 이런 상항에서 솔로몬에게 필요한 것은 선과 악을 구별할 수 있는 지혜였다. 여기서 선악은 진실과 거짓을 말한다. 또한 왕은 사사시대의 전통에 따라 백성들의 재판관의 역할을 수행했다. 사사란 '판단하다'라는 뜻에서 나온 명사이다. 그러므로 올바른 재판을 위해서는 무엇보다도 지혜가 있어야 했다. 그래서 솔로몬은 왕국의 안정을 위해 지혜를 구했던 것이다

성전 건축과 봉헌 기도

솔로몬의 업적 중에서 가장 중요한 것은 성전 건축이다. 성전 건축은 솔로몬의 아버지 다윗이 간절히 원했던 것이지만 다윗은 그 소원을 이루지 못했다. 이유는 다윗이 너무 많은 피를 흘렸기 때문이다. 하지만 하나님은 다윗의 마음을 받으시고, 비록 다윗은 아니지만 그의 아들 솔로몬이 성전을 지을 수 있도록 허락하셨다(삼하 7:13, 대상 28:3-10).

다윗은 아들 솔로몬이 성전을 짓게 해주시겠다는 하나님의 약속을 굳게 믿고, 자신이 죽은 후에 솔로몬이 성전을 순조롭게 지을 수 있도록 성전 건축에 필요한 예물과 물자를 준비했다(대상 29:1-9). 솔로몬은 아버지가 준비한 재료와 예물을 바탕으로 성전 건축을 준비했다. 먼저 두로 왕 히람에게 연락해서 성전 건축에 쓰일 레바논의 백향목과 각종 목재, 그리고 일꾼들을 요청하고 조약을 맺었다.

솔로몬은 통치를 시작한 지 넷째 해 둘째 달에 아브라함이 이삭을 바치려 했던 모리아 산, 다윗이 여부스 사람 오르난에게서 사들인 타작마당(대상 21장)에 성전을 건축하기 시작했다(왕상 6:1). 또한 성전 앞에 보아스와 야긴이라는 성전 기둥을 세우고 성전에 필요한 모든 기구를 제작했다. 솔로몬의 성전은 열한째 해 여덟째 달에 완공되었는데(왕상 6:37-38) 시작해서 완공하기까지 7년 6개월이 걸렸다.

성전의 모든 것을 짓고 준비한 후 마지막으로 휘장 속에 있던 언약궤를 제사장들이 옮겨서 성전 지성소에 안치했다. 제사장들이 언약궤를 놓고 나올 때 구름이 여호와의 성전에 가득해서 서서 섬길 수 없을 정도였다. "제사장이 성소에서 나올 때에 구름이 여호와의 성전에 가득하매 제사장이 그 구름으로 말미암아 능히 서서 섬기지 못하였으니 이는 여호와의 영광이 여호와의 성전에 가득함이었더라"(왕상 8:10-11, 대하 6:2-10,13-14). 구름은 성경에서 여호와 하나님의 임재(셰키나)를 나타낸다(출 19:9,16, 24:15-16, 34:5). 모세가 하나님께서 보여주신 청사진대로 성막을 지었을 때도 구름이 성막을 뒤덮었으며, 여호와 하나님의 영광이 충만했다. "구름이 회막에 덮이고 여호와의 영광이 성막에 충만하매 모세가 회막에 들어갈 수 없었으니 이는 구름이 회막 위에 덮이고 여호와의 영광이 성막에 충만함이었으며"(출 40:34-35). 성막 때와 마찬가지로 솔로몬이 성전을 짓고 언약궤를 옮겼을 때 구름, 곧 여호와의 영광이 성전에 가득

했다. 우리는 이 여호와의 영광을 '셰키나'(Shekinah)의 영광, 곧 하나님의 임재의 영광이라 부른다.

솔로몬은 하나님의 영광이 성전에 가득한 것을 보고 나서 이스라엘의 온 회중에게 하나님을 송축한 후에 성전 봉헌기도를 드렸다. 솔로몬의 성전 봉헌기도는 하늘과 땅에 여호와와 같은 하나님이 없음을 찬양하고, 다윗에게 하신 약속을 지켜달라고 요청한 후, 구체적인 기도 사례를 들면서 응답해주시기를 간청했다(왕상 8:22-53, 대하 6:12-42).

기도 사례를 보면 다음과 같다. 첫째, 주의 종과 백성이 성전을 보고 기도할 때 응답해달라는 것이다(왕상 8:30). 둘째, 이웃에게 범죄하였을 때 회개하면 용서해달라고 간구한다(왕상 8:31-32). 셋째, 백성 이스라엘이 범죄하여 적국에게 패했을 때 회개하면 죄를 사해주시고 그 땅으로 돌아오게 해달라고 기도한다(왕상 8:33-34). 넷째, 죄를 지어 비가 내리지 않을 때 회개하면 땅에 비를 내려달라고 간구한다(왕상 8:35-36). 다섯째, 기근이나 전염병, 자연 재앙이 있을 때 기도하면 회복시켜달라고 요청한다(왕상 8:37-40). 여섯째, 이방인이라도 성전을 향해 기도하면 듣고 응답하셔서 하나님을 경외하게 해달라고 간구한다(왕상 8:41-43). 일곱째, 적국과 싸울 때 도움을 청하면 도와달라고 간청한다(왕상 8:44-45). 여덟째, 범죄함으로 적국에 넘기셨을 때 사로잡혀 간 땅에서 돌이키면 기도를 들으시고 불쌍히 여겨달라고 간청한다(왕상 8:46-53).

솔로몬은 구체적인 사례를 들어 성전 봉헌기도를 드리고 있지만, 그것은 한마디로 죄를 지어서 심판을 받았을 때 돌이키고 성전을 바라보며 기도하면 응답해서 용서해주시고 구원해달라는 것이었다. 죄사함의 문제가 해결된다면 이스라엘의 보호와 안전과 축복은 자동적으로 따라온다. 왜냐하면 여호와는 이스라엘의 왕이시며, 도세를 통해 주신 율법에 순종할 때 안전과 보호와 축복을 주시겠다고 약속하셨기 때문이다.

이제 솔로몬의 아버지 다윗이 그토록 사모했던 성전이 완성되었다. 구름이 내려앉아 성전을 덮음으로 하나님의 임재의 영광, 셰키나의 영광이 나타났다. 솔로몬이 하나님의 성전과 자기 왕궁을 건축했을 때 하나님은 기브온의 산당에서 나타나셨던 것처럼 솔로몬에게 나타나셔서, 성전을 거룩하게 구별하여 여호와의 이름을 그곳에 영원히 두며, 율법을 지켜 행하면 다윗 집안의 왕위를 영원히 견고하게 하고, 율법을 지키지 않으면 성전이라도 내던져서 모든 민족의 조롱거리가 되게 할 것이라고 말씀하셨다.

"네 기도와 네가 내 앞에서 간구한 바를 내가 들었은즉 나는 네가 건축한 이 성전을 거룩하게 구별하여 내 이름을 영원히 그곳에 두며 내 눈길과 내 마음이 항상 거기에 있으리니 네가 만일 네 아버지 다윗이 행함같이 마음을 온전히 하고 바르게 하여 내 앞에서 행하며 내가 네게 명령한 대로 온갖 일에 순종하여 내 법도와 율례를 지키면 내가 네 아버지 다윗에게 말하기를 이스라엘의 왕위에 오를 사람이 네게서 끊어지지 아니하리라 한 대로 네 이스라엘의 왕위를 영원히 견고하게 하려니와… 내가 너희 앞에 둔 나의 계명과 법도를 지키지 아니하고 가서 다른 신을 섬겨 그것을 경배하면 내가 이스라엘을 내가 그들에게 준 땅에서 끊어버릴 것이요 내 이름을 위하여 내가 거룩하게 구별한 이 성전이라도 내 앞에서 던져버리리니 이스라엘은 모든 민족 가운데에서 속담거리와 이야기거리가 될 것이며"(왕상 9:3-7).

하나님 나라의 왕이신 하나님은 성전에 임재하심으로 하나님 나라의 백성인 이스라엘 가운데 거하신다. 왕이신 하나님이 하나님 나라의 백성에게 요구하신 것은 단 한 가지, 즉 왕의 계명과 법도를 지키는 것이다. 하나님의 율법에 순종하면 다윗 집안의 왕위를 견고하게 하셔서 영원한 나라를 이루게 하실 것이라고 약속하신다. 하지만 반대로 율법에 불순종하고 우상을 섬긴다면 하나님은 가차 없이 내치실 것이다. 하나님의 백성에게 요구되는 것은 단 한 가지, 하나님의 명령에 순종하는 것이다. 하나님의 말씀을 지켜 행할 때만 하나님 나라의 백성답게 성장하며 하나님 안에서 축복과 기쁨과 평화를 누릴 수 있다.

솔로몬의 죄와 몰락

솔로몬은 태평성대를 이루었으며 하나님께 지혜를 구해 온 세상에 명성을 떨쳤을 뿐만 아니라 엄청난 부귀영화를 누렸다. 금과 보석이 너무 흔한 나머지 은은 귀하게 여기지 않을 정도로 풍요로운 삶을 누렸다(대하 9:20). 그러나 엄청난 명성과 부귀는 솔로몬에게 오히려 독이 되었으며, 결국 솔로몬은 하나님을 떠나 몰락의 길을 걸었다. 하나님은 그런 솔로몬이 너무 안타까워 무려 두 번이나 솔로몬에게 나타나 다른 신을 따르지 말고 여호와를 섬기라고 말씀하셨지만, 솔로몬은 하나님의 안타까운 경고를 받아들이지 않았다. "솔로몬이 마음을 돌려 이스라엘의 하나님 여호와를 떠나므로 여호와께서 그에게 진노하시니라. 여호와께서 일찍이 두 번이나 그에게 나타나시고 이 일에 대하여 명령하사 다른 신을 따르지 말라 하셨으나 그가 여호와의 명령을 지키지 않았으므로"(왕상 11:9-10).

솔로몬을 몰락하게 만든 많은 요소는 이미 하나님께서 모세를 통해 왕의 제도를 알리면서 경고하신 것이었다. 하나님은 출애굽한 이스라엘이 약속의 땅 가나안에 들어갔을 때 주변 민족들처럼 왕을 세워달라고 요구할 것을 아셨다. 그래서 미리 모세를 통해 이스라엘이 요구한 인간 왕이 지켜야 할 덕목을 가르쳐주셨다. 그런데 솔로몬은 그 경고를 무시하다가 여호와 하나님을 떠나는 어리석음을 범하고 말았다. 이제 솔로몬을 몰락으로 내몰았던 문제가 무엇인지 차근차근 살펴보자.

첫째, 왕은 병마를 많이 두지 말아야 한다. 왜냐하면 병마를 얻기 위해서는 노예생활을 하던 애굽으로 내려가야 했기 때문이다(신 17:16). 말을 늘리는 것은 군대를 조직하는 것을 의미했다. 마치 애굽이 당시 막강한 병마와 전차를 가지고 있었던 것처럼 말이다. 이스라엘은 출애굽할 때부터 하나님이 특별한 은혜를 베푸시는 대상이었다. 출애굽할 때 이스라엘에게는 말은 고사하고 제대로 훈련된 군사조차도 없었다. 그럼에도 불구하고 40년 광야생활 동안 아말렉과 전쟁할 때, 에돔과 모압이 협박할 때, 아모리 족속이 쳐들어올 때도 이스라엘은 하나님의 특별한 보호 가운데 안전했다. 약속의 땅 가나안에 들어가서도 이스라엘은 하나님의 도우심으로 승리를 거듭했다. 이스라엘에게 필요한 것은 병마와 잘 훈련된 군대 조직이 아니라 하나님을 신뢰하는 것이었다. 그런데 솔로몬은 병거(전차)의 성과 마병의 성을 건축하고(왕상 9:19), 병거 메는 말의 외양간은 4천 개를, 1만 2천 명의 마병을 세웠다(대하 9:25). 이처럼 솔로몬은 하나님보다 군대와 병거를 더 신뢰했다. 이럴 위험성 때문에 하나님은 모세를 통해서 율법을 주실 때 왕이 지켜야 할 덕목으로 병마를 많이 두지 말라고 경고하셨던 것이다.

둘째, 왕은 아내를 많이 두지 말아야 한다. 많은 아내가 왕의 마음을 미혹하기 때문이다(신 17:17). 그런데 솔로몬은 후궁을 700명, 첩을 300명 두었다(왕상 11:3). 더욱이 솔로몬은 주변 국가들과 외교관계를 이어 가기 위해서 정략결혼이라는 수단을 통해 수많은 아내들을 얻었다. 그런데 이 수많은 아내들은 이방인들로서 저마다 자기들이 섬기던 우상들,

곧 아스다롯, 밀곰, 그모스, 몰록 등을 이스라엘로 끌어들였다. 하나님이 염려하고 경고하신 대로 이방인 아내들은 솔로몬의 마음을 미혹해서 자기들이 섬기던 우상을 섬기게 만들었다. "솔로몬의 나이가 많을 때에 그의 여인들이 그의 마음을 돌려 다른 신들을 따르게 하였으므로 왕의 마음이 그의 아버지 다윗의 마음과 같지 아니하여 그의 하나님 여호와 앞에 온전하지 못하였으니"(왕상 11:4).

셋째, 왕은 은금을 많이 쌓아두지 말아야 한다(신 17:17). 솔로몬은 금으로 만든 큰 방패를 200개, 작은 방패를 300개나 만들었고, 보좌를 정금으로 입혔으며, 모든 그릇도 금으로 만들었다. 심지어 솔로몬시대는 은을 귀하게 여기지 않을 정도였다(왕상 10:14-22). 솔로몬은 엄청난 양의 은금을 쌓아 둠으로써 원하는 모든 일을 할 수 있다는 확신을 가질 수 있었다. 그가 7년이라는 기간이 걸린 성전은 물론, 13년 동안 왕궁을 건축할 수 있었던 것도 결국 이 엄청난 재력에서 비롯되었다. 이런 재력은 하나님을 멀리하게 만들었다. 재력은 또 다른 우상이 되어버렸다. 그래서 예수님은 두 주인, 곧 하나님과 재물을 겸하여 섬기지 못한다고 경고하셨다(마 6:24). 은금을 쌓아두지 말라는 율법의 경고에도 불구하고 솔로몬은 엄청난 양의 재물을 소유함으로써 하나님을 떠났다.

암몬의 풍요의 여신상. 이 작은 도자기 입상은 풍요의 여신 아슈타르를 묘사한 것으로 기원전 13세기경의 것이다. 형태는 초기 메소포타미아의 그 입상과 유사하다.

넷째, 왕은 율법을 복사해서 평생 동안 자기 옆에 두며, 율법의 모든 규례를 지켜야 한다(신 17:18-19). 왕이 지켜야 할 가장 중요한 덕목은 바로 율법을 옆에 두고 밤낮으로 묵상하며 하나님의 말씀에 온전히 순종하는 것이다. 하나님은 솔로몬에게 아버지 다윗처럼 법도를 지키라고 거듭 말씀하셨지만 솔로몬은 하나님의 경고를 무시했다(왕상 11:10-11).

하나님은 이렇게 경고를 무시하던 솔로몬을 내치기로 결정하셨다. 하지만 사울처럼 솔로몬에게서 직접 왕위를 빼앗지도, 완전히 다 빼앗지도 않으셨다. 대신에 솔로몬이 죽으면 나라를 둘로 나누어 솔로몬의 후손에게는 유다와 다른 한 지파인 베냐민 지파를 주고, 나머지 열 지파는 다른 사람에게 주기로 결정하셨다. 하나님을 거부한 솔로몬의 죄악이 큼에도 불구하고 직접 빼앗지 않으시고 일부를 솔로몬의 후손에게 남겨두신 것은 언약을 맺은 솔로몬의 아버지 다윗을 기억하셨기 때문이다(왕상 11:11-13).

솔로몬의 마구간. 솔로몬이 므깃도를 요새화하면서 만들어 놓은 마구간이며 돌로 만든 여물통이다.

남유다와 북이스라엘로 분열되다

솔로몬이 죽자 그 아들 르호보암은 왕위를 이어받고 이스라엘 전체의 인정을 받기 위해서 세겜으로 올라갔다. 어쩌면 솔로몬이 죽었을 때 북쪽 지파들의 분위기가 별로 좋지 않았을 수도 있다. 하지만 북쪽 지파들이 처음부터 르호보암의 왕위를 인정하지 않은 것은 아니었다. "왕의 아버지가 우리의 멍에를 무겁게 하였으나 왕은 이제 왕의 아버지가 우리에게 시킨 고역과 메운 무거운 멍에를 가볍게 하소서. 그리하시면 우리가 왕을 섬기겠나이다"(왕상 12:4). 르호보암이 세겜으로 올라갔을 때 북쪽 지파들은 한 가지 조건을 요구했다. 그것은 노역이나 세금 등을 비롯한 멍에를 줄여달라는 것이었다. 왜냐하면 르호보암의 아버지 솔로몬은 성전 건축에 7년, 자기 왕궁을 건축하는 데 13년뿐만 아니라 각종 성읍을 요새화하는 데 엄청난 시간과 인력을 쏟아부었기 때문이다.

또한 남쪽지역의 대다수를 차지하고, 다윗과 솔로몬을 왕으로 배출했던 유다 지파는 다른 지파에 비해서 특권을 누리고 있었다. 솔로몬은 왕위에 오르고 나서 이스라엘을 효과적으로 다스리고 왕궁에 필요한 것을 원활하게 공급받기 위해 이스라엘 전체를 열두 구역으로 나누었다. 우리가 흔히 예상하듯 그는 지파별로 나누지 않았다. 유다 지파는 그 의무에서 제외되는 특권을 누렸다(왕상 4:7-19). 이는 지파 간의 갈등을 일으킬 수 있는 일이었다.

이런 배경을 가지고 있으면 르호보암이 세겜에 왔을 때 북쪽 지파들이 왜 멍에를 가볍게 해달라고 요청했는지 쉽게 이해할 수 있다. 불행히도 르호보암은 멍에를 줄여주라는 원로들의 권고를 무시하고, 더 강력하게 억압하라는 젊은 친구들의 조언을 받아들여 북쪽 지파들에게 대답했다가 분열을 자초했

그림으로 전체 조망하기

분열왕국시대

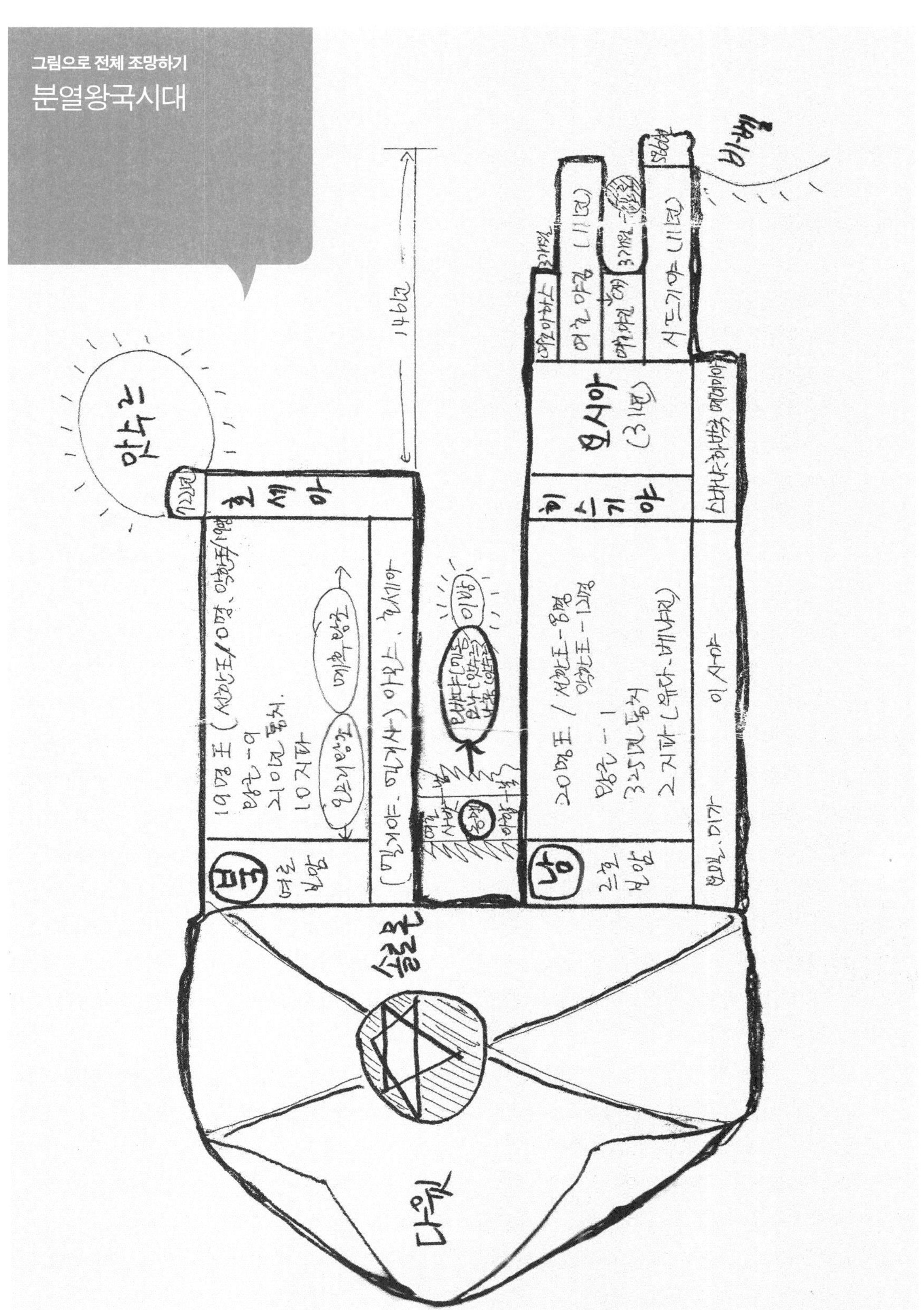

<내 인생을 바꾼 31일 성경통독>, 이대희 저, 139쪽 발췌

다. 하나님은 르호보암의 결정을 통해 솔로몬의 죄악에 대한 심판으로 이스라엘을 둘로 나누는 계획을 이루어가셨다. "왕이 이같이 백성의 말을 듣지 아니하였으니 이 일은 여호와께로 말미암아 난 것이라. 여호와께서 전에 실로 사람 아히야로 느밧의 아들 여로보암에게 하신 말씀을 이루게 하심이더라"(왕상 12:15).

결국 르호보암은 유다 지파와 베냐민 지파만으로 남유다 왕국을 이루게 되었고, 두 지파를 제외한 나머지 열 개 지파는 여로보암을 왕으로 추대하여 북이스라엘을 건설했다. 여로보암은 솔로몬이 왕위에 있을 때 큰 용사로 건축을 감독했다. 그때 하나님은 선지자 아히야를 여로보암에게 보내셨는데, 아히야는 새 옷을 열두 조각으로 자른 후 열 조각을 여로보암에게 주어 하나님이 여로보암을 열 개 지파의 왕이 되게 하심을 알려주었다. 하나님이 여로보암을 왕으로 세우며 요구하신 것은 다윗이나 솔로몬에게 요구하셨던 것과 같았다. "네가 만일 내가 명령한 모든 일에 순종하고 내 길로 행하며 내 눈에 합당한 일을 하며 내 종 다윗이 행함같이 내 율례와 명령을 지키면 내가 너와 함께 있어 내가 다윗을 위하여 세운 것같이 너를 위하여 견고한 집을 세우고 이스라엘을 네게 주리라"(왕상 11:38). 그렇다고 해서 하나님이 다윗과 맺은 언약, 즉 다윗의 왕권을 영원하게 하겠다고 하신 약속을 저버리신 것은 아니다. 우리가 알 수는 없지만 여로보암이 율법을 따라 북이스라엘을 잘 다스렸다 할지라도 하나님은 다윗의 왕권과 연합되는 어떤 계획을 갖고 계셨을 것이다. "내가 이로 말미암아 다윗의 자손을 괴롭게 할 것이나 영원히 하지는 아니하리라 하셨느니라 한지라"(왕상 11:39).

여로보암은 이렇게 하나님의 계획 속에서 북쪽 열 개 지파의 추대를 받아 북이스라엘의 왕이 되었다. 하지만 하나님의 말씀에 순종하지 않았다. 여로보암은 하나님의 세움을 받았음에도 불구하고 북이스라엘의 백성들이 하나님께 제사를 드리기 위해 성전이 있는 예루살렘, 곧 남유다로 가는 것을 불안해했다. 그는 이 문제를 해결하기 위해서 북이스라엘의 가장 북단에 있는 단과 남단에 있는 벧엘에 산당을 세우고, 금송아지 우상을 만들어 그곳에 설치해 북이스라엘 백성들이 하나님 대신에 금송아지를 숭배하게 만들었다(왕상 12:25-31). 더불어 하나님이 정하신 시기가 아니라 임의로 정한 날짜에 맞추어 절기를 지키도록 했다(왕상 12:32-33).

하나님은 하나님의 사람을 금송아지가 설치되어 있는 벧엘로 보내서 다윗의 집안에서 나오는 요시야가 그 산당을 완전히 파괴할 것이라고 예고하셨다(왕상 13:1-10). 이런 예고는 여로보암으로 시작된 북이스라엘의 암울한 미래를 보여주는 전조였다.

남유다와 북이스라엘의 왕들에 대한 평가

인간 왕을 요구했던 이스라엘은 사울, 다윗, 솔로몬 이후에 분열왕국을 맞이했다. 족장과 출애굽과 여호수아와 사사시대의 열두 지파 체제는 왕조시대에 와서 무너졌으며, 솔로몬이 죽은 후 이스라엘의 통일왕국이 남유다와 북이스라엘로 나누어지면서 완전히 깨지게 되었다. 분열왕국의 이스라엘 왕조사는 불행과 환난의 연속이었다고 말해도 과언이 아니다. 이는 하나님을 왕으로 모시기를 거부하고 인간 왕을 요구한 데서 벌어진 필연적인 결과였다. 권력을 쥔 왕은 결코 하나님이 명령하신 법도와 율법에 순종하지 않았고 권력을 남용했으며, 하나님을 망각하고 현실성 있어 보이는 우상 숭배를 자행했다. 그 결과, 이스라엘의 분열왕국은 멸망을 향해 치닫게 되었다.

남유다의 경우 일부 왕들, 예를 들면 아사, 여호사밧, 요아스, 히스기야, 요시야 등이 그나마 인정을 받는 통치를 했지만, 대다수는 하나님 앞에서 인정을 받지 못하는 타락한 삶과 통치를 일삼았다. 남유다 왕들의 삶을 정의하는 표현은 "다윗과 같지 않다", 또는 "하나님 여호와 보시기에 정직히 행하지 않다", 또는 "여호와 보시기에 악을 행하다"(왕상 15:3, 왕하 8:18,27, 16:2, 21:2,20, 23:32,37, 24:9) 등이다. 북이스라

남유다와 북이스라엘의 왕들 비교

남유다		북이스라엘	
왕	성경 구절	왕	성경 구절
르호보암	왕상 12:1-24, 14:21-31	여로보암	왕상 11:26-40, 12:25-14:20
아비얌/아비야	왕상 15:1-8	나답	왕상 15:25-32
아사	왕상 15:9-24	바아사	왕상 15:33-16:7
여호사밧	왕상 22:41-50, 왕하 3:4-27	엘라	왕상 16:8-14
여호람/요람	왕하 8:16-24	시므리	왕상 16:15-20
아하시야	왕하 8:25-29, 9:14-29	오므리	왕상 16:21-28
아달랴	왕하 11:1-20	아합	왕상 16:29-22:40
요아스	왕하 11:12,21-12:21	아하시야	왕상 22:51-왕하 1:18
아마샤	왕하 14:1-22	여호람/요람	왕하 3:1-27, 5:1-14, 6:8-7:20, 8:28-29, 9:14-26
아사랴/웃시야	왕하 15:1-7	예후	왕하 9:1-10:36
요담	왕하 15:32-38	여호아하스	왕하 13:1-9
아하스	왕하 16:1-20	요아스	왕하 13:10-25, 14:8-16
히스기야	왕하 18:1-20:21	여로보암(2세)	왕하 14:23-29
므낫세	왕하 21:1-18	스가랴	왕하 15:8-12
아몬	왕하 21:19-26	살룸	왕하 15:13-16
요시야	왕하 22:1-23:30	므나헴	왕하 15:17-22
여호아하스	왕하 23:31-34	브가히야	왕하 15:23-26
여호야김(엘리아김)	왕하 23:35-24:7	베가	왕하 15:27-31
여호야긴	왕하 24:8-17	호세아	왕하 17:1-6
시드기야(맛다니야)	왕하 24:18-25:7	기원전 722년 앗수르에게 멸망당함	
기원전 586년 바벨론에게 멸망당함			

♠ 도표 설명 :
/ 기호가 들어 있는 왕은 성경에서 두 개의 이름이 혼용해서 불렸다. 예를 들면 남유다에서는 아비얌/아비야, 여호람/요람, 아사랴/웃시야 등이며, 북이스라엘에서는 여호람/요람이다. 또한 이 도표에서 괄호가 있는 왕, 예를 들면 남유다의 여호야김(엘리아김)과 시드기야(맛다니야) 왕의 경우에서 괄호 안에 있는 이름은 본래 이름이며, 괄호 밖에 있는 이름은 정복국의 왕이 꼭두각시 왕으로 세우면서 개명시킨 이름이다. 여호야김은 애굽의 바로 느고가, 시드기야는 바벨론의 느부갓네살 왕이 개명시킨 이름이다. 북이스라엘 왕들 중에서 여로보암(2세)의 경우에서 (2세)라는 표현은 북이스라엘의 초대 왕인 여로보암과 구별하기 위해서 학자들이 임의로 붙인 것이다.

엘과 사돈 관계였던 여호람이나 아하시야는 "이스라엘 왕들의 길을 가서 아합의 집과 같이 하였다"(왕하 8:18,27)라는 평가를 받았다. 심지어 남유다 역사에서 선한 왕이라는 인정을 받았던 왕들조차도 "여호와 보시기에 정직히 행하였으나 산당은 없애지 않았다"(왕상 15:11,14[아사], 22:43[여호사밧], 왕하 12:2-3[요아스], 14:3-4[아마샤], 15:3-4[아사랴/웃시야], 15:34-35[요담])라는 책망을 들었다.

한편 북쪽의 단과 남쪽의 벧엘에 금송아지 우상을 세워 놓았던 여로보암으로 시작된 북이스라엘은 더 말할 것도 없었다. 열왕기상 12장에서 시작되어서 열왕기하 25장까지 기록된 이스라엘의 분열왕국 역사에서 북이스라엘의 수많은 왕들을 평가하는 한 가지 표현이 있다. 그것은 바로 "여로보암의 길로 행하며"(왕상 15:34[바아사], 16:19[시므리], 16:26[오므리], 22:52[아하시야]), 또는 "여로보암의 죄에서 떠나지 아니하였더라"(왕상 16:31[아합], 왕하 10:29[예후], 13:2[여호아하스], 14:24[여로보암 2세], 15:9[스가랴], 15:18[므나헴], 15:24[브가히야], 15:28[베가])이다.

남유다와 북이스라엘의 왕들을 비교하면 남유다의 왕들이 북이스라엘의 왕들에 비해 나은 편이었다. 하지만 그것도 도토리 키 재기에 불과했다. 분열왕국의 두 나라 왕들은 공히 "여호와 보시기에 악을 행"하며 멸망으로 치닫고 있었다. 그래서 열왕기서의 저자는 두 왕국의 왕들에 대해서 가혹하게 평가했던 것이다.

남유다의 선한 왕, 히스기야와 요시야

열왕기서 저자의 평가에 따르면, 앞서 이야기했듯 북이스라엘의 왕들은 하나같이 여로보암의 길 또는 여로보암의 죄를 따라 악을 행했다. 남유다라고 해서 별로 다를 것은 없었지만, 그래도 북이스라엘에 비하면 남유다의 왕들은 그나마 조금 나은 편이었다. 남유다 역사 전체에서 하나님의 인정을 받은 왕은 두 명인데, 이들은 모두 남유다 역사의 마지막에 나타났다. 마치 촛불이 꺼지기 직전에 마지막으로 제 몸을 완전히 태우듯 말이다. 어쩌면 북이스라엘의 멸망을 목격하면서 조금 정신을 차렸다고 말할 수 있을는지도 모르겠다.

어쨌든 두 왕 중 첫째는 히스기야다. 히스기야가 남유다를 통치할 당시 북이스라엘은, 나중에 다루겠지만, 앗수르 제국에게 멸망당하기 직전이었다. 즉 북이스라엘의 마지막 왕 호세아 통치 3년에 남유다에서는 히스기야가 왕위에 올랐다. 히스기야는 왕위에 올랐을 때 종교 개혁을 단행했다. "그가 여러 산당들을 제거하며 주상을 깨뜨리며 아세라 목상을 찍으며 모세가 만들었던 놋뱀을 이스라엘 자손이 이때까지 향하여 분향하므로 그것을 부수고 느후스단이라 일컬었더라"(왕하 18:4). 남유다의 다른 왕들이 여호와 하나님이 보시기에 정직하게 행했어도 산당을 제거하지 않은 반면, 히스기야는 우상들은 물론 산당까지 제거해서 예루살렘에 있는 여호와의 성전에 집중할 수 있도록 남유다 백성들의 신앙을 개혁했으며 여호와 하나님만을 의지했다. 그래서 열왕기서 저자는 히스기야를 이렇게 평가한다. "히스기야가 그의 조상 다윗의 모든 행위와 같이 여호와께서 보시기에 정직하게 행하여… 그의 전후 유다 여러 왕 중에 그러한 자가 없었으니 곧 그가 여호와께 연합하여 그에게서 떠나지 아니하고 여호와께서 모세에게 명령하신 계명을 지켰더라"(왕하 18:3,5-6).

히스기야는 북이스라엘이 바람 앞의 촛불처럼 앗수르 제국에게 멸망당하기 직전인 상황 속에서 오직 하나님만을 의지했으며, 그 결과 하나님이 그와 함께하셔서 형통할 수 있었다. 앗수르의 살만에셀이 사마리아를 멸망시킬 때도, 히스기야 통치 14년에 앗수르의 산헤립이 쳐들어와서 조롱하고 위협할 때도 옷을 찢고 굵은 베를 두르고 여호와의 성전에 들어가서 여호와께 매달림으로써 살아남을 수 있었다. 왜냐하면 하나님이 히스기야의 기도를 들으시고 사자를 보내셔서 치심으로 산헤립의 군대 18만 5천 명을 죽이고 물리치셨기 때문이다. 또한 히스기야는 죽을병에 걸렸을 때도 벽을 향해 돌아서서 통곡하며 하나님께 간청함으로써 생명을 15년간 더 연장받을 수 있었다. 히스기야가 앗수르의 산헤립을 물리쳐 달라거나 생명을 연장시켜달라고 기도할 때 하나님은 선지자 이사야를 보내셔서 히스기야에게 좋은 소식을 전하셨다(사 37-38장).

둘째는 요시야 왕이다. 요시야는 남유다의 가장 사악한 왕 므낫세의 손자이다. 8세에 왕위에 올랐던 요시야는 통치 18년에 성전 수리를 명령했다가 율법책을 발견했다. 율법책의 말을 들은 요시야는 옷을 찢고 회개하며 신하를 훌다 여선지자에게 보내 하나님의 뜻을 물었다. 훌다가 전한 하나님의 뜻은 남유다의 멸망이었다. 요시야는 하나님의 뜻을 전해 듣고 통곡하며 회개했으며, 하나님은 이를 어여삐 여겨 남유다의 멸망을 보지 않게 될 것이라는 뜻을 전하셨다.

이후 요시야는 남유다의 모든 백성을 불러 모으고 성전에서 발견한 언약책, 곧 율법을 낭독하여 듣게 하고 언약을 갱신했다. 또한 언약 갱신의 일환으로 우상을 척결하고 성전 정화를 단행했다. 바알과 아세라와 하늘의 일월성신을 위하여 만든 모든 그릇을 파기하고, 여호와의 성전 가운데 있던 남창의 집을 헐었으며, 온갖 우상, 곧 시돈 사람의 아스다롯과 모압 사람의 그모스와 암몬 자손의 밀곱을 위해서 세웠던 신당들을 파괴했으며, 힌놈 골짜기에서 몰록에게 바치기 위해 자녀들을 불 가운데로 지나가게 하던 것을 금지시켰다. 요시야가 종교개혁을 단행하는 가운데 제거했던 수많은 우상들은 하나님이 멸망시키기로 작정하실 수밖에 없을 정도로 남유다가 타락했음을 잘 보여준다.

요시야의 종교개혁은 단순히 남유다에만 머무르지 않았다. 이미 앗수르에게 멸망당한 북이스라엘 지역에까지 종교개혁을 실시했으며, 특별히 북이스라엘의 초대 왕 여로보암이 벧엘에 세웠던 제단과 산당을 헐고, 불사르고 빻아서 가루로 만들었으며,

여로보암이 단에 만든 금송아지 제단. 쇠로 만든 제단 형태가 금송아지 제단의 크기를 보여준다.

아세라 목상을 불살랐다(왕하 23:15-20). 이로써 여로보암이 단과 벧엘에 금송아지 우상을 세웠을 때 하나님이 하나님의 사람을 보내어 다윗의 집에서 태어난 요시야가 제단을 파괴하고 산당 제사장을 제물로 바쳐 뼈를 불사를 것이라 하셨던 예언이 성취되었다(왕상 13:2). 또한 요시야는 우상을 제거할 뿐만 아니라 율법책에 기록된 유월절을 지켜 행했다. 요시야가 지킨 유월절은 사사시대 이후로 가장 온전하게 지킨 것이었다(왕하 23:22).

열왕기서 저자는 종교개혁을 단행했던 요시야에 대해서 이렇게 평가한다. "요시야와 같이 마음을 다하며 뜻을 다하며 힘을 다하여 모세의 모든 율법을 따라 여호와께로 돌이킨 왕은 요시야 전에도 없었고 후에도 그와 같은 자가 없었더라"(왕하 23:25).

남유다의 두 왕, 곧 히스기야와 요시야에 대한 평가에서 알 수 있듯 그들이 하나님 앞에서 인정을 받은 것은 우상을 제거하고 오직 여호와 하나님만을 섬기며 하나님의 명령에 순종해 지킨 것 때문이었다. 다시 말해서 여호와 하나님만을 자신은 물론 나라의 왕으로 인정하고 하나님의 율법을 따라 행하며 순종하는 것이었다. 왜냐하면 인간 왕이 있다 할지라도 이스라엘은 하나님만을 왕으로 섬기는 하나님 나라의 백성이기 때문이다.

북이스라엘과 남유다의 가장 사악한 왕, 아합과 므낫세

이스라엘의 왕조사의 초점은 다윗 집안에 맞추어져 있다. 그러기에 솔로몬이 죽고 나서 다윗 집안이 통치하던 통일왕국 이스라엘이 남유다와 북이스라엘로 나누어졌을지라도 성경의 초점은 남유다에 맞추어져 있다. 그럼에도 불구하고 북이스라엘의 왕인 아합을 먼저 이야기해야 한다. 왜냐하면 아합은 남유다와 북이스라엘 중에서 가장 사악한 왕이었기 때문이다.

아합은 북이스라엘의 수도를 디르사에서 사마리아로 옮긴 오므리의 아들이다. 성경은 오므리를 간단하게 언급하고 있지만(왕상 16:21-28), 성경 이외의 기록에 따르면 사실 오므리는 북이스라엘의 경제를 안정시킨 매우 성공적인 왕이었다. 그가 경제적인 번성을 이룰 수 있었던 것은 서북쪽의 페니키아, 곧 성경의 지명으로 말하면 두로와 시돈과 평화조약을 맺었기 때문이다. 오므리는 자기 아들 아합을 시돈 왕 엣바알의 딸 이세벨과 정략결혼을 시켰다(왕상 16:31).

오므리의 뒤를 이어 북이스라엘의 왕이 된 아합은 시돈의 공주 이세벨을 아내로 맞이하여 그녀가 섬기던 바알을 숭배하고, 바알 신전을 건축하며, 아세라 상을 만들어 섬겼다. 아합이 얼마나 악했는지 열왕기서 저자는 그를 이렇게 평가한다. "오므리의 아들 아합이 그의 이전의 모든 사람보다 여호와 보시기에 악을 더욱 행하여 느밧의 아들 여로보암의 죄를 따라 행하는 것을 오히려 가볍게 여기며 시돈 사람의 왕 엣바알의 딸 이세벨을 아내로 삼고 가서 바알을 섬겨 예배하고 사마리아에 건축한 바알의 신전 안에 바알을 위하여 제단을 쌓으며 또 아세라 상을 만들었으니 그는 그 이전의 이스라엘의 모든 왕보다 심히 이스라엘 하나님 여호와를 노하시게 하였더라"(왕상 16:30-33).

여호와 하나님은 아합의 우상 숭배와 악에 진노하셔서 선지자 엘리야를 보내서 북이스라엘에 수년 동안 기근이 일어날 것이라고 아합에게 선포하게 하셨다. 3년이 지났을 때 하나님은 엘리야를 다시 아합에게 보내셨다. 엘리야를 만난 아합은 이렇게 말한다. "이스라엘을 괴롭게 하는 자여, 너냐"(왕상 18:17). 아합은 우상을 숭배해서 하나님의 진노로 비가 내리지 않는다는 것을 까맣게 잊어버리고 기근을 선포한 엘리야를 "이스라엘을 괴롭게 하는 자"라고 비난했다. 그때 엘리야는 아합의 말이 잘못되었다고 지적한다. "내가 이스라엘을 괴롭게 한 것이 아니라 당신과 당신의 아버지의 집이 괴롭게 하였으니 이는 여호와의 명령을 버렸고 당신이 바알들을 따랐음이라"(왕상 18:18). 아합 왕 때 북이스라엘에 3년 동안 기근이 일어난 것은 여호와의 명령을 버리고 바알을 섬겼기 때문이다.

엘리야는 갈멜 산에서 아합이 섬기는 바알과 아세라 선지자들을 불러 놓고, 자신이 섬기는 여호와 하나님과 아합이 섬기는 바알과 아세라 중에서 누가 참신인지 내기를 하자고 제안했다. 판별 방법은 '어느 신이 비를 내려 기근을 해소시키느냐'였다. 이로써 엘리야는 갈멜산에서 아합과 백성들이 지켜보는 가운데 바알 선지자 450명과 비를 내리게 하는 내기를 벌였다. 먼저 아합이 섬기는 바알 선지자들이 자기 몸에 상처를 내면서까지 비를 내려달라고 바알에게 울부짖었다. 물론 결과는 실패였다. 바알은 참신이 아니었기 때문이다.

이를 조롱하던 엘리야는 그들의 부르짖음이 실패로 돌아가자, 제단을 수축하고 제물을 놓고 물을 길어다가 붓고 여호와 하나님께 부르짖었다. "아브라함과 이삭과 이스라엘의 하나님 여호와여 주께서 이스라엘 중에서 하나님이신 것과 내가 주의 종인 것과 내가 주의 말씀대로 이 모든 일을 행하는 것을 오늘 알게 하옵소서. 여호와여, 내게 응답하옵소서. 내게 응답하옵소서. 이 백성에게 주 여호와는 하나님이신 것과 주는 그들의 마음을 되돌이키심을 알게 하옵소서"(왕상 18:36-37). 그때 여호와의 불이 하늘에서 내려서 제물과 나무와 돌과 흙과 도랑의 물을 완전히 태워버렸다. 이 놀랍고 두려운 광경을 목격한 백성들은 이렇게 고백했다. "여호와, 그는 하나님이시로다. 여호와, 그는 하나님이시로다"(왕상 18:39). 엘리야는 백성들에게 명하여 바알 선지자 450명을 잡게 하고 모두 죽였다. 다시 엘리야가 기도하자 3년 동안 내리지 않았던 비가 내렸다.

하늘에서 불이 내려 제물을 완전히 태우는 이적과 3년 동안 내리지 않던 비가 내리는 사건을 목격했지만 아합은 전혀 변하지 않았다. 왕궁으로 돌아간 아합은 벌어진 상황을 아내 이세벨에게 말하자 이세벨은 엘리야에게 사신을 보내 죽이겠다고 협박했다(왕상 19:1-2).

아합과 이세벨의 악행은 여기서 끝나지 않았다. 어느 날 아합은 자신의 왕궁에서 가까운 곳에 위치한 나봇의 포도원이 탐이 나서 자신에게 팔라고 요구했다. 하지만 나봇은 자기 조상의 유산을 팔 수 없다고 거절했다. 왜냐하면 율법에 따르면 토지는 그 가문의 기업이어서 타인에게 넘어갈 수 없었기 때문이다(레 25:10,23-28). 갖고 싶은 것을 갖지 못해 속상한 아합이 이세벨에게 이 사실을 이야기하자, 이세벨은 불량자를 사서 나봇이 하나님과 왕을 저주했다고 거짓 증언을 하게 하여 돌에 맞아 죽게 만들고 나봇의 포도원을 차지해버렸다(왕상 21장). 하나님은 다시 엘리야를 보내서 개들이 나봇이 흘린 피를 마셨던 것처럼 아합의 피를 마시게 할 뿐만 아니라 개들이 이세벨을 먹게 할 것이라고 심판을 선포하셨다. 이는 아람과의 전투에서 화살에 맞은 아합의 죽음(왕상 22:29-40)과 창밖으로 내던져진 이세벨의 죽음으로 그대로 성취되었다(왕하 9:30-37).

한편 북이스라엘의 아합에 필적할 만한 악한 왕이 남유다에도 있었다. 그는 므낫세였다. 흥미롭게도 남유다의 가장 사악한 왕 므낫세는 남유다의 선한 왕 중 하나인 히스기야의 아들이다. 므낫세는 아버지 히스기야가 일으켰던 종교개혁을 완전히 뒤엎었다. 열왕기서의 저자는 므낫세에 대해 이렇게 기록하고 있다. "므낫세가 여호와 보시기에 악을 행하여 여호와께서 이스라엘 자손 앞에서 쫓아내신 이방 사람의 가증한 일을 따라서 그의 아버지 히스기야가 헐어버린 산당들을 다시 세우며 이스라엘의 왕 아합의 행위를 따라 바알을 위하여 제단을 쌓으며 아세라 목상을 만들며 하늘의 일월성신을 경배하여 섬기며 여호와께서 전에 이르시기를 내가 내 이름을 예루살렘에 두리라 하신 여호와의 성전에 제단들을 쌓고 또 여호와의 성전 두 마당에 하늘의 일월성신을 위하여 제단들을 쌓고 또 자기의 아들을 불 가운데로 지나게 하며 점치며 사술을 행하며 신접한 자와 박수를 신임하여 여호와께서 보시기에 악을 많이 행하여 그 진노를 일으켰으며 또 자기가 만든 아로새

긴 아세라 목상을 성전에 세웠더라"(왕하 21:2-7).

므낫세는 선한 왕이며 종교개혁을 단행했던 아버지 히스기야를 뒤따르지 않았을 뿐만 아니라 북이스라엘의 왕 아합의 행위를 따랐다. 그런데 므낫세는 단순히 북이스라엘의 왕 아합을 따르는 데서 머물지 않았다. 그는 아합이 섬기던 바알과 아세라는 물론 하늘의 일월성신을 섬기고, 그것을 섬기는 제단을 여호와의 성전에 세웠으며, 자기 아들을 불 가운데로 지나가게 하며 점치며 사술을 행하며 신접한 자와 박수를 신임했다(대하 33:2-7). 이 므낫세가 행한 가증한 일과 악은 심지어 이방인인 아모리 족속의 행위보다 더 심했다(왕하 21:11). 한마디로 므낫세는 이방인만도 못할 정도로 사악한 왕이었다.

보다 못한 하나님은 결국 예루살렘, 곧 남유다를 원수의 손에 넘기셔서 멸망시키기로 결정하셨다. "내가 사마리아를 잰 줄과 아합의 집을 다림 보던 추를 예루살렘에 베풀고 또 사람이 그릇을 씻어 엎음같이 예루살렘을 씻어버릴지라. 내가 나의 기업에서 남은 자들을 버려 그들의 원수의 손에 넘긴즉 그들이 모든 원수에게 노략거리와 겁탈거리가 되리니 이는 애굽에서 나온 그의 조상 때부터 오늘까지 내가 보기에 악을 행하여 나의 진노를 일으켰음이니라"(왕하 21:13-15). 여기서 '잰 줄'과 '다림 보던 추'는 비뚤어지지 않았는지를 재는 건축 도구인데, 성경에서는 이 표현을 통해서 심판을 나타낸다. 즉 자와 추를 통해 길이와 각도를 재듯 개인과 나라를 재서 저지른 잘못을 심판하시겠다는 뜻이다.

하나님은 북이스라엘에서 가장 사악한 짓을 일삼았던 아합의 집을 줄과 추로 재서 심판하시기로 결정하셨다. 남유다에서는 북이스라엘의 아합과 다를 바 없었던, 아니 그보다 훨씬 더 사악했던 므낫세의 사악함을 보시고 재서 가늠함으로써 이방 민족에게 남유다를 넘겨 심판하시기로 작정하셨다.

북이스라엘과 남유다의 멸망

하나님은 북이스라엘의 아합의 집과 남유다의 므낫세의 집을 재시고 심판을 단행하셨다. 방법은 주변 국가, 곧 앗수르와 바벨론 제국이 각각 북이스라엘과 남유다를 공격해서 멸망시키는 것이었다.

분열왕국 중 먼저 북이스라엘이 멸망당했다. 호세아가 북이스라엘의 마지막 왕으로 즉위했을 때 북쪽에서는 당시 제국이었던 앗수르 왕 디글랏빌레셀이 막강한 힘을 행사하고 있었다. 그런데 호세아 통치 4년, 즉 기원전 727년에 디글랏빌레셀이 죽었다. 그러자 호세아는 디글랏빌레셀의 죽음을 호기로 여기고 앗수르에게 조공 바치기를 거부하고 남쪽의 또 다른 제국 애굽 왕 소에게 도움을 청했다. 하지만 애굽은 아무런 도움이 되지 못했다. 호세아 선지자는 북이스라엘의 이런 모습을 "에브라임[북이스라엘]은 어리석은 비둘기같이 지혜가 없어서 애굽을 향하여 부르짖으며 앗수르로 가는도다"(호 7:11)라고 비판했다. 디글랏빌레셀의 뒤를 이어 왕이 된 살만에셀은 북이스라엘의 호세아가 조공을 바치지 않자 쳐들어와서 3년간 포위했다가 사마리아를 정복했다. 이로써 북이스라엘은 기원전 722년에 역사에서 사라졌다.

열왕기서 저자는 북이스라엘의 멸망 이유에 대해서 이렇게 말한다. "이 일은 이스라엘 자손이 자기를 애굽 땅에서 인도하여 내사 애굽의 왕 바로의 손에서 벗어나게 하신 그 하나님 여호와께 죄를 범하고, 또 다른 신들을 경외하며 여호와께서 이스라엘 자손 앞에서 쫓아내신 이방 사람의 규례와 이스라엘 여러 왕이 세운 율례를 행하였음이라. 이스라엘의 자손이 점차로 불의를 행하여 그 하나님 여호와를 배역하여 모든 성읍에 망대로부터 견고한 성에 이르도록 산당을 세우고, 모든 산 위에와 모든 푸른 나무 아래에 목상과 아세라 상을 세우고, 또 여호와께서 그들 앞에서 물리치신 이방 사람같이 그곳 모든 산당에서 분향하며, 또 악을 행하여 여호와를 격노하게 하였으며 또 우상을 섬겼으니… 여호와께서 명령하사 따르지 말라 하신 사방 이방 사람을 따라 그들의 하나님 여호와의 모든 명령을 버리고, 자기들을 위하여 두

송아지 형상을 부어 만들고, 또 아세라 목상을 만들고, 하늘의 일월성신을 경배하며, 또 바알을 섬기고, 또 자기 자녀를 불 가운데로 지나가게 하며, 복술과 사술을 행하고, 스스로 팔려 여호와 보시기에 악을 행하여 그를 격노하게 하였으므로 여호와께서 이스라엘에게 심히 노하사 그들을 그의 앞에서 제거하시니… 여로보암이 이스라엘을 몰아 여호와를 떠나고 큰 죄를 범하게 하매 이스라엘 자손이 여로보암이 행한 모든 죄를 따라 행하여 거기서 떠나지 아니하므로, 여호와께서 그의 종 모든 선지자를 통하여 하신 말씀대로 드디어 이스라엘을 그 앞에서 내쫓으신지라. 이스라엘이 고향에서 앗수르에 사로잡혀 가서 오늘까지 이르렀더라"(왕하 17:7-12,15-18,21-23). 북이스라엘은 초대 왕 여로보암 때부터 가장 사악한 왕 아합은 물론 마지막 왕 호세아에 이르기까지 하나님이 조상과 선지자들을 통해서 명령하신 율법을 지키지 않고, 허망한 우상에게서 돌이키지 않다가 하나님의 진노를 사서 멸망에 이르렀다.

그렇다면 남유다는 어떠한가? 북이스라엘이 멸망당했을 때 열왕기서의 저자는 남유다에 대해서 이렇게 말한다. "유다도 그들의 하나님 여호와의 명령을 지키지 아니하고 이스라엘 사람들이 만든 관습을 행하였으므로"(왕하 17:19). 남유다도 여호와 하나님의 명령을 지키지 않기로는 매한가지였으며, 북이스라엘 사람들이 만든 관습을 행해서 하나님을 저버리고 우상을 섬기는 일을 자행했다. 그 절정이 바로 남유다의 가장 사악한 왕 므낫세 때였다(왕하 21:1-18). 므낫세의 손자 요시야가 율법책을 발견하고, 회개하여 우상을 척결하고, 종교개혁을 단행하고, 절기를 회복하여 유월절을 사사시대 이후로 가장 온전하게 드렸지만 남유다를 멸망시키기로 한 하나님의 진노를 되돌리지는 못했다.

그래서 성경은 이렇게 말한다. "요시야와 같이 마음을 다하며 뜻을 다하며 힘을 다하여 모세의 모든 율법을 따라 여호와께로 돌이킨 왕은 요시야 전에도 없었고 후에도 그와 같은 자가 없었더라. 그러나 여호와께서 유다를 향하여 내리신 그 크게 타오르는 진노를 돌이키지 아니하셨으니 이는 므낫세가 여호와를 격노하게 한 그 모든 격노 때문이라. 여호와께서 이르시되 내가 이스라엘을 물리친 것같이 유다도 내 앞에서 물리치며 내가 택한 이 성 예루살렘과 내 이름을 거기에 두리라 한 이 성전을 버리리라 하셨더라"(왕하 23:25-27).

남유다의 가장 선한 왕이었던 요시야는 기원전 609년에 애굽의 바로 느고에게 죽임을 당했다. 남유다 백성들이 요시야의 아들 여호아하스를 왕으로 삼았지만, 3개월이 지났을 때 애굽의 바로 느고는 그를 폐위시키고 요시야의 다른 아들 엘리아김을 여호야김으로 개명시켜서 꼭두각시 왕으로 세웠다. 북쪽의 바벨론과 남쪽의 애굽에게 치이는 와중에서도 여호야김은 조상들이 행했던 대로 악을 행함으로써 하나님의 심판을 자초하게 되었는데, 하나님의 심판 도구는 북쪽의 제국 바벨론의 느부갓네살이었다.

기원전 605년에 갈그미쉬에서 애굽과의 전쟁에서 승리한 느부갓네살은 다음 해에 남유다를 향해 밀고 내려왔다. 여호야김은 느부갓네살에게 조공을 바치고 항복했으며, 이때 다니엘 선지자를 비롯해서 많은 사람들이 인질로 잡혀갔다(단 1-7장). 애굽의 느고와 바벨론의 느부갓네살 사이에 외줄타기를 하던 여호야김은 바벨론을 섬기라는 예레미야의 경고에도("너희는 그들의 말을 듣지 말고 바벨론의 왕을 섬기라. 그리하면 살리라. 어찌하여 이 성을 황무지가 되게 하려느냐." 렘 27:17), 친애굽 정책을 펼치며 바벨론에게 반역을 일으켰다가 기원전 597년에 예루살렘이 함락당하고 말았다(왕하 24:1-7). 여호야김에 이어 여호야긴이 왕위에 오르지만 석 달을 다스리다가 바벨론 포로로 끌려갔는데, 이때 에스겔 선지자도 포로로 끌려갔다(왕하 24:15). 느부갓네살은 여호야긴의 숙부인 요시야의 또 다른 아들 맛다니야를 시드기야로 개명시켜서 꼭두각시 왕으로 세웠지만, 시드기야 또한 반역을 일으켰으며, 기원전 586년에 바벨론의 느부갓네살 왕에게 남유다는 완전히 멸망당하고 말았다.

설형문자로 된 이 바벨론의 판에는 갈그미쉬 전투와 기원전 597년 아다달 2일, 느부갓네살 왕이 예루살렘을 점령한 일이 적혀 있다.

여호야김시대에 바벨론에게 예루살렘이 함락당했을 때 성경은 이렇게 말한다. "이 일이 유다에 임함은 곧 여호와의 말씀대로 그들을 자기 앞에서 물리치고자 하심이니 이는 므낫세의 지은 모든 죄 때문이며 또 그가 무죄한 자의 피를 흘려 그의 피가 예루살렘에 가득하게 하였음이라. 여호와께서 사하시기를 즐겨하지 아니하시니라"(왕하 24:3-4). 성경은 요시야가 죽었을 때도, 여호야김시대에 예루살렘이 바벨론에게 함락당했을 때도 거듭해서 그 심판이 므낫세가 우상을 섬기고 무죄한 자의 피를 흘리게 했기 때문이라고 말한다.

남유다의 가장 사악한 왕 므낫세의 죄악으로 말미암아 하나님이 남유다의 죄를 사해주시지 않고 심판하셨다고 말하는 것은 남유다가 하나님을 저버리고, 얼마나 타락했는지를 단적으로 잘 보여준다. 남유다는 북이스라엘의 멸망에서도 아무런 교훈을 얻지 못했다. 아니 므낫세의 죄악을 살펴보면 북이스라엘의 멸망에서 교훈은 고사하고 북이스라엘의 죄악을 답습하고 더욱더 타락했음을 알 수 있다. 이처럼 남유다는 하나님 나라의 백성임에도 불구하고 참된 왕이신 하나님을 저버리고 아무런 생명력도 힘도 없는 우상을 섬기다가 결국 하나님의 심판을 받아 패망당하고 말았다.

선지자들의 예언부터 400년의 암흑기로

인간 왕을 요구했던 이스라엘은 솔로몬 이후에 분열왕국을 맞이했다. 출애굽 이후 열두 지파 체제는 남유다와 북이스라엘로 나누어지면서 완전히 깨지게 되었다. 분열왕국의 이스라엘 왕조사는 불행과 환난의 연속이었다고 해도 과언이 아니었다. 이는 하나님을 왕으로 모시기를 거부하고 인간 왕을 요구한 데서 벌어진 필연적인 결과였다. 권력을 쥔 왕은 결코 하나님이 명령하신 법도와 율법에 순종하지 않았고 권력을 남용했으며, 하나님을 망각하고 현실성 있어 보이는 우상 숭배를 자행했다. 그 결과, 이스라엘은 분열과 멸망을 넘어 400년 암흑의 침묵기로 치닫고 있었다. 이런 상황에서 하나님의 이름은 이스라엘 백성들의 마음 속에서 점점 사라지고 있었다. 그러나 이 세상을 궁극적으로 구하려는 하나님의 계획은 하나님이 보내신 선지자들 통해 계속되고 있었다.

엘리야의 승천

엘리야는 주전 9세기경 이스라엘의 선지자로 얍복강 북방 13km 지점과 동일시되는 길르앗에 있는 디셉 출신의 사람이었다. 그는 험하고 적막한 산골짜기에서 자라면서 양 가죽과 낙타털 옷을 입고, 긴 머리를 뒤로 늘어뜨렸다. 그의 사명은 이스라엘에서 바알 우상을 추방하는 것이었다. 그는 악독한 아합과 아하시야가 통치하는 25년 동안 활동했다. 그가 선지자로서 북이스라엘에서 행한 사역은 열왕기상 17~19장, 21장, 열왕기하 1~2장에 기록되어 있다.

엘리야는 하나님과 동행했던 에녹처럼 죽지 않고 하나님에 의해 하늘로 들림을 받았다. 하나님이 엘리야를 회오리바람으로 들어올리기 전에 그의 제자인 엘리사는 엘리야를 끝까지 따라다녔다. 엘리야가 길갈에서 벧엘로, 다시 여리고와 요단으로 이동할 때마다 엘리사는 엘리야를 포기하지 않고 동행했다. 엘리야는 요단강을 건널 때 자신의 겉옷으로 물을 쳐서 갈라지게 했다. 성경은 그가 육지같이 요단을 건넜다고 말하고 있다.

자신을 끝까지 따라오는 엘리사를 보고 엘리야는 그에게 무엇을 원하는지를 물었다. 이에 엘리사는 다음과 같이 대답했다. "당신의 성령이 하시는 역사가 갑절이나 내게 있게 하소서"(왕하 2:9). 여기서 두 배를 달라는 말은 신명기의 전통에 따라 자신을 엘리야를 잇는 계승자로 삼아달라는 요구였다고 볼 수 있다.

엘리야는 하나님이 자신을 취하는 것을 그가 끝까지 본다면 엘리사의 요구가 응해질 것이라고 말했다. 그래서 엘리사는 포기하지 않고 엘리야를 따라가 하늘로 승천하는 것을 보았다. 그 결과 그는 갑절의 영감을 받는 능력의 선지자가 되었다. 그 후 엘리사도 엘리야에게서 떨어진 겉옷을 취하여 물을 치자, 물이 이리저리 갈라졌다. 엘리사가 엘리야의 합법적인 계승자임을 증명해주는 기적이었다.

엘리야가 하늘로부터 회오리바람으로 들림을 받기 위해 요단강을 건너 모압으로 간 것은 성경 전체적인 측면에서 주목할 만한 가치가 있다. 모압은 신명기에 의하면 모세가 가나안 땅에 들어가기 전에 죽은 곳이다. 모세의 죽음에 대해서 성경은 다음과 같이 말하고 있다. "벳브올 맞은편 모압 땅에 있는 골짜기에 장사되었고 오늘까지 그의 묻힌 곳을 아는 자가 없느니라"(신 34:6). 모세는 모압 땅에서 죽었고, 그가 죽을 때 그 무덤을 아는 자가 없었다. 이와 같이 엘리야도 요단을 건너 모압 쪽으로 갔고, 가는 도중에 하나님으로부터 들림을 받았다. 그리고 그가 들림을 받았기 때문에 그의 무덤을 알 수가 없었다. 이런 점에서 엘리야의 마지막은 모세와 유사한 면을 지니고 있다.

후에 신약에서도 예수님이 변화산에서 얼굴이 해와 같이 빛나며 옷이 빛과 같이 희어질 때 엘리야가 모세와 함께 나타나 예수님과 대화했다고 기록하고 있다. "이에 엘리야가 모세와 함께 그들에게 나타나 예수와 더불어 말하거늘 베드로가 예수께 고하되 랍비여 우리가 여기 있는 것이 좋사오니 우리가 초막 셋을 짓되 하나는 주를 위하여 하나는 모세를 위하여 하나는 엘리야를 위하여 하사이다 하니"(막 9:4-5). 이처럼 엘리야의 승천은 엘리야가 모세와 유비되는 인물임을 간접적으로 보여준다.

또한 그의 승천은 에녹의 승천과도 비교된다. 에녹은 창세기에 므두셀라를 낳고 300년 동안 하나님과 동행했다. 그리고 하나님은 자신과 동행한 에녹을 세상에서 그대로 하늘로 데리고 가셨다. 에녹의 승천은 이전에 아담의 타락으로 말미암아 정녕 죽을 수밖에 없는 인간에게 하나님의 은혜로 다시 소망이 있음을 암시해주는 사건이었다. 이와 같은 맥락에서 엘리야의 승천도 아담의 타락으로 말미암아 인류에게 생긴 저주가 다시 역전될 수 있음을 보여준다. 그리고 또한 신약에서 예수 그리스도의 부활 승천을 예표하는 것이기도 하다.

서두에서 밝혔지만, 엘리사는 엘리야가 승천하기에 앞서 갑절의 영감을 구했다. 여기서 갑절의 의미는 자신을 엘리야의 정통 후계자로서 세워달라는 간구의 뜻이다. 신명기 21장 17절은 장자로 세우는 일에 대해 다음과 같은 명령을 하고 있다. "반드시 그 미움을 받는 자의 아들을 장자로 인정하여 자기의 소유에서 그에게는 두 몫을 줄 것이니 그는 자기의 기력의 시작이라 장자의 권리가 그에게 있음이니라." 이렇게 다른 이들과 달리 유산을 두 배나 줌으로써 아버지는 장자를 자기의 후계자로 삼았다. 같은 방법으로 엘리사도 엘리야에게 갑절의 영감을 구하여 후계자가 되게 해달라고 구했던 것이다.

엘리사는 엘리야가 떠나는 것을 보고 소리 질러 "내 아버지여, 내 아버지여, 이스라엘의 병거와 마병이여"(왕하 13:14)라고 말했다. 이 말은 엘리야에 대한 칭호였다. 그러나 후에 엘리사가 병들어 죽게 되었을 때 이스라엘의 왕 요아스도 엘리사에게 똑같은 호칭을 사용한다. 이런 반복은 엘리사가 엘리야의 승천 이후 확실히 엘리야의 후계자가 되었음을 확증해준다. 실제로 엘리사는 엘리야가 승천한 후 엘리야처럼 똑같이 요단을 가르고 기적을 행했으며, 선지자들의 생도들은 엘리야의 영감이 엘리사에게 임한 것을 보고 그에게 엎드렸다.

엘리야가 하늘로부터 회오리바람으로 들림을 받기 위해 요단강을 건너 모압으로 간 것은 성경 전체적인 측면에서 주목할 만한 가치가 있다.

엘리사의 기적과 신학교

엘리사는 BC 850년경 여호람 시대에 활동을 시작하여 예후와 여호아하스 시대까지 계속하다가 요아스 시대에 죽었다. 그는 요단강 상류에 있는 아벨므홀라의 농부의 아들이었다(왕상 19:16,19). 그는 엘리야에게 선지자의 훈련을 받았다. 그러나 엘리야와는 매우 달랐다. 엘리야는 광풍과 지진 같았으나, 엘리사는 조용하고 작은 음성 같았다. 엘리야는 부싯돌 같았으나, 엘리사는 부드럽고 우아하고 외교적이었다.

엘리야는 승천하기 전 하나님의 지시로 엘리사를 그의 후계자로 기름을 붓고, 그를 훈련시켰다. 엘리야가 하늘로 사라졌을 때 그의 옷은 엘리사에게 입혀지고, 엘리사는 엘리야처럼 곧 기적을 행하기 시작했다. 요단강 물이 엘리야에게 갈라졌던 것처럼 엘리사에게도 갈라졌다. 여리고의 샘물은 다시 마실 수 있게 되었다(왕하 2:21). 벧엘에서 우상 숭배하던 42명의 아이가 곰에게 죽었다. 엘리사가 아니라 하나님이 직접 곰을 브내셨던 것이다. 벧엘은 바알 숭배의 중심지였다. 아이들은 엘리사의 하나님을 조롱했던 것 같다.

엘리사의 기적 중에는 나아만의 병을 고쳐준 사건이 있다. 나아만은 아람군대의 장군으로서 문둥병에 걸린 사람이었다. 이때 그는 이스라엘 땅에서 사로잡아온 작은 계집아이를 통해 엘리사에 대한 소문을 듣게 되었다. 그는 보잘것없는 아이의 충고를 소홀히 여기지 않았다. 여기서 그의 축복이 시작되었다. 하나님은 우리가 가지고 있는 적은 것을 통해 역사하신다. 예수님의 오병이어 기적은 보잘것없는 떡 다섯 개와 물고기 두 마리에서 시작되었다. 나아만 장군의 경우에도 마찬가지로 적은 것을 통해 축복의 문을 열어주셨다. 하나님의 축복은 보잘것없는 것에서부터 시작된다. 그리고 나아만은 그것을 겸손하게 소중히 받아들이고 순종했다.

하지만 나아만이 엘리사를 통해 하나님의 축복을 체험하기 위해서는 넘어야 할 산이 있었다. 엘리사는 자기에게 찾아 온 나아만을 직접 만나주지 않았다. 대신 그의 몸종을 시켜서 나아만에게 요단강에서 일곱 번 목욕할 것을 주문했다. 이런 엘리사의 태도에 나아만은 화가 났다. 자신의 생각대로 엘리사가 자신을 대우하지 않았기 때문이다. "나아만이 노하여 물러가며 이르되 내 생각에는 그가 내게로 나와 서서 그의 하나님 여호와의 이름을 부르고 그의 손을 그 부위 위에 흔들어 나병을 고칠까 하였도다"(왕하 5:11).

나아만은 그냥 돌아갈 수도 있었지만 그 유혹을 뿌리쳤다. 하나님의 기적을 얻기 위해서는 장애가 있다. 하나님의 축복을 받는 자는 그러한 장애를 극복하는 자이다. 결국 나아만은 자기의 생각을 포기하고 엘리사의 입에서 나온 하나님의 말씀에 순종했다. 그 결과 그의 병은 치유될 수 있었다.

엘리사는 나아만에게 일곱 번 목욕을 하라고 말했다. 7이라는 숫자는 완전한 숫자이다. 엘리사는 나아만에게 온전한 순종을 요구했던 것이다. 순종을 위해서는 중도포기란 있을 수 없다. 많은 사람들이 순종하면서도 실패하는 것은 끝까지 순종하지 못하기 때문이다. 나아만은 엘리사의 말대로 끝까지 순종하여 기적의 축복을 받았다.

한 번은 엘리사의 선지자 생도 중에 죽은 자의 아내가 엘리사를 찾아왔다. 그녀는 자신의 남편이 죽고 채주가 와서 자신의 두 아이를 취하려고 한다는 암담한 상황을 고하며 도움을 청했다. 엘리사는 그녀에게 이웃에 가서 빈 그릇을 빌려와 방에서 그 빈 그릇들에 기름을 부으라고 지시했다. 그녀는 엘리사의 말대로 그릇을 빌리고 빌린 그릇에 자신이 가지고 있는 기름을 부었다. 그러자 기름이 끊어지지 않는 기적이 일어났다. 그래서 선지자 생도의 아내는 기름을 팔아 생계를 유지할 수 있게 되었다.

이 기적에서 우리는 순종에 대한 몇 가지 진리를 배울 수 있다.

첫째, 순종의 근거는 감정이 아니라 하나님의 말씀이라는 것이다. 사실 그녀는 하나님을 원망할 수 있는 상황이었다. 그래서 감정대로 했다면 엘리사를 통해서 나오는 하나님의 말씀을 거부할 수도 있었다. 그러나 그녀는 비록 마음은 원망스럽고 순종할 기분은 아니었지만 하나님의 말씀이기에 순종했던 것이다. 우리의 순종도 마찬가지다. 순종은 기분에 따라 하고 하지 않는 그런 성질의 것이 아니다. 순종의 근거는 하나님이 그렇게 말씀하시기 때문이다.

둘째, 그녀에게도 순종 앞에서 나아만의 경우처럼 장

우리의 순종도 마찬가지다. 순종은 기분에 따라 하고 하지 않는 그런 성질의 것이 아니다.

애가 있었다는 사실이다. 이웃을 찾아다니며 그릇을 빌린다는 것은 분명 창피한 일이었다. 또한 그녀 자신도 속으로 당장 먹을 것이 없는데 빈 그릇을 빌린다는 것이 무슨 소용이 있을까 하고 의심할 수도 있었다. 그러나 그녀는 그의 외적, 내적 장애물을 모두 극복했다. 참된 순종은 어떠한 장애물 앞에서도 포기하지 않고 말씀대로 끝까지 따르는 것이다.

마지막으로 순종은 하나님과 본인 사이에 일어나는 인격적인 결단이라는 것이다. 순종에는 제3자가 개입할 수 없다. 엘리사는 그릇을 가져온 그녀와 그녀의 두 아이에게 방에 들어가서 스스로 기름을 부으라고 명령했다. 엘리사도 함께 들어가 그들을 도울 수도 있었다. 그러나 순종은 근본적으로 하나님과 본인 사이에 일어나는 것이기에 엘리사는 끝까지 그녀가 스스로 할 수 있도록 지시했던 것이다. 이처럼 엘리사의 기적을 통해 우리는 기적의 축복이 어떠한 사람에게 일어나는지를 배울 수 있다.

한편 선자자의 생도라는 말에 주목할 필요가 있다. 엘리사 당시에 그를 따른 선지자의 생도들이 있었다. 혹자는 이 무리를 글자 그대로 선지자 밑에서 수업을 받는 제자들이라고 주장한다. 이들 생도들이 능력 있는 선지자 밑에서 선지수업을 받고 예언하는 법을 배웠다는 설명이다. 그러나 이러한 생각은 성경의 지지를 받지 못한다. 하나님의 선지자는 학습을 통해 되는 것이 아니며, 전적으로 하나님으로부터 택함을 받고 영감을 받은 사람이기 때문이다. 물론 당시에 왕궁과 결탁해서 조직화된 선지자들의 무리가 있었다(왕상 22장). 그러나 그들은 참된 선지자들이 아니었다. 그러기에 전통적 선지자들은 그들을 비난했다(렘 23:9-40, 미 3:5-8).

선지자의 생도는 히브리 원문에서 "선지자들의 아들들"로 되어 있다. 히브리어에서 아들이라는 말은 여러 가지 함축적인 의미를 갖는다. 단순히 혈육적인 관계만을 의미하지는 않는다. 아마도 이 표현은 선지자들과 밀접한 관계를 가진 사람들을 의미하는 것 같다. 이 선지자의 생도들은 결혼을 하고 집을 가진 사람들로 등장한다(왕하 4:1). 따라서 선지자의 생도란 평신도로서 선지자들을 도와주고 따르던 무리였다고 생각된다.

물고기 뱃속의 요나

요나는 열왕기하 14장 25절에 아밋대의 아들로 소개된다. 요나는 북쪽 이스라엘의 왕인 여로보암 2세 때(주전 793-753년) 당시 앗수르의 도성 니느웨에 가서 그 죄악을 책망하고 장차 일어날 멸망을 예언하라는 명령을 받았다. 당시 앗수르의 세력은 잠시 주춤한 상태였다. 역사적으로 앗수르는 여러 재난을 당했다는 기록이 있다. 앗수르 왕 티글랏 빌레셀 이전 아수르 단 3세(주전 772-755년) 때에 일어난 기근(주전 765년)은 주전 759년까지 계속 반복되었다. 그리고 주전 763년에 불길한 일식으로 대낮에 땅이 컴컴해졌다고 전한다. 설상가상으로 재난들로 인해 주전 758년까지 앗수르의 여러 도성에서는 반란이 끊이지 않았다. 이러한 시대적인 배경 속에서 니느웨 백성들은 이미 심적으로 하나님의 말씀에 귀 기울이고 회개할 준비가 되어 있었다.

요나는 하나님의 멸망의 예언을 니느웨가 듣고 회개할까봐, 니느웨로 가는 대신 하나님의 명령을 거역하고 정반대 방향인 다시스로 가는 배를 탔다. 그리고 배 밑으로 내려가서 깊은 잠을 청했다. 히브리어 원문의 문법구조를 보면 그가 오랫동안 무관심하게 잠을 자고 있었다는 것을 알 수 있다. 이런 요나를 하나님은 가만히 내버려두지 않으셨다. 하나님은 요나가 탄 배에 광풍을 보내셨다. 광풍에 파선할 위기에 처한 선원들은 이 재난이 누구에게서 왔는지 알기 위해 제비를 뽑았고, 결국 요나가 뽑혀 바다에 던져지게 되었다.

이때 여호와께서 큰 물고기를 예비하시어 요나를 삼키게 하셨고, 요나는 물고기 뱃속에 3일 동안 있게 되었다. 물고기 뱃속에서 요나는 여호와께 기도하였다. 그리고 하나님은 큰 물고기를 통해 요나를 육지에 토하도록 하여 요나에게 다시 기회를 주셨다. 하지만 물고기 뱃속에서 구원받은 후 요나가 드린 기도는 진정한 의미에서 회개의 기도는 아니었다. 요나서 2장에 나와 있는 그의 기도 내용을 살펴보면, 하나님께 감사하면서도 자신은 다른 사람들과 달리 서원을 갚을 것이라고 말함으로써 은근히 자신의 의를 드러내는 기도였다(욘 2:7-9).

이제 니느웨로 가서 요나는 3일간 하나님의 명령대로 선포했다. 그 결과 니느웨의 왕과 신하들을 비롯한 성읍의 온 백성들이 회개하였다. 회개하는 니느웨 백성들을 보고 요나는 화가 났다. 이스라엘을 핍박했던 니느웨가 회개하자, 하나님이 그들에게 내리기로 작정한 심판을 돌리셨기 때문이다. 만약 요나가 물고기 뱃속에서 진정으로 회개의 기도를 드렸다면, 회개의 은총을 체험했기에 니느웨 백성들이 회개를 통해 심판을 면하는 것을 충분히 이해하고, 심판을 돌리시는 하나님께 화를 내지도 않았을 것이다.

화가 난 요나는 성 밖에 나가 초막을 짓고 앉아 있었다. 이때 한 박넝쿨이 자라나 초막을 덮어 뜨거운 햇빛을 가려주었다. 그러자 요나는 기뻐했다. 그러나 곧 한 벌레가 박넝쿨을 시들게 하여 다시 뜨겁게 되자 낙심했다. 이때 하나님은 요나에게 다음과 같이 반문하셨다. "네가 수고도 아니하였고 재배도 아니하였고 하룻밤에 났다가 하룻밤에 말라버린 이 박넝쿨을 아꼈거든 하물며 이 큰 성읍 니느웨에는 좌우를 분변하지 못하는 자가 십이만여 명이요 가축도 많이 있나니 내가 어찌 아끼지 아니하겠느냐"(욘 4:10-11).

중세에 유대인 주석가들은 요나의 이야기를 이스라엘의 역사에 비유하곤 했다. 예를 들어 그들은 요나가 다시스로 간 것을 이스라엘이 자신의 사명을 회피한 모습으로 이해했고, 폭풍을 만나 물고기 뱃속에 들어 간 것은 포로로 잡혀간 것을 의미한다고 해석했다. 그러나 이런 해석은 인위적인 알레고리 해석으로 성경적이지 못하다.

선지자 요나의 이야기는 당시 이스라엘 백성들의 교만과 잘못된 신앙관을 대변해준다. 당시 이스라엘은 선민의식으로 자신들만이 하나님의 복을 받는 백성이라는 좁은 시야를 가지고 있었다. 요나도 니느웨로 가라는 명령을 버리고 다시스로 간 것은 하나님의 영향권에서 벗어나기 위함이었다. 그런데 이것은 요나가 '하나님은 이스라엘 땅에만 국한된 분'이라는 잘못된 신관을 갖고 있었음을 보여준다. 그는 나중에 폭풍을 만나자 비로소 바다와 육지를 지으신 창조자 하나님임을 고백했다(욘 1:9). 니느웨 백성들이 회개하여 재앙이 임하지 않자 화를 내는 요나를 하나님은 책망하셨는데, 이것은 하나님의 사랑은 이스라엘에게만 국한된 것이 아니라 온 열방에까지 미친다는 사실을 역설적으로 보여주는 것이다.

하나님이 오실 날

선지자 아모스는 패역한 북이스라엘에게 여호와의 날이 임하여 심판하게 될 것을 예언했다(암 5:18). 그래서 아모스는 북이스라엘이 앗수르에 의해 멸망당할 것을 내다보고, 그날이 여호와께서 이스라엘을 심판하러 오시는 날이 될 것임을 설파했다. "화 있을진저 여호와의 날을 사모하는 자여 너희가 어찌하여 여호와의 날을 사모하느냐. 그날은 어둠이요 빛이 아니라. 마치 사람이 사자를 피하다가 곰을 만나거나 혹은 집에 들어가서 손을 벽에 대었다가 뱀에게 물림 같도다. 여호와의 날은 빛 없는 어둠이 아니며 빛남 없는 캄캄함이 아니냐"(암 5:18-20).

반면에 스바냐는 아모스보다 더 광범위한 우주적인 여호와의 날을 예언했다. 스바냐는 그날에 이방의 모든 국가가 심판받게 될 것이라고 말했다. 그리고 그것이 바벨론의 침략으로 가시화될 것임을 전했다. 스바냐는 결국에 가서 노아의 홍수와 같은 대변혁이 일어 날 것을 예언했다. "여호와의 큰 날이 가깝도다. 가깝고도 빠르도다. 여호와의 날의 소리로다. 용사가 거기서 심히 슬피 우는도다. 그날은 분노의 날이요, 환난과 고통의 날이요, 황폐와 패망의 날이요, 캄캄하고 어두운 날이요, 구름과 흑암의 날

그림으로 전체 조망하기

선지자들

(BC 9-7세기)

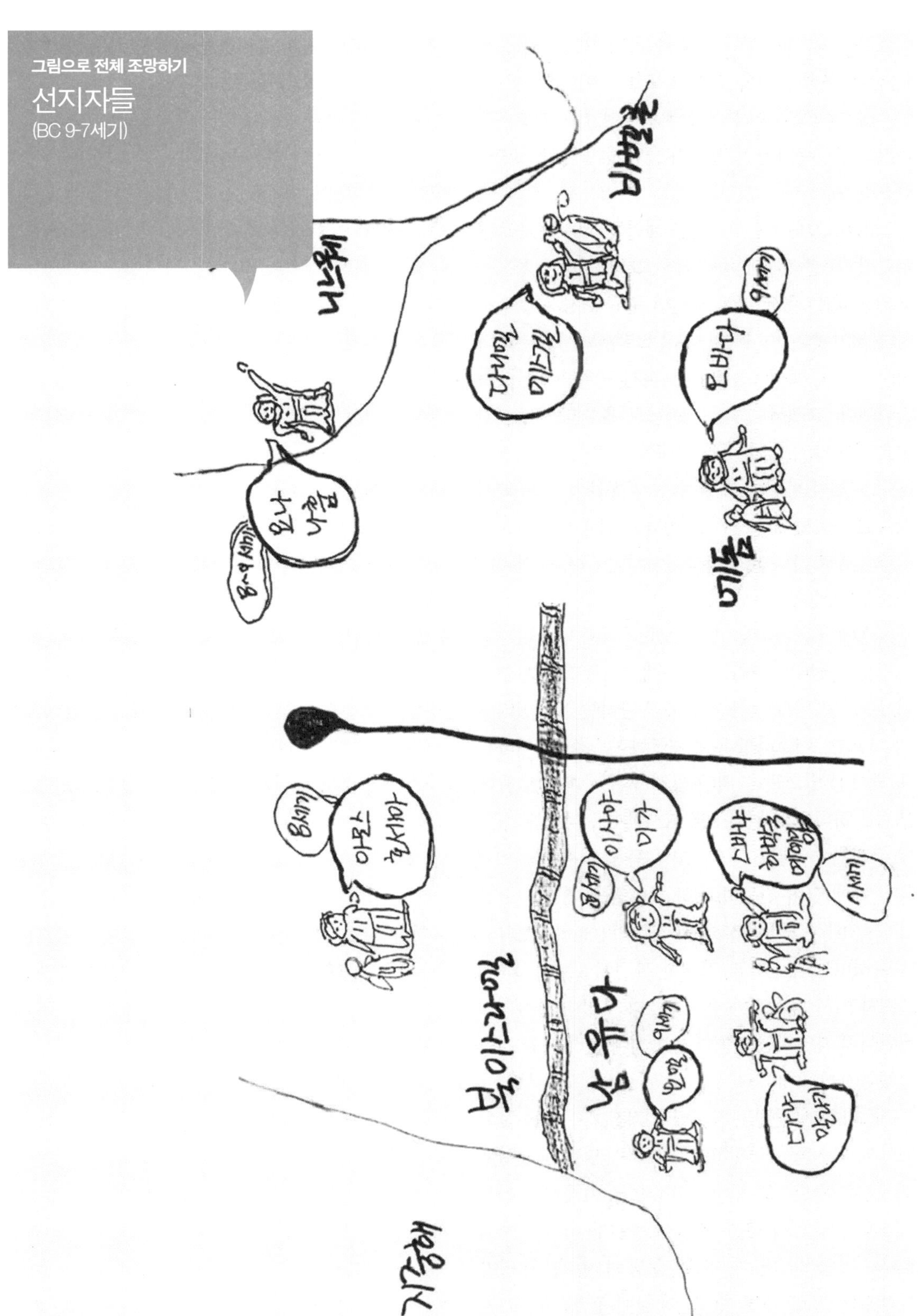

<내 인생을 바꾼 31일 성경통독>, 이대희 저, 153쪽 발췌

이요"(습 1:14-15). "그들의 은과 금이 여호와의 분노의 날에 능히 그들을 건지지 못할 것이며, 이 온 땅이 여호와의 질투의 불에 삼켜지리니 이는 여호와가 이 땅 모든 주민을 멸절하되 놀랍게 멸절할 것임이라"(습 1:18).

그러나 스바냐는 심판만을 예언한 것이 아니었다. 여호와의 날 이후에 하나님은 그의 언약 백성들을 회복하시고 온 땅 위에 자신의 주권을 세울 것임을 함께 예언했다. 역사적으로 이스라엘 백성들은 하나님이 자신의 백성들을 위해 오셔서 구원하신 날들을 경험했다. 그래서 그들은 자연스럽게 미래에 그러한 여호와의 날이 임할 것을 기대할 수 있었다. 이것이 바로 여호와의 날의 기원이다. 여호와의 날은 역사적으로 하나님이 자신의 백성들을 위해 대적자들을 심판하시고 하나님의 백성들에게는 구원을 가져다 주는 날이었다.

성경에서는 하나님이 백성들을 위해 나타나시는 사건을 신현(神顯)이라고 하는데, 그 특징은 자연의 이상변화와 함께 구름과 불을 동반하는 것이었다(합 3장, 시 18편). 이스라엘은 출애굽하여 광야를 지나갈 때 하나님이 그들을 위해 앞서 싸우시며 인도하신 날들을 하나님의 신현으로 묘사했다. "여호와여, 주께서 세일에서부터 나오시고 에돔 들에서부터 진행하실 때에 땅이 진동하고 하늘이 물을 내리고 구름도 물을 내렸나이다"(삿 5:4). 이런 맥락에서 여호와의 날은 하나님의 신현과 밀접한 관련이 있다. 그래서 선지자 이사야와 스바냐는 여호와의 날이 하나님의 신현처럼 자연적인 변혁이 동반되어 임하게 될 것을 말했다(사 13:10, 습 1:16).

이스라엘 백성들은 하나님이 직접 자신들을 찾아오셔서, 자신들을 구원하고 인도하신 날들을 체험했고, 선지자들은 그 체험을 바탕으로 미래에 그러한 여호와의 날이 다시 올 것을 예언했다. 이사야는 여호와의 날을 하나님이 기드온을 통해 미디안을 멸망시킨 날처럼 또 다른 미디안의 날이 될 것이라고 말했다. "이는 그들이 무겁게 멘 멍에와 그들의 어깨의 채찍과 그 압제자의 막대기를 주께서 꺾으시되 미디안의 날과 같이 하셨음이니이다"(사 9:4).

여호와의 날의 목적은 죄의 세력을 멸하고 하나님의 구원의 주권을 세우는 것이다. 그런데 이스라엘 백성들은 이날을 자신들을 위한 날로만 생각하고 너무 과신했다. 이스라엘 백성들은 여호와의 날이 그들의 구원을 위한 날이라고만 생각했던 것이다. 이러한 오해를 아모스는 다음과 같이 지적했다. "화 있을진저 여호와의 날을 사모하는 자여, 너희가 어찌하여 여호와의 날을 사모하느냐. 그날은 어둠이요 빛이 아니라"(암 5:18). 아모스는 여호와의 날에 하나님은 죄가 있는 이스라엘을 심판하실 것이라고 말했던 것이다.

여호와의 날은 복수 형태이다. 그러므로 정확하게 표현하면 '여호와의 날들'이다. 이것은 여호와의 날이 어느 한순간의 시점이 아니라 여러 가지 요소를 동반한 사건의 연속임을 암시한다. 그러므로 여호와의 날은 북이스라엘과 남유다의 멸망으로 가시화되었지만, 그것으로 끝나는 것이 아님을 보여준다. 선지자들은 여호와의 날을 예언하면서 역사 안에서 일어날 여러 가지 사건을 동시에 언급했다. 그리고 최종적으로 그날에 전 세계적인 심판이 이루어지는 반면, 하나님의 백성들을 위해서는 구원과 정결하게 하는 작업이 완성된다고 보았다. 성경은 선지자들이 예언한 여호와의 날이 오늘날도 실행되고 있으며, 최종적으로 하나님의 때에 완성될 것이라고 말한다.

호세아의 아내와 자녀들

호세아는 주전 8세기에 북이스라엘에서 활동했던 선지자로서 북이스라엘 백성들에게 하나님과의 언약 관계를 깨뜨린 것을 책망했다. 한마디로 호세아는 이스라엘의 죄목을 모세언약에 대한 위반이라고 지적했다. 모세언약을 통해서 하나님은 이스라엘의 하나님이 되셨고, 이스라엘은 하나님의 백성이 되었다. 이 언약에 따라 하나님은 선택적인 사랑과 구원을 베풀 의무가 있는 반면, 백성들은 하나님의 율법을 지키고 하나님을 향한 헤세드(인자, 충성)를 보여줄 의무가 있었다. 그러나 이스라엘 백성들은 그 언약을 지키지 않았다. 이에 대해 호세아는 다음과 같이 꾸짖었다. "그들이 먹여준 대로 배가 불렀고 배가 부르니 그들의 마음이 교만하여 이로 말미암아 나를 잊었느니라"(호 13:6).

북이스라엘은 하나님의 은혜에 감사하지 않고 언약을 형식적으로 지켰다. 그래서 호세아는 하나님이 원하시는 것이 무엇인지 다음과 같이 말했다. "나는 인애를 원하고 제사를 원하지 아니하며 번제보다 하나님을 아는 것을 원하노라"(호 6:6). "그런즉 너의 하나님께로 돌아와서 인애와 정의를 지키며 항상 너의 하나님을 바랄지니라"(호 12:6).

여기서 '인애'는 히브리어로 '헤세드'로써 하나님에 대한 언약적인 충성을 의미한다. 그래서 풀러신학교 교수인 레슬리 알렌 박사는 이 단어를 영어로 '충성'(loyalty)으로 번역했다. 하나님과 언약적인 관계에서 하나님이 가장 중시하는 것은 진정으로 하나님에 대해서 얼마나 충성스러운 사랑의 마음을 가지느냐 하는 것이었다. 그러나 이스라엘 백성들은 오히려 충성하지 않고 우상을 숭배했다.

호세아는 이스라엘이 하나님의 언약을 어긴 사실을 여러 가지 방법으로 설명했다. 호세아는 이스라엘 백성들의 변심을 반복적으로 간음에 비유했다(호 1:2, 2:2-13, 4:15, 5:4,7, 6:10, 9:1). 하나님은 이스라엘의 불충을 교훈하기 위해 호세아로 하여금 "음란한 여자를 맞이하여 음란한 자식들을 낳으라"고 명령하셨다. 여기서 음란한 아내는 히브리어 어법으로 볼 때 문자 그대로 음란한 창녀를 말하는 것이 아니다. 정확하게 해석하면 음란한 사람들의 여자로 번역할 수 있기 때문에, 언약을 배반하고 하나님을 떠나 영적 간음을 범하는 이스라엘 사람의 여자를 의미한다. 또는 앞으로 음란하여 남편을 떠나 간음할 수 있는 그런 성향의 여자를 가리킬 수도 있다. 어쨌든 성경은 호세아의 아내 고멜이 창녀였다고 언급하고 있지 않다.

호세아는 고멜을 아내로 삼고 세 자녀를 낳았다. 그들은 이스르엘, 로루하마, 그리고 로암미였다. 이들도 또한 음란한 자식이라고 말하고 있다. 실제로 음란한 짓을 했다는 것이 아니라 영적 간음을 범한 이스라엘의 사람이었기 때문이다. 동시에 호세아의 자녀들 이름은 하나님의 메시지이기도 했다. 성경에는 자녀의 이름이 하나님의 계시를 보여주는 예가 많다(사 7:14 등).

호세아의 첫째 아들 이스르엘이라는 이름은 이스라엘의 왕인 예후가 전 왕조를 이스르엘에서 학살한(왕하 9-10장) 것처럼 이스라엘의 예후 왕조도 이스르엘과 같이 심판당할 것을 보여주는 예시였다. 둘째 딸 로루하마라는 이름은 이스라엘 백성 전체에 대한 심판의 예언이었다. 이 로루하마의 의미는 '긍휼이 없다'라는 뜻이다. 하나님은 이스라엘 백성들에게 더 이상 긍휼을 베풀지 않고 멸망시킬 것을 예언하신 것이다. 셋째 아들 로암미란 이름의 뜻은 '나의 백성이 아니다'라는 의미이다. 하나님은 이제 영적 간음을 일삼는 이스라엘을 더 이상 자신의 백성으로 삼지 않을 것임을 선언하신 것이다.

이스라엘이 하나님의 백성이라는 사실은 언약의 목적이며, 동시에 결과이기도 했다. 언약을 통해서 이스라엘은 하나님의 백성이 되었기 때문이다. "모

성경은 선지자들이 예언한 여호와의 날이 오늘날도 실행되고 있으며 최종적으로 하나님의 때에 완성될 것이라고 말한다.

세와 레위 제사장들이 온 이스라엘에게 말하여 이르되 이스라엘아 잠잠하여 들으라. 오늘 네가 네 하나님 여호와의 백성이 되었으니"(신 27:9). 그러나 이스라엘이 언약을 배반했기 때문에 하나님도 더 이상 이스라엘을 자신의 백성으로 삼지 않겠다고 말씀하셨다.

호세아서 2장은 남편이 법정에서 음란한 아내와 음란한 자식을 고소하는 장면으로 시작한다. 혹자는 여기서 남편을 호세아로, 그리고 음란한 아내와 자식을 고멜과 그녀의 자식으로 설명하지만 그것은 잘못된 해석이다. 2장에서 남편은 하나님을 가리키며 하나님이 원고의 입장에서 다른 신(바알)을 따라가서 영적 간음을 하는 이스라엘을 음란한 아내와 자식으로 규정하고 정죄하고 있는 것이다.

호세아서 3장에서 하나님은 호세아에게 남편을 떠난 음부된 아내를 위해 돈을 주고 다시 사라고 말씀하신다. 여기서 음부된 아내는 고멜을 뜻한다. 돈을 주고 사라는 것은 호세아가 고멜의 부정으로 인해 그녀와 이별했음을 암시한다. 하지만 하나님은 호세아에게 그런 고멜을 다시 찾아가서 아내로 맞이할 것을 말씀하셨다. 이렇게 해서 호세아가 간음한 고멜을 다시 맞이하는 행위는 미래에 하나님이 영적 간음을 한 이스라엘을 위해 대가를 지불하고 그 백성들을 사랑으로 받아들일 것을 보여주는 예표였던 것이다.

예레미야의 마지막 호소

예레미야는 유다가 멸망할 당시 활동하던 선지자였다. 예레미야는 젊어서 하나님의 선지자로 부름을 받고 백성들에게 임박한 심판에 대해 경고했다. 그러나 왕과 제사장, 그리고 왕궁 선지자들은 그의 경고를 무시하고, 오히려 그를 핍박하며 옥에 가두기까지 했다. 예레미야는 유다가 바벨론에 의해 멸망당한 후에도 백성들에게 하나님의 말씀대로 살 것을 계속 당부했다.

선지자 예레미야의 메시지 핵심은 유다 백성들에게 언약의 백성으로서 하나님과 올바른 관계를 맺을 것을 촉구하는 내용이었다. 그리고 동시에 주위 국가들에 대해서 하나님의 심판을 전하는 것이었다. 예레미야는 유다 백성들에게 그들이 모세의 언약을 어겼기 때문에 하나님의 심판을 받을 것이라고 예언했다. 당시 유다는 언약의 정신을 지키지 않고 우상을 섬겼다. 예레미야는 그런 우상 숭배를 호세아처럼 영적 간음이라고 비난했다. 실로 유다의 종교적, 정치적 지도자들(제사장과 왕들)의 타락은 회복할 수 없을 정도로 극에 다다랐다.

또한 사회적 정의도 땅에 떨어져 있었다. 부자들은 가난한 자들을 억압했고, 과부와 고아들의 신원을 들어주지 않았다(렘 2:34, 5:26-28, 7:5-6). 하나님의 정의를 실현해야 할 왕들은 오히려 정의의 방해꾼이 되었다. 예레미야는 유다 왕 여호야김에 대해서 그가 자신의 왕궁을 짓는 노역자들에게 품삯을 주지 않음으로써 심판을 면치 못할 것이라고 예언했다. "불의로 그 집을 세우며 부정하게 그 다락방을 지으며 자기의 이웃을 고용하고 그의 품삯을 주지 아니하는 자에게 화 있을진저 그가 이르기를 내가 나를 위하여 큰 집과 넓은 다락방을 지으리라 하고 자기를 위하여 창문을 만들고 그것에 백향목으로 입히고 붉은 빛으로 칠하도다"(렘 22:13-14). 유다의 마지막 왕 시드기야는 바벨론이 공격해오자 모세의 율법대로 노예들을 해방시켜줄 것을 약속했다. 하지만 바벨론의 공격이 잠시 소강상태에 있자 그는 약속을 어겼다(렘 34:8-20).

그러나 무엇보다도 심각한 것은 거짓 선지자들의 예언이었다. 거짓 선지자들은 예레미야와 달리 유다 백성들을 안심시키기 위해 하나님이 유다를 구원하실 것이라는 희망적인 예언을 했다(렘 8:11, 14:13,15, 27:9, 28:2-4). 유다가 하나님의 율법을 소유하고 하나님의 성전을 가진 백성이기 때문이라는 논리였다(렘 7:4, 8:8).

예레미야는 이런 유다 백성들의 어리석음을 꾸짖었다. 예레미야는 율법과 성전이라는 외형적 장치가 그들의 구원을 보장해줄 수 없음을 깨우쳤다. 참된 구원은 얼마나 마음으로 하나님을 순종하느냐에 있는 것이지 외형적인 제도에 있는 것이 아님을 역설했다. 예레미야는 순종이 제사보다 낫다는 하나님의 말씀을 다음과 같이 말했다. "사실은 내가 너희 조상들을 애굽 땅에서 인도하여 낸 날에 번제나 희생에 대하여 말하지 아니하며 명령하지 아니하고 오직 내가 이것을 그들에게 명령하여 이르기를 너희는 내 목소리를 들으라. 그리하면 나는 너희 하나님이 되겠고 너희는 내 백성이 되리라. 너희는 내가 명령한 모든 길로 걸어가라. 그리하면 복을 받으리라"(렘 7:22-23).

예레미야는 성전이 그들의 구원을 보장해주지 못한다는 사실을 설명하기 위해서 옛날에 성막이 있었던 실로의 경우를 예로 들었다. 실로는 한때 성막이 있었으나 후에 하나님에 의해 버림받은 곳이었다. 예레미야는 백성들이 회개하지 않으면 예루살렘 성전도 실로의 성막처럼 파괴당할 것을 경고했다(렘 7:12-14, 26:6,9).

유다 백성들이 외형적 장치가 자신들의 구원을 보장해줄 것이라고 생각한 것은 가나안 종교의 영향도 한몫했다. 가나안은 기본적으로 농경문화였다. 가나안 종교의 핵심은 바알(비의 신)에게 제사를 드림으로써 농사를 잘 짓는 데 있었다. 거기에는 제사가 핵심이었다. 그들은 제사를 잘 드리기만 하면 바알이 기뻐하여 복을 내려준다고 생각했다. 이러한 생각이 가나안 땅에 사는 이스라엘 사람들의 마음속에도 자연스럽게 영향을 미쳤다. 그래서 유다 백성들도 제사를 중시하게 되었고, 하

암스테르담 국립미술관에 있는 렘브란트의 <예레미야>. 예레미야는 유다가 멸망할 당시 활동하던 선지자였다. 예레미야는 젊어서 하나님의 선지자로 부름을 받고 백성들에게 임박한 심판에 대해 경고했다. 그러나 왕과 제사장, 그리고 왕궁 선지자들은 그의 경고를 무시하고 오히려 그를 핍박하며 옥에 가두기까지 했다. 예레미야는 유다가 바벨론에 의해 멸망당한 후에도 백성들에게 하나님의 말씀대로 살 것을 계속 당부했다.

나님과의 인격적인 관계나 이웃에 대한 사랑을 점점 소홀히 했다. 하나님과의 언약의 참된 의미를 망각하게 된 것이다.

예레미야는 성전이나 율법의 소유가 그들의 구원을 보장해주지 못함을 계속적으로 강조했다. 하지만 유다 백성들은 그의 말을 듣지 않았다. 결국 그는 미래에 하나님의 새로운 언약을 예언하면서 새 언약에서는 하나님이 자신의 법을 그들의 마음속에 둘 것을 말했다(렘 31:31-33). 형식보다 마음이 중요함을 강조한 것이다. 예레미야는 종말에는 더 이상 언약궤를 찾을 수 없을 것이라고 말했다. "여호와의 말씀이니라. 너희가 이 땅에서 번성하여 많아질 때에는 사람들이 여호와의 언약궤를 다시는 말하지 아니할 것이요, 생각하지 아니할 것이요, 기억하지 아니할 것이요, 찾지 아니할 것이요, 다시는 만들지 아니할 것이며"(렘 3:16).

예레미야는 유다 백성들의 불순종을 강조하기 위해 레갑 족속의 예를 들었다(렘 35:1-19). 레갑 족속은 그들의 선조들이 포도주를 영원히 마시지 말라고 한 명령을 끝까지 지켜 포도주를 입에 대지 않았다. 반면에 유다 백성들은 사람이 아닌 하나님으로부터 부지런한 가르침을 받았음에도 불순종했다는 사실을 대조하여 설명했던 것이다.

예레미야는 눈물의 선지자라고 불렸다. 그는 유다 백성들에게 하나님의 언약으로 다시 돌아 올 것을 말했지만, 그들이 듣지 않자 괴로워했다. 예레미야 애가서는 그와 같은 예레미야의 간절함과 비통함을 담은 글이다.

바벨론성

바벨론은 유프라테스강과 티그리스강을 끼고 자리 잡은 도시였다. 이곳에서 수메르인, 아카드인, 아모리인, 앗수르인, 갈대아인들이 살았다. 이중에 잘 알려진 왕은 아모리인의 입법자인 함무라비 대왕과 신바벨로니아 제국의 느부갓네살 왕이다. 이 도시는 최초 함무라비 대왕에 의해 정치, 통상, 종교의 중심지로 자리 잡았고, 후에 느부갓네살 왕에 의하여 더욱 확대되었다. 이 도시는 현대 도시 모양의 바둑판식 구조로 되어 있고, 이중의 성벽으로 둘러싸여 있었다. 또한 부교를 통하여 유프라테스강 건너편의 새로운 지역과 연결되었다.

예레미야는 하나님의 도구인 바벨론이 결국 그의 교만으로 패망할 것을 예언했다. 바벨론은 유다를 멸망시킨 장본인이다. 그러나 바벨론은 북방에서 오는 파멸자에 의해 다시 멸망하게 될 것이다(렘 51:48). 그래서 예레미야는 메대와 그의 동맹군에 의해 바벨론이 멸망당할 것을 암시했다. 예레미야는 바벨론이 멸망하는 날에 바벨론의 우상이었던 벨과 마르둑이 쓰러질 것을 예언했다(렘 51:44). 선지자 이사야도 바벨론의 멸망을 다음과 같이 생생하게 예언했다. "보소서. 마병대가 쌍쌍이 오나이다 하니 그가 대답하여 이르시되 함락되었도다. 함락되었도다. 바벨론이여, 그들이 조각한 신상들이 다 부서져 땅에 떨어졌도다 하시도다"(사 21:9).

바벨론이 멸망당할 것이라는 예레미야의 예언은 역사적으로 바벨론이 주전 539년에 메대 바사제국에 의해 정복당함으로써 성취되었다. 여기서 문제는 역사적인 사실에 비추어볼 때 그 당시 바벨론은 예레미야의 예언대로 완전히 파괴당한 것이 아니라 평화적으로 정복당했다는 사실이다. 이로써 예레미야의 예언과 실제 사이에 불일치가 있다. 이런 문제를 어떻게 해석할 것인가? 예레미야가 하나님의 선지자라는 것은 의심할 여지가 없다. 혹자는 그가 과장법을 통해 예언했기 때문이라고 설명하기도 한다.

그러나 이런 불일치를 납득하기 위해서는 선지자들의 예언의 성격을 올바로 이해해야 한다. 선지자들은 예언할 때 보통 당장 앞의 일을 종말의 미래와 함께 바라보며 예언했다. 그러므로 당장 일어날 일은 종말에 일어날 일과 연장선에 있는 것이다. 이런 점에서 바벨론성에 대한 심판은 종말에 일어날 모든 나라에 대한 심판의 모범이다. 따라서 바벨론성의 심판 예언은 그 성뿐만 아니라 모든 민족에게 앞으로 일어날 종말의 심판 예언으로 이해할 수 있다.

그러므로 선지자들의 예언은 두 가지 차원을 동시에 갖고 있다고 말할 수 있다. 마치 등산가가 산위에 올라 앞산과 멀리 뒤에 있는 배후의 산을 같이 볼 수 있듯이, 선지자들은 앞으로 당장 일어날 일과 종말에 궁극적으로 일어날 일을 동일 선상에서 바라보고 예언했던 것이다. 이사야의 처녀의 잉태와 관련된 예언도 이와 같은 맥락이다.

바벨론의 심판 원인은 교만이었다. 그 교만은 바벨론이 하나님의 백성들을 학대하고(렘 50:11,17-18,33), 하나님의 성전을 파괴한 것이었다(렘 51:11). 바벨론 왕 느부갓네살은 뱀에 비유되어 자신이 배부르게 되자 하나님을 저버린 자로 묘사된다(렘 51:34).

파리 루브르박물관에 있는 <함무라비 법전>. 함무라비 왕의 석주에서 나온 이 부분 조각에는 태양신 샤마시 앞에 앉아 있는 함무라비 왕이 묘사되어 있다. 함무라비 왕은 기원전 18세기에 메소포타미아를 통일했다. 함무라비 법전에는 출애굽기와 신명기의 율법과 유사한 부분이 있다.

이사야는 멸망하는 바벨론 왕에 대해 다음과 같은 노래를 지었다. "너 아침의 아들 계명성이여, 어찌 그리 하늘에서 떨어졌으며 너 열국을 엎은 자여, 어찌 그리 땅에 찍혔는고. 네가 네 마음에 이르기를 내가 하늘에 올라 하나님의 뭇 별 위에 내 자리를 높이리라. 내가 북극 집회의 산 위에 앉으리라"(사 14:12-13). 여기서 이사야 선지자는 바벨론 왕을 가나안의 신인 계명성(일명 '헬렐'이라고 함)으로 비유했다. 가나안에서 계명성인 헬렐 신이 가나안의 최고 신인 엘과 바알에게 도전하다 지하세계에 내려간 것처럼 하나님께 도전하는 바벨론도 결국 같은 신세로 전락하게 될 것이라는 예언이었다.

일반적으로 많은 사람들이 이 구절을 사탄의 타락으로 설명하고 있으나 그것은 잘못된 설명이다. 문맥상 본문은 가나안 신화를 언급하여 이방나라의 왕들이 자주 사용한 표현을 인용한 것뿐이다. 특별히 '북극 집회의 산'이라는 말은 가나안의 신들이 모이는 올림포스 자폰산을 가리킨다. 신약에는 바벨론성은 베드로전서 5장 13절과 요한계시록 14장 8절, 16장 19절, 17장 5절, 18장 2절, 10절, 21절에 언급되어 있는데, 요한계시록에서는 부패한 도시를 상징한다.

하박국의 불평

하박국은 주전 7세기에 유다에서 활동했던 선지자이다. 하박국은 하박국 1장 6절에서 갈대아인들(바벨론)을 언급하며 그들이 하나님의 심판의 도구로 사용되고 있지만, 그들도 많은 불의를 행하는데 어떻게 하나님이 그들로부터 의인이 고난을 당하도록 내버려두실 수 있는지 불평한다.

주전 745년 이후로 앗수르는 근동아시아에 맹주로 군림했다. 앗수르에 의해 북이스라엘은 멸망했고(주전 722년), 남유다의 경우도 므낫세의 통치(대략 주전 697-642년) 때 앗수르에게 조공을 바쳐야 했다. 그러나 앗수르 왕 아슈르바니팔(주전 668-627년)의 통치 말기부터 앗수르의 세력은 점점 쇠퇴하기 시작했다. 이 쇠퇴기에 남유다 왕 요시야(주전 640-609년)는 예루살렘 성전을 보수하고 개혁할 수 있었다. 앗수르가 쇠퇴하고 신흥세력인 바벨론이 등장했다. 바벨론의 나보폴라살 왕(주전 625-605년)은 신바벨론 왕조의 창립자가 되었다.

주전 612년 바벨론은 앗수르의 도성인 니느웨를 공격했다. 애굽 왕 느고는 바벨론을 견제하기 위해 앗수르와 동맹하고, 앗수르를 돕기 위해 원정길을 떠났다. 원정 중에 팔레스타인을 통과하기 위해 남유다 왕 요시야에게 통과할 수 있도록 길을 열어줄 것을 명령했다. 그러나 요시야는 애굽 왕 느고의 요청을 거절하고 므깃도에서 애굽 군대와 전쟁을 벌였다. 이때 아쉽게도 요시야는 전사하고 그의 아들 여호아하스가 왕위에 올랐지만, 느고는 여호아하스를 애굽으로 데려가고, 대신 여호야김(주전 609-598년)을 왕위에 앉혔다.

이후 주전 605년 갈그미쉬 전투에서 바벨론의 느브갓네살 왕(605-562년)은 앗수르와 애굽의 연합군과 최후의 일전을 벌여 그들을 패퇴시켰고, 앗수르는 역사의 뒤안길로 사라졌다. 갈그마쉬 전투 이후 유다는 애굽에서 바벨론의 영향권 아래로 놓이게 되었다. 주전 598년에 여호야김은 바벨론에 반기를 들기도 했으나 유다는 바벨론의 지배에서 벗어날 수 없었다. 결과적으로 느부갓네살 왕에 의해 주전 586년 유다는 멸망당했다.

유다의 입장에서 바벨론의 부상은 여호야김의 폭정에 대한 하나님의 심판으로도 볼 수 있었다. 그러나 하박국은 바벨론이 계속 주위 국가들을 압박하고 동시에 많은 불의를 행하는 것을 하나님이 묵과하시는 것을 이해할 수가 없었다. 그래서 하나님께 자신의 불평을 다음과 같이 토로한다. "주께서는 눈이 정결하시므로 악을 차마 보지 못하시며 패역을 차마 보지 못하시거늘 어찌하여 거짓된 자들을 방관하시며 악인이 자기보다 의로운 사람을 삼키는데도 잠잠하시나이까"(합 1:13).

하박국의 불평은 "하나님이 과연 정의로우신 분인가?" 하는 신정론(神正論)의 문제였다. 왜 악인이 잘되고 의인이 고난을 당해야 하는가 하는 물음이었다. 이런 신정론의 문제는 하박국의 문제만은 아니었다. 우리는 이미 시편을 통해서 그런 불평을 자주 들을 수 있었다. 시편 기자는 우리에게 다음과 같이 말했다. "하나님이 참으로 이스라엘 중 마음이 정결한 자에게 선을 행하시나 나는 거의 넘어질 뻔하였고 나의 걸음이 미끄러질 뻔하였으니 이는 내가 악인의 형통함을 보고 오만한 자를 질투하였음이로다. 그들은 죽을 때에도 고통이 없고 그 힘이 강건하며 사람들이 당하는 고난이 그들에게는 없고 사람들이 당하는 재앙도 그들에게는 없나니"(시 73:1-5).

이전에 전통적인 신앙은 악인에게는 고난과 저주가, 그리고 의인에게는 하나님의 축복과 번영, 건강, 장수 등이 보장된다고 생각했다. 그러나 시간이 흐르면서 이러한 이분법적 생각이 무너지게 되었다. 오히려 악인이 잘되고 의인이 고난받는 현실 때문이었다. 하박국은 하나님께 이 문제에 대해 명확한 답을 요구했다. 이에 하나님은 "의인은 그의 믿음으로 말미암아 살리라"(합 2:4)고 대답하셨다. 여기서 하나님은 우리의 경험과 선입견에 의해 제한할 수 없음을 보여주신다. 진정한 신앙은 외형적인 축복에 의해 하나님을 신뢰하는 것이 아니라 하나님 그 자체로 신뢰하는 것임을 깨닫게 해주신다.

한마디로 의인은 외형적인 기준으로 평가되는 것이 아니라 믿음으로 평가된다는 새로운 진리를 보여주셨다. 그러므로 고난은 더 이상 신앙의 장애가 되지 않는다. 오히려 고난은 신앙 성장의 촉매제가 될 수 있다. "고난당한 것이 내게 유익이라. 이로 말미암아 내가 주의 율례들을 배우게 되었나이다"(시 119:71). 더 나아가 하나님은 하박국에게 마지막 여호와의 날에 바벨론의 세력이 멸망할 것을 말씀하셨다. 악인은 심판을 받고 의인을 축복을 받게 된다는 사실을 재확인시켜주신 셈이다.

망대에 서서 자신의 불평에 찬 질문에 하나님이 대답해주시기를 기다리는 예언자 호세아

이 진리를 새롭게 깨달은 하박국은 하박국서 3장에서 다음과 같이 결론내린다. "비록 무화과나무가 무성하지 못하며 포도나무에 열매가 없으며 감람나무에 소출이 없으며 밭에 먹을 것이 없으며 우리에 양이 없으며 외양간에 소가 없을지라도 나는 여호와로 말미암아 즐거워하며 나의 구원의 하나님으로 말미암아 기뻐하리로다"(합 3:17-18).

에돔의 멸망

에돔은 에서와 그의 후손들에게 주어진 이름이면서(창 36:1) 동시에 그들이 살던 지명이다. 에돔은 모압의 남쪽과 사해 동쪽에 자리 잡은 곳이다. 이곳은 교통의 요충지로써 아라바 해까지 이어지는 왕의 대로가 통과하는 지역이었다. 이스라엘이 출애굽할 당시 에돔 사람들은 이스라엘 백성들이 왕의 대로를 따라 진행하는 것을 막았다(민 20:14). 하지만 하나님은 이스라엘 백성들에게 에돔 족속을 미워하지 말라고 명하셨다(신 23:7-8).

에돔은 후에 다윗에 의해 정복당했다(삼상 14:47, 삼하 8:13-14). 다윗의 정복으로 인해 솔로몬은 에시온게벨에 항구를 세울 수 있었고, 그 지역에서 구리 광산을 개발할 수 있었다(왕상 9:26-27). 왕국이 둘로 분열되었을 때 에돔은 처음에는 남유다의 통치를 받았으나 여호람 왕 때 반란을 일으켜 다시 40년 동안 독립하였다(왕하 8:20). 그러나 아마샤 왕은 곧 그 지역을 회복하였다(왕하 14:7). 그 뒤 에돔은 다시 반란을 일으켰고, 주전 736년부터는 앗수르의 조공 국가가 되었다.

주전 586년에 예루살렘이 멸망할 때 에돔은 바벨론에 가담하여 유다의 성읍들을 약탈했다(애 4:21, 겔 35:15). 선지자들은 이스라엘에 대한 에돔의 적대감을 책망하고 에돔의 멸망을 예언했다(사 34:5-15, 63:1-6, 렘 49:7-12, 겔 25:14, 욜 3:19, 암 1:11-12).

특별히 에스겔은 에돔의 복수심에 대해서 다음과 같이 말했다. "네가 옛날부터 한을 품고 이스라엘 족속의 환난 때 곧 죄악의 마지막 때에 칼의 위력에 그들을 넘겼도다"(겔 35:5). 에스겔은 에돔이 하나님의 백성인 남유다와 북이스라엘을 차지하려고 했던 교만을 지적했다(겔 35:10). 그러므로 이스라엘에 대한 에돔의 대적은 곧 하나님에 대한 대적이기도 했다.

에돔에 대해 에스겔은 이스라엘의 황무함같이 에돔이 황무하게 될 것을 예언했다. "이스라엘 족속의 기업이 황폐하므로 네가 즐거워한 것 같이 내가 너를 황폐하게 하리라. 세일 산아 너와 에돔 온 땅이 황폐하리니 내가 여호와인 줄을 무리가 알리라 하셨다 하라"(겔 35:15).

오바댜서는 에돔에 대한 하나님의 심판의 말씀이다. 오바댜는 예루살렘이 멸망한 후 활동했던 선지자로서 유다의 멸망 시 유다를 대적했던 에돔을 향해 하나님의 심판을 예언했다. 오바댜는 바벨론이 유다를 침공할 때 에돔이 행한 잘못된 행동을 자세히 지적하고 있다(옵 1:10-14). 역사적으로 에돔인들은 바벨론의 침공 시 살아남은 유대인들을 다시 침입자들에게 넘겨주는 악행을 저질렀다. 에돔은 형제국가인 이스라엘을 저주하고 망하기를 바랐다. 이러한 에돔에 대해 하나님은 똑같은 심판을 내리실 것이라고 말씀하셨다. 에돔의 멸망은 형제에 대한 저주가 얼마나 하나님 앞에서 가증한 것인지를 잘 보여주는 대목이다.

에돔의 여신. 이 뿔 달린 여신은 네게브 사막 동부의 에돔 신전에서 나온 것으로 기원전 6-7세기 것으로 추정한다.

구체적으로 오바댜는 에돔이 자신과 언약을 맺은 동맹군들의 배반에 의해 멸망할 것을 예언했다. 그리고 유다는 멸망할지라도 하나님은 유다의 남은 자들을 돌아오게 하여 그 땅을 차지하게 하겠지만, 에돔에게는 남은 자가 없을 것이라고 예언했다. "야곱 족속은 불이 될 것이며 요셉 족속은 불꽃이 될 것이요 에서 족속은 지푸라기가 될 것이라. 그들이 그들 위에 붙어서 그들을 불사를 것인즉 에서 족속에 남은 자가 없으리니 여호와께서 말씀하셨음이라"(옵 1:18).

북이스라엘과 남유다의 멸망 그 이후

분열왕국 중에서 북이스라엘이 기원전 722년에 먼저 앗수르 제국에게 멸망당했다. 비록 분열되었을지라도 하나님께 선택된 백성이라는 믿음과 자부심을 갖고 있던 북이스라엘의 멸망은 이스라엘 민족에게 큰 충격이었다. 하나님께 버림받았다는 충격이 엄습했다. 하지만 열왕기서 저자는 북이스라엘의 멸망이 하나님께 범죄했기 때문이라고 말한다. "이 일은 이스라엘 자손이 자기를 애굽 땅에서 인도하여 내사 애굽의 왕 바로의 손에서 벗어나게 하신 그 하나님 여호와께 죄를 범하고 또 다른 신들을 경외하며 여호와께서 이스라엘 자손 앞에서 쫓아내신 이방 사람의 규례와 이스라엘 여러 왕이 세운 율례를 행하였음이라"(왕하 17:7-8).

북이스라엘을 멸망시킨 앗수르는 피정복민에 대해서 이주정책을 실행했다. 즉 북이스라엘 사람은 이방지역으로 옮기고 다른 이방 민족은 북이스라엘로 옮기는 것이었다. "앗수르 왕이 바벨론과 구다와 아와와 하맛과 스발와임에서 사람을 옮겨다가 이스라엘 자손을 대신하여 사마리아 여러 성읍에 두매 그들이 사마리아를 차지하고 그 여러 성읍에 거주하니라"(왕하 17:24). 이 때문에 하나님이 모세를 통해 이방 민족과 결혼하지 말라고 엄하게 반대하셨던 혼혈이 생기고 말았다(출 34:15-16, 신 7:3-4). 북이스라엘로 이주된 이방인들이 자신들이 섬기던 우상을 가져와 섬겨서 땅을 더럽히자, 하나님은 사자를 보내서 몇 사람을 죽이셨다. 이에 놀란 앗수르 왕이 사로잡혀 간 제사장을 불러다가 여호와를 경외하는 방법을 가르쳤지만 그들이 전적으로 하나님만 섬긴 것은 아니었다. 북이스라엘 땅으로 이주된 포로민들은 저마다 섬기는 우상을 가져와서 섬겼으며 여호와도 그 신들 중 하나로 섬겼다(왕하 17:24-41).

이주된 이방인들은 그 땅에 남아 있던 북이스라엘 사람들과 자연스럽게 혼인을 하게 되었다. 이방인들과의 결혼을 통한 혼혈은 하나님이 금하신 것이었기 때문에 훗날 신약시대에 북이스라엘을 나타내는 사마리아 사람들은 유대인들에게 무시를 당하게 되었다. 심지어 신약시대의 유대인들 중 경건을 자처하는 자들은 사마리아 땅을 지나지도 않았다. 왜냐하면 그들은 북이스라엘 사람들이 이방인들과 결혼하여 혼혈을 이룸으로써 그 땅이 더럽혀졌다고 여겼기 때문이다. 이런 사회적인 분위기에서 예수님이 사마리아 수가 성에 들어가서 우물가에서 만난 여인에게 구원의 복음을 전하고, 자신이 하나님의 구원을 이루기 위해 오신 메시아이심을 드러낸 것은 혁명적이라 할 수 있다(요 4장).

한편 북이스라엘이 멸망한 지 130여 년이 지난 후 남유다 역시 바벨론에게 멸망당했다. 앞서 언급했듯 바벨론 왕 느부갓네살이 세 차례 예루살렘을 공격했고, 그 결과 남유다는 시드기야 왕 때인 기원전 586년에 멸망당하고 말았다. 남유다가 바벨론에게 멸망당한 근본적인 원인은 애굽으로부터 구원하시고 약속의 땅 가나안으로 인도하신 하나님을 저버리고 다른 신을 섬겼기 때문이다. 선지자 예레미야는 멸망의 원인을 이렇게 말한다. "내 백성이 두 가지 악을 행하였나니 곧 그들이 생수의 근원되는 나를 버린 것과 스스로 웅덩이를 판 것인데 그것은 그 물을 가두지 못할 터진 웅덩이들이니라"(렘 2:13).

바벨론은 세 차례 남유다를 공격하면서 남유다의 유력한 사람들, 즉 귀족과 제사장과 선지자 등을 포로로 사로잡아 바벨론으로 끌고 갔다. 남유다에는 가난하고 힘없는 사람들만 남아서 황폐하고 비참한 삶을 살았다. 가나안에 남은 유다인들의 피폐한 삶에 대해서 에스겔은 이렇게 말한다. "인자야, 이 이스라엘의 이 황폐한 땅에 거주하는 자들이 말하여 이르기를 아브라함은 오직 한 사람이라도 이 땅을 기업으로 얻었나니 우리가 많은즉 더욱 이 땅을 우리에게 기업으로 주신 것이 되느니라 하는도다. 그러므로 너는 그들에게 이르기를 주 여호와께서 이같이 말씀하시되 너희가 고기를 피째 먹으며 너희 우상들에게 눈을 들며 피를 흘리니 그 땅이 너희의 기업이 될까 보냐. 너희가 칼을 믿어 가증한 일을 행하며 각기 이웃의 아내를 더럽히니 그 땅이 너희의 기업이 될까 보냐 하고, 너는 그들에게 이르기를 주 여호와께서 이같이 말씀하시되 내가 나의 삶을 두고 맹세하노니 황무지에 있는 자는 칼에 엎드러뜨리고 들에 있는 자는 들짐승에게 넘겨 먹히게 하고 산성과 굴에 있는 자는 전염병에 죽게 하리라. 내가 그 땅이 황무지와 공포의 대상이 되게 하고, 그 권능의 교만을 그치게 하리니 이스라엘의 산들이 황폐하여 지나갈 사람이 없으리라. 내가 그들이 행한 모든 가증한 일로 말미암아 그 땅을 황무지와 공포의 대상이 되게 하면 그때에 내가 여호와인 줄을 그들이 알리라 하라"(겔 33:24-29).

바벨론으로 끌려간 소위 지도층의 남유다인들은 그곳에서 공동체를 형성해서 여호와 하나님을 믿는 신앙을 지켰다. 다니엘 선지자의 경우에서 볼 수 있듯이 포로로 끌려간 일부 유다인들은 바벨론제국의 높은 관리가 되었으며, 그곳에서 정착된 삶을 누렸다. 그렇다고 해서 바벨론의 유다인들에게 문제가 없었던 것은 아니다. 가장 큰 문제는 바벨론에 성전이 없다는 것이었다. 왜냐하면 성전은 유다인들이 하나님을 섬기는 중심이었기 때문이다. 바벨론으로 끌려간 지식인과 귀족들은 그곳에서 성전 대신에 여호와의 율법을 연구하고 해석하는 지성이 충만한 공동체를 형성했다. 그들은 율법, 곧 성경 사본을 만들고 해석했다. 오늘날에도 애독되고 있는 탈무드도 이곳에서 만들어졌다.

왕비가 된 에스더

에스더는 유대인으로서 바벨론으로 끌려와 페르시아 왕 아하수에로의 왕비가 된 인물이다. 아하수에로는 페르시아 왕 크세르크세스 1세(기원전 485-465년)를 가리킨다. 혹자는 에스더서의 역사성을 부인한다. 그러나 에스더서는 신뢰할 만한 역사적인 사실들을 언급하고 있다. 에스더서 1장 3절에 의하면 크세르크세스가 제3년에 잔치를 베풀었다고 기록하고 있는데, 이것은 주전 483년에 그가 그리스를 침공하기 위해 대규모 회의를 가졌다는 역사적인 사실과 일치한다.

그리고 그로부터 에스더가 궁전으로 호출될 때까지 4년의 공백이 있는데, 이는 크세르크세스가 그리스 정복전쟁을 위해 출정한 기간으로 설명될 수 있다. 또한 에스더서에 등장하는 수산궁은 크세르크세스의 아버지 다리오 1세(주전 522-486년)에 의해 세워졌고, 그의 아들에 의해 사용되었다는 기록이 있다. 그리고 에스더서에서는 많은 페르시아 이름과 명칭이 나오는데, 이것도 에스더서의 역사성을 뒷받침해준다.

에스더는 모르드개의 삼촌 아비하일의 딸로서 모르드개와 함께 바벨론 왕 느부갓네살이 예루살렘에서 유다 왕 여고냐와 백성들을 사로잡아 올 때 같이 잡혀왔다. 모르드개는 에스더의 부모가 죽은 후 그녀를 자기의 수양딸처럼 양육했다.

어느 날 아하수에로 왕이 자기의 업적을 찬양하기 위해 전국 127도에서 방백과 귀족들을 수도 수산궁으로 불러들여 180일 동안 잔치를 베풀었다. 잔치가 끝나자 왕은 수산궁에 있는 모든 백성을 위해서 다

이스타문. 바벨론 왕 느부갓네살 2세가 바벨론에 새롭게 지은 성문 중의 하나. 바벨론은 3천 년 전 고대 문명의 중심지가 되었다. 느부갓네살은 주변 국가들과 전쟁하는 도중 유다를 점령했고 유대인 포로들을 지중해 연안에서 유프라테스강 유역으로 이주시켰다.

시 7일 동안 잔치를 베풀었다. 잔치가 끝나가는 마지막 날에 왕은 자신의 왕비인 와스디의 아름다움을 사람들에게 보여주고 싶었다. 그래서 종을 통해 와스디를 데려오라고 명령했다. 그러나 왕비 와스디는 왕의 명령에 순종하지 않았다. 왕은 분노하여 주위 대신들의 조언에 따라 와스디를 폐위시켰다.

왕은 다시 전국에 아리따운 여자들을 모아 그들 중에서 왕비를 선택하려 했다. 유대사람 에스더도 그들 중에 있었다. 왕비가 되기 위해서 들어온 여자를 관리하던 왕의 내시 헤게는 에스더의 미모를 보고 그녀를 환대했다. 에스더 차례가 되어 아하수에로 왕 앞에 나아갔을 때 왕은 그녀를 기뻐하고 에스더를 자신의 왕비로 맞이했다. 다시 왕은 잔치를 베풀었다. 이렇게 에스더는 잔치를 통해 왕비가 될 수 있었고, 왕비가 되어 왕과 함께 잔치를 베풀었다. 유대인 에스더에게서 잔치는 그녀의 행운의 계기였다. 그리고 에스더서 전체에서 잔치는 중요한 모티브가 된다. 모르드개는 왕비가 된 에스더에게 어느 민족의 출신인지를 말하지 말라고 주문했다.

에스더가 왕비가 된 후 어느 날 모르드개는 대궐 문에 앉아 있었다. 그때 문을 지키는 관리 두 사람이 왕을 모살하려는 계획을 몰래 엿듣게 되었고, 이 사실을 에스더를 통해 왕에게 고했다. 이것은 나중에 유대 민족을 구하는 계기가 되었다.

당시 하만은 왕으로부터 총애를 받는 관리였다. 하만이 지나갈 때마다 모든 사람은 왕의 명령에 의해 그에게 절을 해야 했다. 그러나 대궐 문에 있는 모르드개만은 그에게 절하지 않았다. 그 이유가 하나님의 율법 때문인지, 아니면 다른 이유인지는 기록되어 있지 않다. 아마도 하나님의 율법에 관련된 것 같아 보인다. 자신에게 절을 하지 않는 모르드개를 분하게 생각한 하만은 모르드개가 유대인이라는 사실을 알고 제국 내에 유대 민족을 멸족시킬 비밀스러운 계획을 세웠다.

하만은 왕에게 찾아가 왕의 법률보다 자기 민족의 법률을 지키는 유대 민족을 멸살하도록 허락해 줄 것을 요청했다. 하만은 왕의 허락을 받고 부르라는 제비를 뽑아 제12달 13일에 유대인들을 멸살하기로 계획을 세웠다. 그리고 조서를 전국에 보냈다. 이 소식을 들은 모르드개는 전령을 통해 에스더에게 이 일을 막기 위해서 왕에게 나아갈 것을 지시했다. 하지만 왕의 부름 없이 왕을 만나러 간다는 것은 자칫 죽음을 의미했다. 왕이 자신이 오는 것을 기쁘게 여기고 금규를 내리지 않는다면 죽임을 당해야 하기 때문이다. 그러나 에스더는 자신을 위해 수산궁에 있는 모든 유대인으로 하여금 3일 동안 금식하게 하고 "죽으면 죽으리라"는 각오로 왕을 만나러 갔다.

왕은 에스더의 미모를 보고 금규를 내려 그녀를 맞이했다. 에스더는 왕에게 하만과 함께 자신이 베푸는 잔치에 오도록 초청했다. 잔치에 온 왕과 하만에게 에스더는 다시 다음날 잔치에 와줄 것을 부탁했다. 그러면 그때 자신의 청을 왕에게 말하겠다고 말했다. 그날 집으로 돌아온 하만은 마침 모르드개를 달아 죽이기 위해 긴 장대를 만들었다. 한편 왕은 궁에서 잠이 오지 않자, 왕궁의 궁중일기를 읽는 가운데 모르드개가 왕의 모살을 알린 기록을 보고 하만을 불러 모르드개를 존귀하게 하였다.

다음날 약속대로 잔치에 왕과 하만이 참석하자 에스더는 자신의 신분을 밝히고 유대 민족을 죽이려는 하만의 모의를 고소했다. 결국 왕은 공을 세운 모르드개가 유대인이며 왕비도 유대인이라는 사실을 알자 대노하고, 하만이 모르드개를 죽이기 위해 만든 장대에 하만을 달아 죽였다. 그리고 조서를 통해 제12달 13일에 오히려 유대인들로 하여금 자기들의 대적을 죽일 수 있는 권한을 전국에 허락했다. 에스더는 수산궁에 있는 유대인들을 위해 하루를 더 연장해서 14일에도 유대인들의 대적자들을 죽일 수 있도록 왕의 허락을 받아냈다. 이날에 유대인들이 그들의 대적자들을 복수했다고 기록하고 있다. 그리고 이날은 히브리어로 부르라는 제비뽑기로 정해진 날이었기에 그날을 후세대인들은 '부림절'로 지켰다.

결론적으로 잔치를 통해 은혜를 입어 왕비가 된

피렌체 우피치미술관에 있는 카발리노의 <아하수에로 왕 앞에 나타난 에스더>. 하만이 유대인들을 멸살하려는 음모를 꾸미자 죽으면 죽으리라는 각오로 왕 앞에 나타난 에스더. 그 당시 왕의 부름 없이 왕을 만나러 간다는 것은 자칫 죽음을 의미했다.

에스더는 자기 민족이 위기에 처하자 왕과 하만을 잔치에 초정하여 전세를 역전시켰다. 그리고 유대인들에게 자신들의 대적을 복수하는 부림절의 계기를 마련해주었다. 그 후 부림절 때마다 유대인들은 그 사건을 기억하고 잔치를 벌였다. 왕비 에스더는 잔치와 은혜라는 모티브를 통해 하나님의 축복과 은혜가 무엇인지를 보여주는 인물이었다.

한편으로 에스더서에는 하나님에 대한 직접적인 언급이 없다. 성경에서 하나님에 대한 언급이 나오지 않는 것이 좀 이상하지 않는가? 하나님에 대한 언급이 없는 것은 포로시기에 유대인들의 경험을 반영하는 것처럼 보인다. 포로시기의 절망적인 상황은 하나님이 없는 것과 같은 경험이었을 것이다. 그러나 에스더서의 교훈은 아무리 앞이 보이지 않는 절망적인 상황에서도 항상 하나님은 자신의 섭리를 통해 백성들을 인도하신다는 것이다. 또한 하나님의 섭리와 간섭은 오직 믿음의 눈으로만 볼 수 있다는 사실을 분명히 보여준다.

하나님의 길에 대한 시적이며 철학적인 명상

우리는 성경을 읽다 보면 역사서인 에스더서 다음으로 소위 시가, 지혜서라 불리는 성경의 첫 번째 책으로 욥기를 만나게 된다. 지혜서는 욥기를 포함하여 시편, 잠언, 전도서, 아가서 등이다. 많은 지혜가 시로 쓰였다. 시적인 책은 대부분 다윗과 솔로몬 시대인 히브리 역사의 황금시대에 기록되었다. 그러나 욥기는 그 이전에, 그리고 시편의 일부분은 그 이후에 기록된 것으로 추측된다. 대부분의 시편은 다윗이 지었으며, 잠언, 전도서, 아가서는 솔로몬이 지었다.

이와는 달리 우리는 욥기가 언제, 누가 썼는지 정확히 알지 못한다. 다만 주전 7세기에서 2세기 사이에 쓰였을 것으로 대략 짐작할 뿐이다. 고난받는 의로운 사람에 대한 민간설화는 아마도 현재의 시가 존재하기 오래 전에 존재했을 것이다. 무죄한 자가 고난을 당한다는 주제는 또한 주전 6세기에 쓰인 예레미야서와 이사야서 본문에서도 발견할 수 있다. 따라서 아마도 욥의 고난은 바벨론 포로기에 살았던 유대인들의 고난을 상징하는 것으로 의도되었을 것이다. 욥기의 저자는 의심할 여지없이 이스라엘 사람이다.

현대에 와서 욥기는 높은 문학적 평가를 받는다. 문학가 빅토르 위고는 “욥기는 인간의 마음에 대하여 쓴 최대의 걸작이다”라고 평하였고, 영국의 역사가이자 평론가인 토머스 칼라인은 “나는 이 책을 최대 걸작이라고 생각한다. 인간의 운명, 인간에 대한 하나님의 섭리 등 영원한 문제를 처음으로 취급하였다. 이처럼 문학적 가치가 있는 책은 없다”라고 극찬을 하였다. 그리고 역사상 가장 위대한 교회사가 중 한 사람인 필립 샤프는 “욥기는 앞선 것이나 경쟁하는 것도 없이 문학사에 피라미드처럼 솟아 있다”라고 평가하였다. 그렇다면 이렇게 뛰어난 문학작품이자 하나님의 길에 대한 웅장한 드라마와 같은 욥기의 세계로 한걸음 들어가보자.

욥은 족장시대에 우스 땅에 살았던 의인이었다. 그는 동방의 의인으로서 많은 소유물을 가진 부자였다. 그는 일곱 명의 아들과 세 명의 딸을 두었으며, 그들이 죄를 범하지 않을까 하고 항상 하나님께 번제를 드렸던 믿음의 사람이었다. 그러던 어느 날 사탄은 하나님 앞에 나와 욥을 고소하기 시작했다. 사탄은 하나님께 욥이 하나님을 경외하는 것은 그가 축복을 받았기 때문이라고 욥을 고소했다. 하나님은 사탄의 요구대로 욥의 소유물과 자녀들을 하루아침에 잃도록 허락하셨다. 하지만 그럼에도 욥은 하나님에 대한 믿음을 버리지 않았다.

사탄은 다시 하나님께 욥의 몸이 고통을 당한다면 욥은 신앙을 버릴 것이라고 고소했다. 하나님은 욥의 생명을 제외하고 사탄에게 모든 것을 허락하셨다. 사탄은 욥에게 발바닥에서 정수리까지 악창이 나도록 했다. 욥은 재 가운데서 기와조각을 가져다가 몸을 긁어야 할 정도로 큰 고통을 당했으며, 그의 아내도 그런 그를 보고 저주했다. 그러나 욥은 “하나님께 복을 받았은즉 화도 받지 아니하겠느냐”(욥 2:10)고 하면서 그 모든 일에 입술로 죄를 짓지 않았다.

욥이 고통 받는다는 소식을 듣고 친구인 엘리바스와 빌닷과 소발이 욥을 찾아왔다. 그들은 한결같이 욥의 잘못을 지적하고 회개할 것을 촉구했다. 그러나 욥은 자신의 잘못을 인정할 수 없었다. 실로 이유 없이 당하는 고통 앞에서 자신도 그 이유를 알 수가 없었다. 마침내 하나님이 나타나셔서 욥의 의로움을 인정하고 세 친구를 꾸짖으셨다. 그리고 그에게 이전보다 두 배의 축복을 더하셨다. 욥의 승리였다.

욥의 세 친구는 욥의 고난을 전통적인 인과응보의 기준에 따라 그의 죄 때문이라고 지적했다. 그러나 욥은 그들의 말에 수긍할 수 없었다. 욥의 고난은 그의 죄악 때문이 아니라 사탄의 고소로 비롯된 것이었다. 결국 욥의 이야기는 하나님은 기존의 전통적인 기준에 따라 재단할 수 있는 그런 분이 아님을 교훈한다. 욥의 고통에는 하나님만이 아는 비밀이 있었다, 우리의 경험으로 하나님의 지혜를 판단할 수는 없다. 하나님의 지혜는 오직 하나님만이 알 수 있다.

그러기에 바른 신앙인의 자세는 하나님의 주권 앞에서 하나님의 인도하심을 믿고 순간순간 하나님의 지혜를 구하는 태도이다. 이것을 깨달은 욥은 고난 중에 다음과 같이 고백한다. “내가 앞으로 가도 그가 아니 계시고 뒤로 가도 보이지 아니하며, 그가 왼쪽에서 일하시나 내가 만날 수 없고 그가 오른쪽으로 돌이키시나 뵈올 수 없구나. 그러나 내가 가는 길을 그가 아시나니 그가 나를 단련하신 후에는 내가 순금같이 되어 나오리라”(욥 23:8-10).

욥은 자신의 무죄를 주장했다(욥 31:5-40). 그러나 하나님과 대면하면서 욥은 그런 주장까지도 회개했다(욥 42:6). 이렇게 모든 선악의 기준을 하나님의 판단에 맡기려는 욥을 보고 하나님은 세 친구보다 그를 더 의롭다고 인정하셨다(욥 42:7). 욥은 인간의 기준에서 생각하지 않았다. 그는 전적으로 하나님의 판단에 자신을 맡겼다. 반면에 그의 친구들은 자신들의 경험과 판단에 의해 욥과 하나님까지 평가했다.

선지자 미가는 하나님이 인간에게 구하는 것이 무엇인지를 요약해서 말했다. 그것은 여호와와 함께 겸손히 동행하는 것이었다. “사람아 주께서 선한 것이 무엇임을 네게 보이셨나니 여호와께서 네게 구하시는 것은 오직 정의를 행하며 인자를 사랑하며 겸손하게 네 하나님과 함께 행하는 것이 아니냐”(미 6:8). 여기서 ‘겸손히 동행하다’라는 말의 의미는 히브리어 원문으로 ‘신중하게 행동하기 위해서 하나님과 함께 동행한다’는 뜻이다. 하나님이 원하시는 신앙의 모습은 이와 같이 순간순간 신중하게 행동하기 위해서 자신의 판단이 아닌 하나님의 뜻을 묻고 그 뜻에 따라 사는 것이다. 욥은 그러한 삶을 실천했다. 욥기는 참된 신앙과 지혜는 하나님을 경외하며 하나님 중심에서 생각하고 행동하는 것임을 보여준다.

욥의 이야기에서 우리의 주목을 끄는 대목은 사탄의 등장이다. 구약에서 사탄은 신약에서처럼 하나님에 대해서 노골적인 적대세력으로 나오지 않는다. 사탄은 하나님 앞에 자유롭게 설 수 있었고, 오직 하나님이 허락하신 범위 내에서만 움직일 수 있었다. 그러나 예수 그리스도께서 사탄의 세력을 멸하기 위해 이 세상에 오시자(요일 3:8), 사탄은 최후의 발악을 시작했다. 예수 그리스도의 부활로 사탄의 세력이 천상에서 쫓겨나게 되자, 사탄은 더 이상 천상의 하나님 앞에서 성도들을 고소할 수 없게 되었다. 성경은 사탄은 자기의 때가 얼마 되지 않은 것을 알고 우는 사자와 같이 삼킬 자를 찾아 두루 돌아다닌다고 말한다. 요한은 요한계시록 12장 10절에서 다음과 같이 말한다. “이제 우리 하나님의 구원과 능력과 나라와 또 그의 그리스도의 권세가 나타났으니 우리 형제들을 참소하던 자 곧 우리 하나님 앞에서 밤낮 참소하던 자가 쫓겨났고.”

하나님 앞에서 욥을 참소했던 사탄은 신약시대에서 예수 그리스도의 사역으로 더 이상 성도를 참소할 수 없게 되었다. 이런 의미에서 욥의 이야기는 사탄의 세력을 멸하기 위한 메시아의 출현을 고대한다고 말할 수 있다. 욥은 자신을 고통에서 구원해줄 수 있는 중재자가 없었다. 결국 하나님의 출현으로 그의 모든 문제가 해결되었지만, 그 과정에서 욥은 거의 버림받은 처지까지 내려가야 했다.

그러므로 욥에게는 자신의 비통한 기도를 들어주고 고난의 의미를 깨닫게 해주는 하나님과 인간의 중재자, 메시아가 필요했다. 이런 점에서 신약에 사는 우리는 행복한 사람들이다. 신약은 우리의 중재자 예수 그리스도에 대해서 다음과 같이 말하고 있다. “그러므로 자기를 힘입어 하나님께 나아가는 자들을 온전히 구원하실 수 있으니 이는 그가 항상 살아 계셔서 그들을 위하여 간구하심이라”(히 7:25).

사자 굴에 던져진 다니엘

다니엘은 유다의 왕족 출신으로 예루살렘에서 출생하여 주전 605년 바벨론 왕 느부갓네살이 예루살렘을 공격하여 귀족들을 사로잡아 갈 때 친구 하나냐와 미사엘과 아사랴와 함께 바벨론으로 잡혀 간 인물이다. 다니엘은 용모가 아름답고 지혜가 뛰어났기에 느부갓네살 왕은 특별히 지시를 내려 다니엘과 다니엘의 친구들에게 갈대아 학문과 방언을 가르치라고 명령했다.

다니엘은 후에 느부갓네살 왕의 꿈을 해몽하여 박사장이 되었다. 또한 느부갓네살 왕의 두 번째 꿈을 해석하여 주었고(단 4장), 그 후 벨사살 왕의 연회장 벽에 나타난 글들을 해독해주었다. 이때 벨사살 왕은 다니엘에게 자주색 옷을 입히고 나라의 셋째 통치자로 삼았다(단 5장). 여기서 왜 셋째 통치자로 삼았는가 하는 물음이 나온다. 고고학적으로 당시 벨사살 왕은 섭정왕으로 아버지 나보니두스 왕이 살아 있었기 때문에 벨사살 왕이 다니엘을 둘째 통치자가 아닌 셋째 통치자로 삼았다고 설명할 수 있다.

이후 바벨론이 멸망하자 페르시아의 고레스는 메대 사람인 다리오를 자기 대신 바벨론의 왕으로 삼았다. 이 다리오 왕 때 다니엘은 세 명의 총리대신 중에 한 사람으로 일했고, 그 3인 중에서도 가장 뛰어났다. 이렇게 다니엘은 세 명의 왕을 거치면서 최고의 관직을 계속 유지했다. 다니엘서 6장 서두에서는 다니엘의 형통함을 언급하고 있다. 그리고 결론부(28절)에서 다시 다니엘의 형통함을 부연하고 있다. "이 다니엘이 다리오 왕의 시대와 바사 사람 고레스 왕의 시대에 형통하였더라"(단 6:28).

다니엘이 형통할 수 있었던 것은 그의 기도 때문이었다. 그는 총리대신으로서 바쁜 공직생활 중에도 하루에 세 번씩 예루살렘을 향해 기도를 드렸다. 그의 기도에는 바쁘다는 것이 핑계가 될 수 없었다. 그러나 다니엘에게도 위기는 있었다. 다니엘의 형통함을 보고 시기하는 사람들이 왕에게 가서 앞으로 30일 동안 왕 외에 다른 대상에게 기도하는 사람은 사자굴에 던져 넣는다는 조서를 내리도록 했기 때문이다. 다니엘이 하루에 세 번씩 정기적으로 기도하는 것을 보고 그를 함정에 빠뜨리려는 계략이었다.

그러나 그의 기도생활은 흔들리지 않았다. "다니엘이 이 조서에 왕의 도장이 찍힌 것을 알고도 자기 집에 돌아가서는 윗방에 올라가 예루살렘으로 향한 창문을 열고 전에 하던 대로 하루 세 번씩 무릎을 꿇고 기도하며 그의 하나님께 감사하였더라"(단 6:10). 다니엘은 상황에 관계없이 자신의 기도의 창문을 하루에 세 번씩 열고 하나님께 기도했다.

우리는 다니엘 6장 10절의 말씀을 통해 다니엘의 기도 특징을 살펴 볼 수 있다. 일반적으로 이스라엘의 기도법은 아침과 저녁에 제사를 드리면서 하루에 두 번씩 기도하는 것이었다. "아침과 저녁마다 서서 여호와께 감사하고 찬송하며"(대상 23:30). "네가 제단 위에 드릴 것은 이러하니라. 매일 일 년 된 어린양 두 마리니 한 어린양은 아침에 드리고 한 어린양은 저녁 때에 드릴지며"(출 29:38-39). 그런데 다니엘은 하루에 세 번씩 기도를 드렸다. 이 말은 그가 기도에 얼마나 많은 시간을 투자했는지를 보여준다.

일반적으로 이스라엘의 기도는 입식 자세를 취했다(대상 23:30, 느 9장, 라 6:5, 막 11:25). 물론 예외적으로 무릎을 꿇고 기도할 때도 있었다. 그때는 절실한 상황이나 특별한 필요가 있는 경우였다. 솔로몬의 기도가 그런 예이다. "솔로몬이 무릎을 꿇고 손을 펴서 하늘을 향하여 이 기도와 간구로 여호와께 아뢰기를 마치고 여호와의 제단 앞에서 일어나"(왕상 8:54). 그러나 다니엘은 상황에 관계없이 항상 무릎을 꿇고 기도했다. 이것은 다니엘의 기도가 항상 간절했다는 것을 보여준다.

또한 그의 기도 내용도 전적으로 하나님의 뜻을 구하는 기도였다. 다니엘 6장 11절을 보면 "기도하며 간구했다"고 말하고 있다. 여기서 '간구하다'는 말의 원문은 아람어로 쓰여 있는데(참고로 2장 4절부터 7장 28절까지는 아람어로 쓰여 있음), 그 뜻은 자신을 하나님의 은혜에 맡기고 그 은혜를 구한다는 의미이다. 그러므로 다니엘의 기도는 자신의 생각을 관철시키기 위해 요구하는 것이 아니라 하나님의 은혜에 자신을 맡기면서 계속적으로 하나님의 은혜를 간구하는 기도였다. 그리고 그는 항상 기도를 감사로 마쳤다.

어인이 찍힌 조서는 왕이라도 변개치 못하기 때문에 왕은 다니엘이 사로잡혀 사자굴 속으로 던져질지라도 어떻게 할 도리가 없었다. 그런데 여기서 우리는 다니엘서 6장이 밝히고 있는 다니엘의 처형사건의 배경을 볼 때 다리오 왕이 이상한 행동을 한다는 점에 주목할 필요가 있다. 신하 한 사람이 국법을 어겨서 처형당하게 되었는데, 다리오 왕은 왕의 체통도 잊고 정신없이 왔다 갔다 하며 허둥대고 있다. 세계 최대제국을 건국한 태조의 행동이라고는 볼 수 없는 행동을 한다. 다니엘을 살려 보려고 애쓰면서 처형을 최대한 미루었다. 신하들이 독촉하자 어쩔 수 없이 다니엘을 사자 굴에 집어넣고도 계속해서 노심초사했다. 밤에 잠을 한잠도 안 자고 이튿날 새벽에 급히 사자 굴로 가서 다니엘이 살았는지 확인했다.

생피에르성당 기둥머리에 장식된 <사자들과 싸우는 다니엘>

"왕이 이 말을 듣고 그로 말미암아 심히 근심하여 다니엘을 구원하려고 마음을 쓰며 그를 건져내려고 힘을 다하다가 해가 질 때에 이르렀더라. 그 무리들이 또 모여 왕에게로 나아와서 왕께 말하되 왕이여 메대와 바사의 규례를 아시거니와 왕께서 세우신 금령과 법도는 고치지 못할 것이니이다 하니 이에 왕이 명령하매 다니엘을 끌어다가 사자굴에 던져 넣는지라. 왕이 다니엘에게 이르되 네가 항상 섬기는 너의 하나님이 너를 구원하시리라 하니라. 이에 돌을 굴려다가 굴 어귀를 막으매 왕이 그의 도장과 귀족들의 도장으로 봉하였으니 이는 다니엘에 대한 조치를 고치지 못하게 하려 함이었더라. 왕이 궁에 돌아가서는 밤이 새도록 금식하고 그 앞에 오락을 그치고 잠자기를 마다하니라. 이튿날에 왕이 새벽에 일어나 급히 사자굴로 가서"(14-19절).

처형을 시행한 다음날 새벽에 다리오 왕이 다니엘을 집어넣은 사자굴로 득달같이 달려갔다. 하지만 사자굴에 들어간 다니엘은 조금도 상하지 않았다. 하나님이 천사를 보내어 사자의 입을 봉했기 때문이다. 성경은 그가 조금도 상하지 않은 이유를 다음과 같이 말하고 있다. "그의 몸이 조금도 상하지 아니하였으니 이는 그가 자기의 하나님을 믿음이었더라"(단 6:23). 이에 다리오 왕은 다니엘을 사자굴에서 꺼내주었다. 이후에 왕은 다니엘을 모함했던 사람들을 처형했다. 왕은 다니엘을 '참소한 사람들'을 가족들과 함께 끌어와 처형했다. 이처럼 다니엘의 예에서 보듯 믿음이란 절박한 상황에서도 하나님을 의뢰하는 것이다. 그래서 히브리서 기자는 다니엘이 믿음 때문에 사자굴에서 구원을 받았다고 말한다. "그들은 믿음으로 나라들을 이기기도 하며 의를 행하기도 하며 약속을 받기도 하며 사자들의 입을 막기도 하며"(히 11:33).

하나님을 본 에스겔의 사명

에스겔은 유다의 포로기에 활동했던 선지자로서 주전 592년부터 570년까지 재난과 위로의 메시지를 전했다. 또한 주전 597년 2차로 유다 백성들이 포로로 잡혀갈 때 함께 바벨론으로 끌려가서 여생을 그발 강가에서 포로민들과 함께 지냈다.

선지자이자 제사장이었던 에스겔은 하나님의 성전과 제사에 관해 깊은 염려를 하고 있었다. 그러는 가운데 환상 중에 하나님을 보게 되었다. 여호와 하나님은 불과 구름의 형태로 현현하셨다(겔 1:4). 일반적으로 성경에서 하나님의 현현은 불과 구름, 그리고 바람을 함께 동반한다. 에스겔은 불 가운데 4가지 형상을 보았다. 그 형상들의 얼굴은 사람, 사자, 소, 그리고 독수리였다. 이들은 모두 그룹들(천사의 일종)로서 보이지 않는 하나님을 대변했다(겔 10:1-14).

또한 이 그룹들은 하나님의 보좌를 의미하기도 했다. 에스겔이 본 그룹들은 매우 빨리 달리며 사방으로 향할 수 있는 바퀴를 가지고 있었다(겔 1:15-21). 에스겔은 그 그룹의 보좌 위에 사람의 형상이 앉아 있는 것을 보았다. 구체적으로 하나님의 영광의 형상이었다(겔 1:26-28). 에스겔은 여기서 하나님의 영광으로 현현한 살아계신 여호와 하나님을 본 것이다. 사람의 모양을 한 하나님의 영광은 신약에서 하나님의 영광이면서 인간의 모습으로 성육신하신 예수 그리스도의 예시였다(요 1:14).

하나님의 현현은 바벨론에서 절망 가운데 있는 에스겔에게 희망과 용기를 주었다. 그는 이스라엘을 버렸다고 생각했던 하나님을 대면할 수 있었기 때문이다. 바벨론의 그발 강가에서 나타난 하나님을 보자, 그는 하나님이 이스라엘 땅에 국한된 분이 아니라 온 세상을 주관하시는 하나님임을 알 수 있었다. 그는 시야를 넓혀 세상의 나라들에 대한 하나님의 뜻을 보았다. 이제 에스겔은 예루살렘에 있는 유다 백성들과 이방 나라들에 관한 하나님의 주권과 심판을 전할 수 있게 되었다.

에스겔은 예루살렘이 완전히 멸망하기 전(주전 586년), 아직까지 거기서 살고 있는 유다 백성들을 환상 중에서 보게 되었다. 그는 거기서 성전에서 자행되고 있는 우상 숭배와 예배의 남용을 보았다(겔 8:14-16). 그리고 마침내 여호와의 영광이 성전을 떠나는 것을 보았다. "여호와의 영광이 성전 문지방을 떠나서 그룹들 위에 머무르니"(겔 10:18).

여호와의 영광이 떠나고 유다가 망하게 될 것을 본 에스겔은 남아 있는 유다 백성들에게 임박한 하나님의 심판을 예언하지 않을 수 없었다. 하지만 동시에 소망의 메시지를 잃지 않았다. 그는 여호와의 마지막 날에 성전이 다시 재건될 것과 이스라엘의 회복을 예언했던 것이다. 그렇다고 에스겔의 예언이 단지 이스라엘의 회복만을 언급하는 것은 아니었다. 에스겔의 예언의 초점은 여호와는 이스라엘의 하나님뿐만 아니라 모든 세상의 하나님이시며, 자신의 백성에게 하신 약속을 신실하게 지키시는 하나님임을 보여주는 데 있었다. 이런 의미에서 에스겔의 예언은 이스라엘이라는 국지적 경계를 초월한 전 세계적인 예언이었다.

실제로 에스겔이 종말에 이루어질 것이라고 예언한 성전의 규모는 예루살렘의 지리적 여건보다 훨씬 더 큰 것이었다. 따라서 종말의 성전 회복은 문자적 성전으로써 이스라엘에 국한된 회복이 될 수 없다. 더욱이 종말의 성전의 모티브는 창세기의 에덴동산의 회복을 암시한다. 그러므로 그의 성전 예언은 창조 이후 하나님이 모든 인간에게 허락하신 에덴동산이 종말에 회복될 것이라는 예언이었다.

또한 회복될 이스라엘의 백성도 이전과 다르다. 하나님은 그들에게 새로운 마음과 영을 통해 하나님을 알고 사랑하며 하나님의 율법을 지킬 것이라고 말했다(겔 36:25-27). 전적으로 하나님의 주권에 의해 이루어진 구원의 공동체를 바라본 것이다. 민족적인 전통이나 혈육에 의해 하나님의 백성이 되었던 포로 이전의 이스라엘 백성들은 아니었다. 그러므로 에스겔의 예언은 문자적으로 이스라엘에게 국한된 것이 아니라 종말에 하나님이 모든 열방을 위해 자신의 구원 계획을 말씀하신 것이었다.

예루살렘 성벽의 재건

포로로 잡혀간 남유다 백성들은 주전 539년 페르시아의 고레스 왕에 의해 다시 돌아 올 수 있었다. 고향으로 돌아온 그들은 제일 먼저 예루살렘 성전을 건축하기 시작했다. 하지만 성전 건축은 장벽에 부딪혀 한동안 진척되지 못했다. 이에 학개와 스가랴 선지자의 독려로 성전 건축이 다시 시작되었는데, 그때가 주전 520년이다. 결국 성전 건축은 스룹바벨의 지도 아래 주전 515년에 완성되었다. 그 후 느헤미야를 통해 주전 445년에 예루살렘 성벽이 재건되었다.

포로시기에 느헤미야는 페르시아 왕의 허락으로 팔레스타인으로 돌아왔다. 원래 그는 왕의 술잔을 맡은 관리였다. 느헤미야는 유대의 통치자로 임명을 받아 두 가지 일을 하기 시작했다. 그는 유대 백성들에게 하나님의 율법대로 살 것을 서약하게 하였고, 예루살렘 성벽을 건축하기 시작했던 것이다. 느헤미야가 주전 445년에 예루살렘 성벽을 재건하기 시작했다. 바벨론에 의해 유다가 멸망당할 때(주전 586년) 예루살렘 성벽도 파괴되었기 때문이다. 예루살렘의 성벽 재건에 대한 성경의 기록은 느헤미야 2장 9~20절, 그리고 느헤미야 3~6장에 기록되어 있다.

예루살렘 성벽의 재건은 52일 만에 이루어졌다(느 6:15). 느헤미야는 유대인들에게 예루살렘 성벽의 재건을 통해 공동체의식을 세웠다. 그 후 예루살렘과 그 성읍 주변에 유대인들이 정착할 수 있도록 했다. 예루살렘 성곽이 낙성되고 종교적 의무를 위해 레위인들이 임명되었다(느 12장).

학자들의 견해에 의하면 느헤미야가 세운 예루살렘의 성벽은 포로 이전 시기의 크기와 같았을 것이라고 추정한다. 그래서 다윗성과 그 북쪽으로 성전산과 서쪽으로는 언덕을 둘러싸는 성곽이었을 것으로 주장한다. 하지만 일반적인 견해는 느헤미야시대의 예루살렘 성벽의 크기는 이전보다 규모면에서 축소되었다고 본다. 포로에서 돌아 온 숫자가 상대적으로 매우 적었고 인구도 크게 감소되었기에 재건된 예루살렘 성곽은 크지 않았을 것이라는 생각이다.

느헤미야의 지도 아래 진행된 예루살렘 성벽의 재건은 순조로운 것만은 아니었다. 산발랏과 도비야와 아라비아 사람들과 암몬 사람들과 아스돗 사람들이 예루살렘 성벽이 재건된다는 소식을 듣고 방해를 하기 시작했다. 그래서 느헤미야는 파수꾼을 두어 주야로 성을 방비하도록 했다. "우리가 우리 하나님께 기도하며 그들로 말미암아 파수꾼을 두어 주야로 방비하는데"(느 4:9). 하나님의 일을 수행할 때에는 이처럼 항상 장애물이 등장한다. 하지만 믿음이란 그런 장애물을 극복하는 힘이다.

느헤미야는 성벽을 재건하는 데 있어 방해 세력에 대해서 다음과 같이 기도했다. "우리 하나님이여, 들으시옵소서. 우리가 업신여김을 당하나이다. 원하건대 그들이 욕하는 것을 자기들의 머리에 돌리사 노략거리가 되어 이방에 사로잡히게 하시고 주 앞에서 그들의 악을 덮어 두지 마시며 그들의 죄를 도말하지 마옵소서. 그들이 건축하는 자 앞에서 주를 노하시게 하였음이니이다"(느 4:4-5).

느헤미야의 기도는 시편에 원수를 징벌해달라는 탄식기도의 전통을 따르고 있다. 그러나 이와 같은 기도는 신약 말씀과 모순된다. 신약은 원수를 갚지 말라고 말하며, 오히려 원수가 주리고 목마를 때 먹을 것을 주고 마실 것을 줄 것을 말씀하고 있기 때문이다. 반면 구약에서는 원수를 사랑하라는 말씀을 하지 않는다(잠 25:21-22, 출 23:4-5). 이런 점에서 느헤미야의 기도는 신약과 모순이 되는 것처럼 보인다.

결론적으로 이 문제의 해답은 성경 전체의 하나님의 구속사적 경륜에서 찾을 수 있다. 사실 느헤미야의 기도는 개인적인 모욕 때문에 하나님께 원수를

그림으로 전체 조망하기

포로 귀환시대 1

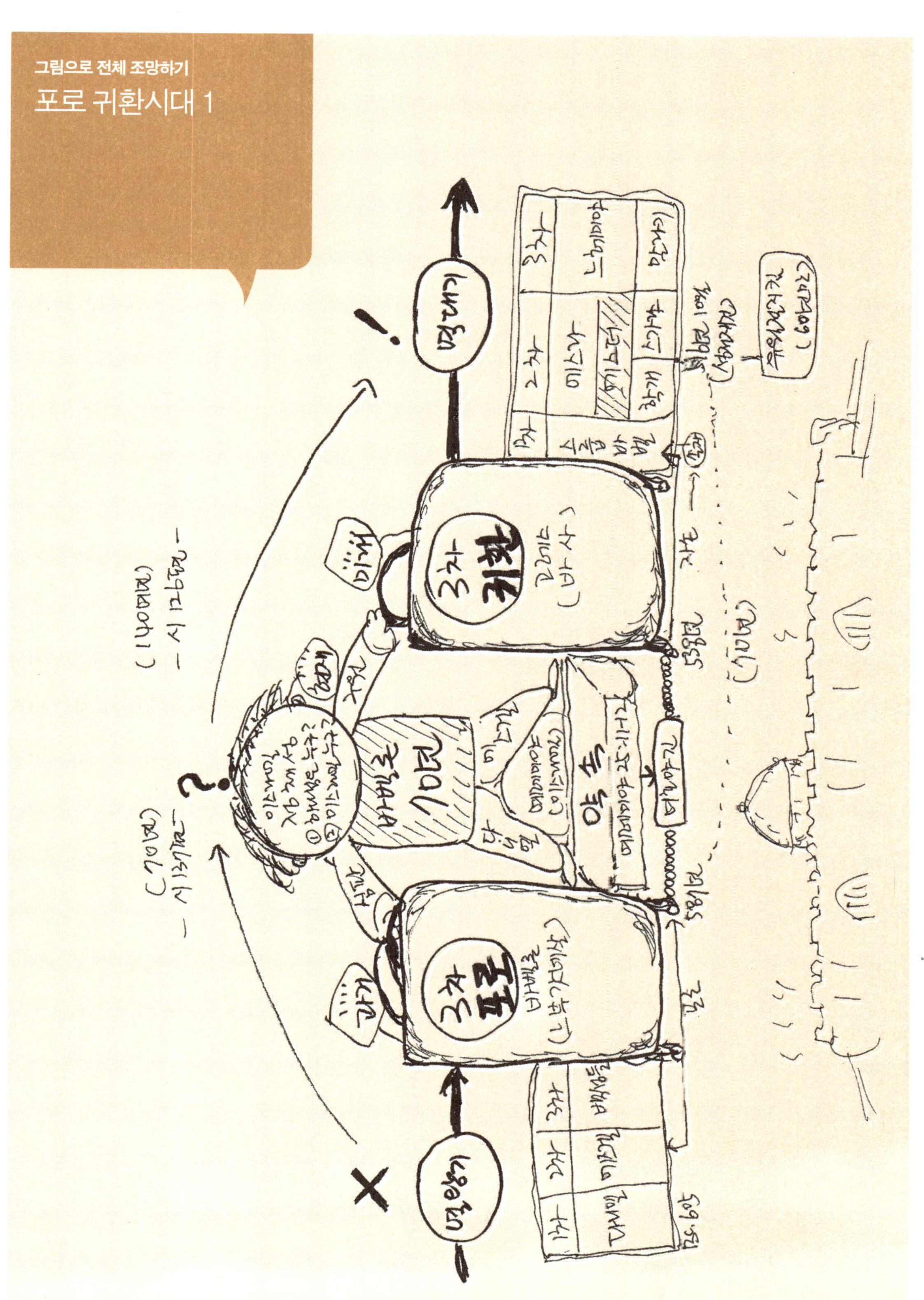

<내 인생을 바꾼 31일 성경통독>, 이대희 저, 165쪽 발췌

갚아달라는 탄원이 아니었다. 산발랏과 그의 무리들의 조롱은 어떤 의미에서 하나님을 향한 것이었다. 이런 점에서 느헤미야의 기도는 정당하다고 할 수 있다. 그러나 더 깊은 의미에서 느헤미야의 기도는 아직 신약의 하나님의 계시가 온전히 드러나지 않았기 때문이라고 말할 수 있다. 신약에서는 예수 그리스도를 통해 하나님의 사랑이 믿는 자들에게 온전히 이루어졌고, 의가 결국에 가서는 승리하게 됨을 보여준다. 그러므로 신약시대에 사는 성도들은 하나님의 사랑을 실천할 수 있고, 쉽게 원수까지도 사랑할 수 있는 은혜를 받았다.

그러나 느헤미야의 시대는 아직 하나님의 경륜적인 측면에서 신약에 비해 온전한 계시와 구원이 드러나지 않았다. 그러므로 느헤미야는 기도를 통해 원수에 대한 징벌을 하나님께 직접 호소했다고 볼 수 있다.

3차에 걸친 포로와 귀환, 그리고 반복된 타락

하나님께 죄를 범한 이스라엘 백성들은 심판을 받는데, 그것은 바벨론에 포로로 잡혀가는 것이었다. 그런데 여기서 우리가 알아야 할 것은 바벨론이 강해서 이스라엘이 포로로 잡혀간 것이 아니라는 사실이다. 그것은 하나님이 바벨론을 심판의 도구로 사용하셨기 때문에 그런 것이다. 나중에 바벨론도 멸망한다.

바벨론 포로는 세 차례에 걸쳐서 이루어졌다. 1차는 다니엘과 그의 세 친구와 귀족 출신의 몇몇 사람들이었고(주전 605년, 단 1:3-4), 2차는 여호야긴 왕과 에스겔 선지자 등 많은 사람들이었다(주전 597년, 왕하 24:10-16). 3차는 나머지 백성들과 시드기야 왕이 잡혀가고 예루살렘 성벽이 무너지면서 성전과 성읍이 불타버렸다(왕하 25:1-7). 이것은 하나님의 말씀을 어긴 결과가 얼마나 비참한지를 잘 보여준다.

하나님은 죄를 그대로 두지 않고 심판하신다. 그 결과 이스라엘은 바벨론에 포로로 잡혀가 70년간 나라 없는 생활을 해야 했다. 그러나 하나님은 이스라엘을 버리지 않으셨다. 하나님은 한 번 선택한 백성은 끝까지 책임지고 돌보신다. 남유다의 이스라엘 백성들은 바벨론 포로생활을 하는 비운을 맞이했지만, 그들의 생활은 생각보다 그렇게 힘들지 않았다. 학대를 당하거나 핍박받는 그런 심한 고통은 없었다. 그들은 하나님이 일찍이 주신 약속의 땅을 생각하며 그 땅이 회복되기를 고대하고 있었다. 지금은 비록 바벨론의 포로생활을 하고 있지만, 70년 후에는 다시 고향으로 돌아갈 것이라는 하나님의 약속을 믿고 기다렸다(렘 25:11-12).

주전 539년 10월 29일, 바벨론은 고레스 대제가 이끄는 메대와 바사의 군대에 의하여 멸망당한다. 그리고 당시 바벨론 왕 벨사살은 처형되었다. 고레스는 바벨론 왕으로 메대 사람 다리오를 세워서 통치하게 한다. 그리고 유대인들이 예루살렘으로 귀환하여 성전을 짓도록 명한다. 이 일은 하나님의 영이 이방인 고레스 왕에게 임하여 주도적으로 이루신 일이었다. 하나님이 바사 왕 고레스를 움직여 이스라엘을 고국으로 돌아가게 하신 일은 인간이 상상할 수 없는 기적이었다. 이것은 세상을 통치하는 분이 곧 하나님이심을 분명하게 보여준다(단 5장, 스 1:1-11, 렘 25:11-12).

유대의 남은 자들이 예루살렘으로 돌아온 것은 3차에 걸쳐서 진행되었다. 주전 536년에 스룹바벨의 인도로(성전 건축을 위해서), 주전 455년에 에스라의 인도로(백성의 영적 부흥을 위해서), 주전 445년에 느헤미야의 인도로(예루살렘 성벽을 쌓기 위해서) 돌아온다. 결국 세 번의 심판은 다시 세 번의 귀환으로 이어졌다. 이스라엘 백성들이 귀환하면서 시작한 일은 그동안 파괴되었던 도시와 성전을 다시 건설하는 일이었다. 우리는 이것을 부흥이라고 말한다.

누가 인간을 망각의 동물이라고 했던가! 이스라엘 백성들은 70년의 포로생활을 청산하고 고국으로 돌아와 성전을 재건하고 다시 영적생활을 시작하지만, 포로생활을 통해서 얻은 하나님의 교훈도 잠시뿐, 포로 이전의 죄악된 생활을 여전히 반복한다. 이

그림으로 전체 조망하기

포로 귀환시대 2

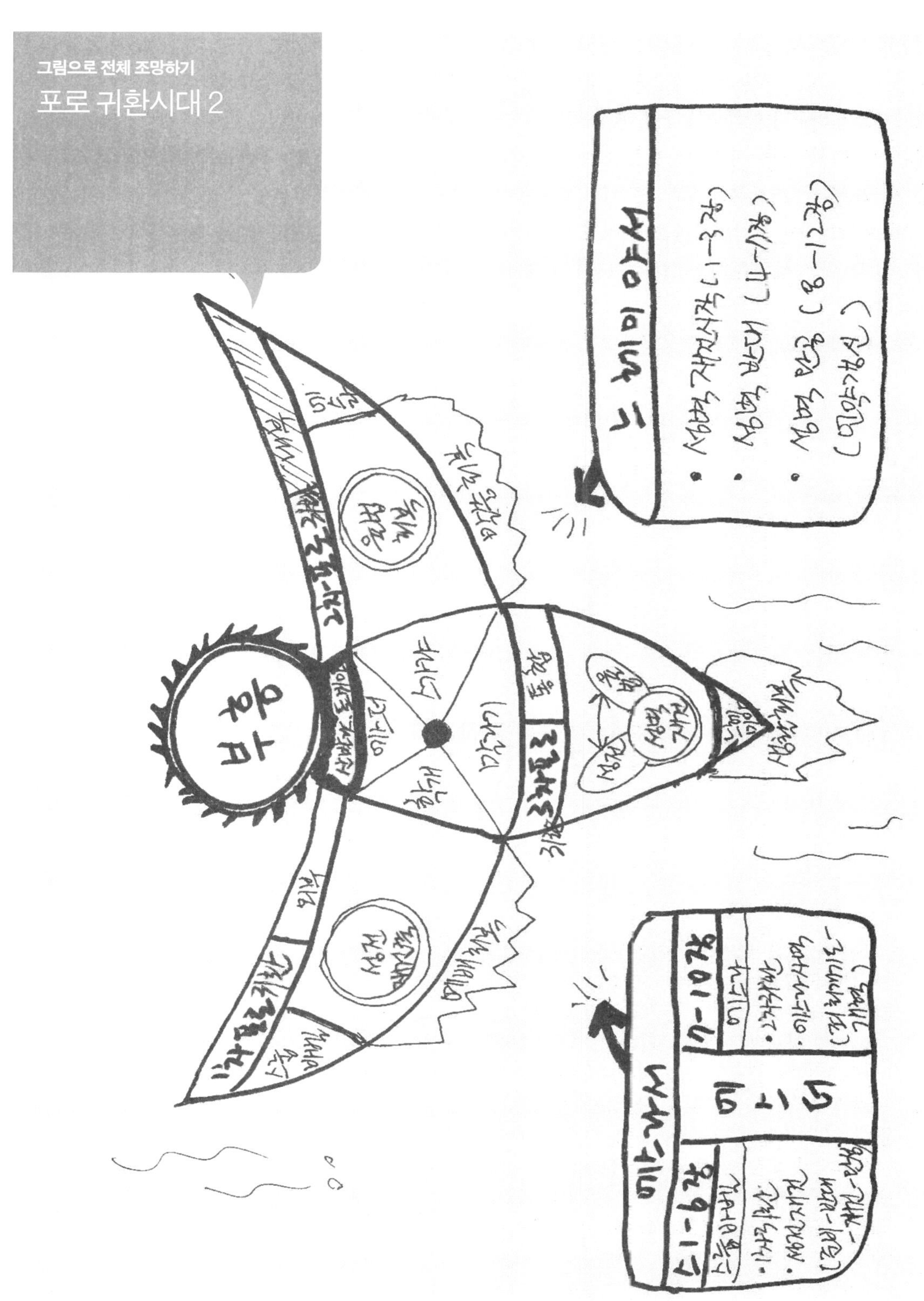

<내 인생을 바꾼 31일 성경통독>, 이대희 저, 175쪽 발췌

런 이스라엘의 타락된 모습을 보고 구약의 마지막 선지자 말라기는 그들의 죄악상을 강하게 외쳤다. 지도자들의 타락과 형식적인 제사, 백성들의 죄악과 십일조의 도둑질 등. 이스라엘 백성들은 많은 징계와 긴 고난의 기간을 통해서도 하나님의 교훈을 깨닫지 못하고, 다시 죄악된 생활로 돌아갔다. 이것은 인간의 죄 된 속성이 얼마나 악한지 다시 보여주는 대목이다.

인간의 힘으로는 도저히 본성적인 죄를 청산할 수 없다. 이것을 위해서는 예수 그리스도의 오심이 절실히 필요했다. 결국 구약 성경의 마지막 책인 말라기서는 다시 올 하나님의 선지자 엘리야를 기대하면서 마무리된다. 더는 해결할 수 없는 이스라엘의 반복된 죄악을 말하면서 율법으로는 한계가 있음을 여실히 보여준다. 율법은 죄를 깨닫게 하지만 우리를 살리는 일은 하지 못한다. 이제 예수 그리스도께서 오셔야지만 이 일이 해결될 수 있다는 예고이다(말 1:7-8,10,12-14, 2:10-11,13,17, 3:8-9, 4:5-6).

Bible Tip 18

믿음의 눈

메시아에 대한 이사야의 예언들

메시아란 '기름 부음을 받은 자'라는 뜻이다. 구약에서는 기름 부음을 받는 자는 왕이나 제사장, 그리고 선지자들로서 그들은 임직식에서 기름 부음을 받았다(레 4:3, 5:16, 6:15). 이런 의미에서 원칙적으로 메시아는 왕뿐만 아니라 제사장과 선지자도 포함된다. 메시아는 주로 하나님의 백성을 위해서 하나님의 구원을 중재하는 역할을 맡았다. 이방의 왕인 고레스에게도 메시아라는 용어가 사용되었는데, 그것은 넓은 의미에서 고레스 왕도 하나님의 백성을 구원하는 도구가 되었기 때문이다. "여호와께서 그의 기름 부음을 받은 고레스에게 이같이 말씀하시되 내가 그의 오른손을 붙들고 그 앞에 열국을 항복하게 하며 내가 왕들의 허리를 풀어 그 앞에 문들을 열고 성문들이 닫히지 못하게 하리라"(사 45:1).

그러나 이스라엘에서 주된 메시아사상의 발전은 사무엘하 7장 13절("그는 내 이름을 위하여 집을 건축할 것이요 나는 그의 나라 왕위를 영원히 견고하게 하리라")에서 하나님이 약속한 다윗 언약에 근거하여 다윗 가문의 왕에 집중되었다. 하나님은 다윗 언약에서 다윗의 위가 영영히 계속될 것이며, 그 나라가 영원히 견고하게 될 것을 약속하셨다. 또한 다윗의 위에 오른 왕은 하나님의 아들이 될 것이며, 하나님은 그의 아비가 될 것을 말씀하셨다.

이 다윗의 자손이 다스릴 나라는 바로 하나님의 나라였다. "여호와께서 내게 여러 아들을 주시고 그 모든 아들 중에서 내 아들 솔로몬을 택하사 여호와의 나라 왕 위에 앉혀 이스라엘을 다스리게 하려 하실새"(대상 28:5). 이 구절은 다윗의 자손으로 기름 부음을 받은 왕은 하나님의 대리자로서 하나님을 대신해서 하나님의 나라를 다스리고 백성들에게 하나님의 구원의 축복을 중재하는 자임을 보여준다.

그러나 역사적으로 다윗의 자손인 유다 왕들은 하나님의 나라를 대리해서 하나님의 뜻대로 다스리는 데 실패하고, 오히려 우상을 섬기는 죄악을 행했다. 이런 상황에서 선지자들은 메시아적 기대를 발전시켜 마지막 때에 다윗의 계통에서 또 다른 이상적인 다윗 왕, 즉 메시아가 오셔서 하나님의 나라가 세워지고, 백성에게 구원과 축복을 가져다줄 것을 예언했다. 선지자들은 기존 왕들에 대해 실망했고, 그들에 대해서 환멸을 느꼈음에도 불구하고 다윗의 언약에 따라 하나님이 미래에 이상적인 다윗 왕을 보내 영원한 하나님의 나라를 세울 것이라고 예언했던 것이다.

그들이 여전히 왕인 메시아에 대해 집착한 것은 다윗 계통의 왕을 통해서 하나님의 나라를 세울 것이라는 다윗 언약 때문이었다. 왕에 대한 환멸에도 불구하고 선지자들이 미래의 왕에 대해 집착한 사실은 영원한 왕을 약속한 다윗 언약이 인간의 언약이 아니라 신적 기원에서 유래된 언약임을 간접적으로 증명해준다.

이런 맥락에서 선지자 이사야도 메시아에 대해서 예언을 했다. "그러므로 주께서 친히 징조를 너희에게 주실 것이라. 보라. 처녀가 잉태하여 아들을 낳을 것이요 그의 이름을 임마누엘이라 하리라"(사 7:14).

이 말씀은 아하스 왕 시절 아람과 북이스라엘이 연합하여 남유다를 침공할 때 하나님이 이사야를 통해 아하스에게 예언하신 말씀이다. 아마도 이사야가 지적한 처녀는 아하스의 왕비가 될 여자였을 것이라고 추측된다. 그러므로 이 처녀가 나을 아이인 임마누엘은 왕의 자녀인 히스기야로 추정된다. 당시 역사적인 문맥을 보면 이 예언은 아하스에게 하나님이 다윗의 언약에 따라 그의 자녀로 하여금 다윗의 왕위를 계승할 것이기 때문에 유다는 안전할 것이라는 의미를 가진다.

그러나 이 예언은 또한 신약에서 마태가 말했던 것처럼 다윗의 계통에서 진정으로 참된 영원한 왕을 세우겠다는 하나님의 뜻을 보여주며 구체적으로 영원한 하나님의 나라를 세울 메시아, 즉 예수 그리스도에 대한 예언이기도 했다. 결국 이 예언에 따라 예수님은 동정녀 마리아의 몸에서 나셨고 임마누엘, 즉 "하나님이 우리와 함께 계신다"라는 이름대로 하나님으로서 세상에 성육신하셨다.

이사야는 그 메시아의 탄생과 함께 그 메시아의 성격을 그의 이름을 통해서 밝혔다. "이는 한 아기가 우리에게 났고 한 아들을 우리에게 주신 바 되었는데 그의 어깨에는 정사를 메었고 그의 이름은 기묘자라, 모사라, 전능하신 하나님이라, 영존하시는 아버지라, 평강의 왕이라 할 것임이라. 그 정사와 평강의 더함이 무궁하며, 또 다윗의 왕좌와 그의 나라에 군림하여 그 나라를 굳게 세우고, 지금 이후로 영원히 정의와 공의로 그것을 보존하실 것이라. 만군의 여호와의 열심이 이를 이루시리라"(사 9:6-7).

또한 이사야는 11장에서 다윗의 뿌리에서 나올 메시아는 여호와의 신을 가지고 공의와 정직으로 다스릴 것을 말했다. 메시아의 사역에 대해 이사야는 당시 메시아의 기대를 더욱 발전시켜 색다른 예언을 첨가했다. 이사야 53장에서 여호와의 종으로서 메시아의 고난을 말하고, 그 고난을 통한 속죄를 예언했던 것이다.

"우리가 전한 것을 누가 믿었느냐. 여호와의 팔이 누구에게 나타났느냐. 그는 주 앞에서 자라나기를 연한 순 같고 마른 땅에서 나온 뿌리 같아서 고운 모양도 없고 풍채도 없은즉 우리가 보기에 흠모할 만한 아름다운 것이 없도다. 그는 멸시를 받아 사람들에게 버림 받았으며 간고를 많이 겪었으며 질고를 아는 자라. 마치 사람들이 그에게서 얼굴을 가리는 것같이 멸시를 당하였고 우리도 그를 귀히 여기지 아니하였도다. 그는 실로 우리의 질고를 지고 우리의 슬픔을 당하였거늘 우리는 생각하기를 그는 징벌을 받아 하나님께 맞으며 고난을 당한다 하였노라. 그가 찔림은 우리의 허물 때문이요 그가 상함은 우리의 죄악 때문이라. 그가 징계를 받으므로 우리는 평화를 누리고 그가 채찍에 맞으므로 우리는 나음을 받았도다. 우리는 다 양 같아서 그릇 행하여 각기 제 길로 갔거늘 여호와께서는 우리 모두의 죄악을 그에게 담당시키셨도다. 그가 곤욕을 당하여 괴로울 때에도 그의 입을 열지 아니하였음이여 마치 도수장으로 끌려가는 어린 양과 털 깎는 자 앞에서 잠잠한 양같이 그의 입을 열지 아니하였도다. 그는 곤욕과 심문을 당하고 끌려갔으나 그 세대 중에 누가 생각하기를 그가 살아 있는 자들의 땅에서 끊어짐은 마땅히 형벌받을 내 백성의 허물 때문이라 하였으리요 그는 강포를 행하지 아니하였고 그의 입에 거짓이 없었으나 그의 무덤이 악인들과 함께 있었으며 그가 죽은 후에 부자와 함께 있었도다. 여호와께서 그에게 상함을 받게 하시기를 원하사 질고를 당하게 하셨은즉 그의 영혼을 속건제물로 드리기에 이르면 그가 씨를 보게 되며 그의 날은 길 것이요 또 그의 손으로 여호와께서 기

로마의 성아고스티노 성당에 있는 라파엘로의 <이사야>. 이사야는 히브리어로 '여호와는 구원이시다'라는 뜻이다. 그는 번영의 시기에 태어나 민족의 멸망을 예견하고 경고한 선지자였다. 뛰어난 영감의 소유자인 이사야는 신약의 초석을 놓은 구약의 완성자라 할 수 있다.

뻐하시는 뜻을 성취하리로다. 그가 자기 영혼의 수고한 것을 보고 만족하게 여길 것이라. 나의 의로운 종이 자기 지식으로 많은 사람을 의롭게 하며 또 그들의 죄악을 친히 담당하리로다. 그러므로 내가 그에게 존귀한 자와 함께 몫을 받게 하며 강한 자와 함께 탈취한 것을 나누게 하리니 이는 그가 자기 영혼을 버려 사망에 이르게 하며 범죄자 중 하나로 헤아림을 받았음이니라. 그러나 그가 많은 사람의 죄를 담당하며 범죄자를 위하여 기도하였느니라"(사 53:1-12).

같은 맥락에서 예수님은 누가복음 4장 18~19절("주의 성령이 내게 임하셨으니 이는 가난한 자에게 복음을 전하게 하시려고 내게 기름을 부으시고 나를 보내사 포로된 자에게 자유를 눈먼 자에게 다시 보게 함을 전파하며 눌린 자를 자유롭게 하고 주의 은혜의 해를 전파하게 하려 하심이라 하였더라")에서, 이사야 61장 1~2절("주 여호와의 영이 내게 내리셨으니 이는 여호와께서 내게 기름을 부으사 가난한 자에게 아름다운 소식을 전하게 하려 하심이라. 나를 보내사 마음이 상한 자를 고치며 포로된 자에게 자유를 갇힌 자에게 놓임을 선포하며 여호와의 은혜의 해와 우리 하나님의 보복의 날을 선포하여 모든 슬픈 자를 위로하되")에 나오는 여호와의 종의 사역을 자신의 메시아 사역과 일치시키셨다.

핵심 뽀개기

한눈에 정리하는 구약 성경이야기

• **이야기 1** : 구약 성경은 인간의 죄악의 문제와 그 결과의 과정이 어떠한지를 그리고 있다. 인류 조상인 아담의 타락은 인간을 사망에 이르게 했고, 아담의 죄는 시간이 지나면서 인류 전체에 미쳐 멸망에 이르게 했다. 아담-가인-노아-바벨탑으로 이어지면서 인간의 죄는 점점 악해지는 것을 볼 수 있다. 한 번의 대홍수를 통해 인류가 완전한 심판을 당한 경험이 있음에도 인간은 여전히 죄를 벗어나지 못하고 있다.

• **이야기 2** : 하나님은 사랑이시기에 타락한 인간을 그대로 멸망하게 둘 수는 없으셨다. 그래서 인류의 구원을 시작하신다. 그것은 아브라함을 선택하신 일이었다. 하나님은 아브라함을 통하여 인류의 구원을 이루어가신다. 그리고 약속의 땅 가나안을 미래의 나라로 주셨다. 이삭-야곱을 통하여 믿음이 전수되면서 이스라엘이라는 민족의 기틀이 세워진다. 야곱의 열두 아들은 이스라엘의 뿌리가 되었다. 열두 아들은 애굽으로 이주하여 하나의 국가로 번성했다. 그것에 기여한 사람이 바로 요셉이다. 400여 년이 지난 후에 거대한 민족으로서 하나님이 선택한 이스라엘이 태어나게 되었다.

• **이야기 3** : 이스라엘 민족은 번성하여 더 이상 애굽에 있을 수 없었다. 드디어 하나님의 때가 이르자 아브라함 때부터 약속하신 가나안 땅에 들어가기 위해 출애굽한다. 그러나 그대로 가나안 땅에 들어가면 가나안 족속과 동화되어 거룩한 백성으로 살 수 없었다. 그래서 시내산으로 이끌어 율법과 성막을 주심으로써 구별된 백성으로 살 수 있도록 40년의 광야생활을 통해 연단하고 훈련하여 성장하게 하셨다. 이스라엘 백성들은 이 과정을 통하여 철저히 하나님만을 신뢰하며 믿음으로 사는 법을 터득했다. 율법을 통해 이스라엘 백성들은 자신을 죽이는 삶을 살게 되었다. 율법을 주신 이유는 인간이 그것을 지킬 수 없는 모습을 보면서 더는 자신을 의지하지 않고 하나님을 바라보게 하기 위함이었다.

• **이야기 4** : 이스라엘은 광야에서 훈련받은 그 믿음으로 약속의 땅 가나안을 정복한다. 이스라엘의 가나안 정복은 칼과 창이 아닌 하나님을 믿음으로 이루어진 일이었다. 요단강과 여리고성 등 인간의 힘으로 넘을 수 없는 장애물을 믿음으로 극복하여 가나안 땅을 정복했다. 그리고 예전에 야곱이 열두 아들에게 축복한 대로 열두 지파에게 땅을 분배한다. 하지만 얼마 가지 못해 이스라엘 백성들은 하나님을 저버리고 바알 신을 섬기는 죄를 짓게 된다. 하나님은 사사들을 보내어 구원을 반복적으로 행하시지만, 오히려 이스라엘 백성들은 더 타락해갔다. 결국은 하나님을 왕으로 섬길 수 없고 인간 왕을 세우겠다고 하나님을 압박한다. 이런 이스라엘의 고집에 하나님은 허락하신다.

• **이야기 5** : 이렇게 시작한 이스라엘 왕정시대는 사울-다윗-솔로몬을 걸쳐서 통일왕국을 형성하지만, 솔로몬의 죄악으로 결국 나라는 남북으로 분열되고 만다. 39명의 왕들이 통치하지만 하나님을 따르는 왕은 히스기야와 요시야 왕뿐이고, 다른 왕들은 모두 바알을 숭배하고 하나님의 약속을 거부한다. 선지자들이 나타나 회개하고 하나님께로 돌아오라고 수없이 촉구하지만 이스라엘은 끝내 거부했다. 그 결과 하나님의 심판을 받아 이스라엘은 결국 멸망하게 된다. 북이스라엘은 앗수르에게 완전히 패망하고, 남유다는 70년 동안 바벨론에서 포로생활을 하게 된다. 이런 시간을 통해 아직도 죽이지 못한 이스라엘을 철저히 죽이면서 새로운 부흥을 꿈꾸는 시간을 갖는다.

• **이야기 6** : 70년 후에 이스라엘은 포로에서 예루살렘으로 귀환한다. 전적인 하나님의 은혜로 고국에 돌아와 무너진 성전과 성벽을 재건한다. 학개, 에스라, 느헤미야와 같은 지도자들을 통해 이스라엘의 부흥을 꿈꿨다. 말씀을 가르치며 자녀들에게 하나님의 약속이 이어져 내려오기를 원하지만, 이스라엘은 더 나아지지 않았다. 말씀을 어기고 형식적인 제사와 패역을 또다시 행하고 만다. 말라기를 통하여 마지막 회개를 촉구하지만 그들은 끝까지 하나님을 거부하면서, 결국 400년 암흑의 침묵기의 불행을 자초한다.

• **이야기 7** : 이스라엘의 긴 역사를 통해서 결국 인간은 죄인이라는 사실이 판명 났다. 율법을 지키려고 애썼지만, 여전히 말씀을 어기는 일이 반복되었다. 인간은 율법을 지킴으로써 구원을 얻는 것이 아니라는 사실이 반복적인 이스라엘의 패역을 통해 분명해졌다. 이제 다른 길이 필요하다. 오직 예수 그리스도만이 답이다. 주님이 이 땅에 오셔야 한다. 구약의 모든 책은 예수 그리스도를 예언하고 있다. 그분이 오셔야 인간의 죄 문제가 해결된다. 구약 성경은 예수 그리스도를 드러내기 위한 그림자이다. 구약은 예수님을 만나기 위한 준비과정이다. 구약의 불완전한 것은 예수님을 통해 이루어지고 완성된다. 그런 점에서 예수님은 구약을 이해하는 핵심이며, 구약은 예수님을 이해하는 기초가 된다.

〈참고 도서〉

김창대, 「거침없이 빠져드는 성경 테마 여행」, 브니엘, 2014년

정길호, 「거침없이 빠져드는 성경이야기」, 브니엘, 2014년

유재덕, 「누구도 가르쳐주지 않은 성경 밖 성경이야기」, 브니엘, 2008년

이대희, 「내 인생을 바꾼 31일 성경 통독」, 브니엘, 2015년

김병태, 「야곱의 축복」, 브니엘, 2009년

원용일, 「인생은 요셉처럼」, 브니엘, 2015년

원용일, 「하나님의 세렌디피티」, 브니엘, 2015년

원용일, 「직장인이라면 다니엘처럼」, 브니엘, 2015년

헬리 H. 할레이 저, 박양조 역, 「최신 성서핸드북」, 기독교문사, 1997년

J. A. 모티어 외 3인, 김순영 외 7인 공역, 「IVP 성경주석」, IVP, 2008년